小积木大智慧 II

邬亚洁 主编

基于核心素养培养的
幼儿园主题式结构游戏的
实践研究

文汇出版社

本书编委会

主　　编　邬亚洁
副 主 编　何凌波　曹　艳
编　　委　傅敏敏　张　霞　施慧英　顾静雯
　　　　　潘佳莉　蔡程华　张燕玲　陆盈英

前　言

游戏是幼儿园教育的手段,也是幼儿园教育的目的,幼儿园中的游戏是手段和目的的统一,幼儿园游戏课程化理念作为一种新型的课程模式已逐步在推广。

结构游戏是指幼儿操作各种结构材料来创造性地反映周围生活的一种游戏,是幼儿园自主游戏中的一种活动形式。

上海市浦东新区王港幼儿园多年来一直坚持以科研为先导,以课题研究为抓手,推进改革和发展,有关结构游戏的研究先后经历了四个阶段:

第一阶段,以区级课题"幼儿园开展结构游戏活动的研究"为抓手,着重研究了幼儿结构游戏兴趣及建构技能的培养。

第二阶段,从2007年开始,进行区级课题"开展结构游戏活动　发掘幼儿智慧潜能的研究",这一阶段,以结构游戏为载体,以开发幼儿八大智慧潜能为重点开展研究。

第三阶段,确立了区级课题"幼儿园融合性结构游戏的研究",进一步探究如何运用各种教育资源,将结构游戏创造性地融合于幼儿的一日生活、学习、运动与游戏中,使幼儿得以更全面、均衡地发展。

在前三个阶段对结构游戏进行研究的过程中,我们发现"核心素养"成为各国研究的热点。自1997年以来,经济合作与发展组织(OECD)、联合国教科文组织(UNESCO)等国际组织,以及欧盟(EU)都先后开展了关于核心素养的研究。受其影响,美国、英国、法国、德国、芬兰、日本、新加坡等国也积极开发核心素养框架。2016年9月,我国颁布《中国学生发展核心素养》总体框架及基本内涵,华东师范大学李季湄(2016)教授指出:"《指南》(指《3～6岁儿童学习与发展指南》)是核心素养在幼儿园教育阶段的具体化,实施《指南》的过程就是在落实核心素养。《指南》5

大领域的32个学习与发展目标和具体要求，是核心素养在幼儿阶段全面而具体的表现，涵盖了核心素养3维度、6要素、18个基本点的基本内容。"

学前阶段作为基础教育的基础，幼儿园必须与中小学一起，一致一贯地培养面向未来的核心素养。然而，目前我国提出的基础教育阶段的核心素养、学科核心素养框架忽视了学前教育的特殊性，其内容缺乏针对性，因为幼儿阶段有些核心素养不一定出现，有的还只是处于萌芽阶段，因此亟需研制和提炼幼儿核心素养。我们觉得以结构游戏为载体，培养幼儿的核心素养具有潜在的、丰富的教育价值。

2016年，王港幼儿园新一轮课题"基于核心素养培养的幼儿园主题式结构游戏的实践研究"被立项为区级重点课题，正式进入了研究的第四阶段，在已有研究的基础上又向前迈进了一步，旨在通过全园各班开展主题式结构游戏活动来落实《指南》，培育幼儿的核心素养。

王港幼儿园的教师们到底是如何看待幼儿核心素养的价值的呢？又是如何具体深入开展理论和实践研究的呢？让我们一起走进《小积木　大智慧Ⅱ——基于核心素养培养的幼儿园主题式结构游戏的实践研究》一书。

编　者

2019年5月

目 录

前言 1

总 报 告

小积木　大智慧
　　——基于核心素养培养的幼儿园主题式结构游戏的实践研究
.... 邬亚洁　何凌波　3

第一部分　新灯塔：理论探新

基于核心素养培养的幼儿园主题式结构游戏研究的文献综述 ..... 邬亚洁　曹艳　43
主题式结构游戏中幼儿核心素养内涵架构四部曲 .... 何凌波　张霞　51

第二部分　新航道：方法尝新

基于核心素养培养的幼儿园主题式结构游戏的环境创设 .... 张霞　75
支持幼儿核心素养发展的主题式结构游戏的科学预设与动态生成 .... 何凌波　83
以表征墙为载体，在主题式结构游戏中助推幼儿核心素养的发展 .... 曹艳　90
合作　实践　成长
　　——家长参与幼儿园主题式结构游戏支持幼儿核心素养发展 .... 张燕菁　99
家园自然融合
　　——在主题式结构游戏《好吃的食物》中发展中班幼儿的核心素养 .... 顾丹韵　109

读懂孩子游戏　助力孩子成长
　　——在主题式结构游戏《城市建筑》中发展大班幼儿核心素养的案例研究
　　..陆盈英　116

第三部分　新大陆：实践创新

·小　班·

核心素养视野下小班主题式结构游戏的实践与思考
　　——以《小花园》主题的组织与发展为例..........................何凌波　127
"美"一直在身边
　　——在主题式结构游戏中发展小班幼儿的审美情趣..................张燕玲　132
主题式结构游戏中幼儿创新意识的培养
　　——在主题式结构游戏《娃娃家》中萌发小班幼儿创新意识................陆盈英　140
以"爱"之名　用"心"绽放
　　——在主题式结构游戏《学本领》中发展小班幼儿珍爱生命和求异创新
　　..沈晓燕　145
在游戏中寻找快乐
　　——在主题式结构游戏《我的幼儿园》中促进小班幼儿的情绪稳定......金丽青　151
打开孩子的小天线
　　——在主题式结构游戏《动物的花花衣》中发展小班幼儿的信息意识......潘佳莉　157
把阳光还给孩子
　　——在主题式结构游戏中促进小班幼儿健全人格培养的案例研究.........刘　镜　162

·中　班·

走近"幼儿核心素养"
　　——在主题式结构游戏《花》中发展中班幼儿核心素养的案例研究........何凌波　168

玩"美"游戏
　　——在主题式结构游戏中培养中班幼儿的审美情趣……………… 张微微　173
我的游戏我做主
　　——在主题式结构游戏《我在马路边》中提升中班幼儿的自主发展
　　……………………………………………………………………… 陈　艳　179
搭搭玩玩中的美丽心情
　　——在主题式结构游戏中支持中班幼儿的情绪健康发展………… 唐　翔　185
每一个孩子都是玩具设计师
　　——在主题式结构游戏《玩具总动员》中发展中班幼儿的问题解决和求异创新
　　……………………………………………………………………… 蔡程华　192
从游戏走向社会
　　——在主题式结构游戏《我在马路边》中发展中班幼儿的社会责任
　　……………………………………………………………………… 贾晓英　201
巧用策略　玩出精彩
　　——在主题式结构游戏中培养中班幼儿问题解决的案例研究…… 郁清荷　208
且思且实践，让孩子成为游戏的主角
　　——在主题式结构游戏《马路新景象》中促进中班幼儿的自主发展…… 赵　昕　213

·大　班·

港珠澳大桥
　　——在主题式结构游戏《旅行去》中提升大班幼儿沟通互动和团队协作
　　……………………………………………………………………… 蔡程华　221
在快乐中前行
　　——在主题式结构游戏中培养大班幼儿自主发展素养……………… 朱　灵　227
成长中的"三思考"
　　——在主题式结构游戏《有用的植物》中发展大班幼儿的劳动意识…… 倪方虹　234

主题式结构游戏发展幼儿核心素养的实践与思考
　　——以大班《奥运会》主题的生成与发展为例..................顾静雯 240

勇探究　勤反思　爱祖国
　　——在主题式结构游戏《我是中国人》中发展大班幼儿核心素养.........唐晓瑜 247

奇思妙想　玩转积木
　　——在主题式结构游戏《百变建筑》中发展大班幼儿的求异创新........贾晓英 255

在探究中求真知
　　——在主题式结构游戏《我们的城市》中发展大班幼儿勇于探究........方佳鸣 261

从"遥望"走向"亲历"
　　——在主题式结构游戏《桥》中促进大班幼儿的自主发展..............黄　佳 269

放手让孩子想、做、说
　　——家园配合在主题式结构游戏中培养大班幼儿求异创新能力..........唐　翔 275

孩子，让我们一起思考
　　——在主题式结构游戏《城市新气象》中发展大班幼儿的勤于反思......倪方虹 281

第四部分　新启程：视界拓新

主题式结构游戏中幼儿情绪教育环境创设再思考......................郏亚洁 291

做思行合一的实践者
　　——基于核心素养培养的主题式结构游戏中教师反思性实践的思考......施慧英 299

主题式结构游戏中以多元评价助推幼儿核心素养的发展..................张　霞 311

小积木大智慧　课程架构与创生
　　——以基于核心素养的幼儿园主题式结构游戏课程目标和内容为例
　　..曹　艳　郏亚洁 327

后记..335

总报告

小积木 大智慧
——基于核心素养培养的幼儿园主题式结构游戏的实践研究

◇ 邬亚洁　何凌波

"核心素养"在当今世界各主要国家备受重视,并被其作为教育改革和课程改革的重中之重。在我国探索和推进"核心素养"的培养不仅顺应了世界教育改革的发展大潮流,也是对国家提出的教育方针的具体化,符合人民对提高基础教育质量的迫切需要。如何更高效地助力幼儿核心素养的培养和形成成为我园研究的重点,本课题将在综合国内外关于结构游戏和幼儿核心素养的相关文献的基础上,梳理总结我园对结构游戏已有的研究经验,对基于核心素养培养的幼儿园主题式结构游戏开展系统的实践研究。

一、问题的提出
(一)核心概念界定

1. 素养

是指知识、技能、态度或价值观方面的融合[①]。

2. 核心素养

是指适应个人终身发展和社会发展需要的必备品格和关键能力,包括3维度、6要素、18个基本点,构成了核心素养体系,每一个核心素养基本点都是知识、能力、态度的综合表现[②]。

[①] 按照OECD的界定,素养不仅是知识与技能,它还包括在特定情境中,个体通过调动和利用各种心理社会资源以满足复杂需要的能力。

[②] "核心素养",亦称"21世纪素养",不同于一般素养。本课题中幼儿的核心素养是根据《中国学生发展核心素养》研究成果中3大方面、6大要素、18个基本点,结合《3～6岁儿童学习与发展指南》(以下简称《指南》)来凝练的。我们也称之为"网络式核心素养",各素养之间是相互联系、相互交叉、相互融合、相辅相成的,能更好地促进孩子全面发展,更有效地促进幼儿核心素养的形成和发展。

3. 结构游戏

是指幼儿利用各种结构材料创造性地反映周围生活的一种游戏。在活动中既体现了幼儿对现实环境的单纯机械的模仿与再现,又体现了幼儿对客观生活的主观想象及积极的加工创造。

4. 幼儿园主题式结构游戏

指在一段时间内围绕一个主题来开展的系列活动,其主题的确定是围绕师幼共同的兴趣点,其内容的选择是依据幼儿的经验、年龄特点和学前阶段课程的教育内容等。其特点是将结构游戏渗透到幼儿园一日活动中,打破领域之间的界限,将结构游戏创造性地融合于幼儿的生活、运动、学习及其他各类游戏领域中,围绕主题有机连接,体现教师预设或幼儿生成相结合,获得与主题相关的经验和能力,使幼儿得以全面、均衡发展的一种活动形式。

5. 基于核心素养培养的幼儿园主题式结构游戏

是指以培养幼儿核心素养(3个维度20个基本点)为目标,围绕主题预设或生成具有探索性、多样性、层次性、联系性及融合性的结构游戏活动。

(二)研究价值

1. 关注核心素养是新时代落实立德树人、发展素质教育的需要

习近平总书记在十九大报告中明确指出:"要落实立德树人根本任务,发展素质教育,培养德智体美全面发展的社会主义建设者和接班人,坚持从娃娃抓起。"总书记的论断高瞻远瞩,内涵深刻,突出强调了核心素养的培养在我国学前教育中应该占有的重要地位。在全球化和数字化时代背景下,培养幼儿具有适应未来社会需求、促进终身学习和发展的核心素养,成为世界各国基础教育理论研究和实践变革的大趋势。教育部在2014年颁布的《教育部关于全面深化课程改革　落实立德树人根本任务的意见》文件中,明确提出要"在基础教育阶段,应该帮助学生形成适应个人终身发展和社会发展需要的必备品格和解决问题的素养与关键能力"。因此核心素养是时代发展的需要,核心素养的培育意义深远。

2. 开展主题式结构游戏,有利于培养幼儿的核心素养

在我国"核心素养"一词首次出现在2014年颁布的教育文件中,此后该词迅速跃升为教育领域的热词,相关研究成果也已陆续发表,例如《中国学生发展核心素养》等报告,但往往着眼于大中小学段学生的发展,对学前教育阶段如何培养幼儿的核心素养缺乏相应的实践研究和系统论述。

幼儿的核心素养强调各领域知识、能力和态度的综合,培养幼儿的核心素养是

《指南》的根本目的,而开展主题式结构游戏能较好地体现《幼儿园教育指导纲要》(以下简称《纲要》)精神。主题式结构游戏为幼儿创设了在各自基础上学习和发展的条件,体现了对幼儿学习特点和个体差异的充分尊重;其开展的过程是个系列的活动。另外,其打破了领域之间的界限,将各种内容围绕主题有机连接,获得较为完整的经验。主题式结构游戏扩展了幼儿的活动范围,能引起幼儿的新鲜感,并激发孩子游戏的积极性和主动性,使幼儿感受到幼儿园生活的快乐。通过结构游戏与主题的融合,幼儿在主题活动中,开展系列教师预设和幼儿生成相结合的活动,积累相当丰富的知识经验,把获得丰富的生活经验和认知印象,融入结构游戏中,孩子们学习和运用各领域的知识、能力和态度进行探究,并把探究的结果及过程,运用多种形式的表征方式呈现出来,促进了幼儿核心素养的发展。由此可见,主题式结构游戏能够全面培养幼儿的核心素养。

3. 开展基于核心素养培养的主题式结构游戏,符合我园持续发展的实际需要

自2005年起,我园围绕结构游戏进行了历时十多年三阶段的研究。第一阶段,我们着重研究了幼儿结构游戏兴趣和相关建构技能的培养。第二阶段,我们以结构游戏为载体,以开发幼儿八大智慧潜能为重点研究对象。第三阶段,在已有研究基础上,进一步探究如何有效地运用各类教育资源,将结构游戏创造性地融合于幼儿的日常生活、学习、运动和游戏中,如何使幼儿得以更全面、均衡地发展。前三轮的研究体现了循环式递进的研究过程,从单纯的结构游戏到关注游戏中发展幼儿的各种能力,再到关注结构游戏形式上的变化。对原有结构游戏的进一步提升也充分体现了幼儿发展的综合观。三个阶段的研究成果得到了不少领导和专家的认可。

新一轮课题在对之前研究成果和经验进行批判性继承和发展的基础上,以核心素养培育为重要关切点,深化研究幼儿核心素养培养和结构游戏两者之间的关系,这不仅有助于推进我园的教育改革,也符合我园持续发展的实际需要,更是在学前教育实践研究方面,认真落实总书记提出的"不能有任何喘口气、歇歇脚的念头",不躺在功劳簿上、不停留在成绩单里的时代要求,认真落实了总书记所要求的始终保持永不懈怠的精神状态和一往无前的奋斗姿态。

(三)国内外研究现状分析

通过对知网、万方数据等主要数据库的检索,得出以下分析:

关于"核心素养"的相关研究,在欧美等西方国家的社会研究领域中被广泛地关注,并受到许多国际组织的重视。美国教育部及全美教育协会于2002年共同发表

了《21世纪的学习与技能》报告，指出21世纪美国学生应具备信息与沟通等三种重要技能；经济合作与发展组织（OECD）于2003年出版的研究报告《核心素养促进成功的生活和健全的社会》中提出了"人与工具"等三个方面的核心素养框架；2012年，联合国教科文组织发布了核心素养指标体系，提出了包括身体健康等七个方面的核心素养指标；新加坡的核心素养框架以价值观为核心，主要强调跨学科的核心素养，共包括三个层次的14项核心素养指标；日本"21世纪型能力"是以基础能力为内核，思维能力为中层，实践能力在外层的发散型结构；法、英等国也分别对核心素养提出了不同的见解及框架体系。

我国学者初步接触"核心素养"是从2013年开始，从而进行了深刻的探究讨论。2013年，以林崇德教授为首的研究团队针对核心素养体系进行了系统的研究，将中国学生发展的核心素养确定为社会参与等三个方面；2014年教育部颁发《关于全面深化课程改革落实立德树人根本任务的意见》，其中明确提出"研究制定我国各学段学生发展核心素养体系"；顾明远等在关于课程目标、课程教学、课程内容与实施的种种要求基础上，提出必须要立足学生终生发展和未来社会需要，培养学生的核心素养；学者柳夕浪认为核心素养是对"培养什么样的人"的进一步追问，而"如何培养这样的人"需要课程的改革和创新。

学前阶段作为基础教育的基础，幼儿园必须与中小学一起，一致一贯地培养面向未来的核心素养。然而，目前我国提出的基础教育阶段的核心素养、学科核心素养框架忽视了学前教育的特殊性，其内容缺乏针对性，因为幼儿阶段有些核心素养不一定出现，有的还只是处于萌芽阶段，因此亟需研制和提炼幼儿核心素养。

关于"主题式结构游戏"的相关研究，较多幼儿园开展了"主题式课程"，把"主题"建构作为教育内容的组织形式，有"幼儿园主题式美术教育"等，将主题下的美术活动形成一个系列开展相应活动；也有围绕搭建名称而成主题的结构游戏活动也被叫"主题式结构游戏活动"。综上可见，此类主题式或主题式结构游戏活动都是凸显单个领域的形式。

关于"基于核心素养培养的主题式结构游戏"的相关研究，国内外目前处于"零状态"。游戏对促进孩子发展的作用毋庸置疑，国内外教育研究也越来越关注结构游戏对幼儿发展的价值。因此，本课题将在综合国内外关于结构游戏和幼儿核心素养的相关文献的基础上，批判总结我园对结构游戏已有的研究经验，对基于核心素养培养的幼儿园主题式结构游戏开展系统的实践研究。

二、研究实施

（一）文献收集，分析梳理国内外研究现状

1. 对核心素养的研究

国内：教育部2014年颁布的《关于全面深化课程改革 落实立德树人根本任务的意见》，从官方的高度明确提出研究构建我国各学段学生培养核心素养体系的必要性及具体内容。蔡清田等中国台湾学者（2014）对国民核心素养通过"国民核心素养"的滚动圆轮意象的形式呈现，透过滚动的圆轮意象，彰显"国民核心素养"的动态发展，能随时代变迁不断发展。2015年—2016年，北师大中国教育创新研究院完成了《面向未来：21世纪核心素养教育的全球经验》国际进展报告。2016年9月我国颁布《中国学生发展核心素养》总体框架及基本内涵，以培养"全面发展的人"为核心，分为文化基础、自主发展、社会参与三个方面，综合表现为人文底蕴、科学精神、学会学习、健康生活、责任担当、实践创新六大素养，具体细化为国家认同等十八个基本要点。华东师范大学李季湄（2016）教授指出："《指南》是核心素养在幼儿园教育阶段的具体化，实施《指南》的过程就是在落实核心素养。《指南》5大领域的32个学习与发展目标和具体要求，是核心素养在幼儿阶段全面而具体的表现，涵盖了核心素养3维度、6要素、18个基本点的基本内容。"可见，核心素养的形成与发展是一个动态的过程，体现阶段性和连续性。不同年龄阶段应该有不同的要求，各年龄段又有相互连接。余文森（2017）《核心素养导向的课堂教学》一书提出了学科核心素养，即"学科+核心素养"。它是核心素养在特定学科（或学习领域）的具体化，是学生学习一门学科（或特定学习领域）之后所形成的、具有学科特点的成就（包括必备品格和关键能力），是学科育人价值的集中体现，是各学习领域对核心素养的独特贡献。学科核心素养与核心素养在方向和性质上是统一的，在内容上存在着相互包含、融合的关系，它丰富、充实、充盈了核心素养。2017年，中国教育创新研究院完成了《21世纪核心素养5C模型研究报告》，力图通过国际合作进一步深化关于21世纪核心素养的研究。5C模型包括文化理解与传承（Cultural Competency）、审辩思维（CriticalThinking）、创新（Creativity）、沟通（Communication）、合作（Collaboration）5个方面，每个方面包含3～4个要素，这5方面素养简称为5C素养。

国外：自1997年以来，经济合作与发展组织（OECD）、联合国教科文组织（UNESCO）等国际组织，以及欧盟（EU）都先后开展了关于核心素养的研究。1997年12月，OECD确定了三个维度九项素养。2002年美国正式启动21世纪核心技能研究项目，创建美国21世纪技能联盟（Partnership for 21st Century Skills，简称：

P21),努力探寻那些可以让学生在21世纪获得成功的技能,建立21世纪技能框架体系,美国P21框架的核心技能、与之配套的课程以及支持系统之间的相互关系以彩虹图呈现。2010年3月,新加坡教育部颁布了新加坡学生的"21世纪素养"框架(核心价值观、社交与情绪管理技能、公民素质全球意识和跨文化交流技能、批判性创新性思维、交流合作和信息技能)。2013年2月,UNESCO发布报告《走向终身学习——每位儿童应该学什么》指出,在基础教育阶段尤其重视学习方法与认知、科学与技术等七个维度的核心素养。

从全球范围来看,国外诸多核心素养框架和内容虽不尽相同,如有的走的是"全面路线",几乎把学生的所有素养都包括在内;有的走的是"简约路线",只涉及一些关键的、高层级的素养,但都具有时代性与前瞻性,都是为了适应21世纪的挑战。即都反映了社会经济与科技信息发展的最新要求,强调创新与创造力、信息素养、国际视野、沟通与交流、团队合作、社会参与及社会贡献、自我规划与管理等素养。

2. 对主题式结构游戏的研究

关于"主题式结构游戏"的相关研究,国内较多幼儿园开展了"主题式课程",把"主题"建构作为教育内容的组织形式,有"幼儿园主题式美术教育"等,将主题下的美术活动形成一个系列开展相应活动;也有围绕搭建名称而成主题的结构游戏活动也被叫"主题式结构游戏活动"。综上可见,此类主题式或主题式结构游戏活动都是凸显单个领域的形式。目前还未见国外有对"主题式结构游戏"的相关研究。

我园基于核心素养培养的幼儿园主题式结构游戏的开展,在一定程度上借鉴瑞吉欧"方案教学"的经验和做法,在此基础上进行实践探索,从而形成符合幼儿年龄特点基于幼儿核心素养的主题式结构游戏活动。

(二)回顾反思,整理提炼研究要点

1. 论证和探索核心素养关系

通过把对核心素养培育的探索放置在主题式结构游戏实践的背景中研究,突出体现和系统分析在幼儿核心素养的形成过程中,点面之间是如何相互关联、相互交叉、相互融合、相辅相成的。以期能在一定程度上弥补《中国学生发展核心素养》等研究成果中只有理论层面上的泛泛而谈,而缺乏具体实践层面上的系统论证和探索的不足。

2. 梳理和凝练核心素养体系

代表了我园对幼儿核心素养实践研究的深入和创新。本课题以《中国学生发展核心素养》中提出的3个方面、6大要素、18个基本点为研究的出发点,结合在实践《3~6岁儿童学习与发展指南》的过程中遇到的问题,提出一系列可能的解决方案和途径,以期更适合幼儿园一线教师的具体操作和实践,这在一定程度上弥补了原核心素养不按年龄阶段细化操作,以及针对性不强的缺憾。这本身就是对目前国内外相关研究成果进行的一次实践优化的尝试。

3. 促进和达成课题研究目标

通过各班的主题表征墙,主题结构游戏等自主游戏区,个别化学习区的地面、柜面、桌面,校园的室内外大环境、专用室、走廊等多维空间,以及师幼互动、家园互动、社区互动等多种方式,形成校园日常生活中核心素养培育氛围的全方位渗透和立体化凸显,以期更高效地促进幼儿的文化自信、学习自信、实践自信和探究自信,更好地实现我园对幼儿立体式、多维度核心素养培养的教学目标。

4. 尝试和呈现思维导图模式

在实践探究中,我们尝试请每位教师以某个预设或生成的主题活动作为切入口,通过创设与现实生活紧密关联的问题情境,让孩子通过基于问题或项目的活动方式,开展体验式的、合作的、自我探究或建构式的学习。同时,我们创新地采用了思维导图的模式来全面立体地呈现孩子核心素养培育的探究过程痕迹。

5. 优化和丰富园本课程资源

本课题在使用上海市二期课改学前教育参考用书的过程中,大胆创新地加入了一系列园本特色的内容,以及符合农村地区本土化实践的内容,旨在设计并整理出一套全新的主题式结构游戏的特色活动方案,以期能够为上海市二期课改学前教育参考用书的进一步发展提供相关的素材和参照,也使参考指导用书更接地气,为推动中国学前教育的"素养革命"贡献我们的一份力量。

(三)理论研究,分步梳理幼儿核心素养内容

1. 重领域 分维度(第一阶段 2016.9—2017.1)

研究初始,我们结合前一轮课题《幼儿园融合性结构游戏的实践研究》的经验,将核心素养按照与结构游戏的联系密切程度依次分解为艺术素养、科学素养、社会素养、语言素养和健康素养五大领域,并罗列出各领域所包含的具体素养若干条。

随着课题进展,我们发现,幼儿核心素养的培养目标在五大领域中的内容应该更丰富、具体;同时,不仅要重视"能力",更要综合体现将知识、能力和态度相结合的"素养观"。于是,我们结合《指南》,对五大领域11个二级子目标和32个三级子目标进行解析,提炼典型表现,把握核心,从17个维度扩充到34个维度(详见《主题式结构游戏中幼儿核心素养框架的解读》一文中表1）。

2. 破领域　合指南（第二阶段2017.2—2018.1）

在对"核心素养"进行系统理论学习之后，特别是聆听了李季湄教授有关《核心素养与幼儿教育质量》的系统讲座之后，我们对"幼儿核心素养"这个关键概念有了重新认识：不仅每一种核心素养都是知识、能力、态度的综合表现，而且这种素养是综合、跨领域、具有整合性的。人为地将每一条核心素养分割到不同的领域中违背了"核心素养"的基本理念。于是我们重新整理，将核心素养的内涵回归到3维度（自主发展、社会参与、文化基础）、6要素（学会学习、健康生活、责任担当、实践创新、人文底蕴、科学精神）和18个基本要点（具体内容详见《主题式结构游戏中幼儿核心素养框架的解读》一文中图1）。

3. 思整合　理关系（第三阶段2018.2—2018.6）

通过更进一步地学习探究核心素养与《指南》之间的关系发现，《指南》是核心素养在幼儿园教育阶段的具体化：一方面，《指南》的5大领域32个学习与发展目标与具体要求涵盖了《核心素养》的3维度、6要素的18个基本点；另一方面，《指南》的32个学习与发展目标是核心素养在幼儿阶段的全面而具体的表现。可以说，实施《指南》就是在落实学前教育的核心素养，遵循《指南》精神的幼教实践有效促进着核心素养的形成和发展。因此，怎样将核心素养的3维度、6要素和18个基本点与《指南》的具体发展目标相结合，是整体梳理幼儿核心素养内涵的关键。于是，第三阶段的梳理，我们从核心素养的3维度、6要素、18个基本点出发，在《指南》中寻找相应的目标要求，并逐条分析和推敲：一方面，直接找出《指南》中所描述的核心素养所要求的必备品格或关键能力；另一方面，将《指南》中描述幼儿学习行为、内容或结果的学习目标凝练成核心素养的内容，最终形成"网络式核心素养体系"，为教师们在实践研究中明确方向（具体内容详见《主题式结构游戏中幼儿核心素养框架的解读》一文中表5）。

4. 谋增减　显层次　明框架（第四阶段2018.7—至今）

在课题研究过程中，我们的课题组成员又产生了新的困惑与思考：这些核心素养在主题式结构游戏中都能得到发展吗？各素养发展的程度都一样吗？除了这些素养外，还有哪些素养是幼儿必备的？此外，我们一直认为在主题式结构游戏中幼儿核心素养的发展是一个相互联系、相互促进、相互融合、相辅相成的体系，并具有一定的发展性，那我们该如何体现这个可持续动态发展过程呢？

课题组继续查找、收集最新有关核心素养内容的文章，中国台湾地区的《核心素养发展手册》以及"21世纪核心素养5C模型"的出炉为我们拓宽了对幼儿核心素养内容的认识,我们对第三阶段幼儿核心素养内容根据我园特色进行了合并、筛除与调整。如合并"人文积淀"和"人文情怀"两个基本点,并调整为更适宜幼儿在主题式结构游戏中发展的"人文熏陶";添加了"求异创新"和"顺势应变"两个基本点,并将其归属于三大素养中的"自主发展"素养领域;此外还增加了"沟通互动"与"团队合作"两个基本点,并将其归纳到"社会参与"素养领域,最终我们将原本的三维度六要素十八个基本点修正为三大素养二十个基本要点。

实践过程中教师提出:三大核心素养下的每个基本要点该如何去辨识轻重,对幼儿有目的地关注和引导? 通过商讨,我们决定采用星号数量标志,助力教师判断幼儿众素养发展中的轻重关系。以"社会参与"核心素养为例,我们标注3星的基本要点是"社会责任""沟通互动",标注2星的基本要点是"国家认同""国际理解""劳动意识""团队合作""顺势应变",表示幼儿阶段3星基本要点更符合幼儿现在需要侧重培养的特点。(具体内容详见《主题式结构游戏中幼儿核心素养框架的解读》一文中表6)

此外,随着幼儿年龄、发展水平的递增,幼儿核心素养的培养与发展呈螺旋上升的趋势,以解决生活情境中所面临的问题,并能应生活情境中的快速变化而与时俱进,成为一名全面发展的幼儿。(如《主题式结构游戏中幼儿核心素养框架的解读》一文中图1所示)

(四)实践研究,探索基于核心素养培养的主题式结构游戏的组织与实施

为了确保主题式结构游戏设计与实施的科学性与连续性,自课题立项以来,课题组在各年龄段都尝试了围绕"主题"预设或生成的系列活动,并积累了初步的经验。

1. 多样的主题内容

(1)主题来源体现预设与生成相结合

主题的来源是随着幼儿年龄的增长逐步发生变化的,主题式结构游戏中最需要关注的就是预设与生成之间的关系。研究中发现,采用先预设后生成和边预设边生成的模式来推进主题式结构游戏的开展,根据幼儿的年龄特点及主题活动的兴趣需要自主选择以上两种方式中的一种深入开展研究。

① 先预设后生成

对于小年龄的幼儿来说,他们的有意注意和活动目的性不明确,所以一般都是教师观察幼儿的兴趣确定主题,以教师启发为主,在后续过程中不断关注幼儿的表现和生成,从而完成主题式结构游戏活动的研究。到目前为止的研究中发现,小班和中班上学期的主题式结构游戏活动,更适宜先预设后生成的研究模式。以中班主题式结构游戏《我在马路边》为例。

【案例1】中班主题式结构游戏《我在马路边》

背景:在中班的一次远足活动中,教师带领幼儿沿着幼儿园门前的上丰路一边走一边介绍马路两边的设施,积累幼儿对于幼儿园周边设施的经验,教师将这个过程用照片的形式记录下来贴在表征墙上。为了加深幼儿的印象,打铁趁热,当天就下发了"幼儿园门前的一条路"调查表,将这个活动拓展到家庭,让爸爸妈妈也参与到我们的主题活动中。家长和孩子们认真地完成了任务,有的用照片的形式呈现,有的用绘画的形式呈现,教师将不同的形式归类,分别用夹子的形式呈现在表征墙上。

片段一:自由活动时间,三五好友前去翻阅这些调查表,相互介绍着自己的。晖晖说:"我的马路上有公交车、小汽车。"晨晨说:"我马路上的车子和你不一样,有大吊车和救护车。"这个时候晖晖指着结构展示区的汽车说:"你看,我还能把它用积木搭出来。"晨晨可是我们班的结构小明星,他毫不示弱地说:"这有什么难的,我也能把大吊车和救护车搭出来。"一旁的小毅发话了:"马路上除了车子还有很多漂亮的房子呢!"

片段二:听了大家的对话,教师生成了美术活动"幼儿园门前的一条路",活动开始,大家利用调查表介绍上丰路上都有些什么。紧接着教师抛出了一个难题:"小丸子幼儿园门前的一条路空空荡荡,大家一起来帮帮她!"孩子们一起为小丸子设计起了马路,有的用图形组合的方式,有的用绘画的方式,有的用借形想象的方式将自己的想法表征出来,最后大家用各种结构材料将设计图模拟出真实的情境,幼儿将活动前期搭建的一个个图形(正方形、长方形、三角形、梯形、圆形)用图形组合的方式搭建出了房子、车子、树木花草……活动中,涵涵用一个梯形和两个圆形做了一辆小汽车,可是由于都是平面的怎么也站不起来。涵涵发愁了,一旁的宸宸又拿来两个轮子,跟涵涵说:"汽车应该有四个轮子才对。"涵涵豁然开朗,对啊,于是又在另外一边安上了两个圆形,神奇的时刻出现了,汽车居然站起来了……

思考分析:

幼儿远足活动和调查表是老师预设的,都有幼儿的参与,将它们贴在表征墙上大大吸引了幼儿的注意,同时帮助幼儿积累活动前期经验。用夹子夹取的方式呈现,既节约了空间,又便于幼儿翻阅,在翻阅讨论的过程中,很好地发展了幼儿勇于探究和信息意识。

由老师的两个预设活动,激发了幼儿的搭建欲望。这个时候老师及时抓住了这个教育契机,趁着孩子们的兴趣高涨,生成了"幼儿园门前的一条路"这样一个美术活动。在活动中,老师抛出疑问,引导幼儿用设计和搭建的方式帮助他人解决问题,很好地将美术和结构融合在一起。活动中孩子们的想象力和创造力达到了很大程度的展现,汽车、房子、花草造型各异,无奇不有。当然有成功的,也有个别幼儿遇到了难题,但是在同伴的帮助下一起解决了困难,这正是体现了幼儿问题解决、沟通互动这些素养基本点的发展。

【案例2】小班主题式结构游戏《多变的圆盘》

背景：

我们正在开展《小司机》主题,如何找到一个适宜的切入口开启和推进小班的主题活动呢?教室钢琴上的一个圆形饼干盒的圆形盖子引起了老师的注意,何不把这个圆盘放在醒目的地方,看看孩子们会有什么想法?于是,教师将这个大大的、硬硬的圆盘放到了教室的主题墙面上,一时间引来了孩子们的关注。

片段一：

"老师,这是什么呀,像圆圆的脑袋。""像大饼。""像镜子。""像方向盘。"……自由活动时孩子们都兴奋地告诉老师他们的发现。

片段二：

第二天,老师在圆盘上动了手脚,圆盘变成了方向盘。孩子们开始自言自语起来,"真好玩,饼干盒变成方向盘了。""这是宝马的方向盘。""不是,这是奥迪的,我妈妈车子上也有这个圈的标志的。"宝贝们,原来圆盘可以变化的,加上一些标志和线条就成了方向盘啦,太神奇了。看看教室里还有没有圆形的东西,我们变一变可以玩开车游戏啦。

于是在老师的提醒和鼓励下,几天里孩子们找到了很多积木搭建的圆形作品,他们加上两根小棒就完成了方向盘。

片段三：

教室里多了很多方向盘,孩子们都会拿上方向盘在运动和角色游戏中玩开车游戏,此时教师又将两个搭建好的方向盘放到了墙面上,在上面又放了一个盒子组合成了一辆小汽车。这一个改变又被敏锐的孩子关注到了,"圆圆的盘子变成轮胎了。"轮胎有什么秘密吗?可以回家看看自己家里小汽车的轮胎,可以在动脑筋游戏中试试轮胎拓印,运动中孩子可以"滚轮胎",学习活动《快乐的轮胎》……一时间有关轮胎的活动成为师幼共同关注的话题。

思考分析：

《纲要》中指出小班幼儿的年龄特点为有强烈的好奇心,为此教师能以生活中常见的圆形物品作为开启主题活动的切入口,让幼儿能关注教室中的变化,能对圆形的东西产生好奇和探究的欲望。从案例中可见,教师的预设是有效的,能引发幼儿的主动关注的。

此外,以"多变的圆盘"为小主题开展一系列的活动,都是基于教师对幼儿在预设活动下的各种兴趣和反应从而逐步推进的一个过程,也可以成为"小司机"主题下的一个小主题活动。为此,教师能结合小司机主题中的各种学习、游戏、生活等活动资源,进行巧妙的整合。

类似的案例还有许多,其经验主要表现为:活动的深入是基于教师的预设为先,追随幼儿的兴趣和经验为基,层层推进主题式结构游戏的开展。

② 边预设边生成

大班幼儿的知识经验和想法更为丰富多样,为此,以班级中大多数幼儿的兴趣为共同研究的重点,开启主题式结构游戏活动。以大班主题式结构游戏《旅行去》为例。

【案例3】大班主题式结构游戏《旅行去》

背景:

十一国庆长假,孩子们纷纷外出游玩,有的去了首都北京,有的去了甘肃七彩丹霞、内蒙古额尔古纳湿地、上海迪士尼、中华艺术宫等。在班级里,孩子们就特骄傲地和同伴说:"我去哪里哪里玩了,那里有……"而同伴又聆听得非常认真。正好我们在开展主题《我是中国人》,主题中有个集体教学活动《旅行去》,活动目标是介绍中国的著名景点和特产。于是请家长协助收集旅行时的照片,并布置在表征墙"我的足迹"版块中。

➢ **镜头一:**

在活动中,原本比较内向的芯芯看着照片对大家介绍道:"国庆节里,妈妈带我去首都北京,在天安门前拍了这张照片。"我追问道:"天安门广场是怎样的?"芯芯说:"天安门广场很大很大,有好多的游客,我还看到了黑黑的非洲人呢。"我点点头:"就像我们学过的故事《月亮船》上说的,天安门广场是世界上最大的广场。身为中国人感到如何?"芯芯大声地说:"我觉得很自豪。"

哲哲看着自己提供的照片和大家分享道:"国庆节里我去了内蒙古,那里有很大的草原,还有很多少数民族,他们住的房子也和我们的不一样,叫蒙古包。"

熠熠争先恐后地说:"我去了中华艺术宫,妈妈说以前这是世博会的时候代表我们中国的展馆,里面有很多我们中国的宝贝……"

> **镜头二：**

孩子的兴趣一直在延续，于是教师组织了一次谈话活动《旅行时所见所闻》。芯芯说："我在北京旅行的时候看到很多外国人，有皮肤黑黑、头发卷卷的非洲人，还有金色头发皮肤雪白的欧洲人。"我点点头说："是呀，我们中国地大物博，也吸引了很多外国人来参观游玩。"

萱萱说："我去丽江的时候还见到了少数民族——白族，他们的头上戴着像帽子一样的头饰，导游和我们说那叫风花雪月。"哲哲在旁边马上补充道："我去内蒙古的时候还看到了蒙古族，他们是马背上的民族。"有了同伴们的介绍和说明，大班幼儿在表现人物方面有了新的突破，慢慢地结构区里出现了少数民族人物形象的作品……

> **镜头三：**

随着主题活动的不断深入，孩子关于旅行的话题也越来越丰富，于是收集了孩子关于"向往之地"的调查表。男子汉气概十足的孟孟说："我要搭长城，因为爸爸说过：不到长城非好汉。"暄暄说："我要搭迪士尼乐园，上次妈妈带我去玩过，可是我还没玩够。"尧尧说："我要搭天安门广场，还要去广场上看升旗仪式……"孩子们想去的地方各有千秋，接着有了想法就要有行动，我们鼓励孩子们用画画的方式设计"作品草图"，并鼓励幼儿在建构游戏时间积极寻找合作伙伴，动手动脑将自己的作品搭建出来。

思考分析：

正是孩子们的旅行经历开拓了他们的视野，使他们了解到我们中国是个多民族国家，感受到了祖国的大好河山，感到作为一个中国人的骄傲。大家的共同话题都在围绕旅行开展，何不将主题锁定在"我是中国人"主题下的"旅行去"呢？于是乎通过收集信息，表征墙上迅速成为孩子们展示旅行成果、发现旅行乐趣、介绍旅行故事的场所，本来内向害羞的孩子现在能大方地在同伴面前介绍自己的经历。当然，对于大班幼儿来说他们的兴趣点远远不止这点，教师应该追随孩子的兴趣接下去做。

教师能追随幼儿的热点和话题展开活动，只要是幼儿感兴趣的内容值得大家互相学习的，就会开展相应的后续跟进活动。如集体教学活动，角色游戏、运动、结构游戏等，旨在让幼儿生成的内容能更有效地推进和发展。层层深入的活动就能满足幼儿多种素养培养的需求。

以上两种不同的研究模式，就是基于幼儿核心素养的培养开展的系列探究活动，而这些素养在主题式结构游戏中得到凸显，这些素养的形成是相互联系、相互交叉、相互融合、相辅相成的，这些素养培养过程的研究是幼儿核心素养立体式交互关系的研究。

（2）主题资源体现学校与社区相结合

《纲要》在总则部分第三条指出："幼儿园应与家庭、社区密切合作，与小学相互衔接，综合利用各种教育资源，共同为幼儿的发展创造良好的条件。"为此，我园的主题式结构游戏活动每个主题开展的过程都是系列的探究活动，多途径开展主题式结构游戏，促进幼儿核心素养的发展。

如小班在开展《娃娃家》主题活动中，收集的全家福投放在主题墙面上，有的孩子发现照片没有相框不漂亮，此时宝宝们平时用积木搭建的小棒成为突破口，把小棒围在照片外面试一试吧。于是，全家福相册的活动就自然而然产生，后续也产生了一系列有关的活动，如亲子活动——"结构相框展"，个别学习活动——"我们的全家福"，角色游戏——"娃娃的房间"。有了教师的预设和追随幼儿开展活动后的各类生成活动，小班《娃娃家》主题式结构游戏活动就此确定。随后，娃娃家中的餐具、喂娃娃、给爸爸妈妈设计发型、角色游戏鞋店、角色游戏宠物店、我的家等系列活动都成为此主题式结构游戏中的经典案例，从中幼儿能进一步了解自己的家和家人，爱亲敬长的情感得到发展，同时幼儿在主题式结构游戏活动中审美情趣和劳动意识也初步萌发。

2. 自主的表征方式

曾经风靡世界的意大利瑞吉欧幼儿教育就指出："幼儿园游戏理论基础其实有一百"，它告诉我们孩子是由一百组成的，孩子有一百种语言，一百只手，一百个念头，一百种思考方式，一百种聆听的方式……那些个一百都是与生俱来的，并互相影响的，孩子有探索和感知的能力，能组织所获得的信息和感觉，寻求交流和互动的机会，他们甚至具备了符号论者和探索家的基础技巧。

基于以上的思考，我园将幼儿在主题式结构游戏活动中探究的过程和结果用表征墙的形式呈现，以大班主题式结构游戏活动《有用的植物》为例。

【案例4】大班主题式结构游戏《有用的植物》

背景： 大班主题《有用的植物》开始了，教师带领幼儿在幼儿园散步的时候有意识地走到了种植园，并将孩子们在参观、发现、讨论、研究中的照片拍摄下来。

➢ **镜头一：** 教师将带领幼儿参观种植园的照片贴在表征墙上，于是孩子就把种植园中看到的各类蔬菜、水果等用绘画的形式进行表征并放到表征墙面上，能力强的幼儿更能用结构材料搭建各种蔬果造型，如青菜、娃娃菜、番茄、橘子、草莓等，这些漂亮的成果作品除了放在表征墙下的展示区之外，作品照片也被收纳到了表征墙面上。

思考分析：将幼儿参观照片贴到表征墙面上，能有效引发幼儿的主动关注，能帮助他们回忆参观经验并大胆表达自己的所思所想，为后续的主动探究做好铺垫。

➢ **镜头二**：有一次孩子们贴上了一个大大的问号："草莓去哪里了？为什么种植园里没有呢？"这个话题的引入一下子成为班级里共同研究的话题，幼儿纷纷通过找资料收集信息的方式获得了最终的答案，原来我们在秋天能买到的草莓都是在温室里栽培出来的呢！教师为了让幼儿能亲眼见证奇迹，就在家长群里发出了呼吁，希望家长能带领幼儿到暖棚基地里一探究竟。有幸亲临现场的孩子将蔬果种植基地的照片贴到了表征墙上，又从教室里的材料库里寻找了很多辅助材料，如小棒、扭扭棒、透明塑料膜等。突然地面的结构展示区里出现了一个迷你暖棚，里面就种植了草莓，红艳艳的草莓在暖棚里长势喜人。

于是教师就把教室里搭建出的暖棚种植方式的照片贴到了表征墙上。第二天墙面上又多了一个问号，原来教室自然角里的无土栽培又引起了孩子的关注，到底种植蔬果有哪些方式呢？继而引发幼儿的主动探究，没几天展示区的种植园里的蔬果品种齐全，种植方式也各异，如暖棚种植区、藤架种植区和泥土种植区、无土栽培区等。

思考分析：上述案例中幼儿能主动发现草莓去哪里的问题，愿意去收集各种信息，主动与家长一同参观暖棚基地等一系列的活动充分激发了幼儿的主动探究、质疑解疑等问题解决的素养，又能在参观后主动丰富班级中的结构种植园，体现了幼儿勇于探究和劳动意识的发展。其中几个基本点之间是相互联系、相互融合、相互促进的，幼儿愿意将探究的结果付诸行动。

➢ **镜头三**：一个箭头和一个问号就将活动转向了另一个阶段，这些种植园的蔬菜都到哪里去了呢？亲子调查表就出现在表征墙上，原来都在菜场里，菜场里的蔬菜品种齐全，于是绿色菜篮子的小主题就产生了，孩子们主动搭建菜篮子投放在角色游戏中，又在玩游戏过程中尝试开展"10元买菜活动"，又产生了"农家乐一日游"活动，后面的探究在不断地开展和深入中。

思考分析：主题式结构游戏活动中幼儿的劳动意识和勇于探究意识不断增强，继而会引发一个个与《有用的植物》相关的小主题，如"街心花园""能治病的植物"等，教师会继续关注并支持幼儿的兴趣和表现。

【案例5】中班主题式结构游戏《我爱我家》

背景：

教师组织孩子开展了一次谈话活动——"我的爸爸"，孩子们纷纷各抒己见，描述起自己的爸爸来,如外貌特征、高矮胖瘦、工作等等。活动中,孩子们表达了各自对爸爸的喜爱,也对爸爸提出了一些小小的意见。活动结束后请孩子们与自己的爸爸一起完成一张《爸爸调查表》,将爸爸的年龄、爱好、本领等用绘画或者照片的形式呈现。收集之后,教师将这些调查表展示在表征墙上。

> **镜头一**:孩子们关注到了表征墙的调查表,根据爸爸的长相孩子们用绘画和搭积木等多种方式表现了自己的爸爸。教师将绘画作品贴到了表征墙上,并在地面展示区留出空间让孩子放置自己搭建的作品。没几天表征的形式越来越丰富,内容也越来越多。

> **镜头二**:一天几个孩子又在看调查表,有孩子说:"咦,我的爸爸和你的爸爸一样,都属龙!"大家开始针对属相这一栏讨论起来。因此,教师抓住这次由孩子引发的生成活动,开展了一次讨论活动,把调查表上爸爸们的属相标记出来,并统计哪个属相最多,在最多的属相旁边贴上一枚小星星。

> **镜头三**:通过主题活动的继续深入,幼儿将兴趣点从爸爸的长相、属相逐渐转移到了爸爸的本领上。于是教师在表征墙上的醒目位置放上了爸爸的图片,并辅以几个简单的箭头,让幼儿能通过自己的多种方式表达出爸爸的本领。又将同一内容(调查表)用活页夹的方式保存和展示,留出更多的空间给予幼儿表征。

上述案例中可见表征墙在开展主题式结构游戏活动的重要性,我园也在如何有效呈现表征墙的研究中凝练出了具体的经验。即①表征墙需呈现主题开展的脉络,凸显有序性;②善用思维导图,体现研究过程轨迹;③体现阶段性动态发展,推进研究进程。在此要强调的是表征墙是以表征幼儿的表现为主,呈现的都是幼儿的需求,可以用箭头、符号、图片、设计图、适当的文字等多种符合幼儿年龄特点的表征方式。

3. 凸显的核心素养

实践表明,通过各种主题式结构游戏活动的研究,核心素养在幼儿阶段能得到较好的培养,其方式也是行之有效的,而且这些核心素养在幼儿阶段的初步显现将极大地促进其核心素养的进一步发展,也为其后继学习和终身发展奠定良好的素质基础,以大班《小小"奥运会"》主题式结构游戏为例。

【案例6】大班主题式结构游戏《小小"奥运会"》

背景:如何将结构材料运用到室内运动中呢?怎么样的室内运动既能满足大班幼儿的发展,富有挑战性,又能满足幼儿的兴趣,具有趣味性呢?带着这些问题,我们不断思考,反复斟酌,终究没有一个满意的解决方案。索性,我们将这两个问题抛给了孩子们，于是一场带有"随便"意味的室内运动变成了孩子们眼中"不随便"的任务。

> 镜头一：

室内运动开始了，三五成群的幼儿用碳化积木搭建起来。有的玩交叉式跳跃，有的玩障碍式走跑，有的铺成了方形，有的铺成了圆形。在队伍的尽头，有一组孩子正在悄悄"策划"着什么……没过多久，一个非常特别的跑步机出现在了众人面前，孩子们十分兴奋地在上面跑着步。其他孩子觉得这个创意十分新奇，纷纷效仿。

核心素养分析：

幼儿总是很敏锐地感知着周围环境的变化，发现新的材料，并且将自己的生活经验融入其中。可以看出，教师的适当放手，恰恰是促使孩子发挥创造力的催化剂。既然孩子们对跑步机这么感兴趣，那么我们何不来一场关于运动的话题交流呢？孩子们从交流——调查——分享的过程中，对奥运会产生了浓厚的兴趣。于是，属于孩子们的"小小奥运会"正式拉开了序幕。

从幼儿对材料的探索，大胆创新与后续的思考交流中发现，简单的一个活动蕴含了幼儿多种智慧，他们勇于探究、求异创新、勤于反思，体现了大班幼儿已有主动收集信息的意识，指向了幼儿多种核心素养基本点的培养。

> 镜头二：

有了明确的主题和材料，孩子们又开始打造场地了。这次，孩子们分别在两个场地进行了场景搭建，一组利用方块积木铺成河道，另一组用长木板搭建，于是皮划艇奥运项目就新鲜出炉了。完成后，孩子们兴致勃勃地玩了起来。可是一玩起来用积木铺成的河道总是散架。雯雯失望地对一旁的朋友说："怎么回事？我们可以怎么解决？"王梓说："要不我们不要全部铺满，就用积木围一条小河吧。"这个想法得到了大家的认可，一会儿工夫就重新调整好，大家迫不及待地玩起来，这次"小河散架"的问题再也不会影响皮划艇比赛的正常进行了。

核心素养分析：

奥运会主题的选择和确立都是来源于孩子，所以他们的主动性得到了完全激发。当发现在比赛过程中出现了"小河"散架的问题，孩子不再只会寻求教师的帮助，通过与同伴的协商、思辨，他们完全有能力去解决当前出现的问题。主动学习的意识凸显，幼儿在主题式结构游戏中自主发展的素养逐步显现。

> 镜头三：

"我赢啦！""是我们赢啦！"在运动场上传来了争吵声，不仅引来了同伴也吸引了老师的注意。"奥运会上有裁判，我们也要增加起点和终点，这样才公平。"在孩子们的争论中最后达成了一致,增加了比赛的规则。

"奥运会上我还看到有领奖呢。""还可以唱国歌。"……

一时间奥运赛场上的各种细节都得到了幼儿们的关注。没过几天领奖台就出现在赛场的一端,大班的孩子在裁判的指令下从起点出发,通过百米竞赛分出了胜负。冠亚季军纷纷自豪地站上领奖台,一旁的栏杆上有一面飘扬的五星红旗,奥运健将们铿锵有力地唱着国歌。

核心素养分析:

奥运赛场上中国健儿的表现让每一位中国人为之赞叹和自豪,我们的孩子也能深深体会到这一点。自从开始了奥运会的活动后,他们关注到了奥运现场的全部过程,并能一一再现在他们的活动中。勤于反思、国家认同基本点的发展在他们不断丰富的活动现场得到了诠释。升国旗奏国歌时再也无须老师提醒要严肃,要尊重国旗,因为他们在比赛场上感受到了成功的不易,会自觉地主动地保护着来之不易的成绩。从升国旗时孩子们的表情和肢体动作不难发现,除了认知方面的发展,更重要的是爱国情感的升华,更对自己是中国人而感到无比的自豪。

➤ **镜头四:**

又过了几周,活动持续进行着,似乎到达了瓶颈期,很难有所突破。于是寻求了家长的帮助,希望能够给予孩子们些许灵感……

在家长的参与下,东西走廊的跑道在不改变原有造型的基础上新增了110米栏的项目;皮划艇和飞人项目可以组合着玩;在另外一个场地中,长方形的碳化积木引起了家长对于多米诺骨牌的联想,家长和幼儿共同尝试在场地中创设探索多米诺的环节,可是如何增加多米诺的场地又不影响运动呢?多米诺是不是运动项目呢?一个个问号在孩子们心中不断涌出……

核心素养分析:

家长的参与无疑给幼儿打了一针兴奋剂,当看到自己搭建的跑道上居然能够快速变换出另一种比赛场景时,孩子们身体的每个细胞都开始跳动起来,激发了孩子们运动的潜能。孩子们发现很多场景可以玩出不同的运动项目,有的微调后可以成为另一个项目,有的组合起来就可以成为"铁人三项"等更富有挑战的项目。可以自豪地说这些发现调整和再创造的过程充分将孩子们的勇于探究、勤于反思、团队合作、求异创新、问题解决和批判质疑等素养基本点得到了综合的发展。

当发现多米诺骨牌在自己的手中轻轻一推,全部倒下时,所有幼儿的关注都有的新的聚焦点,企图发现其中的奥秘,瞬间激发了幼儿探索的兴趣。但是主题是奥运项目,那么多米诺骨牌的活动适合在此环节中开展吗?幼儿对此进行了理性思考,不能因为好玩而偏题了,也对此大胆提出批判质疑。由此小小孩子心中自主发展素养的培养种子潜移默化地种下了。

每个主题的开展中幼儿的综合核心素养都能得到不同程度的发展,尤其是与主题紧密联系的侧重的几个素养基本点得到了更深入的培养。幼儿在不同年龄段参与的不同主题,就是对幼儿综合核心素养培养的最好方式和途径。所以我们认为在幼儿学前阶段幼儿核心素养培养是"相互联系、相互交叉、相互融合、相辅相成"的。

4. 有效的组织原则

① 主题性原则

主题性原则是以主题为背景,教师依据主题目标,有目的地创设与主题相关联的结构游戏活动。

如:中班《我在马路边》主题下,教师根据主题目标组织开展谈话活动"马路边有什么?"从中了解幼儿已有的生活经验。在活动中,幼儿能够大胆表达自己在马路边的发现,如车辆、交通信号灯、交通标志、路灯等。在过程中,教师运用多媒体等形式呈现相关内容,激发不同能力层次幼儿进行表达,促进其观察与表达能力的发展。同时,根据幼儿的兴趣,继续丰富其经验,如:了解马路边车辆的名称、外形、用途等,进一步激发幼儿对马路边各种设施与车辆的经验。在此基础上,幼儿围绕主题进行自主搭建活动,利用结构材料进行表征,促进其创造能力的发展。继而,通过幼儿作品的交流展示,提升幼儿对自己及同伴作品的评价能力。其次,教师引导幼儿在欣赏作品的同时与作品进行互动,如汽车分类、停车场等,激发幼儿对马路边不同设施的进一步认知,在丰富主题经验的同时,更促进幼儿核心素养的发展。

② 融合性原则

主题式结构游戏不仅只局限于单一的建构活动,更能有效地融合在我们平时的一日活动中,如游戏、运动、生活等。

如在中班《交通工具》主题中,教师创设"停车场""交通棋"等个别学习活动,将幼儿搭建的不同车辆作品作为操作材料,不仅让幼儿作品得到进一步的认可,更调动了幼儿进行搭建的意愿和兴趣。在角色游戏中,幼儿在开设"电影院"时为了观看3D电影,利用雪花片搭建了3D眼镜,不仅充分体现了幼儿使用替代物进行表征的能力,更是体现幼儿在游戏过程中的自主性和创造表现力,丰富了幼儿的游戏行为。另外,在室内运动的环境创设中也充分体现了结构特色,教师结合不同的运动场地,投放了适宜幼儿运动的大型结构材料。在开展运动的过程中,幼儿能够充分利用各种结构材料搭建运动器材,自主自发地创设不同的运动项目,如跳房子、跨栏、九曲桥等。在过程中,幼儿愿意与同伴进行简单的商量、合作,让运动变得更自主有趣,促进了幼儿多方面的发展。

【案例7】小班《娃娃家》主题

> **镜头一:结构游戏——圆圆的鸡蛋**

岳岳常用小点点组合成的一个圆形敲击桌面,"笃笃笃,笃笃笃",于是我问道:"岳岳,这是什么呀?""这是鸡蛋呀,圆圆的鸡蛋!"说完,又在篮子里找了相同形状的扇形积木接插成一个圆圆的鸡蛋,边搭边说:"送给娃娃家的妈妈!"

分析:

小班幼儿年龄虽小,但不妨碍他们的创造想象能力,利用材料接插了一个简单的圆形,所以在结构材料面前,幼儿依据自己的想法任意操作、改变、组合材料,实现一物多玩。正是这样开放多变的特性紧紧地吸引着幼儿,挑战着幼儿探索的主观能动性,不断引发他们的创造性行为,为幼儿创造能力的发展提供了一片沃土。

> **镜头二:角色游戏——好吃的食物**

好吃的鸡蛋引起了其他孩子的共鸣,纷纷建议要为娃娃家制作许多好吃的食物。于是在娃娃家的冰箱里塞满了各种各样的食物。娃娃家的爸爸妈妈们拿着这些食物,利用结构材料常常能变出各种美味的食物给家人或客人吃,受到了大家的好评。

分析:

一个圆圆的鸡蛋引发幼儿更多的想象,创造出了许多美味的食物,如何有效利用这些结构作品,让这些结构作品能在孩子们的手中活起来,投放到孩子们最喜欢的角色游戏中最为合适。当孩子们拿着自己搭建的作品进行操作的时候,更能激发他们参与活动,积极动手动脑,有时还能根据实际需要,现场搭建游戏需要的材料,主动迁移已有经验创造玩法、解决问题,进一步丰富了角色游戏的情节。

> **镜头三:区域活动——有用的工具**

区域活动时,孩子们喜欢聚集在结构区拼拼搭搭。当有的孩子搭建出榨汁机,说要为妈妈做出世界上最好喝的西瓜汁时,其他的孩子也纷纷行动起来,迷你吸尘器给辛苦的妈妈用,电视机全家一起看,等等。

分析:

在《娃娃家》主题式结构游戏的影响下,孩子们对活动充满了兴趣,他们每时每刻都在创作,而为了支持幼儿的创造行为,教师需要创设一个宽松的氛围,鼓励幼儿在来园活动和自由活动时,自由选择材料、时间和空间进行主动操作和想象。同时以这样的方式，幼儿还表达了自己对家人的"爱"，使幼儿的情感得到了进一步的升华。

➢ 镜头四：亲子活动——装饰娃娃家

娃娃家的活动开展得越来越精彩，也吸引了爸爸妈妈的注意，所以我们以"装饰新家"为名，邀请父母也参与到我们的活动中。对于父母的到来，孩子们都兴致高昂，介绍起了娃娃家的各种物品，看着孩子们认真专注的探索，家长们也提出了自己的建议，为娃娃家增添了许多有趣的物品，有相框、花瓶、微波炉等等。

分析：

通过亲子活动，丰富主题形式的同时，也帮助幼儿积累了更多的主题经验，为幼儿的后续活动打开了另一扇创想之门，并能保持良好的兴趣和主动探索的欲望；也借此契机，让家长看到了孩子们在活动中的积极表现，了解了培养幼儿核心素养的意义，为主题式结构游戏进一步深入开展出谋划策。

③ 探索性原则

《3～6岁儿童学习与发展指南》中指出：幼儿"学习发现问题、分析问题和解决问题，帮助幼儿不断积累经验"。在主题式结构游戏中亦是如此，幼儿以欢快、愉悦的情绪状态发现问题，积极探索解决办法的途径与方法，从而解决问题，并对主题进行多角度、多维度的自主探索与生成。幼儿在主题式结构游戏中不断提升建构经验，以及协同幼儿核心素养得到相应的发展。

如中班《交通工具》主题的开展前期，幼儿通过投票选出了最受欢迎的交通工具——飞机。随后，教师首先开展了美术活动，了解幼儿对于"飞机"的当前经验。通过与幼儿共同解读作品，将飞机分为"直升机"与"载客机"两种类型。继而，教师为幼儿提供橡皮泥和各类积木围绕两种飞机类型进行创造表现，根据幼儿作品，教师继续丰富相关知识。以此为契机，还邀请了作为新西兰航空空姐的家长代表来园开展了一次"航空体验日"，在过程中幼儿了解了在飞机上的一系列相关知识，如登机准备、安全准备、飞机餐等。在体验活动后，幼儿在角色游戏中自主创设了"飞机场"情境，并有一定的角色分配意识，如机长、空乘、乘客等。另外，在过程中幼儿善用不同的材料丰富游戏情境，有的用大纸箱和KT板围合成机身，有的用雪花片作为机餐食物等，在过程中幼儿自主探索和表征行为的能力也得到了发展。在主题的不断开展过程中，幼儿的兴趣已经不仅限于"飞机"，更是发展为对于"机场"的关注。继而我们结合了墙面表征墙与地面结构区，师幼共同创建"机场"情境。并且结合亲子调查，幼儿自主探索与了解"机场"主要构造及设施，以此推动幼儿创造能力和表征能力,如用搭建、绘画、剪贴等方式制作航站楼、接驳车、行李车等。在不断丰富主题内容的过程中,幼儿的创作表现能力得到了提升,同时在对主题的探索过程中,幼儿对主题知识概念的建立也更为深入,而主题活动也更为有趣、丰富。

又如大班《我要上小学》主题中,为了丰富幼儿的主题经验,组织幼儿参加王港小学开放日活动,了解小学生的学习生活和环境。通过观察和对比,完成调查表《哪里不一样》,梳理出幼儿园和小学的不同。小学里高高的教学楼给幼儿留下了深刻的印象,幼儿利用结构游戏和来园活动时间搭建了起来,有的用百变积木,有的用雪花片,有的用木块,不同的材料搭建出了不同的效果,镂空、旋转、架空,姿态万千。渐渐地,普通的建构材料已经不能满足幼儿的需求,他们开始探索材料库里的各种材料,纸杯房、筷子房、夹子房、纸牌房……应运而生。为了更深入地探索,生成了集体教学活动《造高楼》,重点探索用纸牌造高楼的稳定性。对于教学楼的外部特征有所了解之后,幼儿开始探索它的内部结构,这也体现了大班幼儿对于细节的观察程度。一间间教室(有门有窗)、教室里的课桌椅(有桌肚)、大黑板(有数字加减运算),这就是一个活脱脱的微型教室。这不仅只是一个摆设,角色游戏时间,孩子们玩了起来。在缺少小客人的情况下,幼儿搭建了若干个小人坐在了椅子上,自己拿起教棒做起了小老师,通过数字符号不同的摆放,一个生动有趣的数学活动开始了……可是小学里还有很多的活动,幼儿还在不断地探索新的玩法。字母、拼音、小花、小树等结构作品都被孩子们用于开展"我要上小学"主题活动中。除此之外,幼儿还用最喜欢的碳化积木搭建两条赛道进行接力赛,并不断升级赛道,增加挑战,生成了一个有趣的小学体育活动。随着主题的深入,幼儿不断探索生成新的活动,使主题式结构游戏日渐丰满。

④ 游戏性原则

游戏是幼儿的天性。在主题式结构游戏的开展过程中,幼儿能根据自己的意愿有选择地进行搭建,也能把自己的作品"玩"起来,幼儿在边搭边玩的过程中丰富自己的建构经验的同时,也能不断提升游戏经验,充分体现基于幼儿核心素养培养的主题式结构游戏的游戏性原则。

如在小班主题《动物花花衣》中,孩子们通过观察图片,了解了动物的黑白皮毛和花纹后,他们又尝试利用乐高、雪花片及辅助材料搭建各种小动物并展示在窗台上。随着各种动物的数量增多,角色游戏的时候,我们和孩子一起商量把窗台上众多的小动物称之为动物园。当好朋友一起去参观时,看到大熊猫饿了,孩子们用绿色乐高垒高变成竹子喂给大熊猫吃;爸爸带着宝宝去动物园,看到动物孤单时,搭建了大树、滑滑梯等有趣的设施,说让动物练本领。

围绕主题,教师有目的地引入或创设一些情境,激发幼儿的学习兴趣;再以幼儿最喜欢的学习方式——游戏展开,让幼儿对活动始终保持新鲜感,从而获得更多的主题经验和游戏的乐趣。

又如在大班主题《去旅行》中,幼儿对"坐飞机"的旅行方式充满了浓厚的兴趣,他们带来了飞行棋,在游戏中满足去旅行的欲望。在个别幼儿的带动下,全班掀起了玩飞行棋的热潮,可是问题也相应产生,班级里的飞行棋只有一副,但是大家都想玩,那怎么办呢?幼儿马上想到了用百变积木自制了一副与众不同的飞行棋——百变飞行棋。百变积木制作的飞行棋比起原来的飞行棋,更有立体感,而且棋子可以在棋盘上进行固定(百变积木上有小点,可以按压),使棋面不容易被打乱,保证了幼儿在游戏过程中持续不断的游戏体验。

一副小小的自制飞行棋,看似简单,但是意义深刻,体现了"以幼儿为本"的理念,为满足幼儿的游戏体验而进行搭建活动。在"搭搭玩玩"的过程中,提高幼儿团队合作的能力,用最少的时间、精力完成搭建;用颜色和箭头体现游戏规则,说明幼儿有良好的理性思维;在游戏过程中的观察能力也会进一步提升,幼儿不仅要走好自己的棋,同时还要检验他人的操作是否正确,同伴之间的交往体现得淋漓尽致。

5. 巧妙的实施方法

(1)信息收集法

信息收集是指通过各种方式获取所需要的信息。信息收集是信息得以利用的第一步,也是关键的一步。这不仅对应了幼儿核心素养二十个基本点中的"信息意识",而且还影响着主题式结构活动是否能更生动、丰富、有趣地开展下去,同时促使幼儿其他各类核心素养的协同发展。

我们在开展主题式结构游戏过程中的信息收集主要分为实物类、图文类、电子类以及作品类。

① 实物类

实物类信息主要包括实物、模型、仿真道具等物品,让幼儿对实物本身有更直观、形象的感受与体验,并产生进一步探索的兴趣,在发展幼儿核心素养的同时助推主题经验的获取与积累。

如小班《娃娃家》主题式结构活动开展时,我们引导幼儿收集爸爸妈妈的鞋,或是家庭成员使用的不同物品等,主题形式更有趣了,还丰富了幼儿主题搭建的内容,如爸爸的领带、妈妈的围裙和项链等;中班《玩具总动员》主题中孩子们收集了形形色色、大大小小的各种玩具,并在与之互动的过程中掌握了玩具的不同种类、玩法和构造,从而使后期搭建的作品更形象、更丰富;又如大班《我要上小学》主题活动中,我们会带领幼儿参观小学,让幼儿直观地了解小学的设施、生活等环节,从而进一步萌发幼儿上小学的愿望,孩子们也会把自己的所见所闻用建构的方式表达表现出来,一个个小学校园的场景栩栩如生。

② 图文类

主要包括图书、报纸、杂志、记录表、调查表等图文结合的信息。小班以图书、亲子调查表为主,中大班幼儿收集的图文类信息比较广泛,这些图文类信息的收集调动了幼儿对主题探索的积极性,也为幼儿的自主学习提供了基础和条件。

【案例8】大班主题《旅行去》

孩子们听说要开展《旅行去》主题活动,第二天就有人从家中带来了中国地图和世界地图,并张贴在教室墙面上。教师发现孩子们似乎对中国地图更感兴趣,在对着地图指手画脚的同时有聊不完的话题,"我爸爸妈妈带我去过北京。""我也去过,我还去爬了长城。"……"我去过桂林,那里的山和水是最有名的。""我去的杭州西湖。""我去过广州看港珠澳大桥。""我去的是内蒙古额尔古纳湿地,那里的风景可美了,空气也很新鲜。"……可见,孩子们有着各种不同的旅游经验。这时,孩子们的一个话题引起了教师的关注:"我的老家在安徽。""我的老家在河南。"……由于班级里的孩子来自四面八方,他们的老家都各不相同,在孩子的讨论和交流中发现很多孩子都不记得自己的家乡是什么样子了,为了帮助幼儿回忆了解家乡面貌,教师引导幼儿填写了有关家乡的调查表——我的家乡在哪里?家乡的特产都有什么?家乡的著名建筑都有什么?

有了这张图文结合的调查表,为孩子们的探索和表达表现提供了支持和依据,孩子们的交流不再漫无边际,而是有主题、有目的地自主交流,这也让幼儿对祖国的地大物博有了粗浅的认识与体验。

结构游戏中孩子们还会将自己家乡及旅行中看到的、观察到的建筑一一搭建成型,北京天安门威严耸立在广场中央,万里长城蜿蜒起伏,华表造型壮观精美,港珠澳大桥横跨大洋……孩子们在信息收集、进一步探究、寻找中感受和体验旅行中的所见所闻及旅行的乐趣,这些正是《旅行去》主题活动所要达成的核心目标。

③ 电子类

主要指照片、视频、音频等多媒体信息的采集。我们通过对此类信息的收集引导幼儿多感官感知主题内容,进行多方位、多角度的感知与探索。有了视觉、听觉的不同刺激,让幼儿在观察、倾听、思考、探索、操作、想象中进行表达和创造,从而多方面地培养与发展幼儿的核心素养。

如中班《在动物园里》主题环境中,教师根据中班幼儿年龄特点创设了动物园的场景——鸟类馆、孔雀园、食草区、猛兽区、熊猫馆、海洋馆、昆虫馆等。游戏活动时,孩子们总是热衷于表演各种动物,教师发现,幼儿的表演局限在动物之间的打闹,真正对动物形态及特征的表现很少。于是教师引导幼儿收集各种动物的声音,并将其存储在录音笔中悬挂在表征墙相应的动物旁边,这一方法促使孩子们在习惯用视觉体验的同时调动了听觉来多感官地探索和了解动物,让幼儿的自主学习和探究又得到了提升和发展。

又如在《周围的人》以及《小小奥运会》主题搭建过程中,孩子们对交警的动作和奥运会比赛项目产生了兴趣,"交警叔叔是怎么指挥交通的?""奥运会有哪些比较项目?"……于是,我们引导幼儿和家长一起共同收集相关的视频供孩子们观摩和探讨,孩子们的兴趣点达到了高潮,需要得到了满足,主题活动也开展得更加深入。当然,孩子们的建构能力与各核心素养也得到了不同程度的发展。

④ 作品类

主题式结构游戏活动中的信息收集还包括孩子们的美工作品、结构作品等各类相关作品。虽然作品不是那么的美观、那么的形象,但是这些作品都体现出了幼儿的想法和创意,也更能引发幼儿的兴趣,更深入地支持幼儿的自主学习和探索。如中班《在秋天里》主题中的树叶贴画,大班《我是中国人》主题中孩子们的各种建构设计图等等,这不仅是孩子们在主题开展前对主题内容和经验的认识,更是主题开展后幼儿对主题探索和主题经验获得的体现。

在信息社会里,未来的竞争完全可以理解为信息收集、运用、处理能力的竞争,处理所需信息的能力也变得越来越重要。信息收集是信息处理的第一步,而且是非常重要的一步。当然,各年龄段采用的信息收集法也会根据幼儿发展水平和年龄特点有所侧重,如小班处于具体形象思维阶段,以实物类、图片类信息为主,中大班则可以图文类、电子类及作品类为主,而教师要做的是对这些信息进行进一步地筛选与处理,发挥这些信息的最大价值。信息收集法的实施不单是为了发展幼儿的信息素养,而是通过不同信息收集的过程促使幼儿核心素养的全面发展。

(2)环境暗示法

所谓环境暗示就是通过幼儿熟悉的场所,巧妙地运用无意识的环境创设,使幼儿与环境互动对话,环境发挥了暗示引导作用,规范、协调并控制幼儿的行为,起到无声胜似有声的效果。

① 符号暗示

随着现代文明程度的不断提高,社会上往往需要一些形象的无声语言——符号标志来规范人们的行为,以形成良好的社会秩序。因此将此方法引用到我们的幼儿园中,让一些符号恰当地出现在幼儿身边,引导孩子们健康成长。

利用符号区别归属。教室每个区域都会有特定的游戏材料,且放在相应的位置,但是每一次游戏结束时,总是发现物品移了位置,需要教师每天逐个检查并加以整理。为了培养幼儿良好的习惯,可以让幼儿按需进行取放及整理材料。我们在活动区域内较明显的地方,贴一些能够体现该区域活动内容或特点的标志,以便于幼儿选择。活动室、教室内的玩具篮、角色游戏时要使用的道具等处都有对应的符号,暗示幼儿将材料送到相应的地方,帮助幼儿区别物品类别,有序陈列物品。

利用符号暗示规则。中大班的班级中有很多幼儿用结构材料搭建的符号,如图书角"安静"的符号用含蓄的方式告诉幼儿看书时不要影响别人;校园内各个转角、走廊等处,有幼儿搭建的"禁止奔跑"的标志符号,通过这些安全标志提醒幼儿注意出行文明。

利用符号引发思考。再如走廊环境"拼图拼拼乐",教师在拼图的空白处,设置了大大的问号,暗示幼儿"还能怎么玩?"旨在鼓励幼儿探索除了拼搭图纸以外的图形。

综上所述,符号的暗示作用是非常有效的,幼儿易接受。符号暗示引发幼儿的认知冲突,促使幼儿去自主建构知识与经验。

② 墙面暗示

这里的墙面多指教室里的表征墙。在选择表征的主题前教师会时刻追随幼儿,捕捉幼儿的兴趣为切入点,关注幼儿不同领域、不同核心素养的发展。

如小班《小司机》主题,教师追随幼儿的兴趣,发现孩子对圆圆的方向盘非常感兴趣,于是在表征墙上挂了个自制的"方向盘",之后引发了孩子们一系列的讨论和活动。

【实录1】

幼儿1:"这是宝马的方向盘。"幼儿2:"不是!我妈妈就是开奥迪的,这是我妈妈车上的方向盘。"幼儿1:"不是,这就是宝马的方向盘。"两个孩子开始争吵起来。墙面上有汽车标志的有声挂图,图图走到挂图旁边,打开挂图,点了一下四个圆圈的标志,"奥迪"两个字清晰地读了出来。幼儿3:"这是奥迪,我们一起找找宝马吧!"三个孩子一起寻找起来。

角色游戏时,孩子们来到杂货铺买"方向盘",杂货铺"老板"将圆圆的纸盘递给顾客,客人们拿着"方向盘"满意地离开了。过了一会儿,这两个孩子拿着纸盘方向盘玩起了出租车的游戏。

当看到熟悉的方向盘贴在表征墙上,就引发了幼儿三三两两的讨论。之后杂货铺的圆形纸盘"替代"方向盘生成的"出租车"游戏,这正是《指南》中指出的要"从不同的角度促进幼儿情感、态度、能力、知识、技能等方面的发展"。墙面暗示体现了一个鲜明的价值取向,那就是幼儿核心素养的培养。

再如大班主题《我是中国人》,主题刚开始,教师将与幼儿共同收集到的"了不起的中国人"的照片贴在表征墙上。幼儿在自由活动等时间会主动去观察这些照片。正是这些墙面上的照片,激发了幼儿的学习兴趣、珍爱生命以及社会责任等素养的发展。

【实录2】

尧尧指着照片中的解放军对哲哲说:"我最喜欢他们了,这是中国的维和部队,是我们中国派遣到国外去的,为了维护世界和平。"哲哲说:"那你长大了也想做维和部队的解放军吗?"尧尧说:"那当然啦,所以我现在要好好学本领、好好锻炼身体,我妈妈说了,要做解放军一定要本领大大的,身体棒棒的。"哲哲赞同地点点头。

之后的室内运动,尧尧带领了几个男生模仿起了维和部队。用亿童材料搭建解放军训练时的各种障碍赛道,进行走、跑、跳、跨越、平衡等技能练习。在运动的过程中,尧尧从狭小的平衡道上摔了下来,我赶紧问他疼不疼,尧尧摇摇头说:"老师,我是解放军,我不怕疼。"我赞同地对他竖个大拇指。

从实录中看到,孩子们对于墙面上的信息有主动观察、学习的兴趣,并将兴趣迁移到了一日活动中,学着从表征墙上吸收经验,促进自身勤于反思的能力。幼儿除了会在室内运动时模仿解放军,还会在角色游戏时用结构材料搭建的手枪,玩警察游戏。

③ 地面暗示

幼儿园地面环境是幼儿较为关注的空间环境,它要顺应幼儿的生理发展,便于幼儿观察、参与,同时蕴藏着大量的教育价值,潜移默化地促进幼儿核心素养的发展。

不同造型的地面区域暗示。我园班班都有结构作品的地面展示区。地面展示区使用的是大块、可拼接的塑胶地垫。在具体铺设的时候,为了方便幼儿的观察、建构,地垫的形状也会随之灵活调整。造型也是班班不同,如双C形、E字形、工字形、T

字形等等，既满足幼儿创造时的成功体验，又使幼儿通过连续构造，发展坚持性等良好品质。

如中班主题《花》，为了更好地挖掘"花"的类型，教师与幼儿共同将地垫摆放成了三种造型：蓝色水波纹椭圆形地垫造型，暗示这块区域象征着"池塘"可展示"水中的花"；绿色正方形地垫造型，同时摆放上一些幼儿建构的树，暗示这块区域象征着"树"，可展示"树上的花"；绿色T字形地垫造型，摆放一些花瓶、花盆等建构作品，暗示这块区域象征着"花盆"，可展示"藤上的花"。幼儿根据这些地垫颜色、造型、辅助物的烘托，引发他们自主建构与之相关的作品，萌发勇于探究的素养。

此外，根据各班开展的不同主题，这些地面展示区中，教师与幼儿会共同布置一些渲染主题的辅助环境，如《我在马路边》主题，会在地垫上贴上马路的即时贴，暗示幼儿这里可以建构、展示的内容。再如生成的《海洋世界》主题，教师精心选择了有大海波浪般花纹的地垫，孩子们一看到"大海地垫"，鲸鱼、章鱼等海洋动物纷纷跃出了"海面"，大片海景房沿着海滩拔地而起。正是教师对这些独特的色彩、图案、辅助环境创设进行了规划和设计，使得地面的教育功能得到了最大化的发展，幼儿审美情趣、勇于探究等都得到不同程度的发展。

环境暗示的巧妙运用，既可以尊重儿童，保护孩子的自尊心，使幼儿在愉快的环境中接受教育，也可以激发幼儿的主动性，发展更全面的幼儿核心素养。

（3）启发诱导法

启发诱导法是指教师在游戏过程中，以幼儿的认知发展为基础，以启发幼儿的思维为核心，调动他们学习的主动性和积极性，促使他们生动活泼地学习。

受幼儿智力发育水平及生理心理发展规律影响，幼儿的学习过程更多呈现为无目的的各种游戏活动。这就需要教师运用启发诱导的方式，积极引导幼儿，通过游戏培养他们动手动脑的学习习惯，培养他们的主动学习的方法和意识，进而发展他们的核心素养。

① 语言启发

教师以语言引发幼儿思考，使幼儿在建构过程中有所领悟，进而主动探索。例如在大班《保龄球大赛》主题结构游戏中，当孩子们有了"击球入洞"的成功经验后，他们玩得越发起劲，却又满足于现状，活动一度停滞不前。"还有没有其他的玩法呢？"教师的适时要求，让孩子们又开始思考着玩些新花样。只见他们不断地变换着轨道斜坡高度，一块、两块、三块、四块……随着高度的不断上升，"保龄球"越滚越快，孩子们的情绪也如"保龄球"的速度一般不断高涨。

速度升级,轨道当然也要升级。他们分头找来了积木,将轨道进行延长。如此一来,轨道经过亲手改造后,轨道边长了,难度系数更大,孩子们玩得更加不亦乐乎。

随着比赛的进行,问题又不期而至。随着坡度越来越高,垒高起来的正方体木块时不时发生倒塌。用手扶住吗?不方便。该怎么办呢?此时,孩子们决定将坡度底座进行加固。在不变高度的基础上前后进行加宽,并用三块圆柱体在后面进行支撑,这样,底座的稳定性就更好,不容易倒塌。

活动的成功给幼儿带来了极大的自信,当活动停滞不前时,教师适时的语言启发,促使他们不断尝试、不断思考、不断创造着新玩法。当在玩的过程中遇到困难时,幼儿没有直接寻求教师的帮助,而是一次次地主动尝试,希望通过自己的努力去解决问题。其创新意识和主动探究的欲望得到了充分的发展。

② 借物诱导

借物诱导是利用各种物体和材料,提升幼儿的认知经验,从而引发幼儿大胆想象,大胆创作。如在《小花园》主题结构游戏中,孩子们想着将搭建的小花插在花盆里,于是形状、大小几乎如出一辙的花盆从孩子们的手中陆续诞生……于是,我们在主题墙上布置了各式各样的花瓶,引导幼儿进行观察。

"哇,好漂亮呀!"
"这个花瓶是蓝色的,我最喜欢蓝色了。"
"上面的花纹绕来绕去的。"
"我看到上面还有小花。"
"我家的花瓶也是这样的花纹。"
"这个花瓶是圆圆的,那个花瓶是长长的。"

经过一番观察和讨论后,孩子们将自己的所见付诸行动,开始了自己的创作。没过多久,一个个漂亮、独具个性的作品在孩子们的手中诞生了,有的像太阳般光芒四射,有的如夏日里的荷花,有的似高高的宝塔,还有的附上了小小的爱心。我们把孩子们充满创意的作品展示出来,自豪感、成就感溢于言表。

在活动中,孩子们充分地发挥创造力、想象力,将自己的已有认知和在探索过程中获得的知识、经验通过建构的方式表现出来。作品展览的方式成功地激发了幼儿自豪感和成功感,激发了他们进一步建构和探索的兴趣,同时也萌发了幼儿的审美情趣。

③ 情境暗示

情境激发旨在创设与结构游戏相关的主题情境开展活动,主要目的是调动幼儿搭建的积极性及主动性。如在《小司机》主题的建构游戏中,空空如也的作品展示区无法激发孩子们搭建兴趣,他们沉浸在无目的的摆弄材料中。于是我们创设了"十字路口"的情境,企图勾起幼儿对生活经验的回忆。在这样的情境中,孩子们将"十字路口"的四周划分了四个区域:小花园、飞机场、停车场以及住宅区。在小花园里,孩子们种上了各种各样的小花。它们不同颜色、不同大小,有的迎风摇摆,有的环抱成团,甚是美丽。在飞机场里,飞来了几架超级豪华的飞机,有的有超大的翅膀,有的飞机有上下两层,据说可以乘坐很多很多乘客,还能在半空中分成两架小飞机,飞往不同的方向,特别神奇。在停车场的四周,停放着功能不一的特种车,有消防车、警车、救护车,另外还有一辆很特殊的车,当马路下面的下水管堵住的时候,工人们可以开着这辆车去修水管呢。当然,马路边怎么少得了各式各样的建筑呢。

如此熟悉的情境,瞬间将幼儿的生活经验转移到游戏中,并且将这些经验转化为创作的动力,促使幼儿去操作、去探索。也是在这样的情境中,幼儿能在宽松的氛围中毫无顾忌地想象、创作,并且大胆用语言表达自己的想法。

《指南》中要求:教师的教育方式应以直接传授知识为主,转变为以激发幼儿主动探索、自主活动为主。优化幼儿的学习方式,使幼儿主动地、富有个性地学习。因此,通过语言、情境、物体、多媒体等方式的启发和诱导,幼儿不断思考,不断改进,核心素养得到不断的发展。

(4) 家园共育法

① 直接参与式

我们鼓励家长参与丰富有趣的幼儿园主题式结构游戏活动中来,在活动过程中,我们和家长始终保持平等的合作伙伴关系,促进我们的活动更深入有效。

"亲子长廊——小雪花片漂流"活动,将结构材料小雪花片"漂流"到各个家庭中,我们以月为单位,每月每个年级组会根据幼儿需要和当前主题经验预设主题内容,如大班以建筑物为主题、中班以动物为主题开展小雪花片漂流活动,引导家长和幼儿一起通过观察、亲身体验,并用小雪花片大胆地创造美、表现美。

【案例9】小雪花片漂流

在中班主题《在动物园里》开展期间,乐乐和妈妈组成一组,开始亲子搭建小雪花片。

乐乐问妈妈："妈妈,我们搭什么动物?"妈妈反问道："你想搭什么动物呢?"乐乐眼睛骨碌碌看着妈妈,两个人商量了将近5分钟,还是没有头绪,要么是意见不统一,要么就是她们觉得不适合用小雪花片造型。老师看到这一幕,走到乐乐和妈妈身旁,对乐乐说："乐乐,你们可以想一想,你们在家或是在动物园里,看到过哪些动物,你可以和妈妈一起搭一个你喜欢的动物。"老师的话引起了乐乐的思考,她轻声对妈妈说："我最喜欢孔雀了,动物园的孔雀可真漂亮。我们能一起搭一只孔雀吗?"妈妈爽快地答应了。

在搭建过程中,妈妈和乐乐用五彩的颜色,有规律地搭建孔雀的五彩羽毛。乐乐问妈妈："妈妈,孔雀的身体怎么搭?""我们一起来看看孔雀的图片吧!"于是,妈妈拿出手机搜索孔雀的照片,和乐乐尝试搭建孔雀的身体。当乐乐用五颜六色的色彩搭建孔雀的身体时,老师走向乐乐,问乐乐："这里是孔雀的什么部位?""是孔雀的头,这是孔雀的脖子……"乐乐介绍起自己的孔雀,老师又问："怎么样让我们一眼就分辨出这些部位呢?"基于前期经验,乐乐马上按照颜色的分配来大胆表现局部特征,妈妈看着乐乐,笑着点了点头。

我园每年一次的"快乐建构、创意无限"结构游戏节活动,鼓励每位幼儿以家庭为单位,全员参与,体验结构材料的多变,感受结构游戏的快乐。

在结构游戏节中,幼儿园提供了色彩亮丽、易于造型的亿童玩具、碳化积木和大雪花片,给予亲子搭建的机会。如大班的"能工巧匠"们,运用三种结构材料搭建了一个个大玩具,既发挥了创意,更进一步体会到了结构游戏的乐趣。

【案例10】结构游戏节

"爸爸,我要造一门大炮!我要做一名解放军,打坏人。"军军边说边拿起亿童玩具开始搭建。起初,军军和爸爸只搭建了前方两个"炮筒",军军觉得这样威力还不够,于是又加了6个"炮筒",这下威力一下子变强大了。他和爸爸玩起了"向敌人开炮"的游戏,成成看到有趣的大炮,也加入其中,对着可可"嘭嘭"开炮。

可可见到军军的大炮,对妈妈说："妈妈,我们能用大雪花片也搭一个大炮吗?我想和军军对战。""我们试试吧!"于是可可和妈妈一边讨论一边搭建了一门像只小鸭子一样的大炮。"妈妈你看,这里扁扁大大的,大炮能炸得很远。""嘭,军军,你被我打到了!"

军军往旁边一看,可可的大炮建造在他们的右边,这可难倒了军军,炮筒转不过来了!军军、成成和爸爸小声商量了一会儿,马上又拿起管道搭在大炮两侧,这下,军军的大炮不仅威力更强了,大炮射的方向也更多了。

除了邀请家长参与园部大活动外，班级中也有家长们积极参与的身影。如在班级表征墙创设中，家长的参与为我们的环境创设注入了创新和活力：丰富有趣的亲子调查表、亲子自制图书、亲子结构作品等，凸显了主题活动的轨迹，推动后续主题的进一步深入；又如家长义教、助教活动；邀请家长参与主题式结构游戏室内运动，和幼儿一起参与到"奥运会"比赛中，大胆尝试不同的玩法；邀请家长协助创设班级阅读区、美术区环境，利用结构材料搭建书架、工具收纳盒、作品展示架等，家长不再是活动的旁观者，而作为参与者和教师一起进行活动现场的组织和调控。

② 间接参与式

通过研究我们发现，家长间接参与幼儿园主题式结构游戏，更好地体现了参与活动的宽松自主，在收集材料和宣传活动的过程中，有助于推动幼儿信息意识、技术应用等方面的发展。

如在班级结构材料的创设中，我们邀请家长和幼儿一起利用日常生活、自然环境等方式收集游戏开展过程中所需要的材料，包括自然材料、废旧物品或半成品材料，并引导幼儿尝试记录材料信息，从而发展幼儿的信息意识。又如在中班《我爱我家》主题式结构游戏开始前，我们邀请家委会制作电子海报进行前期的宣传；在活动中，邀请家长和幼儿共同收集相关信息并记录搭建过程中如何选择材料、如何解决困难、如何想象创新；活动尾声，我们又邀请家长制作小报，将成果进行交流分享。家长的间接参与给幼儿创设了更多的发展机会。

总之，在主题式结构活动中，家长的参与不仅促进幼儿更积极地动手动脑，而且对幼儿核心素养的发展起到了推动及促进作用。

6. 多元的评价

《纲要》明确指出：教育评价是幼儿园教育工作的重要组成部分，是了解教育的适宜性、有效性，调整并改进工作，促进每一个幼儿发展，提高教育质量的必要手段。《3～6岁儿童学习与发展指南》中指出：要了解和倾听幼儿的想法或感受，领会并尊重幼儿的创作意图。因此，在主题式结构游戏中简单地用"像不像""好不好"等成人标准来评价作品，这对幼儿核心素养的发展没有丝毫作用。为此，我们在确立评价内容的时候要充分考虑以发展幼儿的核心素养为前提，不再局限于主题式结构游戏的作品呈现，以此才能更好地助推幼儿核心素养的发展。

（1）多元主体的评价

我园打破固有的以教师为评价主体，集合教师、同伴、家长、园管理者等多方的力量进行综合评价。如教师在每一次开展活动中需要组织幼儿进行评价，对结构游戏主题的来源、构造的过程、构造的想象、构造中的生成等进行综合式、互动式的评价，使幼儿产生继续完成或拓展新主题的兴趣和欲望。家长评价则是通过志愿者活动、亲子活动、公开展示活动等形式参与到评价过程中，提供自己的想法和建议，推进主题与幼儿核心素养的发展。

（2）多面内容的评价

我园课题中的评价内容不再局限于主题式结构游戏的作品呈现。我们着重从环境创设、游戏过程、作品评价、幼儿核心素养的发展这四方面来进行评价。

如对班级主题表征环境——表征墙的评价中，表征墙的丰富性、互动性、表现性都成为主题式结构活动评价的内容。(班级主题表征环境评价表见《主题式结构游戏的多元评价助推幼儿核心素养的发展》一文中表3)

此外，我们还根据《指南》《核心素养》及幼儿年龄特点等，制定了相对应的幼儿核心素养发展评价表，引领教师做好幼儿核心素养发展的记录和客观的评价，旨在进一步帮助教师在主题式结构游戏中有目的地进行培养和指导，同时促进教师对自身教育行为的反思与调整。

（3）多样形式的评价

多种评价的方式并存，呈现弹性评价方式，即根据实际需要，将评价要素进行组合，不同的组合形式形成不同的评价方式。有以教师为主体的再现式游戏评价、抛接式游戏评价、分析式游戏评价和回顾式游戏评价，以及以幼儿为主体的反思性评价和分享性评价。

三、研究成效及反思

（一）研究成效

经历三年多的实践和研究，课题"基于核心素养培养的幼儿园主题式结构游戏的实践研究"研究效果较为显著，促进了幼儿和教师的共同发展。

1. 幼儿的发展

开展基于核心素养培养的幼儿园主题式结构游戏的实践研究，幼儿的综合素养得到了和谐发展，主要体现在以下三大方面：

（1）积淀文化基础

核心素养的养成需要多领域经验的支持，无法依靠某一个领域的学习而达成，尤其是人文底蕴和科学精神两大素养的养成，更需要一个合适幼儿发展的鹰架来支持。

如大班主题式结构游戏《我是中国人》中积累的有关青花瓷的经验，幼儿就能用自己喜欢的表现形式进行表达，如绘画作品、结构作品中。又能在游戏活动"青花瓷艺术展"中，通过对同伴的介绍发展其语言表达能力的同时，又对中国传统的艺术有了进一步的鉴赏能力。在此过程中幼儿的人文情怀和审美情趣等人文底蕴素养得到了提升。诸如此类的一系列的主题式结构游戏活动，潜移默化地丰实了幼儿的文化基础。

（2）体验社会参与

在主题式结构游戏开展过程中，教师为幼儿提供更多接触社会、自然等机会，引导幼儿学习社会经验，提供大量的实践机会，在此过程中促进幼儿责任担当和实践创新两大素养的发展。

如在迎新活动中，部队官兵来园与幼儿进行了互动，大班幼儿能将对解放军叔叔的敬仰用多种形式进行表达。有的在表演区拿来了帽子学做解放军，有的画出和解放军叔叔合影的画像，还有的会询问家长和老师有关解放军叔叔的一些故事……为此老师就抓住这个极佳的教育契机，和孩子们一起聊聊解放军叔叔，开展了"了不起的中国人"小主题。随着国庆节、十九大的召开，大班幼儿对于中国各种节日、各种大事件又产生了浓厚的兴趣，大家把目光都聚焦在北京。北京有些什么？长城、天安门、故宫，一个个宏伟的建筑就屹立在大班教室的展示区中，老师也和孩子们一起开展了集体活动《我爱天安门》《登长城》《五星红旗升起来》等活动……几个星期下来幼儿的热情不减，积极投入到主题活动开展中，也能巧妙地在一日活动中进行渗透。

（3）乐于自主发展

我们遵循了幼儿园应以游戏为基本活动，一日生活都是课程的理念，创设主题式结构游戏情境，让幼儿在真实、丰富、开放、自主的实习场中学习与发展。

如中班主题式结构游戏活动《我在马路边》，幼儿通过观察和发现马路边的各种人、事、物并用多种方式记录和完成了调查表。在调查表中发现对马路边的关注主要集中在各种车辆上。所以他们在后续会通过绘画、搭建等多种形式进行表达。公交车、小轿车、大吊车、特殊车辆等都能及时地呈现在结构展示区。随着主题式结构游戏的深入，幼儿逐渐将兴趣转移到了马路边的交通设施，结构区的车辆旁边就逐渐出现了交通灯、交通标志等；角色游戏中幼儿主动尝试扮演交通警察、司机等角色；运动中则会出现送货忙、快递员等角色和情境的分散运动……幼儿在主题式结构游戏中增强了发现问题、提出问题、解决问题的能力、信息意识、勤于反思、求异创新、健全人格、自我管理等自主发展素养得到了充分的体现和不同程度的发展。

2. 教师的发展

课题研究的过程也是教师和孩子共同成长的过程,全体教师全程参与课题研究,共同设计基于核心素养培养的主题式结构游戏活动方案,发现研究问题,更新教育理念,优化教育行为,促进教师专业素养的提高。

(1) 增强活动设计能力

本课题的研究凸显的是如何通过主题式结构游戏活动来促进幼儿核心素养的培养,为此教师如何选择和确定主题、设计多种形式的主题式结构游戏活动的能力显得尤为重要。本课题研究要求教师从多方面考虑活动的设计:一是主题式结构游戏活动中与学习活动融合的活动设计;二是主题式结构游戏活动中与运动融合的活动设计;三是主题式结构游戏活动中与其他游戏融合的活动设计;四是主题式结构游戏活动中与大活动、节假日、亲子活动等融合的活动设计;五是主题式结构游戏活动中主要发展了幼儿哪些核心素养,初步形成了《主题式结构游戏资源包》。教师在设计活动过程中学会了系统思考,有机整合,先设想该主题式结构游戏活动中可以发展幼儿的哪几个主要的核心素养,可以有机整合哪些活动形式。教师充分发挥创造性,认真学习,大胆设计,谨慎实践,反复修改,形成较为完整且内容丰富的主题式结构游戏活动方案,调高教师设计的能力。

(2) 提高环境创设能力

教师在环境创设过程中充分利用了教室的三维立体空间,将主题墙面、地面、桌面、柜面等进行有机的融合,并创造性地将主题墙面以表征墙的形式做呈现,能根据不同年龄段幼儿的需求提供适宜的环境来激发幼儿的主动参与。通过课题的开展,教师能主动思考并发现环境创设中的问题,并能积极寻求解决办法。如当墙面的表征空间不足时,教师会用活页夹、活动地板、制作书籍等形式进行归纳,留出足够空间给予幼儿表征当下的内容,体现环境的不断变化和幼儿阶段递进探究的轨迹。又如地面的表征区,能根据不同主题需要,创设不同形状、颜色来呼应主题研究,如:"游轮"主题创设波浪形地面表征区;"茶"主题中的地面展示区创设了一条条的田垄,并仿照梯田形式呈现高低不同的茶园层次。还能运用一些辅助材料真实再现主题式结构游戏的情境,与墙面表征相呼应。除此之外,我们还注重创设温馨、开放、安全、愉悦、健康的心理环境。

可喜的是通过课题研究,教师在创设环境方面的理念得到了革命性的改变。能把环境创设的主动权还给孩子,真正成为环境创设的主人。

(3) 提升实践反思能力

为了能顺利推进主题式结构游戏的开展,教师善于用发现的眼光去观察与分析幼儿。如:活动前老师们在熟悉年龄阶段教育教学目标和内容的基础上,观察、倾听、发现孩子的兴趣点,分析思考主题开展的价值,并进一步预设主题内容。活动中老师们组织幼儿围绕主题开展各领域的活动,有机进行结构游戏与各领域融合,在主题式结构游戏活动的开展过程中,不断根据幼儿的主题经验、核心素养发展现状以及对主题内容的兴趣点等进行不断的实践——反思——调整,在此过程中逐渐提升了自身的专业素养,更有效地促进幼儿核心素养的培养。活动后老师们及时以某个主题为例,采用案例、个案跟踪、总结、主题包等多种形式围绕基于核心素养进行理性反思,为后续研究进行调整,从而使幼儿的核心素养在反思调整的螺旋上升过程中得到全面发展。

(二) 研究反思

1. 研究经验总结

我园的课题研究初显成果,主要通过三方面进行有效实施:

(1) 提供一个支撑点——激活研究动力,提高全园科研能力

教师是参与课题研究的主力军,教师的科研能力将直接影响到课题研究的深度和广度,直接影响到课题研究的内涵质量。根据我园青年教师队伍不断壮大的现状,在课题立项后,我们及时地开展了各项培训活动,旨在提高全园教师的科研能力,确保课题研究有序开展。

课题的深入开展,需要课题组的引领与帮助,为此,定期召开课题组工作会议,学习理论知识,研讨课题研究中的困惑等。鼓励课题组成员率先引领开展课题研究并展示课题成果,在互动研讨中逐渐激发课题组成员的动力。同时,我们还邀请专家来参与课题组研讨活动,在头脑风暴中不断走出瓶颈期,厘清研究思路,明确研究方向。

随着课题研究的推进,我们逐渐形成了分层研讨的模式,组织同一研究领域的老师们进行互动交流,如分享研究的思路、研究的策略、研究的方法、课题的案例、课题的个案和经验总结等。教师初步收获了研究的果实后逐渐对课题研究有了更多创新的想法,全园形成了浓厚的课题研究氛围。

(2) 强化一个操作点——抓好研究常态,培养幼儿核心素养

在主题式结构游戏活动中,开展系列教师预设和幼儿生成相结合的活动,积累

相当丰富的知识经验，把获得丰富的生活经验和认知印象融入结构游戏中，孩子们学习和运用各领域的知识、能力和态度进行探究，并把探究的结果及过程，运用多种形式的表征方式呈现出来，促进了幼儿核心素养的发展。

根据我园课题研究的需要，园部课题组制订具体实施计划并定期进行调整，各年级组和各班根据园部课题实施计划有序推进子课题研究。课题组会定期和随机进入班级参与和观摩课题研究情况，并进行及时的反馈与指导。为确保子课题研究顺利有序开展和实效，我园针对课题开展的情况提出了师幼六点操作要点，即教师三点：①你是怎么观察的？②你是怎么引导的？③引导之后有哪些思考？幼儿三点：①引导之前的状态如何？②引导之后的反应如何？③引导之后的效果如何？强调师幼六点中的教师三点和幼儿三点其实是个循环关系，记录幼儿三点的过程是对教师三点的评估和反思，在基于评估和反思的基础上，从而能更有效地制定老师下一阶段的研究目标，更有效地使幼儿的核心素养上升到一个新层次。

（3）形成一个共享点——聚焦课题展示，凸显课题实施效果

① 教师齐参与：我园的主题式结构游戏覆盖三个年龄段、各领域，因此，我园子课题的实施注重班级"点"与园级"面"的结合。我园在开展园部各子课题展示的基础上，进行观摩交流、分层展示、互动研讨、脑力激荡，从而起到经验的辐射作用；此外我园成立了课题核心组，以园长、两个保教和两个科研组长为主要成员，核心组人员都具有较丰富科研经验，定期组织课题组人员、年级组骨干及老师，在不同层面开展对本课题关键词的解读和具体实践交流，达成共识以明晰研究目标，聚焦共性问题以更深入地关注课题实施情况。

② 全家总动员：结合园部活动、社会热点、社区资源等，创设机会让幼儿与班级同伴和家庭成员举行主题式结构游戏活动展示。如"亲子主题式结构游戏活动"——建创意模型讲经典故事、亲子故事宝盒制作交流活动等。

③ 专家来引领：我园还不定期地要请专家来园进行多种形式的指导，如科研专题讲座、现场观摩指导或是针对课题组的答疑解惑等，切实帮助教师解决在实践中遇到的困难。此外，我园还想方设法去市、区以结构游戏或主题式活动为特色的姐妹园，进行参观研讨、互动学习，拓宽研究思路，实现资源共享。

2. 我们的思考

（1）教师专业素养需不断提升

主题式结构游戏活动的组织与实施对教师的专业素养提出了更高的要求，既要求教师具有较强的教学实践、创新与反思能力，还要求教师具有课程建设与开发能

力,同时更需要终身学习的能力。引导教师以参与课题研究为载体,在实践中学习,在学习中探索,在探索中反思,从而促进教师专业素养的不断提升。

(2)结构游戏特色园本课程需不断完善

目前虽已初步形成各年龄段一系列主题式结构游戏的主题方案,但各年龄段的主题还需不断拓展与丰富,与之开展的形式、内容、途径等也将会不断地完善。此外,现阶段的研究我们主要关注的是幼儿核心素养的发展,但如何把握和平衡幼儿核心素养与学科领域的关系还有待我们深入地探究。

【参考文献】

[1]《中国学生发展核心素养》发布[OL].人民网,2016.9.

[2] 刘炎.儿童游戏通论[M].北京:北京师范大学出版社,2004.

[3] 华爱华.幼儿游戏理论[M].上海:上海教育出版社,1998.

[4] 郑蕙萍.幼儿园自主性"探索—表达"教育活动[M].上海:上海社会科学院出版社,2007.

[5] 韩秀珍.幼儿园方案教学实践活动探索与研究[M].长春:东北师范大学出版社,2004.

[6] 李薇.我们都是探索者[M].南京:南京师范大学出版社,2014.

[7] 蔡秀萍.幼儿园探究式环境创设[M].北京:北京师范大学出版社,2013.

[8] 中华人民共和国教育部.3～6岁儿童学习与发展指南[S].2012.10.

[9] 杨媛媛.走出对"核心素养"认识的误区[J].社会科学报,2017.

[10] 夏雪梅.跨学科核心素养与儿童学习:真实情境中的建构[J].上海教育科研,2017.

[11] 林崇德.21世纪学生发展核心素养研究[M].北京:北京师范大学出版社,2016.

[12] 杨久诠.学生发展核心素养三十人谈[M].上海:华东师范大学出版社,2017.

[13] 褚宏启.核心素养的概念与本质[J].华东师范大学学报(教育科学版),2016.

[14] 余文森.核心素养导向的课堂教学[M].上海:上海教育出版社,2017.

[15] 邵朝友,周文叶,崔允漷.基于核心素养的课程标准研制:国际经验与启示[J].全球教育展望,2015(8):14—22.

[16] 李新.核心素养结构的四种类型比较研究[J].上海教育科研,2016(8):29—32.

[17] 钟启泉.基于核心素养的课程发展:挑战与课题[J].全球教育展望,2016(1):6—9.

[18] 刘霞云,卢志刚."核心素养"研究现状及可开拓空间的文献综述[J].湖南第一师范学院学报,2017(10).

[19] 蔡清田.台湾十二年国民基本教育课程改革的核心素养[J].上海教育科研,2015(4).

[20] 陈国眉.学前儿童发展与教育评价手册[M].北京:北京师范大学出版社,1994.

第一部分

新灯塔：理论探新

基于核心素养培养的幼儿园主题式结构游戏研究的文献综述

◇ 邬亚洁　曹　艳

一、基于核心素养培养的幼儿园主题式结构游戏研究的含义和价值

(一) 含义

1. 核心素养

按照OECD的界定，一般素养的定义是指，"不仅是知识与技能，它还包括在特定情境中，个体通过调动和利用各种心理社会资源以满足复杂需要的能力"。简言之，"素养"是知识、技能、态度或价值观方面的融合，它既包括问题解决、探究能力、批判性思维等"认知性素养"，又包括自我管理、组织能力、人际交往等"非认知性素养"。即素养是沉淀在于人身上的对人的发展、生活、学习有价值、有意义的东西。

"核心素养"，亦称"21世纪素养"，不同于一般素养。根据教育部在《关于全面深化课程改革　落实立德树人根本任务的意见》中，明确把核心素养的内涵界定为："学生应具备的适应重视发展和社会发展需要的必备品格和关键能力。"

2. 幼儿园主题式结构游戏

已有研究普遍认为游戏的本质是幼儿的自主控制。毛曙阳(1999)认为游戏从本质上说是指一类由幼儿自主控制的、能带来愉快情绪体验、有操作材料的活动，强调指出由幼儿自主控制是游戏的内在本质。

结构游戏也叫"建构游戏"，在我国古代，"结构"即为建造房屋的意思，由此推论，在古代"结构活动"主要是指一些建筑、建造活动。在国外，"结构"一词是由拉丁文ConsTrucTic演变而来的，原意是"建筑"，即建筑活动。

以皮亚杰理论为代表，根据游戏与认知发展的关系提出了结构性游戏(constructive play)，是指：幼儿按照一定的计划或目的来组织物体或游戏材料使之

呈现出一定的形式或结构的活动。苏联的亚德什科索欣在其主编的《学前教育学》中指出建构游戏是儿童的一种基本活动，其内容是通过各种建筑和与建筑有关的各种动作来反映周围的生活。早期的结构游戏主要指用泥土、木块、石头建筑房子，以后在专门的玩具和游戏书籍中出现了建构游戏，从材料、玩法和建构造型上都发生了很大的变化，结构游戏的概念也随之扩大。现在，人们把运用各种建筑玩具或材料进行构造的活动或游戏都称为结构游戏。我国学者黄人颂（2009）指出：结构游戏又称建构游戏或造型游戏，是指儿童运用积木、积塑、金属材料、泥、沙等各种材料进行建构或构造，从而创造性地反映现实生活的游戏。

综合以上观点，我们认为"结构游戏"一般是指幼儿利用各种结构材料创造性地反映周围生活的一种游戏。在活动中既体现了幼儿对现实环境的单纯机械地模仿与再现，又体现了幼儿对客观生活的主观想象及积极的加工创造。

"幼儿园主题式结构游戏"是指在一段时间内围绕一个主题来开展的系列活动，其主题的确定是围绕师幼共同的兴趣点，其内容的选择是依据幼儿的经验、年龄特点和学前阶段课程的教育内容等。其特点是将结构游戏渗透到幼儿园一日活动中，打破领域之间的界限，将结构游戏创造性地融合于幼儿的生活、运动、学习及其他各类游戏领域中，围绕主题有机连接，体现教师预设或幼儿生成相结合，获得与主题相关的经验和能力，使幼儿得以全面、均衡发展的一种活动形式。

3. 基于核心素养培养的幼儿园主题式结构游戏

本课题中的幼儿核心素养是根据《中国学生发展核心素养》研究成果中3方面、6要素、18个基本点，结合《3～6岁儿童学习与发展指南》来凝练的，主要包括3维度20个基本点。我们也称之为"网络式核心素养"，各素养之间是相互联系、相互交叉、相互融合、相辅相成的，能更好地促进孩子全面发展，更有效地促进幼儿核心素养的形成和发展。我园提出的"基于核心素养培育的幼儿园主题式结构游戏"在"幼儿园主题式结构游戏"的基础上又向前迈进了一步，旨在通过全园各班开展主题式结构游戏活动来落实《指南》，培育幼儿的核心素养。重点研究幼儿核心素养的网络式点对点跨面交互关系，简称"核心素养网络式立体交互关系"。即通过着重探究学前教育阶段，幼儿核心素养的18个基本点是如何跨越3大方面协同作用，相互砥砺，从而能够更好地引导幼儿在主题式结构游戏探究活动中，各领域的知识、能力和态度、价值观更高效地综合体现，以期使幼儿核心素养的形成和发展上升到一个全新的境界。

基于核心素养培养的幼儿园主题式结构游戏是指以培养幼儿核心素养为目

标，围绕主题预设或生成具有探索性、多样性、层次性、联系性及融合性的结构游戏活动。

（二）价值

1. 关注核心素养是新时代落实立德树人、发展素质教育的需要

在全球化和数字化时代背景下，培养幼儿具有适应未来社会需求、促进终身学习和发展的核心素养，成为世界各国基础教育理论研究和实践变革的大趋势。教育部在2014年颁布的《教育部关于全面深化课程改革 落实立德树人根本任务的意见》文件中，明确提出要"在基础教育阶段，应该帮助学生形成适应个人终身发展和社会发展需要的必备品格和解决问题的素养与关键能力"。因此核心素养是时代发展的需要，核心素养的培育意义深远。

2. 开展主题式结构游戏，有利于培养幼儿的核心素养

幼儿的核心素养强调各领域知识、能力和态度的综合，培养幼儿的核心素养是《指南》的根本目的。主题式结构游戏的特点是打破领域之间的界限，将各种学习内容围绕主题有机连接，获得较为完整的经验。主题式结构游戏能引起幼儿的新鲜感，并激发孩子游戏的积极性和主动性。通过结构游戏与主题的融合，幼儿在主题活动中，开展系列教师预设和幼儿生成相结合的活动，积累相当丰富的知识经验，把获得丰富的生活经验和认知印象，融入结构游戏中，孩子们学习和运用各领域的知识、能力和态度进行探究，并把探究的结果及过程，运用多种形式的表征方式呈现出来，促进了幼儿核心素养的发展。由此可见，主题式结构游戏能够全面培养幼儿的核心素养。

3. 开展基于核心素养培养的主题式结构游戏，符合我园持续发展的实际需要

自2005年起，我园围绕结构游戏进行了历时十多年三阶段的研究。第一阶段，我们着重研究了幼儿结构游戏兴趣和相关建构技能的培养。第二阶段，我们以结构游戏为载体，以开发幼儿八大智慧潜能为重点研究对象。第三阶段，在已有研究基础上，进一步探究如何有效地运用各类教育资源，将结构游戏创造性地融合于幼儿的日常生活、学习、运动和游戏中，如何使幼儿得以更全面、均衡地发展。前三轮的研究体现了循环式递进的研究过程，从单纯的结构游戏到关注游戏中发展幼儿的各种能力，再到关注结构游戏形式上的变化。对原有结构游戏的进一步提升也充分体现了幼儿发展的综合观。三个阶段的研究成果得到了不少领导和专家的认可。新一轮课题在对之前研究成果和经验进行批判性继承和发展的基础上，以核心素养培育为重要关切点，深化研究幼儿核心素养培养和结构游戏两者之间的关系，这不仅

有助于推进我园的教育改革,也符合我园持续发展的实际需要,更是在学前教育实践科研方面,认真落实了总书记提出的"不能有任何喘口气、歇歇脚的念头",不躺在功劳簿上、不停留在成绩单里的时代要求,认真落实了总书记所要求的始终保持永不懈怠的精神状态和一往无前的奋斗姿态。

二、国内外对基于核心素养培养的幼儿园主题式结构游戏的研究与现状

(一)对核心素养的研究

1. 国内

教育部2014年颁布的《关于全面深化课程改革 落实立德树人根本任务的意见》,从官方的高度明确提出研究构建我国各学段学生培养核心素养体系的必要性及具体内容。蔡清田等台湾学者(2014)对国民核心素养通过"国民核心素养"的滚动圆轮意象的形式呈现,透过滚动的圆轮意象,彰显"国民核心素养"的动态发展,能随时代变迁不断发展。2015年~2016年,北师大中国教育创新研究院完成了《面向未来:21世纪和是素养教育的全球经验》国际进展报告。2016年9月我国颁布《中国学生发展核心素养》总体框架及基本内涵,以培养"全面发展的人"为核心,分为文化基础、自主发展、社会参与3个方面,综合表现为人文底蕴、科学精神、学会学习、健康生活、责任担当、实践创新6大素养,具体细化为国家认同等18个基本要点。各素养之间相互联系、互相补充、相互促进,在不同情境中整体发挥作用。[1]其框架和内涵是将党和国家教育方针的具体化,也是落实立德树人的根本任务、促进人的全面发展、提升21世纪国家人才的核心竞争力的具体体现。2017年,中国教育创新研究院完成了《21世纪核心素养5C模型研究报告》,力图通过国际合作进一步深化关于21世纪核心素养的研究。5C模型包括文化理解与传承(Cultural Competency)、审辩思维(CriticalThinking)、创新(Creativity)、沟通(Communication)、合作(Collaboration)5个方面,每个方面包含3~4个要素,这5方面素养简称为5C素养。

华东师范大学李季湄(2016)教授指出:"《指南》是核心素养在幼儿园教育阶段的具体化,实施《指南》的过程就是在落实核心素养。《指南》5大领域的32个学习与发展目标和具体要求,是核心素养在幼儿阶段全面而具体的表现,涵盖了核心素养3维度、6要素、18个基本点的基本内容。"可见,核心素养的形成与发展是一个动态的过程,体现阶段性和连续性。不同年龄阶段应该有不同的要求,各年龄段又

---

[1] 核心素养研究课题组.中国学生发展核心素养[J].中国教育学刊,2016(10).

有相互连接。余文森(2017)《核心素养导向的课堂教学》一书提出了学科核心素养即：“学科+核心素养”[①]。它是核心素养在特定学科(或学习领域)的具体化，是学生学习一门学科(或特定学习领域)之后所形成的、具有学科特点的成就(包括必备品格和关键能力)，是学科育人价值的集中体现，是各学习领域对核心素养的独特贡献。学科核心素养与核心素养在方向和性质上是统一的，在内容上存在着相互包含、融合的关系，它丰富、充实、充盈了核心素养。

2. 国外

自1997年以来，经济合作与发展组织(OECD)、联合国教科文组织(UNESCO)、欧盟(EU)等国际组织先后开展关于核心素养的研究。受其影响，美国、英国、法国、德国、芬兰、日本、新加坡等国也积极开发核心素养框架。

1997年12月，OECD确定了三个维度九项素养。2006年12月，EU通过了关于核心素养的建议案，核心素养包括科学技术素养、信息素养等共计八个领域，每个领域均由知识、技能和态度三个维度构成。2010年3月，新加坡教育部颁布了新加坡学生的"21世纪素养"框架(核心价值观、社交与情绪管理技能、公民素质全球意识和跨文化交流技能、批判性创新性思维、交流合作和信息技能)。2013年2月，UNESCO发布报告《走向终身学习——每位儿童应该学什么》，指出在基础教育阶段尤其重视学习方法与认知、科学与技术等七个维度的核心素养。

2002年美国正式启动21世纪核心技能研究项目，创建美国21世纪技能联盟(Partnership for 21st Century Skills，简称：P21)，努力探寻那些可以让学生在21世纪获得成功的技能，建立21世纪技能框架体系，美国P21框架的核心技能、与之配套的课程以及支持系统之间的相互关系以彩虹图呈现。美国"21世纪素养"框架以核心学科为载体，确立了三项技能领域(学习与创新技能信息、媒体与技术技能、生活与职业技能)，每项技能领域下包含若干素养要求，美国的核心素养框架完整地融入国家中小学课程设计中。

从全球范围来看，国外诸多核心素养框架和内容虽不尽相同，如有的走的是"全面路线"，几乎把学生的所有素养都包括在内；有的走的是"简约路线"，只涉及一些关键的、高层级的素养，但都具有时代性与前瞻性，都是为了适应21世纪的挑战。即都反映了社会经济与科技信息发展的最新要求，强调创新与创造力、信息素养、国际视野、沟通与交流、团队合作、社会参与及社会贡献、自我规划与管理等素养。

---

① 余文森.核心素养导向的课堂教学[M].上海：上海教育出版社，2017(11).

学前阶段作为基础教育的基础,幼儿园必须与中小学一起,一致一贯地培养面向未来的核心素养。然而,目前我国提出的基础教育阶段的核心素养、学科核心素养框架忽视了学前教育的特殊性,其内容缺乏针对性,因为幼儿阶段有些核心素养不一定出现,有的还只是处于萌芽阶段,因此亟须研制和提炼幼儿核心素养。

(二) 结构游戏的研究

从结构游戏的教育观念发展来看,以往的研究中更多是从"社会本位"的角度来看待幼儿的结构游戏,即儿童的游戏发展水平要凸显"幼儿进行认知水平、结构能力发展"的社会价值,以功利性的"好不好""像不像"作为评价的基本依据。这种做法忽视了结构游戏本身赋予儿童亲身体验和实践操作的游戏价值。到了20世纪末,人们开始从"社会本位"的思想观念转移到"儿童本位"的角度来认识和看待游戏的个体价值,结构游戏逐步成为自主游戏的一个重要部分。

从研究的切入点来说,目前国内外对结构游戏的研究,主要是针对结构游戏中的某一方面进行研究,比如针对结构游戏材料、结构游戏组织策略,或是针对积木游戏或建构区域的游戏设计等方面的研究,缺少对结构游戏的整体性研究。这些研究多数都是基于实际层面的实验研究、案例研究、个案研究后进行的经验总结,缺乏研究的全面性、系统性。

(三) 对主题式结构游戏的研究

关于"主题式结构游戏"的相关研究,国内较多幼儿园开展了"主题式课程",把"主题"建构作为教育内容的组织形式,有"幼儿园主题式美术教育"等,将主题下的美术活动形成一个系列开展相应活动,也有围绕搭建名称而成主题的结构游戏活动也被叫"主题式结构游戏活动"。综上可见,此类主题式或主题式结构游戏活动都是凸显单个领域的形式。目前还未见国外有对"主题式结构游戏"的相关研究。

我园基于核心素养培养的幼儿园主题式结构游戏的开展,在一定程度上借鉴了瑞吉欧"方案教学"的经验和做法,即"方案教学"的课程是生成课程,[①]是在孩子的活动中慢慢显示出来的,其内容丰富,涉及面广,教师的教学组织活动必须"跟着孩子走",并在活动过程中不断发展。方案教学中教师的教育行为不是自上而下演绎式的,而是通过一些试探性的提问和商谈式的建议,引出幼儿自己的探索和表达,为

---

① 卡洛琳·爱德华兹,莱拉·甘第尼,乔治·福尔曼.儿童的一百种语言:第3版:转型时期的瑞吉欧·艾米利亚经验[M].尹坚勤,王坚红,沈尹婧,译.南京:南京师范大学出版社,2014(3).

幼儿的主动探究和表达创造积极的条件,营造良好的情境。在借鉴"方案教学"理念和做法的基础上进行实践探索,从而形成符合幼儿年龄特点基于幼儿核心素养的主题式结构游戏活动。

三、我园对基于核心素养培养的幼儿园主题式结构游戏的思考与展望

主题式结构游戏活动以其具有开放性和互联性的特征打破了结构游戏的封闭性和局限性。如:以结构技能为主,造成重结果轻过程;形式单一;为结构游戏而结构游戏,没把结构游戏与生活、运动、学习和其他游戏领域相互联系和相互融合,进行多元互动整合开展;干预过多,体现在主题架构、内容生成、活动过程等以教师预设为主忽视幼儿生成等。即目前,对这个领域的研究大多数是停留在表面阶段,而没有进入到更深层次、更实质性的研究。然而基于核心素养的幼儿园主题式结构游戏活动的研究在这方面进行了突破,主要研究成效有以下三点:一是幼儿园主题式结构游戏为结构游戏领域发展,打开了一种新的探究视界,为进一步深化的研究积累实证经验;二是幼儿园主题式结构游戏为一线教师及广大研究者反思结构游戏呈现了一种新的研究视角;三是幼儿园主题式结构游戏为孩子能更好地在"玩中学,学中玩"开辟了一种新的实践路径。

通过把对核心素养培养的探索放置在主题式结构游戏实践的背景中研究,突出体现和系统分析在幼儿核心素养的形成过程中,点面之间是如何相互关联、相互交叉、相互融合、相辅相成的,以期能在一定程度上弥补《中国学生发展核心素养》等研究成果中只有理论层面上的泛泛而谈,而缺乏具体实践层面上的系统论证和探索的不足。本课题以《中国学生发展核心素养》框架为出发点,梳理和研制出在主题式结构游戏活动中幼儿核心素养的基本框架,即3大素养,20个基本点。该框架在一定程度上弥补了原核心素养不按年龄阶段细化操作,以及针对性不强的缺憾,是对目前国内外相关研究成果进行的一次实践优化的尝试,为推动中国学前教育的"素养革命"贡献我们的一份力量。

【参考文献】

[1] 黄人颂.学前教育学[M].北京:人民教育出版社,2009(8).

[2] 亚德什科·索欣.学前教育学[M].北京师范大学外国教育研究所译.北京:人民教育出版社,1981(7): 351.

[3] 邵爱红.幼儿园室内外建构游戏指导[M].北京:中国轻工业出版社,2016.2.

[4] 林崇德.21世纪学生发展核心素养研究[M].北京:北京师范大学出版社,2016.

[5] 杨久诠.学生发展核心素养三十人谈[M].上海：华东师范大学出版社,2017.
[6] 钟启泉,崔允漷.新课程的理念与创新：师范生读本[M].北京：高等教育出版社,2003.
[7] 蔡清田.台湾十二年国民基本教育课程改革的核心素养[J].上海教育科研,2015(4).
[8] 余文森.核心素养导向的课堂教学[M].上海：上海教育出版社,2017(11).
[9] 卡洛琳·爱德华兹,莱拉·甘第尼,乔治·福尔曼.儿童的一百种语言：第3版：转型时期的瑞吉欧·艾米利亚经验[M].尹坚勤,王坚红,沈尹婧,译.南京：南京师范大学出版社,2014.
[10] 核心素养研究课题组.中国学生发展核心素养[J].中国教育学刊,2016.
[11] 孙思雨.国内关于核心素养研究的文献综述[J].基础教育研究,2016.

主题式结构游戏中幼儿核心素养内涵架构四部曲

◇ 何凌波　张　霞

一、源起

"核心素养"深受美国教育部、OECD、联合国教科文组织、新加坡及法国、英国等各国的重视，对核心素养的见解及不同框架体系也层出不穷，联合国教科文组织、经济合作与发展组织、欧盟、美国等提出的核心素养框架内容都体现出了时代性、学科综合性和全面性等特点。

近几年来，核心素养问题逐渐成为我国教育理论里讨论的热点，2014年教育部颁发《关于全面深化课程改革落实立德树人根本任务的意见》，其中明确提出"研究制定我国各学段学生发展核心素养体系"。在借鉴国际经验的基础上，以林崇德教授为首的研究团队发表了《中国学生发展核心素养》，但这些文献中的核心素养内容都指向全年龄的学生，缺乏幼儿阶段素养的呈现。我园课题《基于核心素养培养的主题式结构游戏的实践研究》旨在梳理3～6岁幼儿年龄段发展的核心素养内涵及框架，以及凝练出适合在主题式结构游戏中发展的幼儿核心素养内容。

二、探究

我园关于幼儿核心素养内涵的梳理经历了四个阶段：第一阶段，基于《3～6岁儿童学习与发展指南》（以下简称《指南》）中的五大领域，将幼儿核心素养分为五大素养三十二个基本点；第二阶段，打破了学科领域，注重知识、能力与态度的培养，形成了三维度六要素十八个基本点的幼儿核心素养体系，并细化了小中大各年龄段的目标与要求；第三阶段，进一步提炼和丰富了各基本要点的主要表现及教师指导要点；第四阶段，采用合理取舍原则，再次调整与完善了适合在主题式结构游戏中发展的幼儿核心素养体系,确立为三维度二十个基本点。

(一) 第一阶段(2016.2—2017.1.)

1. 领域的划分

研究初始,我们根据前一轮课题《幼儿园融合性结构游戏的实践研究》的经验,并结合中华人民共和国教育部制定的《3～6岁儿童学习与发展指南》中幼儿学习与发展的五大领域,将"幼儿核心素养"划分为健康素养、语言素养、社会素养、科学素养和艺术素养五大素养。此外,基于在主题式结构游戏中各素养培养和发展的不同程度及密切关系,我们又对五大素养的顺序进行了调整。

2. 内容的整理

在关于各领域素养的具体培养目标的梳理过程中,我们发现不仅要重视"能力",更要综合体现将知识、能力和态度相结合的"素养观"。于是,结合《指南》,对五大领域11个二级子目标和32个三级子目标进行解析,提炼典型表现,把握核心,将幼儿核心素养培养目标分为34个维度(详见表1)。

表1 基于领域的幼儿核心素养体系1

科学素养	语言素养	社会素养	艺术素养	健康素养
亲近自然	学会倾听	乐于交往	审美意识	健康体态
学会探究	大胆表述	友好相处	审美认知	愉快情绪
探究认识	表达清晰	分工协作	审美经验	适应能力
感知数学	文明习惯	自尊自信	审美类型	动作协调
感知理解	愿听会看	尊重他人		良好习惯
	理解能力	适应集体		自理能力
	书面表达	遵守规则		安全知识
		有归属感		自我保护

3. 我们的思考:幼儿核心素养体现单一性还是整合性?

在研究过程中,我们发现:幼儿核心素养作为一个体系,各领域素养下的培养目标其实是相互关联、相互交叉、相互促进的,其作用具有整合性。如:在培养幼儿"社会素养"时,孩子们在交往、分工协作等过程中学会了倾听、大胆表达自己的想法,"语言素养"也自然而然地得到了发展;又如:我们在"健康素养"领域中梳理的"良好习惯"的培养目标,其实是融合在各领域素养中,不管是科学探究、语言交往、艺术发展过程中都需要有良好的学习习惯和生活习惯。由此,对"幼儿核心素养"内容的划分有待进一步思考。

(二) 第二阶段(2017.2.—2018.1)

1. 打破领域,凸显品格与能力

在对以林崇德教授为首的研究团队制定的"中国学生发展的核心素养"内容以及李季湄教授有关《核心素养与幼儿教育质量》讲座进行系统理论学习之后,我们对"幼儿核心素养"这个关键概念有了重新认识:不仅每一种核心素养都是知识、能力、态度的综合表现,而且这种素养是综合、跨领域、具有整合性的。人为地将每一条核心素养分割到不同的领域中违背了"核心素养"的基本理念,于是我们重新整理,将核心素养的内涵调整为3维度(自主发展、社会参与、文化基础)、6要素(学会学习、健康生活、责任担当、实践创新、人文底蕴、科学精神)和18个基本要点(详见图1)。

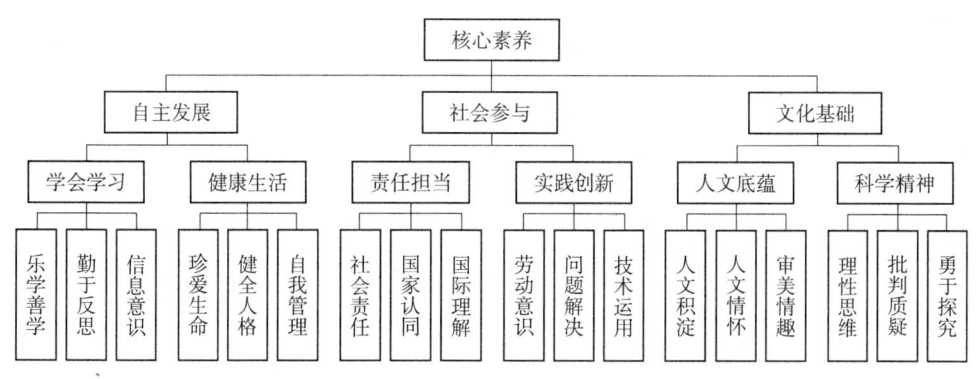

图1 幼儿核心素养的3维度、6要素、18个基本要点

2. 结合指南,梳理目标与要求

通过更进一步的学习探究核心素养与《指南》之间的关系发现,《指南》是核心素养在幼儿园教育阶段的具体化,一方面,《指南》的5大领域32个学习与发展目标与具体要求涵盖了《核心素养》的3维度、6要素的18个基本点;另一方面,《指南》的32个学习与发展目标是核心素养在幼儿阶段的全面而具体的表现。可以说,实施《指南》就是在落实学前教育的核心素养,遵循《指南》精神的幼教实践有效促进着核心素养的形成和发展。因此,怎样将核心素养的3维度、6要素和18个基本点与《指南》的具体发展目标相结合,是整体梳理幼儿核心素养内涵的关键。于是,我们从核心素养的3维度、6要素、18个基本点出发,在《指南》中寻找相应的目标要求,并逐条分析和推敲:一方面,直接找出《指南》中所描述的核心素养所要求的必备品格或关键能力;另一方面,将《指南》中描述幼儿学习行为、内容或结果的学习目标凝练成核心素养的内容,最终形成"幼儿核心素养体系目标与要求",为教师们在实践研究中明确方向(具体内容详见表2、表3、表4)。

表2 "文化基础"维度的幼儿核心素养梳理

核心素养	具体内涵	指南目标与要求(梳理)
文化基础	人文底蕴	人文积淀	语言领域:有阅读兴趣和良好的阅读习惯;丰富的生活经验、语言内容,增强理解和表达能力。 (一)倾听与表达 目标1:认真听并能听懂常用语言 (3～4岁)能听懂日常会话。 (4～5岁)1.能结合情境感受到不同语气、语调所表达的不同意思。 　　　　2.方言地区和少数民族幼儿能基本听懂普通话。 目标2:愿意讲话并能清楚地表达 (3～4岁)基本会说本民族或本地区的语言。 (4～5岁)会说本民族或本地区的语言,基本会说普通话。 (5～6岁)会说本民族或本地区的语言和普通话,发音正确清晰。 目标3:具有文明的语言习惯 (3～4岁)能在成人的提醒下使用恰当的礼貌用语。 (4～5岁)能主动使用礼貌用语,不说脏话、粗话。 (5～6岁)能依据所处情境使用恰当的语言,如在别人难过时会用恰当的语言表示安慰。 (二)阅读与书写准备 目标:喜欢听故事、看图书 (4～5岁)对生活中常见的标志、符号感兴趣,知道它们表示一定的意义。 (5～6岁)对图书和生活情境中的文字符号感兴趣,知道文字表示一定的意义。 社会领域:会正确看待自己、适应社会生活、有安全感和信任感、有自信和自尊、学会遵守规则,形成基本认同感和归属感。 科学领域: (一)科学探究 目标1:在探究中认识周围事物和现象 (3～4岁)初步了解和体会动植物和人们生活的关系。 (4～5岁)初步感知常用科技产品与自己生活的关系。 (5～6岁)初步了解人们的生活与自然环境的密切关系。
		人文情怀	语言领域:能与成人、同伴交流;想说、敢说、喜欢说并能得到积极回应。 (一)倾听与表达 目标1:认真听并能听懂常用语言 (3～4岁)别人对自己说话时能注意听并做出回应。 (4～5岁)在群体中能有意识地听与自己有关的信息。 (5～6岁)在集体中能注意听老师或他人讲话。 目标2:愿意讲话并能清楚地表达 (3～4岁)能大方地与人打招呼。

（续表）

核心素养	具体内涵	指南目标与要求（梳理）
文化基础	人文底蕴 — 人文情怀	（4~5岁）愿意与他人交谈，喜欢谈论自己感兴趣的话题。 （5~6岁）愿意与他人讨论问题，敢在众人面前说话。 目标3：具有文明的语言习惯 （3~4岁）在别人讲话时知道眼睛要看着对方。 （4~5岁）别人对自己讲话时能回应。 （5~6岁）1. 别人讲话时能积极主动地回应。 　　　　2. 懂得按次序轮流讲话，不随意打断别人。 **社会领域：学习与人友好相处、学习理解别人、爱亲敬长。** （一）人际交往 目标1：愿意与人交往（包含各年龄段目标） 目标2：关心尊重他人（包含各年龄段目标） （二）社会适应 目标1：具有初步的归属感（包含各年龄段目标）
文化基础	人文底蕴 — 审美情趣	**语言领域：** （一）阅读与书写准备 目标：具有初步的阅读理解能力 （4~5岁）能随着作品的展开产生喜悦、担忧等相应的情绪反应，体会作品所表达的情绪情感。 （5~6岁）能初步感受文学语言的美。 **艺术领域：学会用心灵去感受和发现美，用自己的方式去表现和创造美。** （一）感受与欣赏 目标1：喜欢自然界与生活中美的事物（包含各年龄段目标） 目标2：喜欢欣赏多种多样的艺术形式和作品（包含各年龄段目标） （二）表现与创造 目标：喜欢进行艺术活动并大胆表现（包含各年龄段目标）
科学精神	理性思维	**语言领域：** （一）倾听与表达 目标：认真听并能听懂常用语言 （5~6岁）能结合情境理解一些表示因果、假设等相对复杂的句子。 **社会领域：** （一）人际交往 目标1：能与同伴友好相处（包含各年龄段目标） 目标2：具有自尊、自信、自主的表现 （3~4岁）能根据自己的兴趣选择游戏或其他活动。 （4~5岁）能按自己的想法进行游戏或其他活动。 （5~6岁）能主动发起活动或在活动中出主意、想办法。 **科学领域：归类、排序、发展形象思维、发展逻辑思维能力。**

(续表)

核心素养	具体内涵	指南目标与要求（梳理）
文化基础	科学精神 / 批判质疑	语言领域： （一）倾听与表达 目标：认真听并能听懂常用语言 （5～6岁）听不懂或有疑问时能主动提问。 社会领域： （一）人际交往 目标：具有自尊、自信、自主的表现 （5～6岁）与别人的看法不同时，敢于坚持自己的意见并说出理由。 科学领域：判断、推理 （一）科学探究 目标：在探究中认识周围事物和现象 （4～5岁）知道科技产品有利也有弊。 （5～6岁）知道尊重和珍惜生命，保护环境。
	科学精神 / 勇于探究	说明：认真专注、不怕困难、敢于探究和尝试。 社会领域： （一）人际交往 目标：具有自尊、自信、自主的表现 （3～4岁）喜欢承担一些小任务。 （4～5岁）敢于尝试有一定难度的活动和任务。 （5～6岁）1. 自己的事情自己做，不会的愿意学。 　　　　　2. 主动承担任务，遇到困难能够坚持而不轻易求助。 科学领域： （一）科学探究 目标1：亲近自然，喜欢探究（包含各年龄段目标） 目标2：具有初步的探究能力（包含各年龄段目标）

表3　"自主发展"维度的幼儿核心素养梳理

核心素养	具体内涵	指南目标与要求（梳理）
自主发展	学会学习 / 乐学善学	《指南》说明：养成积极主动、认真专注、不怕困难、敢于探究和尝试、乐于想象和创造等良好学习品质。 科学领域：（一）科学探究 目标1：亲近自然，喜欢探究（包含各年龄段目标） 目标2：具有初步的探究能力（包含各年龄段目标） 目标3：在探究中认识周围事物和现象（包含各年龄段目标） （二）数学认知 目标1：初步感知生活中数学的有用和有趣（包含各年龄段目标） 目标2：感知和理解数、量及数量关系（包含各年龄段目标） 目标3：感知形状与空间关系（包含各年龄段目标）

(续表)

核心素养	具体内涵	指南目标与要求（梳理）
自主发展	学会学习 乐学善学	语言领域：想说、敢说、喜欢说。在生活情境和阅读活动中对文字感兴趣。 （一）倾听与表达 目标1：认真听并能听懂常用语言（包含各年龄段目标） 目标2：愿意讲话并能清楚地表达（包含各年龄段目标） 目标3：具有文明的语言习惯（包含各年龄段目标） （二）阅读与书写准备 目标1：喜欢听故事，看图书（包含各年龄段目标） 目标2：具有初步的阅读理解能力（包含各年龄段目标） 目标3：具有书面表达的愿望和初步技能（包含各年龄段目标） 艺术领域： （一）感受与欣赏 目标1：喜欢自然界与生活中美的事物（包含各年龄段目标） 目标2：喜欢欣赏多种多样的艺术形式和作品（包含各年龄段目标） （二）表现与创造 目标1：喜欢进行艺术活动并大胆表现（包含各年龄段目标） 目标2：具有初步的艺术表现与创造能力（包含各年龄段目标） 社会领域： （一）人际交往 目标1：愿意与人交往（包含各年龄段目标） 目标2：能与同伴友好相处 （3～4岁）想加入同伴的游戏时，能友好地提出请求。 （4～5岁）会运用介绍自己、交换玩具等简单技巧加入同伴游戏。 （5～6岁）活动时能与同伴分工合作，遇到困难能一起克服。 目标3：具有自尊、自信、自主的表现 （3～4岁）自己能做的事情愿意自己做。 （4～5岁）敢于尝试有一定难度的活动和任务。 （5～6岁）能主动发起活动或在活动中出主意、想办法。 （二）社会适应 目标1：喜欢并适应群体生活（包含各年龄段目标） 目标2：具有初步的归属感（包含各年龄段目标）
	勤于反思	科学领域：（一）科学探究：回顾自己探究过程，讨论自己做了什么，怎么做的，结果与计划目标是否一致，分析一下原因以及下一步要怎样做等。 目标：具有初步的探究能力 （3～4岁）能用多种感官或动作去探索物体，关注动作所产生的结果。 （4～5岁）能对事物或现象进行观察比较，发现其相同与不同。 （5～6岁）能用一定的方法验证自己的猜测。
	信息意识	语言领域：感受图书的作用，体会通过阅读获取信息的乐趣。体会标识、文字符号的用途。 科学领域：在探究中思考，尝试进行简单的推理和分析，发现事物之间明显的关联。

(续表)

核心素养	具体内涵	指南目标与要求（梳理）
学会学习	信息意识	**(一) 科学探究** 目标：具有初步的探究能力 (4~5岁) 1. 能通过简单的调查收集信息。 　　　　2. 能用图画或其他符号进行记录。 (5~6岁) 1. 能用一定的方法验证自己的猜测。 　　　　2. 能用数字、图画、图表或其他符号记录。 科学领域：尝试使用数的信息进行一些简单的推理。 **(二) 数学认知** (4~5岁) 在指导下，感知和体会有些事物可以用数来描述，对环境中各种数字的含义有进一步探究的兴趣。
自主发展	健康生活	真爱生活	健康领域： **(一) 身心状况** 目标：具有一定的适应能力（包含各年龄段目标） (3~4岁) 1. 在换新环境时情绪能较快稳定。 　　　　2. 在帮助下能较快地适应集体生活。 (4~5岁) 1. 换新环境时较少出现身体不适。 　　　　2. 能较快适应人际环境中发生的变化。 (5~6岁) 能较快融入新的人际关系环境。 **(二) 生活习惯与生活能力** 目标1：具有良好的生活与卫生习惯 (3~4岁) 喜欢参加体育活动。 (4~5岁) 喜欢参加体育活动。 (5~6岁) 能主动参加体育活动。 目标2：具备基本的安全知识和自我保护能力 (3~4岁) 在提醒下能注意安全，不做危险的事。 (4~5岁) 1. 认识常见的安全标志，能遵守交通规则。 　　　　2. 运动时能主动躲避危险。 (5~6岁) 1. 能自觉遵守基本的安全规则和交通法规。 　　　　2. 运动时能注意安全，不给他人造成危险。 社会领域： **(一) 社会适应** 目标：喜欢并适应群体生活（包含各年龄段目标）
	健全人格	健康领域： **(一) 身心状况** 目标：情绪安定愉快（包含各年龄段目标） 社会领域：正确看待自己、对待他人。 **(一) 人际交往** 目标：具有自尊、自信、自主的表现（包含各年龄段目标） **(二) 社会适应** 目标：具有初步的归属感（包含各年龄段目标）

(续表)

核心素养	具体内涵		指南目标与要求（梳理）
自主发展	健康生活	自我管理	健康领域： （一）生活习惯与生活能力 目标：具有基本的生活自理能力 （3～4岁）能将玩具和图书放回原处。 （4～5岁）能整理自己的物品。 （5～6岁）能按类别整理好自己的物品。

表4　"社会参与"维度的幼儿核心素养梳理

核心素养	具体内涵		指南目标与要求（梳理）
社会参与	责任担当	社会责任	健康领域：（一）生活习惯与生活能力 目标：具备基本的安全知识和自我保护能力 （3～4岁）在提醒下能注意安全，不做危险的事。 （4～5岁）认识常见的安全标志，能遵守安全规则。 （5～6岁）1.能自觉遵守基本的安全规则和交通规则。 　　　　2.运动时能注意安全，不给他人造成危险。 语言领域：（一）倾听与表达 目标：具有文明的语言习惯（包含各年龄段目标） （二）阅读与书写准备 目标：喜欢听故事，看图书 （3～4岁）爱护图书，不乱撕、乱扔。 社会领域：（一）人际交往 目标1：愿意与人交往（包含各年龄段目标） 目标2：能与同伴友好相处 （3～4岁）在成人指导下，不争抢、不独霸玩具。 （4～5岁）不欺负弱小。 （5～6岁）不欺负别人，也不允许别人欺负自己。 目标3：具有自尊、自信、自主的表现 （3～4岁）喜欢承担一些小任务。 （4～5岁）敢于尝试有一定难度的活动和任务。 （5～6岁）主动承担任务，遇到困难能够坚持而不轻易求助。 目标4：关心尊重他人（包含各年龄段目标）[除（5～6）接纳、尊重与自己的生活方式或习惯不同的人归为"国际理解"] （二）社会适应 目标：遵守基本的行为规范（包含各年龄段目标）
		国家认同	语言领域：（一）倾听与表达 目标：愿意讲话并能清楚地表达 （3～4岁）基本会说本民族或本地区的语言。 （4～5岁）会说本民族或本地区的语言，基本会说普通话。

(续表)

核心素养	具体内涵	指南目标与要求（梳理）
社会参与	责任担当	国家认同	（5～6岁）会说本民族或本地区的语言和普通话，发音正确清晰。 社会领域：（一）社会适应 目标：具有初步的归属感（包含各年龄段目标）
		国际理解	社会领域：（一）人际交往 目标：关心尊重他人 （5～6岁）接纳、尊重与自己的生活方式或习惯不同的人。
	实践创新	劳动意识	健康领域：（一）生活习惯与生活能力 目标：具有基本的生活自理能力（包含各年龄段目标） 社会领域：（一）人际交往 目标：具有自尊、自信、自主的表现 （3～4岁）自己能做的事情愿意自己做。 （4～5岁）自己的事情尽量自己做，不愿意依赖别人。 （5～6岁）自己的事情自己做，不会的愿意学。 （二）社会适应 目标：喜欢并适应群体生活 （4～5岁）愿意与家长一起参加社区的一些群体活动。

		问题解决	健康领域：（一）生活习惯与生活能力
			目标：具备基本的安全知识和自我保护能力
			（3～4岁）在公共场所走失时，能向警察或有关人员说出自己和家长的名字、电话号码等简单信息。
			（4～5岁）知道简单的求助方式。
			（5～6岁）知道一些基本的防灾知识。
			语言领域：（一）倾听与表达
			目标：认真听并能听懂常用语言
			（3～4岁）听不懂或有疑问时能主动提问。
			目标2：愿意讲话并能清楚地表达
			（5～6岁）愿意表达自己的需要和想法，必要时能配以手势动作。
			社会领域：（一）人际交往
			目标1：能与同伴友好相处
			（3～4岁）1. 想加入同伴的游戏时，能友好地提出请求。
			   2. 与同伴发生冲突时，能听从成人的劝解。
			（4～5岁）1. 会运用介绍自己、交换玩具等简单技巧加入同伴游戏。
			   2. 与同伴发生冲突时，能在他人帮助下和平解决。
			（5～6岁）1. 想办法吸引同伴和自己一起游戏。
			   2. 活动时能与同伴分工合作，遇到困难能一起克服。
			   3. 与同伴发生冲突时能自己协商解决。
			   4. 知道别人的想法有时和自己不一样，能倾听和接受别人的意见，不能接受时会说明理由。
			目标2：具有自尊、自信、自主的表现

(续表)

核心素养	具体内涵		指南目标与要求（梳理）
社会参与	实践创新	问题解决	（5～6岁）能主动发起活动或在活动中出主意、想办法。 **科学领域：（一）数学认知** 目标：初步感知生活中数学的有用和有趣（包含各年龄段目标）
		技术运用	**健康领域：（一）动作发展** 目标：手的动作灵活协调（包含各年龄段目标） **语言领域：（一）倾听与表达** 目标1：认真听并能听懂常用语言 （4～5岁）方言地区和少数民族幼儿能基本听懂普通话。 （5～6岁）能结合情境理解一些表示因果、假设等相对复杂的句子。 目标2：愿意讲话并能清楚地表达 （3～4岁）能口齿清楚地说儿歌、童谣或复述简短的故事。 （4～5岁）1. 少数民族聚居地区幼儿会用普通话进行日常会话。 　　　　　2. 能基本完整地讲述自己的所见所闻和经历的事情。 　　　　　3. 讲述比较连贯。 （5～6岁）1. 少数民族聚居地区幼儿基本会说普通话。 　　　　　2. 能有序、连贯、清楚地讲述一件事情。 　　　　　3. 讲述时能使用常见的形容词、同义词等，语言比较生动。 **（二）阅读与书写准备** 目标1：具有初步的阅读理解能力 （5～6岁）能根据故事的部分情节或图书画面的线索猜想故事情节的发展，或续编、创编故事。 目标2：具有书面表达的愿望和初步技能 （3～4岁）喜欢用涂涂画画表达一定的意思。 （4～5岁）愿意用图画和符号表达自己的愿望和想法。 （5～6岁）愿意用图画和符号表现事物或故事。 **科学领域：（一）科学探究** 目标：具有初步的探究能力（包含各年龄段目标） **艺术领域：（一）表现与创造** 目标1：喜欢进行艺术活动并大胆表现（包含各年龄段目标） 目标2：具有初步的艺术表现与创造能力（包含各年龄段目标）

　　本阶段主要将幼儿核心素养领域划分从"五大领域素养"调整为"3维度6要素18个基本点"，并在此基础上，根据《指南》中五大领域的各年龄段学习与发展目标梳理归纳到对应的18个基本点中，使幼儿核心素养内容更具体化。

　　3. 我们的思考：如何便于教师操作与指导？

　　幼儿在进行主题式结构游戏中的核心素养主要表现有哪些？教师们该如何指导？通过专家指导和分析反思后发现，我们只是将《指南》和幼儿核心素养进行对接，但没有进行语言上的提炼与整理，内容烦琐，对于教师们的实践操作性和指导性不明确。

（三）第三阶段（2018.2.—2018.6.）

1. 多方参阅，多元整合

其间，我们不断关注有关核心素养文献的更新，如教育学博士余文森出版的《核心素养导向的课堂教学》，以及幼教教研员谭楣出版的《幼儿发展核心素养（教师读本）》，并进一步认真阅读学习《中国学生发展核心素养》详细版后我们发现，其关于幼儿核心素养基本点的内容较为精确，更便于教师理解和操作，主要体现在其罗列的"幼儿主要表现"的描述。

2. 整理内容，拆分关系

我们根据《中国学生发展核心素养》内的基本要点和主要表现及《指南》中各领域的"学习与发展目标"及"教育建议"内容，进行归纳、凝练，梳理了适合在幼儿年龄阶段发展与培养的幼儿核心素养18个基本要点的"主要表现"，以及针对二级指标中的6要素梳理提炼了教师的"指导要点"（见表5），以便于教师更好地把握目标所蕴含的幼儿核心素养，有效地促进幼儿核心素养的形成和发展。

表5 幼儿园主题式结构游戏中可发展幼儿核心素养基本要点和主要表现

核心素养	具体内涵	主要表现描述（幼儿）	指南指导要点（教师）
文化基础	人文底蕴	人文积淀	1. 积累古今中外人文领域的知识和成果。 2. 理解人文思想中所蕴含的认识和实践方法等。	语言： 1. 具有文明的语言习惯 2. 喜欢听故事、看图书 3. 具有初步的阅读理解能力 4. 具有书面表达的愿望和初步的技能 社会： 1. 愿意与人交往 2. 关心尊重他人 艺术： 1. 喜欢自然界和生活中美的事物 2. 喜欢欣赏多种多样的艺术形式与作品 3. 喜欢进行艺术活动并大胆表现
		人文情怀	尊重、关心自我和他人。	
		审美情趣	1. 发现美，喜欢自然界与生活中美的事物。 2. 感受美，喜欢欣赏多种多样的艺术形式和作品。 3. 表现美，喜欢进行艺术活动并用自己的方式大胆创造。 4. 评价美，愿意和别人分享、交流艺术作品。	

（续表）

核心素养	具体内涵	主要表现描述（幼儿）	指南指导要点（教师）
文化基础	科学精神	理性思维 1. 能理解、掌握基本的科学原理和方法。 2. 能运用科学的思维方式认识事物、解决问题。 批判质疑 1. 能独立思考，具有问题意识。 2. 能多角度分析问题，做出选择和决定。 勇于探究 1. 具有好奇心和想象力，能坚持不懈、大胆尝试。 2. 积极寻求问题的解决方法。	社会： 1. 能按照自己的想法进行游戏或其他活动（4~5岁） 2. 能主动发起活动或在活动中出主意、想办法（5~6岁） 3. 与别人的看法不同时，敢于坚持自己的意见并说出理由（5~6岁） 科学： 1. 喜欢探究 2. 经常问各种问题或好奇地摆弄物品（3~4岁） 3. 能根据观察结果提出问题，并大胆猜测答案（4~5岁） 4. 能经常动手动脑寻找问题的答案（5~6岁）
社会参与	责任担当	社会责任 1. 文明自律、诚信友善。 2. 具有团队意识和互助精神。 3. 能对自我和他人负责，具有规则意识。 4. 关爱自然，热爱并尊重自然。 国家认同 1. 知道自己是中国人，会说本民族或本地区的语言和普通话。 2. 知道国家一些重大成就，爱祖国，为自己是中国人感到自豪。 国际理解 知道不同地域、不同种族的人，以及他们的风俗习惯，有初步的多元文化意识。	社会： 1. 能与同伴友好相处 2. 遵守基本的行为规范 3. 主动承担责任，遇到困难能够坚持（5~6岁） 4. 爱家庭、爱集体、爱家乡、爱祖国 5. 知道自己是中国人（4~5岁） 6. 为自己是中国人而自豪（5~6岁） 7. 接纳、尊重与自己的生活方式或习惯不同的人（5~6岁）
	实践创新	劳动意识 1. 具有积极的劳动态度和良好的劳动习惯。 2. 有改进和创新劳动方式和效率的意识。 问题解决 1. 善于发现和提出问题，有解决问题的兴趣和热情。 2. 尝试制订合理的解决方案。 3. 具有解决问题的行动力。 技术运用 1. 具有学习掌握技术的兴趣和意愿。 2. 能将创意和方案转化为有形物品，或进行改进与优化。	健康： 1. 自己能做的事情自己做 2. 尊重为大家提供服务的人，珍惜他们的劳动成果（5~6岁） 3. 能使用简单的劳动工具（5~6岁） 科学： 1. 初步感知生活中数学的有用和有趣 2. 体验解决问题的乐趣（5~6岁） 3. 具有初步的探究能力 艺术： 具有初步的艺术表现与创造能力

（续表）

核心素养	具体内涵	主要表现描述（幼儿）	指南指导要点（教师）
自主发展	学会学习	乐学善学	1. 具有积极的学习态度和兴趣。 2. 具有良好的学习习惯和方法。	科学： 1. 亲近自然，喜欢探究 2. 在探究中认识周围的事物和现象 3. 感知和理解数、量及数量关系 4. 感知形状与空间关系
		勤于反思	1. 有自我反思的意识和习惯，总结成功或失败的经验。 2. 能够根据不同情境和自身需要，尝试选择或调整。	
		信息意识	1. 能多途径地获取信息。 2. 能多方法进行简单记录。 3. 具有积极运用信息的意识。	
	健康生活	珍爱生命	1. 具备基本的安全知识和自我保护能力。 2. 掌握适合自身的运动方法和技能。 3. 养成健康文明的行为习惯和生活方式。	健康： 1. 具有良好的生活与卫生习惯 2. 具备基本的安全知识和自我保护能力 3. 情绪安定、愉快 4. 具有一定的适应能力 5. 具有基本的生活自理能力 社会： 1. 具有自尊、自信、自主的表现 2. 喜欢并适应群体生活 3. 具有初步的归属感
		健全人格	1. 具有积极的心理品质。 2. 能调节和管理自己的情绪。	
		自我管理	1. 能正确认识和评价自己。 2. 能合理分配和使用时间与精力。 3. 具有达成目标的持续性动力。	

3. 我们的思考：如何彰显层次性和动态性？

在课题研究过程中，我们的课题组成员又产生了新的困惑与思考：这些核心素养在主题式结构游戏中都能得到发展吗？各素养发展的程度都一样吗？除了这些素养外，还有哪些素养是幼儿必备的？

此外，我们一直认为在主题式结构游戏中幼儿核心素养的发展是一个相互联系、相互促进、相互融合、相辅相成的体系，并具有一定的发展性，那我们该如何体现这个可持续动态发展过程呢？

（四）第四阶段（2018.7—至今）

1. 与时俱进，更新素养要点

其间，课题组继续查找、收集国内外最新的有关核心素养内容的文章和资料，中国台湾《核心素养发展手册》以及"21世纪核心素养5C模型"的出炉引发了我们对幼儿核心素养内容的思考：什么是我们没有的？哪些是可选取的？故我们对第三阶段幼儿核心素养内容做出以下调整：

① 合并有谋

原本"文化基础"素养下的"人文积淀"和"人文情怀"两个基本点对于幼儿阶段发展水平过高，因此，我们将这两个基本点进行合并，并调整为更适宜幼儿在主题式结构游戏中发展的"人文熏陶"，是指幼儿感知和体验古今中外人文领域的知识和成果。

② 增减有思

"减"——原本"自主发展"素养下的"乐学善学"过于宽泛，三大维度中各基本点的发展都已隐含了这点，我们认为，在主题式结构游戏中所培养的幼儿核心素养不需要将这个基本点单独列出，故直接将此基本点删除。

"增"——21世纪的飞速发展需要我们具备一定的创新与应变能力，对幼儿发展来说亦是如此，因此，我们在原有的基本点中又添加了"求异创新"和"顺势应变"这两个基本点。"求异创新"是指幼儿有别于常规或常人的思路和见解，并以此来改进或创造新的事物、方法和环境等行为；"顺势应变"是指幼儿根据当下情况或情境进行相应的改变。这两个基本点归属于三大素养中的"自主发展"素养领域。其中"求异创新"来源于"21世纪核心素养5C模型"中的"创新素养"，"顺势应变"来源于台湾"核心素养发展手册"中"自主行动"维度下的"规划执行与创新应变"，并根据我们的实践研究进行了调整和注解。

"增"——在中国台湾地区的《核心素养发展手册》和"21世纪核心素养5C模型"两篇文章中都体现了"沟通"与"合作"对幼儿发展的重要性（"沟通"——在台湾《核心素养发展手册》中称为"符号运用于沟通表达"，在"21世纪核心素养5C模型"中称为"沟通素养"；"合作"——在台湾《核心素养发展手册》中称为"人际关系与团队合作"，在"21世纪核心素养5C模型"中称为"合作素养"），而在我园梳理的幼儿核心素养中这两方面有所缺失，但在实践研究中我们发现这两点与主题式结构游戏密切相关，具有举足轻重的地位，因此，我们根据实际情况增加了"沟通互动"与"团队合作"这两个基本点，并将其归纳到"社会参与"素养领域。

在详细参阅各国核心素养文献以及我园梳理的幼儿核心素养内容后，我们认识到这二十个幼儿核心素养基本点很难精确地划分到二级维度的六大要素中，综上所述，最终我们将原本的3维度6要素18个基本点修正为3大素养20个基本要点。（详细内容见表6）

表6　主题式结构游戏中幼儿核心素养基本要点和主要表现

核心素养	基本要点	概念界定及主要表现描述
文化基础	人文熏陶 ☆☆	人文是指人类社会的各种文化现象。熏陶是指人的思想行为因长期接触某些事物而受到好的影响。幼儿人文熏陶是指幼儿感知和体验古今中外人文领域的知识和成果。 主要表现： 1. 感受不同体裁和类型的儿童文学作品及艺术形式和作品。 2. 对经典故事、古诗等文学作品及人文领域的基本知识和成果感兴趣。 3. 在良好的人文环境中，主动体验、观察、模仿及实践。
	审美情趣 ☆☆☆	是指以幼儿个人爱好的方式表现出来的审美倾向（对美的认识和评价）；是幼儿欣赏、鉴别、评判美丑等的特殊能力。 主要表现： 1. 发现美，喜欢自然界与生活中美的事物。 2. 感受美，喜欢欣赏多种多样的艺术形式和作品。 3. 表现美，喜欢进行艺术活动并用自己的方式大胆创造。 4. 评价美，愿意和别人分享、交流艺术作品。
自主发展	勇于探究 ☆☆☆	是指幼儿能积极动手动脑，通过发现问题、收集和处理信息来寻找问题答案的过程。 主要表现： 1. 对事物具有好奇心和想象力，喜欢探究。 2. 能大胆尝试，积极寻求问题的解决方法。 3. 坚持不懈，遇到问题不轻易放弃探究。 4. 具有初步的探究能力。
	理性思维 ☆	是指幼儿在充分认识客观事物，以及借助已有知识经验、推测未知事物等思维依据基础上，能对事物或问题进行观察、比较等分析概括的思维方式。 主要表现： 1. 初步尝试归类、排序、判断、推理。 2. 尝试用观察、分析、比较的思维方式理解事物。 3. 尝试简单地制定并遵守游戏规则。 4. 能够运用恰当的语言概括和说明自己的理解。
	勤于反思 ☆☆☆	是指能经常对自己的计划、过程和结果等有审视的意识和习惯，学着总结经验。 主要表现： 1. 能经常对自己的作品和活动过程、结果有审视的意识和习惯。 2. 能回顾自己的探究计划、过程，并从中总结经验和教训。 3. 尝试根据自己的反思和评估，选择和调整相应的方法和策略。
	批判质疑 ☆☆☆	批判是指对错误的思想、言论或行为做系统的分析判别，评论好坏；质疑是指提出疑问。幼儿批判质疑是指幼儿具有问题意识，能独立思考和多角度分析问题，做出选择和决定等。 主要表现： 1. 能独立思考，具有问题意识，并学着提出问题。 2. 与别人看法不同时，敢于坚持自己的意见并说出理由。

(续表)

核心素养	基本要点	概念界定及主要表现描述
自主发展	问题解决 ☆☆☆	是指幼儿有目的地运用各种认知活动、技能等一系列操作,使问题得以解决的过程。 主要表现: 1. 善于发现和提出问题。 2. 有解决问题的信心、勇气和热情。 3. 愿意尝试解决问题的方法。
	信息意识 ☆☆	是指幼儿能利用计算机和通讯、图书等媒介,有获取信息的思想和认识,是对信息的敏感程度。 主要表现: 1. 对所关心的事物敏感,并仔细观察。 2. 尝试多途径、多方法获取信息,并简单记录。 3. 尝试根据自己的需求,进行简单的分析、判断并尝试进一步利用信息。
	技术应用 ☆☆	是指幼儿根据实际需要,有目的地使用积累起来的知识技能和操作技巧。 主要表现: 1. 有运用其他技术或工具进行探索或学习的意识和兴趣。 2. 愿意认识并学习新的技术或操作工具。 3. 尝试运用新技术或工具,辅助学习与探索。
	求异创新 ☆☆	是指幼儿有别于常规或常人的思路和见解,并以此来改进或创造新的事物、方法和环境等行为。 主要表现: 1. 对事物有独特的感受和理解。 2. 尝试用不同于别人的思路表达表现。
	顺势应变 ☆☆	是指幼儿根据当下情况或情境进行相应的改变。 主要表现: 1. 愿意参加各类具有挑战性的活动,积累经验。 2. 多思考,逐步养成随机应变的思维方式。 3. 尝试对一个问题进行多途径的解决。
	珍爱生命 ☆☆	是指幼儿能珍惜和爱护自然界一切有生命的人、动物、植物,懂得尊重生命和敬畏大自然。 主要表现: 1. 具有健康的体态,动作协调、灵敏。 2. 自尊自爱,具有良好的行为习惯和生活方式。 3. 具备基本的安全知识和自我保护能力。 4. 关心周围的人和自然物,并具有保护意识。

(续表)

核心素养	基本要点	概念界定及主要表现描述
自主发展	健全人格 ☆☆	是指人格的正常和谐发展。主要是培养幼儿具有稳定的情绪及开放的思维等积极心理品质。 主要表现： 1. 情绪安定愉快。 2. 具有自尊、自信、自主的表现。 3. 学着调节和管理自己的情绪，具有抗挫折能力等。
自主发展	自我管理 ☆☆	是指幼儿对自身的目标、心理和行为等进行自我管理。 主要表现： 1. 能正确认识和评价自我。 2. 尝试自己合理分配和使用时间与精力。 3. 学会恰当表达和调控情绪。 4. 尝试依据自身实际，选择目标并为之努力。
社会参与	社会责任 ☆☆☆	是指幼儿对国家或社会以及他人所应当承担的职责和义务。 主要表现： 1. 能对自我负责，具有规则意识和任务意识。 2. 集体中能主动承担责任，具有团队意识和互助精神。 3. 遵守基本的社会行为规范，文明自律、诚信友善。 4. 有社会责任感和小公民意识，关爱、尊重并保护自然。
社会参与	国家认同 ☆☆	是指幼儿对自己归属哪个国家的认知，以及对自己国家的构成，如文化、民族等要素的评价和情感。 主要表现： 1. 知道自己是中国人，为自己是中国人感到自豪。 2. 爱祖国、爱家庭、爱亲敬长，具有家国情怀。 3. 对中华优秀传统文化具有充分的感受、认知和喜爱。 4. 能自觉遵循并宣传中华优秀传统文化中良好的风俗习惯和行为习惯。
社会参与	国际理解 ☆☆	是指幼儿能认识、理解并尊重各国的文化和传统。 主要表现： 1. 知道世界上有不同国家、不同种族的人，他们有不同的文化、风俗习惯与生活方式。 2. 接纳和尊重与自己身份不同的人。
社会参与	劳动意识 ☆☆	是指幼儿具有为自我、他人服务劳动（这里专指体力劳动）的认识和想法。 主要表现： 1. 热爱劳动，自己动手做自己能做的事情。 2. 有良好的劳动习惯。 3. 愿意改进和创新劳动方式和效率。 4. 尊重并珍惜他人的劳动成果。

(续表)

核心素养	基本要点	概念界定及主要表现描述
社会参与	沟通互动 ☆☆☆	是指幼儿与他人之间传递信息、传播思想、传达情感，并相互作用、相互影响的行为和过程。 主要表现： 1. 愿意与人交往，分享自己的事情。 2. 有初步的沟通意识和技能。 3. 尝试换位思考，能体会他人的情绪和想法，理解他人的立场和感受。
	团队合作 ☆☆	是指幼儿与同伴为了一个共同的目标，相互支持、分工、协作、奋斗的过程。 主要表现： 1. 能尽快融入集体中，具有集体意识，乐于参与集体活动。 2. 能与同伴友好交往，达成共识，并相互配合。 3. 能合理分工并具有担当意识。 4. 愿意听取他人意见，并进行有效协商。

说明：
1. "概念界定"借鉴"百度汉语""百度百科""知网"中的解释，结合幼儿阶段年龄特点以及主题式结构游戏中对幼儿的分析研究，进行相应概念的鉴定。
2. "主要表现"引用《3～6岁儿童学习与发展指南》中的目标与要求（以下简称《指南》）以及引用国际经济与发展组织（OECD）、联合国教科文组织（UNESCO）、新加坡等对核心素养的鉴定，以及最新发布的"21世纪核心素养5C模型"内涵。
3. "基本要点"中的☆级数量是我们在主题式结构游戏实践研究中梳理出的幼儿对基本点素养的适合发展程度。

2. 星级标志，体现发展关系

我们课题组针对如何体现各素养基本点发展的不同程度进行了多次商讨，确定以☆级数量来体现主题式结构游戏中适合幼儿发展的各素养基本点的密切程度。以"社会参与"核心素养为例，我们标注3星的基本要点是"社会责任""沟通互动"，标注2星的基本要点是"国家认同""国际理解""劳动意识""团队合作""顺势应变"，表示幼儿阶段3星基本要点更符合幼儿现在需要侧重培养的特点。

3. 图文设计，明晰素养框架

① 圆盘演绎——不断转动，螺旋上升发展

通过在各主题式结构游戏中的培养，以及随着幼儿年龄、发展水平的递增，核心素养中的各基本要点呈循序渐进的发展趋势，幼儿核心素养得到螺旋式上升的发展。

② 整体展现——全面发展，适应生活情境

核心素养是指一个人为适应现在生活及未来挑战，所应具备的知识、能力与态度，因此，幼儿核心素养培养的最终目标是解决幼儿生活情境中所面临的问题，并能应生活情境中的快速变化而与时俱进，成为一名全面发展的幼儿。(如图2所示)

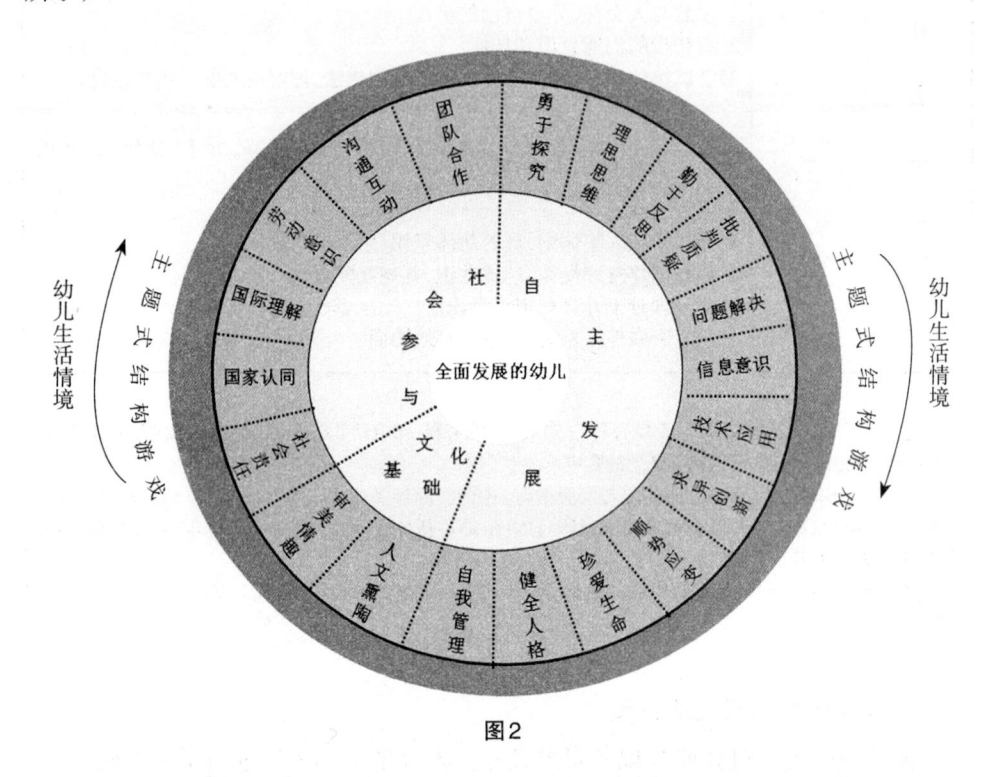

图2

(五) 我们的思考

通过近四年的实践和研究，有关"幼儿核心素养"内容的解读和研究历经四个阶段的调整与发展，初步形成了适合在主题式结构游戏中发展的二十个核心素养基本点。幼儿核心素养的获得是为了使幼儿能够发展成更为健全的个体，并为终身学习、终身发展打下良好的基础。当然，对于我们的实践研究还有以下几点值得思考：

1. 根据时代的发展，幼儿核心素养内容还需不断地调整和完善

近几年来，关于"核心素养"的研究引起全球关注。从2016年《中国学生发展核心素养》问世，到2018年《21世纪核心素养5C模型研究报告(中文版)》的发布，可见"核心素养"是与时俱进的。我园有关"幼儿核心素养"内容的研究与解读也

经历了四个阶段,但这并不是终点,还是需要不断地发展与更新。

2. 如何把握幼儿个性发展与核心素养全面发展的关系

陶行知曾说:"培养教育人和种花木一样,首先要认识花木的特点,区别不同情况给以施肥、浇水和培养教育,这叫'因材施教'。"因此,如何让每一个孩子得到适性发展值得我们深思。

第二部分

新航道：方法尝新

基于核心素养培养的幼儿园主题式结构游戏的环境创设

◇ 张 霞

《幼儿园教育指导纲要(试行)》明确指出:"环境是重要的教育资源,应通过环境的创设和利用,有效促进幼儿的发展。"环境是幼儿园课程中不可忽视的重要组成部分,它作为一种潜在课程,时时处处对幼儿核心素养的发展具有影响作用。主题式结构游戏的环境创设就是利用园部公共区(门厅、走廊、楼梯、专用活动室等)和各班教室(主题表征墙、区角游戏区、角色游戏区等)依据某一主题,创设适宜的结构游戏环境以及提供充足的材料让孩子们尽情地探索,以此推动幼儿核心素养的全面发展。

一、创设可变性主题式结构游戏环境

著名的教育学家陈鹤琴先生指出:"怎样的环境就得到怎样的刺激,得到怎样的印象。"倘若结构游戏环境始终保持原状,不但会造成幼儿游戏兴趣的减弱,更不利于他们自主发展素养的培养。只有当游戏环境适合幼儿身心发展的特点和需要时,幼儿才会积极主动地去适应环境、探索环境,并自觉地参与到结构游戏中去,形成在某方面日益增多的经验和知识,从而发挥他们在这方面更加明显的创造性。在创设可变性的主题式结构游戏环境时,重点突出以下"两化"。

(一)灵活化

1. 多样材料灵活组合,提高幼儿技术运用能力

我园有着丰富多样的结构材料,并根据幼儿年龄特点和发展水平,提供适合的结构游戏材料。同时,还会收集各类纸盒、纸杯、吸管等废旧材料鼓励幼儿将它们与结构材料灵活组合起来,不同的材料需要幼儿运用不用的建构技能来造型,无处不在地考验着幼儿技术运用的能力。

2. 保留作品形式多样，挑战幼儿问题解决能力

每次结构游戏时间结束，总有一些幼儿还没有完成自己的作品，教师就引导幼儿讨论解决办法。有的幼儿会考虑到不拆除作品就会出现材料越来越少的情况，影响正常建构。也有的幼儿会不舍或想在下次游戏时间继续建构。故每班教室都会有"半成品区域"，便于幼儿存放没完成的作品。

对于幼儿的成品，我们还有成品保存和照片保存的方式。成品保存可以方便幼儿全方位解读和构造作品；照片保存可供各班幼儿、老师、家长互相观摩、学习。多种形式的作品保存方法，既节省了空间、材料，保留了珍贵作品，又为幼儿提供了创造问题的平台，提高解决问题的能力。

3. 展示格局推陈出新，提升幼儿求异创新能力

班级中的结构展示区我们使用大块的、可拼接的塑胶地垫。在具体铺设的时候，为了方便幼儿的走动和建构，地垫的形状也会随之灵活调整，如双C形、E字形、工字形、T字形等等，既满足幼儿创造时的成功体验，又使幼儿通过连续构造，发展坚持性等良好品质。

园部的展示区我们利用了门厅以及各个楼层显著的位置。门厅的两侧，若干个大型又轻巧的正方体摆成的各个造型，有"品"字形、"吕"字形，有两层、三层等造型，这些正方体的造型是孩子们根据自己的创意随意调整，随机创作的。并且每个面的正方体上都以照片形式展示着孩子们最新的建构作品。门厅的立柱和二楼船模展示架上展示的是孩子用各种建构材料根据某一主题搭建的多种形态各异的创新作品。正是这种灵活多样、推陈出新的展示格局，充分提升了幼儿求异创新的能力。

（二）多样化

1. 特色节庆的结构环创，萌发多元文化意识

圣诞是幼儿最熟悉和喜欢的节日之一，我们在教室走廊显眼处用各种结构材料以及废旧材料进行节庆的环创，孩子的建构作品琳琅满目：雪花、圣诞树、圣诞老人、礼物盒等，并进行空间、墙面、地面三维空间的展示。

除此之外，我们还会引导幼儿结合一些中国的传统节日进行结构环境创设，如春节、端午节、元宵节等。园部的大厅、教室里都会依据某一主题建构丰富多彩的结构作品：造型各异、材质各不相同的龙舟、五光十色、喜气洋洋的灯笼……这些活动加深了幼儿对传统文化的认识，知道世界节日文化的丰富。

2. 结合本土的结构环创，激发社会责任感

我园坐落在浦东王港地区，周边有着得天独厚的资源。我们会利用散步、远足

等活动到附近首屈一指的"银行卡"建筑群参观、写生,为之后的搭建活动积累经验。孩子们看到美轮美奂的建筑不由发出赞叹:"好漂亮的房子啊,我长大了也要设计这样的房子……"孩子们会用发现的眼光去看观察家乡的变化,产生热爱家乡的美好情感。

随着"迪士尼"落户在我们浦东,我们利用走廊与幼儿共同创设了主题"迪士尼——米老鼠大街",幼儿将百变积木搭建的各种米老鼠造型展示在内。看到栩栩如生的米老鼠们,很多家长和新生都会不由自主地想要近距离与它们合照。这时,孩子们都会加入自觉爱护它们的行列,主动和不知情的家长说:"这样会把这些作品弄坏的,我们要文明拍照。"做个文明人——社会责任感的种子在幼儿心中生根发芽。

3. 多维表征的结构环创,促勤于反思能力

这里的多维表征指的是班级中的表征墙。所谓表征墙就是将主题式结构游戏的开展过程、结果做一个呈现,是一个载体,一种形式。在选择表征的主题前教师会时刻追随幼儿,捕捉幼儿的兴趣为切入点,关注幼儿不同领域、不同核心素养的发展,并以此为依据引导幼儿从多种角度探索主题内容,如调查表、结构作品、角色游戏、亲子活动等多种形式。表征墙的内容根据幼儿的探索和生成不断地变化着、发展着。这些多维度的表征形式、多样化的表现内容,时时触发幼儿丰富的思维想象能力,幼儿会时常有关注表征墙的意识,并学着从表征墙上吸收经验,促进自身勤于反思的能力。

二、创设探究性主题式结构游戏环境

瑞典著名的教育家爱伦·凯指出,环境对一个人的成长起着非常重要的作用,良好的环境是孩子形成正确思想和优秀人格的基础。良好的学习环境更是幼儿成长的黄金土壤,在当前不断提倡探究式学习的时代背景下,为幼儿创设探究性主题式结构游戏环境,对培养幼儿勇于探究尤为重要,为其终身发展奠定良好的学习基础,具有重大的意义。创设探究性主题式结构游戏环境应遵循以下几点:

(一)立足幼儿求知欲望,激发探究追问欲望

幼儿天生好奇总爱问"为什么?"研究表明,3~6岁幼儿正处于求知欲与好奇心十分强烈的阶段,对周围世界充满了好奇与疑问。对幼儿来说,创设探索性的结构游戏环境,能满足他们的好奇心并极具挑战性,使他们经历好奇、提问、尝试、发现等过程,从而孩子的理性思维、批判质疑、勇于探究等都能得到充分的培养。

1. 创设问题情境,打开多种思维

我们以创设问题情境为导入口,让幼儿在问题情境中自主探索、发现问题,寻找解决问题的途径。如走廊"拼图拼拼乐"游戏,教师在拼图的空白处,设置了提问的版块"我们还能怎么玩?"旨在鼓励幼儿探索除了拼搭图纸以外的图形。再例如班级中,教师都会设计一块"我是小问号"的版面,鼓励幼儿将在建构过程中遇到的问题用绘画或符号的方式记录下来,寻求其他同伴或老师的帮助。这样的设计尊重了幼儿自主提问的权利,幼儿学习的主体得到充分彰显。

2. 鼓励主动提问,勇于大胆质疑

有些幼儿因为担心自己说得不好而怯于提出问题,教师应该积极鼓励幼儿主动提问。如在结构游戏分享环节,教师利用幼儿搭建的"金话筒",为幼儿创设了敢问、想问、乐问的环境。有问题的幼儿拿起"金话筒"将自己的疑问和质疑抛出来,教师引导集体讨论商量共同解决问题。在这种宽松自由的情境下,幼儿才会畅所欲言,"金话筒"的方式,体现了教师鼓励幼儿不盲目跟随,大胆质疑的能力。

(二)集体、个别相结合,体验科学探索乐趣

集体教学活动和个别化活动都是为了满足幼儿发展的需要的两种不同的教学形式。幼儿的学习风格各有特色,教师必须随时关注幼儿的反应,并对观察到的行为进行分析,确定适合幼儿的方式。两种不同教学形式相辅相成,才能更好地让幼儿体验探索的兴趣。

1. 与结构游戏相融合的集体教学活动

为了制作集体教学活动所需要的教学用具,教师常常需要花费大量的时间。但是如果有效地利用结构材料就能大大缩短制作的时间和精力,同时也使活动更有特色。如中班科学活动《好玩的泡泡器》,教师提供了常见的建构材料:编织材料、雪花片等,引导幼儿通过动手搭建不同的泡泡器来尝试吹出泡泡,孩子们从活动中探索到只要有洞洞就能吹出泡泡。这种直接利用结构材料,让幼儿参与到探究过程中的方式,很好地激发幼儿的兴趣和参与性。

2. 与结构游戏相融合的个别化学习活动

在创设与结构游戏相融合的个别化时,应紧紧围绕《纲要》和《指南》的精神,让幼儿运用各种感官,动手动脑去探究问题、发现问题、解决问题。如中班《我在马路边》主题,教师用结构材料巧妙地设计了探索区"汽车开起来",三种不同材质的积木建构的三条不同表面的马路来感知摩擦力;探索区"有趣的桥"通过乐高(桥

墩)与纸(桥面)的结合,让幼儿探索桥墩的距离与桥面的承重能力……在满足幼儿学习探索的同时,把握教育的契机,激发幼儿的好奇心与探究欲望,充分发挥幼儿学习的支持者和引导者作用。

三、创设互动性主题式结构游戏环境

《纲要》指出:应通过环境的创设和利用有效促进幼儿的发展。只有与幼儿互动的环境,那才是有生命力的环境。环境应以孩子为主体,并能让幼儿与环境有效互动,这样才能体现它的价值。在环境与教学的互动中,两者互为一体又互相促进。环境不再是一种摆设,而是学习生活的一部分。我们教师应注重环境的创设和作用,从而积极有效地促进幼儿学会学习等素养的发展。

(一)墙面环境中的互动

苏霍姆林斯基说:"一所好的学校连墙壁也能说话。"好的墙面布置不仅只是装饰美化的作用,还应成为一种隐形教育,丰富幼儿的知识,陶冶幼儿的情操,我们应创设不断与幼儿互动式的墙面,让幼儿真正成为环境创设的主人,让墙面环境与幼儿"对话"。

1. 与生活活动相结合,培养自我服务能力

在生活中,除了可以用言语来提醒幼儿,帮助幼儿建立良好的生活习惯、自我服务能力,还可以利用环境来给幼儿一些暗示。比如,教室内的"今天你喝了几杯水?"就是巧妙利用结构材料提醒幼儿别忘记喝水,并且通过喝一杯水、移动一个结构材料,来记录一天的喝水量,材料新颖独特,记录一目了然。

幼儿跳好绳后,如不及时整理收纳,绳子会打结影响下次的运动,大班的孩子就用百变积木搭建收纳绳子的容器,相同小组选择同种颜色,便于幼儿快速取拿。孩子们不但能养成良好的生活习惯,还提高了自己的劳动意识。

2. 与童话故事相结合,培养语言表达能力

"童话故事长廊"顾名思义就是在走廊的墙面上布置了一个个经典的童话故事,但特别之处在于这些经典的童话故事都是幼儿运用各种结构材料搭建而成的,栩栩如生,创意十足。这些故事都是幼儿耳熟能详的,有《三只小猪》《三只蝴蝶》《猴子学样》等。这些孩子自己亲手搭建的童话故事,他们百看不厌。孩子们可以根据连续的镜头讲述故事,或者创编故事。孩子们能自觉、有效地使用这些照片,从中获得有效信息,幼儿的信息意识、语言表达能力都得到很好的提升。

3. 与交通标志相结合，培养自我保护能力

考虑到楼梯是幼儿最容易发生危险的地方之一，所以在我们园部每个楼梯转角处特意创设了"安全标志拼一拼"的结构游戏。每个版面是由一块块大小相同、颜色不同的正方体通过镶嵌在不同的位置组合成一幅幅安全标志图。每位幼儿来园时可以在这些体验式的版面上认一认、拼一拼、说一说这些安全标志，一来满足幼儿随时建构的兴趣，二来通过这些安全标志提醒上下楼梯的幼儿注意出行文明，提高自我保护能力。

（二）游戏情境中的互动

具有情境的游戏能为幼儿提供具有感染力的环境和条件，吸引幼儿的注意，让幼儿在愉快轻松自由的游戏中自娱自乐，获得各种发展。

1. "主题式"运动，提升幼儿的团队合作

我们的室内运动创设也都具有"主题式"的，如：大班《我是中国人》主题，结合主题核心经验创设了"小小解放军"的游戏，在游戏中，"解放军"们又是一支需要相互配合、合作的团队。幼儿们事先分工、协作尝试调整运动材料的不同玩法，重新组合器械，挑战了走、跑、跳、钻、爬等不同的运动技能。正是在闯关情境中，幼儿们知道了只有整支队伍完成目标才是真正的获胜，要与同伴互相配合、达成共识，同时也萌发了不畏困难、勇往直前的品质。

2. "主人式"游戏，激发幼儿的顺势应变

在以往的角色游戏中，教师们都会绞尽脑汁为幼儿提供各种各样角色游戏所需的材料，以此来推动幼儿游戏。但是在我们幼儿园材料提供方面绝对是"留有余地"的，教师们会鼓励幼儿将需要的或者缺少的游戏物品用结构材料来搭建。如：娃娃家的爸爸妈妈想要做饭了，就会想到搭建炉子、小碗；买菜时缺乏装菜的物品时就会联想到搭建菜篮子；"银行"的钱币都被取完，于是一部部依靠支付宝、微信支付的"手机"诞生了……正是这种以幼儿为主体的"主人式"游戏，激发了幼儿顺势应变的学习态度。

3. "导游式"介绍，挑战幼儿的沟通互动

在中班《在动物园里》的主题中，孩子们搭建了各种动物并将它们根据自己的生活经验分成了"农场里的动物""猛兽区动物""海洋世界"三大类。孩子们自发生成了"参观动物园"的游戏，身穿导游服装的"导游"，手拿雪花片搭建的导游旗帜正在详细地为游客们讲解这三大类动物的各种生活习性呢。"导游式"的情境，大大激发了幼儿游戏的热情，同时也需要对动物习性的了解和掌握，挑战了幼儿沟通互动的能力。

四、创设体验性主题式结构游戏环境

建构游戏注重幼儿在学习、活动中的感受与体验。幼儿有着感受、体验的本能,他们的活动无一例外地具有感受性和体验性。教师是幼儿体验的支持者、引导者、合作者。要关注幼儿亲身经历的情感性、过程性,尊重幼儿的体验和感受,适时助推,最后方能促进幼儿核心素养的全面发展。

(一)共享环境中的快乐体验

共享环境指园部公众共同享用的所属区域。我园在共享环境创设时,充分利用有限空间,以"大带小"的方式,让幼儿体验同伴共同游戏的快乐,不断提升幼儿的责任意识以及与同伴合作的能力。

1. 民间游戏长廊,激发国家认同的情感

民间游戏具有很浓厚的文化气息,玩法简单有趣,符合小朋友好动、好学、爱模仿的心理特点。

在二楼的南北走廊,结合我园结构特色,创设了民间游戏"划龙舟"的游戏。纸箱、废旧光盘制作的龙船栩栩如生,幼儿们坐在"龙船"上,一起合作挥动着用结构材料搭建的"船桨"。一位幼儿用力地敲击着一旁的大鼓,加油鼓劲、鼓舞士气。在划龙舟的游戏中,孩子们感受到了传统节日带来的乐趣,在尊重我国传统文化的基础上增强了民族自豪感,激发爱国爱乡的情感。

2. 快乐秀小舞台,促使健全人格的发展

家家都有小舞台,我园的快乐秀小舞台有何特别之处呢?我们的道具提供除了常见能购买到的头饰、服装等,还有很多都是我们幼儿利用各种建构材料搭建的。如《拔萝卜》故事中的萝卜地,萝卜都是用编织材料结合绉纸做的;《三只蝴蝶》故事中三只蝴蝶都是用雪花片积木搭建的;《三只小猪》故事中的三幢不同材质的房子都是用大型的泡沫积木搭建的。由于是孩子自己搭建的道具,从节目的选择、编排,道具的准备都有孩子自主策划,充分体现了我的舞台我做主的理念,让每个孩子在活动中增强自信、体验成功、共享快乐,也给孩子们提供更多的学习、交流、锻炼的平台。

(二)亲子活动中的合作体验

《纲要》指出:"家庭是幼儿园重要的合作伙伴。应本着尊重、平等、合作的原则争取家长的理解、支持和主动参与。并积极支持、帮助帮助家长提高教育能力。"在家园合作的过程中,通过家庭教育和幼儿园教育的优势互补,充分利用教育资源,使

得双方的教育能力得到提高。

1. 园部亲子大活动,提供感受美的平台

依托园部我们会定期举行亲子建构大活动,如"巧手建构 创意无限——亲子结构游戏节活动""小雪花漂流——亲子结构长廊活动""我有一个梦——亲子故事宝盒制作讲演活动"等。这些活动很好地搭建了孩子与家长、教师与家长沟通的桥梁,让家长走进幼儿园,也让我们更好地利用家长们的无穷创意来让幼儿潜移默化地感受到各种作品的美,提升幼儿的审美情趣,从而在今后不断增强作品的创造和想象。

2. 班级亲子小活动,促多种素养共发展

除了园部的大活动,我们各个班级也会依据主题的开展来举行主题亲子活动。如结合大班主题《我是中国人》的"全家总动员——亲子做灯笼猜灯谜活动",结合中班主题《交通工具》的"大手来帮忙——交通工具搭建我最棒活动",结合小班主题《动物花花衣》的"玩转纸杯——亲子动物搭搭乐活动"等。园部的大活动为幼儿提供了一个欣赏美的机会,为家长创造了一个相互学习的平台,而多样的班级亲子活动则能让家长和幼儿将之前观察到、探索到的美的作品有了一个发挥创造的机会。在这个过程中孩子与家长勤思考、乐探究、会沟通,助推多种核心素养共同发展。

儿童是在与人、与工具、与环境的互动中才会积累经验,最终形成核心素养,作为教师应创设可变性、探究性和体验性的结构游戏环境,赋予幼儿更多更大的结构游戏时空,引领幼儿主动学习、探索、交往,提升幼儿的核心素养。

支持幼儿核心素养发展的主题式结构游戏的科学预设与动态生成

◇ 何凌波

幼儿核心素养是核心素养在幼儿阶段的具体化,是每位幼儿应具备的必备品格和关键能力。

主题式结构游戏是指在一段时间内围绕一个预设或生成的主题来组织的结构游戏活动,其打破领域间的界限,围绕主题有机连接生活、运动、游戏、学习等活动,让幼儿获得与主题相关的、较完整的经验。

我园开展的主题式结构游戏倡导"让幼儿成为学习的主人""要注重幼儿的学习过程,但不轻视学习结果""注重幼儿的自我生成,但不轻视教师的预设"的理念,主张过程和结果、生成和预设、互动与主动、独立与合作的辩证统一,全面发展幼儿的核心素养。

一、科学预设——点燃主题式结构游戏的"导火线"

"预设"是指教师通过分析幼儿的发展水平、实际操作能力,在开展主题活动前做出的计划和安排,对幼儿可能经历的过程和自己所要达到的活动目标的预测或假定,教师必须在活动前对整个主题活动做一个清晰、理性的思考和安排。

我们在设计主题式结构游戏时,不仅要为主题的实施设计基本的框架,而且还要设想幼儿学习的基本框架,使幼儿拥有尽量充分的自主学习空间,同时还要根据主题教材特点、幼儿的生活经验、结构游戏特点等实际状态,预测幼儿在主题实施过程中的种种可能,给幼儿留足空间,在此基础上选择好相应的预设活动,从而促进幼儿核心素养的全面发展。

1. 预设主题内容是科学预设的基础环节

"生活即教育",在设计主题式结构游戏时,我们应遵循"从生活中来,回到生活中去"的原则，从幼儿的生活环境中寻找丰富而适合的教育内容和材料，在主题产生、活动内容的拓展方面，充分挖掘幼儿的生活资源，让主题式结构游戏充实起来，从而推动幼儿核心素养的发展。

（1）在教学活动及一日生活中预设主题活动

小班幼儿最熟悉和最喜欢的就是幼儿园，因此我们在小班阶段预设主题"我的幼儿园"，在开展该主题式结构游戏活动中教师不仅组织了有关幼儿园的各种教学活动，还让幼儿熟悉了幼儿园里的各种结构材料，并尝试利用这些材料进行学习、游戏、运动等多种活动。而在中班自由活动中孩子们对一个小朋友带来的玩具很有兴趣，围在一起反复地看着、玩着、讨论着与这个玩具相关的话题，于是教师和孩子们商量后决定开展"玩具总动员"这一主题活动。而大班孩子最向往的就是上小学，通过教师预设的"我要上小学"教学活动后，萌发了孩子们搭建学习用品、操场和校园的创意。活动中孩子们的想象力和创造力得到了很大程度的展现，镂空的教学楼、树立着国旗的大操场、各种各样的小书包和学习用品，无奇不有。

（2）由幼儿身边的事物现象预设主题活动

小班"娃娃家"主题活动中的"全家福""穿爸爸妈妈的鞋""我的爷爷奶奶"，中班"我在马路边"中的"各种车辆""马路边的设施""交通标志"，大班"迪士尼"主题中"经典人物我知道""花车巡游""米奇大道"等活动，无一例外，都是幼儿身边最熟悉的人事物。

（3）结合各种节日、纪念日预设主题活动

我园的主题式结构游戏活动每个主题开展的过程都是系列的探究活动，以多途径开展主题式结构游戏，促进幼儿核心素养的发展。如"厉害了我的国"的庆国庆活动分为幼儿亲子和教师共同参与的"庆国庆发现之旅"，引导幼儿寻找身边无处不在的独特建筑，发现不同形式的美并乐于介绍给身边的同伴。于是"庆国庆表现之作"活动自然而然地产生，孩子们会利用结构材料表现"五星红旗""天安门""放礼花""大灯笼"等国庆节的所见所闻。又如我园开展的"巧手建构，创意无限"结构游戏节主题活动，预设了一系列启动仪式、小小发现家之最美作品活动、小小建构家之能工巧匠活动、小小创意家之"亿童"大玩家活动，以及颁奖活动，其宗旨是"让幼儿在主题式结构游戏中体验玩中学的乐趣，助推幼儿核心素养发展"。

2. 预设幼儿情况是科学预设的重要环节

《纲要》指出："教师要结合本班幼儿的实际情况，指定切实可行的工作计划并灵活地执行。"由此可以看出，预设幼儿比预设教材更为重要。对主题式结构游戏进行预设时,应"着眼于全面、立足于个体、致力于主体",给幼儿想象的空间和自主建构的空间。了解幼儿原有的学习经验是开展主题活动的关键,也就是说教师在预设主题内容时,必须关注幼儿原有的基本经验和年龄特点,以幼儿的兴趣、需要为"起点",展开预设,这样才能使预设的主题活动焕发应有的生命力。

(1)年龄特点——因不同而异彩纷呈

同一主题不同年龄段发展水平的研究内容应有所不同,如同样是开展动物主题,但各年龄段的主题研究目标和内容有所不同——小班是以了解皮毛、花纹等外部特征为主;中班是在了解动物外形的基础上比较异同,探索动物不同的本领;而大班则是了解常见动物与周围环境的关系,探索动物的习性,从而有进一步保护动物的愿望。又如我园开展的"花"主题,小班和中班研究的内容也是大不相同,小班主要引导幼儿观察、发现并了解"花"的生长过程以及它们的不同之处(如大小、颜色、形状、数量等);中班主要是从了解"花"的结构和种类两大方面入手,并通过嗅觉、触觉、味觉等多感官感知,从而进一步进行表达表现。由此可见,同一主题幼儿年龄特点不同,预设的主题目标与内容不同,从而发展的幼儿核心素养也不同。

因此,教师要充分了解幼儿的年龄特点,以及主题目标,从而设计符合该年龄段幼儿年龄特点和发展水平的主题活动内容。

(2)兴趣爱好——由相同促妙趣横生

以同一年龄段同一主题为例,由于每个班级孩子不同的兴趣爱好,切入点和探索方向有所不同。如小班主题"我的幼儿园",三个班级根据本班幼儿不同的兴趣点出发,以此为切入点进行探究,小3班从"我最喜欢的幼儿园活动"调查表出发引出生活、运动、游戏、学习四大方面的内容,小4班由教室里"我最棒"的星星榜出发,说说哪方面哪些活动中表现最棒?是怎么做的?小7班结合迎新活动中"礼物分享"(送给我喜欢的人),说说幼儿园里最喜欢的人(老师、保育员、营养员等),从而引出幼儿园的多种活动,并有侧重地进行进一步的探索。又如大班《我们的城市》主题,教师根据幼儿的经验及需求,一个班级将切入点定位在"城市新气象",并将三阶段初步规划为"新式的车、通畅的路、不同的房"凸显了主题的脉络;一个班级根据幼儿的讨论,主要沿着城市的"动"(交通)、"静"(建筑)展开对主题内容的探究;而另一个班级则根据幼儿的兴趣对主题内容进行了调整,将重点落到了"美丽的王港"。孩子们的兴趣不同,组织的主题活动内容不同,幼儿发展的核心素养内容也大相径庭,我们要做的是:从不同的视角发现不一样的精彩。

由此可见,教师首先要对主题的目标、内容、重点、难点、教学方法、建构内容等诸多方面有足够的认识，当教师在分析教材主题进而进行主题式结构游戏预设时，应在深入理解主题教材的基础上根据幼儿的实际对教材进行改编或重组。

3. 预设核心素养是科学预设的优化环节

开展主题式结构游戏的研究中我们发现，其实根据教师预设的主题活动内容不同，幼儿发展的核心素养也有所不同。大部分班级都是侧重于幼儿综合核心素养的发展，但是如果能根据本班幼儿核心素养薄弱方面有针对性地预设主题式结构游戏，这才能更好地促进幼儿的全面发展，优化对主题的预设，做到真正地科学预设。如小班幼儿角色意识薄弱，教师在开展"娃娃家"主题时预设从搭建爸爸、妈妈的物品出发，并运用到角色游戏中，以此来增强幼儿的角色意识。又如在平时的谈话活动中我们发现幼儿在人文积淀、国家认同以及社会责任方面有所欠缺，因此在开展《我是中国人》主题活动时，从观摩部队官兵表演与解放军叔叔互动开始，预设了"了不起的中国人""奥运比赛""我爱天安门""登长城"和"多彩的民间活动"等活动，以此来重点培养幼儿以上三方面以及多元文化意识的发展。通过这些活动，孩子们不仅为自己身为一个中国人而感到骄傲，同时也接受了不同地域文化的熏陶和了解。

预设活动虽然以教师的预设为主，但也要适当遵循幼儿的兴趣，根据他们的发展特点、课程的需要，有针对性地加以引导。科学的预设调整，才能使主题的活动内容更切合幼儿的实际，让主题式结构游戏发光发热，让幼儿在主题式结构游戏中获得了更多的经验，幼儿的核心素养也得到不同程度的发展。

二、动态生成——引爆主题式结构游戏的亮点

"生成"是指在执行预设过程中的"变化"，通常是指教师与幼儿在双向互动过程中而随机产生出来的新的活动信息，即不在教师预设之中的由幼儿产生的内容。主题式结构游戏中的"生成"有两种：一种是在本主题下生成的活动内容，即主题内的生成活动；另一种是由幼儿的探索和兴趣导向，或是幼儿核心素养的发展情况，生成的新主题。那"生成"从何而来？"生成"的依据有哪些？

1. 幼儿兴趣

如小班"娃娃家"主题，孩子们收集了全家福照片，并为之搭建了相框，还有爸爸妈妈的鞋子，在孩子们亲身体验穿一穿后，教师根据孩子们的兴趣点，将这些爸爸妈妈们的鞋子投放到角色游戏中，顺理成章地生成了"鞋店"的游戏。中班《周围的人》主题下进行教师预设的"快递员"这一小主题过程中，孩子们对"快递员"

产生了不同的兴趣,并生成了一系列有关的内容,有根据幼儿收集到的快递单引发的和结构游戏相融合的室内运动"小小快递员",有通过问题"包裹里有什么?"而开展的结构游戏"礼物"。这些不同的内容都充分表明教师关注幼儿的兴趣、追随幼儿的生成。又如:大班幼儿在"我自己"主题下的室内运动活动中关注"运动中的我",随之而来的是"运动项目"这一生成内容,孩子们用碳化积木搭建了"跑步机""跨栏架""皮划艇"等多个运动项目,随着孩子们的讨论和探索,又引发了对"奥运会项目"的思考与信息收集,"小小奥运会"这一新主题自然而然地拉开了序幕,"飞人大战""接力赛""多米诺"等一系列活动中幼儿的综合核心素养都得到了不同程度的发展,尤其是与主题紧密联系的几个素养得到了更深入的发展。

孩子们的兴趣点会有很多,有些可以作为教育活动的主题和内容,而有些则不能,这就需要进行价值判断。首先,要符合幼儿的年龄特点和经验水平,是幼儿的年龄特点和经验水平所能及的,而且是幼儿能够通过自己的探究得出结论的。其次,要有教育价值,可以是主题背景下、不同领域里抑或是某一年龄的关键经验和必备品格。

2. 核心素养

如中班"花"的主题式结构游戏活动原先设计的开展方式是促进幼儿核心素养的综合发展,但通过商讨我们发现本班幼儿在自主探究方面比较薄弱,因此对主题式结构游戏内容和探索形式进行了调整,如:首先通过调查表来了解幼儿对花的认识情况及兴趣所在;随后为幼儿提供了特殊的结构材料自主探索与表现花的结构,幼儿们发现原来不同花朵的结构有所不同;另外在"花长在哪里?"的谈话活动后,孩子们又发现了花的不同种类——有水生花、草本花和木本花,而在用各种结构材料表现这些花的同时,他们发现原来不是所有的结构材料都适合搭建花的作品,这说明在进行主题式结构游戏的同时孩子们了解了不同结构材料的特点。教师侧重引导幼儿通过自己的探索与发现来深入和推进主题的发展,同时也促使幼儿的探究素养得到了很大程度的提升与发展。

主题式结构游戏活动是灵活多变的,幼儿的思维也是异常活跃的,新情况、新问题随时都可能出现。教师不能拘泥于最初的预设活动内容与计划,而是要发现其中的问题和价值,灵活而又及时地形成一个生成活动,作为原有预设活动的替代或补充。其关键在于:尊重、鼓励幼儿的提问,了解幼儿的兴趣点和关注点,在幼儿关注和感兴趣的基础上判断、选择和确定适合于幼儿主动学习和探究的问题;其次是观察与分析幼儿核心素养发展的现状,选择其薄弱方面开展合适的主题式结构游戏进行有针对性的培养与发展。

三、有机结合——演绎主题式结构游戏的精彩

教师预设主题和幼儿生成看起来是一对比较矛盾的概念，但仔细分析，我们不难发现，他们之间存在必然的联系，也就是说，它们也是辩证统一的，在主题的组织与实施过程中，若能将两者有机融合，必定能让主题活动演绎更多的精彩，幼儿的核心素养才能得到更全面的发展。

1. 科学预设是动态生成的前提

没有教师的充分预设，就不可能有幼儿的有效生成。教师的预设常常能成为幼儿生成的契机和依据，"预设"越充分、越科学，"生成"就越有效、越自然。如在"小司机"主题中，孩子们通过教师预设的圆盘，在摆弄过程中，孩子们逐渐对圆盘产生了兴趣，并展开了丰富的想象。于是，围绕着"圆盘"开展了"快乐的轮胎""滚轮胎"等一系列的探索活动。中班孩子们在进行预设活动"马路上有什么"时，在预设收集、介绍各种标志的过程中，孩子们会将收集的各种标志进行分类，有的根据交通标志分，有的根据生活标志分，还有的根据路牌分，最后老师提出要求：将这些标志一分二，可以怎么分？通过讨论，孩子们决定将标志分为"可以做的"和"不可以做的"，"就是打√和×"，另一位幼儿接着说："我们可以搭了标志放在教室里，告诉我们自己什么事情可以做，什么事情不可以做。"于是在预设活动中又生成了为自己班级设计标志的活动。大班"我们的城市"中预设小主题"新式的车"，孩子们在"各种各样的车"活动中对"绿色电动车"产生了兴趣，教师有意识地介入环保问题让幼儿参与讨论，随即孩子们生成一个有关环保的主题活动内容，设计并搭建了许多孩子们自己设计的千奇百怪的环保标志。

可见教师在预设过程中只要对孩子的活动加以关注，让孩子在预设活动中畅所欲言，就会发现其中有许多生成的内容，而这些内容往往反映了幼儿的兴趣和需要，教师可以从中捕捉有价值的信息，抓住契机进行预设。

2. 动态生成是科学预设的超越和发展

我们提倡让幼儿在活动中主动生成自己感兴趣的活动，但并不是孩子想怎么生成就怎么生成。有效的生成活动必须围绕主题的教学目标来进行，对幼儿发展起到促进作用。在这样的生成活动中，通过幼儿的充分参与，教师就能发现更多有价值的东西，因势利导，把它作为后续过程的"预设"点，由此深入下去，使之成为一个预设主题和生成活动的有机结合。如主题活动"我的幼儿园"，幼儿通过一段时间的

探索,自发地从认识身边生活转向认识社会、认识自我,从感知幼儿园生活到体会人际交往之间的快乐。"在动物园里"主题探索有关预设活动"小动物过冬"过程中,孩子们从探索发现哪些小动物要"冬眠"?这些动物在哪里冬眠?转而对"动物们的家"产生了探究的兴趣,继而生成了对"海陆空"不同动物的认识和了解。大班以"有用的植物"为例,教师带领幼儿参观了种植园,并组织幼儿用结构材料搭建了各种种植园里的蔬果,一个孩子的疑问"草莓去哪儿了?"引发了大家的讨论,原来草莓是种在温室里的。那我们的种植园没有温室怎么办?孩子们从教室的材料库里找出许多辅助材料,如扭扭棒、透明塑料膜、小棒等,教室里多了一个迷你暖棚,里面还长了许多红红的草莓。继而引发幼儿主动探究的问题是:那到底种植蔬果还有哪些方式呢?通过信息查询与收集,没几天结构展示区里的暖棚种植区、藤架种植区和泥土种植区、无土栽培区相继出现。这些转折点都是由"预设"激起的,但是与生成内容相比,又上升了一个层次,是预设的超越和发展。

科学预设与动态生成是相互联系、辩证统一的,科学预设使我们有章可循,动态生成使幼儿的活动更加精彩纷呈,面对新一轮课题,我们要进一步探索将两者结合的方法和途径,使"科学预设"和"动态生成"有机结合、相得益彰,使我们的主题式结构游戏活动随着主题资源和主题内容等不断生成而演绎更多的精彩。

四、深度思考——提升主题式结构游戏的价值

主题式结构游戏中,幼儿自发生成的活动与教师预设活动是不可分割的,两者是相互交融、有效渗透的。幼儿生成的主题经过教师的支持、提升,可以以教师预设的活动形式展开,而在教师精心预设的活动中,幼儿受材料、形式等因素的影响,又会时时拓展生成出属于他们的新的主题。因此,可以说教师预设与幼儿生成是你中有我,我中有你,相互交融,相互递进,周而复始。而我们老师的作用则更多地聆听、筛选、建构、支持和拓展,让"生成中有预设,预设中有生成"。

以表征墙为载体,在主题式结构游戏中助推幼儿核心素养的发展

◇曹 艳

所谓"表征墙",就是对客观事物的外在征象的主观表达集中反映在特定的墙面上。

主题式结构游戏是指在一段时间内围绕一个预设或生成的主题来组织的结构游戏活动,其打破领域间的界限,围绕主题有机连接生活、运动、游戏、学习等活动,让幼儿获得与主题相关的、较完整的经验。

幼儿核心素养是核心素养在幼儿阶段的具体化,是每位幼儿应该具备的关键能力和必备品格,主要由文化基础、自我发展和社会参与三方面构成。

一、以表征墙为载体,在主题式结构游戏中助推幼儿核心素养发展的来源

1. 源于幼儿核心素养发展的思考

《3~6岁幼儿学习与发展指南》中提出了"幼儿园和家庭实施科学的保育和教育,促进幼儿身心全面和谐发展"。其发展目标与中国学生发展核心素养以培养"全面发展的人"为核心是一致的。幼儿阶段以游戏为基本活动,而结构游戏作为幼儿最喜欢的游戏活动之一,幼儿在某个喜欢的主题下的结构游戏活动中(即主题式结构游戏中)直接感知、实际操作和亲身体验中获取经验,从而达到学会学习、实践创新、健康生活、责任担当、自主发展等基本素养的发展。

2. 源于幼儿学习特点和方式的解读

21世纪以来,越来越多的心理与教育研究工作者认识到环境作为一个复杂的系统对个体发展的巨大影响。在幼儿园,班级中的环境创设就是幼儿探索与学习的容器。《幼儿园教育指导纲要(试行)》中倡导的"以幼儿发展为本"理念的落实,就是"让幼儿成为环境的主人,创造属于他们自己的班级环境"。幼儿只有在真正属于他

们自己的环境中,才能充满自信地参与活动,说自己想说的话,做自己想做的事,积极愉悦地介入主题活动的生成之中。因此我们为幼儿提供专门的表征墙引导幼儿自主创设和表达表现,符合幼儿的学习特点和需求。

3. 源于主题式结构游戏开展的需要

如果仅仅按照具体事物的客观形象进行表达的话,如同数码相机照相一样,那只能说是"发现"。但表征是一个"发明"过程,在主题式结构游戏中,幼儿根据当前的经验、认知、造型、表征水平,尤其是抽象水平进行发明,其表征方式必然是独特的。因此,创设表征墙,才能满足幼儿开展主题式结构游戏的需求,真实再现主题开展的脉络和轨迹。

二、以表征墙为载体,在主题式结构游戏中助推幼儿核心素养发展的实践
(一) 布局合理的表征墙

表征墙的创设首先想到的就是需要一块墙面来支撑,在研究初期也是这样做的,但随着主题式结构游戏的深入开展,对于表征墙布局的思考和做法有了创新。

1. 墙面撑起一片天

表征墙的创设目的在于呈现幼儿在主题中的所思所想及表达表现,让墙面成为幼儿自主开展游戏的催化剂。墙面上承载着开展主题式结构游戏的大量信息,如收集的各种图片、调查表、设计图、幼儿搭建作品的照片、幼儿的问题和想法、答案和方法等。此时,表征墙的隐性教育功能发挥得淋漓尽致,越来越多的孩子关注到表征墙,常常能看到孩子们在墙面前指手画脚,讨论交流。

例如:大班《我们的城市》主题式结构游戏开展过程中,幼儿关注到了建筑物的不同构造方式,虽然搭建过程中碰到了很多困难,但是幼儿不再一味地向老师寻求帮助或半途而废,他们会到墙面上收集的各种图片中找答案。幼儿们取下几张图片进行比较后发现,有的建筑是塔式的,那么可以在亭子的基础上进行变化,随之中国馆就成功了。有的建筑外墙上有图案,于是起先幼儿会在各种纸张上绘画剪贴后装饰到搭建好的建筑上,逐渐幼儿会有意识地通过设计图来完成搭建作品图案的整体设计,便于搭建过程中不同颜色的积木进行表征,实现建筑外墙上图案与墙面一体化的高难度建构。有的被表征墙上夜晚中的建筑所吸引,于是在建筑上增加彩灯又成为幼儿们一时追捧的热潮。

在以上案例中可见,幼儿是喜欢探究的,他们愿意大胆尝试,通过表征墙的点滴线索来积极寻求问题的解决方法,坚持不懈勇于探究。幼儿的审美情趣是在活动中

逐步养成的,发现建筑的不同风格就是欣赏美、发现美的表现,用颜色表征细节的构造方法就是表现美的体现。

2. 墙面地面一体化

墙面的大小是有限的,可幼儿的创意和想法是无限的,主题表征墙需要有更多空间的开发和利用。基于此我们将主题表征墙下方的地面空间也纳入其中,更好地支持和满足幼儿的表征。这样幼儿在墙面上汲取的认知经验很快地就能用结构作品进行再现和创造。

例如:大班《有用的植物》主题式结构游戏开展过程中,墙面上幼儿参观校园种植园和秋游中去植物园的一些照片引发了孩子们的热议,他们发现了植物生长可以有不同环境,知道了温室、大棚、藤架、泥土、无土栽培等技术,为此他们就在地面的植物结构作品中逐一地进行了再现。一个用小棒和透明塑料膜制作的迷你暖棚就出现在了地面表征区域。而教师则只要用一个箭头的标志就能将墙面和地面表征内容的关系进行连接,很好地引起了没有参与暖棚搭建幼儿的关注。随后,积木搭建的藤架出现了,而上面的植物则用了幼儿的绘画作品和现有的藤条枝叶来表征,解决了结构搭建的植物太重不易垂吊等问题。

当地面结构搭建的植物园越来越多之后,地面空间会无法容纳,这时可以将他们创设的场景拍摄下来贴到墙面表征区域,既能呈现幼儿探索创作的过程,又能将前后产生的关联性进行整体呈现,还能为幼儿的观察、比较、发现、想象和再创造提供平台。所以,上下一体的主题式结构游戏表征墙的创设,能有效地推动幼儿的主动学习和问题解决的能力。

(二) 形式易动的表征墙

表征墙在开展研究的过程中越来越受青睐,师幼在表征墙区域所要表征的内容也越来越多。如何让有限的空间承载无限的创意成为迫切需要解决的问题,既然空间不能变,那么只能表征形式求多变,所以我们想到了创设可移动式的表征墙。

1. 表征板块的移动

最初表征墙就是利用教室里静态的墙面做背景,在上面进行不同内容的表征。随后老师通过观察幼儿的需求发现,墙面的表征有时过高不方便幼儿对细节内容的观察与发现,不便于凸显当下主题式结构游戏开展的热点等,基于问题和现状我们逐步调整成为可移动的版面,用钩子固定在墙面上,再放上网格、KT板、硬纸板等,这样一个个板块的内容就是可以灵活移动的。

例如,游戏中的分享需要引发幼儿细细观察图片信息,可以直接将一整块板面取下后进行集体分享。又如，主题式结构游戏开展中会有预设和生成的内容体现，那么为了鼓励幼儿生成和引发全体幼儿的关注，我们将呈现在一个主线最末端生成内容的板面移动到表征墙面的最中心部分。再如，为了方便家长收集相应的信息材料，也为平行班之间研究经验的共享等，我们将板面移到教室之外。

2. 表征素材的移动

整块板面可以移动以后，我们也关注到了表征素材的移动，其益处主要体现在以下几个方面：

首先，可以腾出空间。如主题式结构游戏开展中会有一些调查表、图片、照片信息的收集，一开始收集来的素材都是平铺在表征墙面上，目的在于让幼儿能获得全面的信息。但是当幼儿吸取到了足够的信息量之后，就会有大量的幼儿表征作品（图纸、结构作品照片等）出现，需要空间张贴。于是我们就将原有平铺的素材用夹子夹起成册，悬挂在原来一份材料占据的空间位置，这样就腾出更多的空间给予幼儿创作中的表征，很好地做到了表征内容之间的自由切换模式。

其次，便于自主查阅。表征墙上的内容可以有序归类装订成册，如调查表类、照片图片类、设计图类、成品作品集等，都通过钩子悬挂的方式浸润在表征墙上，幼儿可以根据需求经常查阅，满足个体游戏中的不同需求，又能帮助幼儿养成良好的学习习惯及使用现有各类信息素材的能力。

（三）内容丰富的表征墙

表征墙上可以呈现怎样的内容，是否就是以为幼儿的建构作品提供展示平台为主呢？在实践的过程中逐步转变了原有粗浅的想法，各班表征墙上的内容丰富多彩，幼儿核心素养也在表征墙上逐渐体现，最大限度上发挥了环境的教育功能，体现了以"幼儿发展为本"。

1. 从抽象到具体

表征墙上的内容应该是浅显易懂的，是一目了然的。根据不同主题开展的需要及不同年龄段幼儿的活动需求，我们要灵活选择相应的内容进行呈现，不宜一概而论和千篇一律。所以，在实践中发现抽象的内容更适宜中班后期和大班年龄段，而具体的内容则更适宜小班和中班上学期。

例如：在小班《小汽车》的表征墙上，教师提供了一辆仿真车模型和一个圆圆的盘子在墙面最显眼之处，引发幼儿对车上圆圆东西的经验回忆，比如圆圆的方向盘、轮胎等。这样幼儿对汽车局部特征有了直观的认识后，就会有搭建的经验和兴趣。但是搭建圆形对于小班幼儿来说不是那么简单的事，于是直观的圆盘发挥了巨大的作用。老师将圆盘子拿到在搭建圆形的孩子中,让他们有更直观的对比。在一段过程中,孩子们就会主动探索和搭建圆形,并会出现很多大大小小、似圆非圆的圆形,然后会去和表征墙上的圆圆盘子比一比。有的高兴地说:"我会搭方向盘、轮胎了。"有的则会说:"怎么不行的,怎么不一样的。"有了具体的参照物,让小班幼儿在主题式结构游戏中有持续关注的热度,产生积极愉快的学习和游戏兴趣,有效培育了小班幼儿的信息意识,即对所关心(感兴趣)的事物敏感,并能仔细观察。

又如,毛绒玩具、亲子搭建的作品和手工作品、能力强的幼儿搭建的作品等都属于具体的物品表征,教师巧妙地提供支架将这些具体物品放在表征墙上立体呈现,有显著地放大功效的作用,便于幼儿的直接感受和经验积累。

2. 从单一到多元

表征墙上的内容应该清楚地反映幼儿参与班级当下共同研究的主题式结构游戏的过程,应该涵盖结构作品从"灵感"开始的整个"孕育"过程,这样就清楚地指向了表征内容需要多元化。

(1) 信息内容的多元化

主题式结构游戏的开展,需要大量与建构主题相关的知识和经验,在这里信息意识就显得尤为重要。幼儿不仅要学会收集信息,更要学会看懂和使用现有的信息内容。由此,表征墙上大量的信息内容就自然而然地出现了。

例如:大班主题式结构游戏《千奇百怪的动物》的表征墙上,有幼儿带来的参观动物园、水族馆时拍摄的形态各异的动物照片,有关于动物的书籍,有网上查找的图片,有教师发放的调查表,有亲子合作完成的动物模型等等。

再如:小班主题式结构游戏《黑白皮毛的动物》的表征墙上,除了有各种调查表、照片、图片之外,也有动物玩偶和有声挂图等。

又如:中班主题式结构游戏《幼儿园里朋友多》的表征墙上,幼儿用绘画的方式画出了不同姿态的朋友及与朋友在一起快乐的时光等。

以上的举例中涵盖了幼儿自主收集主题式结构游戏开展所需的一些信息、经验等,内容包括实物、照片图片、书籍资料、绘画作品、手工作品、调查表等,是确保后续顺利开展的关键性内容,是表征墙上必须要的。有了以上自主收集的信息,幼儿就会意识到自己可以做什么,表现什么。为了将收集到的内容信息变为"现实",幼儿会合理支配时间和精力,主动、大胆进行创作,实现自我管理。

(2) 作品选择的多元化

结构作品是表征墙上内容的"重头戏",所以选择怎样的结构作品实物或图片进行表征需要斟酌和筛选,我们根据幼儿的年龄特点和主题的不同,将选取具有代表性的结构作品内容。小班可以呈现亲子类、相同类、榜样示范性的作品等,目的在于激发幼儿搭建兴趣,成功体验、模仿构造等需要。大班则侧重于呈现小组合作类、立体造型类、创意搭建类等作品,目的在于明确合作意识,鼓励创意构造等。除此之外,作品选择的多元化还需关注到"问题"作品的巧妙选择上,引发幼儿对于产生问题的原因、解决方法等方面的探究。

例如:大班主题式结构游戏《我们的城市》中,表征墙上出现了港珠澳大桥的相关报道,幼儿对其非常感兴趣,纷纷着手开始搭建起来,可是都是个体搭建,半成品区里出现了一座座久久没有完工的大桥作品。于是教师就把这些作品拍成照片放在港珠澳大桥的相关信息旁,并在显眼处贴上"什么时候能通车?"以此期望引发幼儿一些思考。起初,幼儿就在表征墙前评论这些作品,有的说,这是谁搭的,那是谁搭的。渐渐的,这些作品的作者们凑在一起说:"你搭的和我的差不多,我们接起来不就更长了么。""你的大桥怎么这么窄,只能一辆车通行呢,要像我搭的桥一样桥面宽一点才行。"可喜的是几天后这些大桥设计师们经常凑在一起讨论、研究、尝试、搭建,最后一座"高大上"的港珠澳大桥竣工了。老师将这座集集体智慧于一体的大桥照片张贴在表征墙最显眼处,还特别给设计师们拍摄了集体照放在作品旁并进行标注。在大桥诞生的过程中,表征墙上进行了几次内容的更替和更新,有效地建立一个志同道合幼儿互相沟通的平台,促进了幼儿之间分工合作、相互配合,团队合作就此在大班幼儿心中生根开花。

(3)涵盖领域的多元化

主题式结构游戏不是单单指向结构游戏,其内容应该渗透在多个领域中。幼儿在一日生活的各类活动里获取与主题相关的经验,才能激发其创造性和表现欲。因此,表征墙上的内容应该体现多领域中幼儿的活动情况。可以是亲子活动、节日活动、生活、运动、学习、其他游戏中融合的活动等。

例如:大班主题式结构游戏《旅行去》表征墙上,收集了幼儿与家长们一同旅行的照片,有记录快乐瞬间的,有记录名胜古迹的,有记录文化风俗的等,欣赏着这些信息,幼儿犹如身临其境一般,就能感受到祖国的地大物博,产生爱国的情感,此时国家认同、家国情怀就能展现,一时幼儿们都主动规划着"十一"长假旅行计划。

3. 从预设到生成

实践研究表明,教师预设的内容往往不能引起幼儿的关注和共鸣。所以,我们改变了方向，从关注怎么教到幼儿怎样学，表征墙上的内容也逐步由以预设为主调整为预设、生成相辅相成。

例如：大班《我自己》的主题式结构游戏表征墙上，教师预设了幼儿在园一日活动中情况的图片，目的在于让幼儿能关注不同情境中的自己，关注到人物细节的搭建。创设的内容分成了生活、运动、游戏、学习四个板块。但是在研究中，越来越多的幼儿关注到了运动中的我，不仅自己的造型各异而且是快乐无比，运动中的人物造型也出现了，随之而来的是意想不到的生成内容——运动项目。幼儿在室内运动中用碳化积木搭建了跑步赛道、跨栏架，玩起了皮划艇、铁人三项等比赛，一场小小奥运赛就拉开了序幕。然而此时表征墙上除了预设的运动板块的内容越发丰富之外，其余板块几乎无人问津。老师发现此现状马上调整表征墙版面和内容，追随幼儿的兴趣爱好，共同研究了既好玩又有挑战性的奥运会活动，让幼儿因为想玩而有目的地开展《小小奥运会》的主题式结构游戏。

表征墙上的内容就是幼儿们比赛的精彩瞬间、奥运项目开发的过程、比赛获奖情况的记录等等。随着活动的深入，幼儿们发现比赛的公平公正需要有规则的制约，于是他们会在玩的过程中商定规则并记录，会从比赛失败或无法顺利进行中总结经验，不断地反思和调整着。由此可见，幼儿的勤于反思、理性思维能力在主题式结构游戏中不断提升。

4. 从"要我"到"我要"

表征墙内容反映的是幼儿自身在主题式结构游戏活动中的亲身"印记"和"轨迹"，其内容的呈现以幼儿为主。"要我"是教师想要幼儿在活动中做的事情，某种程度上来说还是一种教师高控的行为，也不利于幼儿的自主发展，更不是创设表征墙的初衷。

可喜的是，我园各班表征墙上的内容更多地体现了幼儿想要的东西。如"我的发现""我的想法""我的创作""我的搭建"，教师会将幼儿的这些"我要"的所思所想的内容呈现在表征墙上，并分门别类地进行标识。幼儿需要有能够交流的载体，更需要能够与他人讨论、交流的平台。"我要"的表征墙内容就是满足了幼儿内心的真实想法和需求。此时，表征墙不就是幼儿之间沟通互动的平台么，方便找到有着共同想法和目标的伙伴，实现有目的地小组组建，开展有效的团队合作。

（四）脉络清晰的表征墙

表征墙与班级环境创设、主题墙环境创设还是有一定的差异性。前者可能更注重活动的整体结构和成效，需要有主线支撑。所以，我们强调要有清晰的脉络。

1. 化"碎"为"整"

（1）碎片变得有序

既然是记录和反映幼儿的真实想法，教师就会将幼儿的各类信息一股脑儿地全都上墙去，此时粗看教师是给予幼儿自主表征的机会，细看则是杂乱无章，幼儿无法从中找到头绪。所以，我们需要对幼儿的一些表征内容进行再加工，将碎片式的表征内容整理有序，然后有目的地再进行呈现。

例如：中班主题式结构游戏《交通工具》表征墙上张贴的是幼儿完成对交通工具的调查表，收到20张就贴了20张。教师张贴了"眼睛"的标记引发幼儿细心观察比较，最终发现交通工具的种类及其主要特点；然后经过商议，将调查表归类摆放，与对应的汽车种类图片信息一一对应，幼儿一目了然就知道了不同交通工具的特征，便于他们获取感兴趣的信息和经验后进行创意搭建。在此过程中，幼儿的观察比较能力大幅度提升。

（2）碎块变成整体

表征墙呈现的是主题式结构游戏开展中一个个阶段的内容，所以往往会制作成块状底板，一块底板上呈现了一个兴趣点引发的相关内容，但后续话题的产生也或多或少与前面内容有关，那么如何将块面之间的内容有机连接成一个整体，体现一个主题式呢？

首先，巧用一些标志。用一个简单的方向箭头，就能将碎块与碎块之间进行链接。其次，多用一些虚实线。打破碎块式的墙面格局，以完整墙面创设为基，用线条适当区分即可。起先，这样的标记都是教师制作和张贴，但久而久之，幼儿发现这些标志的作用后，便会主动地进行有序链接。

2. 变"整"成"序"

（1）以时间为轴，串联表征墙

主题式结构游戏开展有一个较为漫长的过程，抓住活动中重要的几个时间节点进行表征墙内容的呈现，就能形成一条主线，串联起整个主题开展的走向。

例如：大班主题式结构游戏《我要上小学》表征墙上几个日期尤为醒目。细看墙上的内容，原来5月8日是大班幼儿第一次参观小学的日子，回来后孩子们用绘画、搭积木的形式表现了参观小学的初体验，初体验后的一些想法油然而生，也一一标识在后。5月23日是小学开放日活动，幼儿对小学生活有了亲身体验后，表征墙上的内容又有变化了，前一阶段的想法和困惑也得到了解答。如搭建了小学教室和课桌椅，修缮了原有的操场格局，出现了跑道、高低杠、篮球架等，前后两个阶段的内容既有联系又有不同。6月18日是幼儿去各自录取小学的日子,在这个时间段后幼儿的问题就更多了,"我的学校和你的不一样""我的学校很大""有五层楼"……那段时间更多呈现的是孩子们对不同小学创造性再现之作,更多是入同一小学的孩子们在一起完成的小学主题建构。

上述案例中,表征墙上的日期起到了很好的串联前后活动的作用,表征墙的创设过程就在这个时间轴的指引下完整有序地呈现。同时,幼儿的求异思维和团队合作也彰显无遗。

(2) 以话题为点,架构表征墙

主题式结构游戏开展过程中始终紧扣主题二字,但是主题下有幼儿感兴趣的不同话题。那么以主题为中心,以话题为结点的主题式结构游戏表征墙,同样能清晰呈现其开展的过程,完整呈现其结构框架。

例如:《动物大世界》中以海、陆、空不同生活习性为话题进行平行表征。又如《周围的人》以不同职业的人、家人的职业、幼儿园里的职业等话题进行由大范围缩小到小范围的深入研究。再如《小兔乖乖》中小兔的特征、小兔喜欢吃的食物、小兔的故事等话题架构表征墙。

以上内容中可见,表征墙所包含的内容和话题较多,根据不同年龄段及主题内容等,可以形成树状图、气泡图、圈圈图等导图式的框架结构。

三、以表征墙为载体,在主题式结构游戏中助推幼儿核心素养发展的思考

《中国学生发展核心素养》中指出:"核心素养分为三个方面,六大素养,十八个基本要点。各素养之间相互联系、互相补充、相互促进,在不同情境中整体发挥作用。"由此可见幼儿核心素养发展需要多种载体和情境,而表征墙作为主题式结构游戏其中一个创新的情境,不但能为主题式结构游戏的有效开展保驾护航,也成为幼儿核心素养发展的有力奠基石。

幼儿核心素养发展不是一蹴而就的,也不是在一个载体或情境中就能实现的。在表征墙创设和运用的过程中,发现了一些不足之处,就是幼儿核心素养的发展主要集中在自我发展这一方面,因此要全面培养幼儿核心素养还需积极探索。

合作　实践　成长
——家长参与幼儿园主题式结构游戏支持幼儿核心素养发展

◇ 张燕菁

众所周知，幼儿园是以游戏为基本活动的，而结构游戏是幼儿最喜欢的游戏之一。近年来，我园开展了形式多样的结构游戏活动，并不断尝试探索和创新，将结构游戏和幼儿园一日活动相互渗透、相互融合，围绕主题形成独具特色的主题式结构游戏活动。

家庭和幼儿园是幼儿教育中不可分割的主体，家长资源是幼儿园宝贵的教育资源。《幼儿园教育指导纲要》指出，幼儿园要与家长加强合作，争取家长的理解、支持和积极参与。伴随着我园结构游戏的逐步开展与推进，家长们都能积极配合，并提供多种物力、人力和信息的支持，搭建起家园合作的有效平台。

因此，我们借鉴以往家园共育方面的经验，开展家长参与幼儿园主题式结构游戏的形式和策略研究，在支持幼儿核心素养的发展方面取得了明显的成效。

一、在合作中实践
（一）家长参与幼儿园主题式结构游戏支持幼儿核心素养发展的形式
1. 直接参与式

（1）幼儿园大活动

我们鼓励家长参与丰富有趣的幼儿园主题式结构游戏大活动，在活动过程中，我们和家长始终保持平等的合作伙伴关系，促进我们的活动更深入有效地开展，从中发展幼儿的审美情趣及勇于探究能力等。

如：我们开展了"亲子长廊——小雪花片漂流"主题式结构游戏活动，搭建主题各不相同，从交通工具到动物世界，再到日常用品及各国建筑等，都是家长和幼儿生活中常见的、喜欢的事物。我们将结构材料小雪花片"漂流"到各个家庭中，每班每周都有三个家庭会得到小雪花片,家长根据每期活动主题和幼儿共同搭建作品。"小雪花片漂流"活动引导家长和幼儿一起通过观察、亲身体验,感受身边事物的美好,并用小雪花片大胆地创造美、表现美。当各个家庭把搭建的作品带到幼儿园,亲子长廊呈现出琳琅满目的作品,供全园家长、师幼共同欣赏,幼儿从中充分感受到快乐和成就感,在欣赏、评价作品的过程中,发展了幼儿的审美情趣。

又如:在我园以"快乐建构、创意无限"为主题的结构游戏节活动中,家长与幼儿一起大胆想象与搭建。游戏节选用三种大型的结构材料:亿童材料、大雪花片及碳化积木。我们鼓励每位幼儿以家庭为单位,全员参与游戏节活动,体验结构材料的多变,感受结构游戏的快乐。同时,我们从主题活动中调动幼儿经验、家长资源和家长的实力,和家长一起为幼儿营造自主游戏、快乐游戏的氛围,鼓励幼儿选用自己喜欢的材料进行搭建,积极探索材料的特性、搭建物品的牢固性、颜色如何搭配等,并向同伴和其他家长学习相关的搭建方法和技巧。在搭建过程中,我们引导家长鼓励幼儿遇到困难不放弃,在不断探究中解决搭建中的困难,坚持完成作品,从中发展幼儿的勇于探究能力。

(2) 班级活动

我们开展的班级主题式结构游戏活动目标明确、内容具体,家长在参与过程中更具有目的性和针对性,家园密切配合激发幼儿参与活动的兴趣和积极性,从而促进幼儿问题解决、信息意识等方面的发展。

如:在班级表征墙创设中,家长的参与为我们的环境创设注入了创新和活力。在大班主题《我们的城市》中,教师、家长和幼儿一起进行设计和布置,相同的主题由于幼儿经验不同,生成的问题以及问题解决的过程也不同。大二班《我们的城市》主题,根据幼儿的经验及需求,将问题切入点定位在"城市新气象",并将三阶段初步规划为"新式的车、通畅的路、不同的房",在主题表征墙区域呈现了丰富有趣的亲子调查表、亲子自制图书等,凸显了主题活动的轨迹。大五班《我们的城市》主题,则根据幼儿的讨论,主要沿着城市的"动"(交通)、"静"(建筑)作为问题来推进,家长和幼儿利用结构材料及废旧物品等,搭建了立交桥、高楼大厦等作为城市的"静",又搭建了地铁、飞机、磁悬浮列车等作为城市的"动",丰富了主题表征墙区域,推动后续主题的进一步深入。

这两个班级充分展示了相同主题的不同思考,并通过家园密切合作,不断倾听幼儿、追随幼儿,根据幼儿生成的问题及时调整表征墙,鼓励幼儿在与墙面环境的互动中进行不断感知和探究,从而促进了幼儿问题解决能力的发展。

又如：结合端午佳节，我们各个班级开展了"畅游端午，创意建构"主题系列结构游戏活动。针对不同年龄段的幼儿，我们设计组织不同类型的活动。对于小班幼儿，我们举办"浓浓端午情"摄影活动，鼓励家长和幼儿一起用镜头捕捉端午节的美好瞬间，记录端午风土人情、周边环境和人文景观等，同时，家长和幼儿一起看看、说说照片，充分感受过端午节的乐趣。"创意端午秀"活动则符合中班幼儿的需要，为了增进幼儿对中国传统文化的兴趣，了解中国传统文化的习俗，我们请中班家长和幼儿在家中利用各种积木或环保材料等，搭建出与端午节相关的作品，亲子共度这个美好的传统佳节。大班幼儿参与的活动为"说说端午事"亲子故事编讲，故事主题涉及端午节的方方面面，有参照书报中、网络上的故事进行创编，也有根据自己的想象进行的故事原创，同时，我们请家长和幼儿共同制作故事小报，图文并茂地把故事情节及主要内容呈现出来，增加趣味性和挑战性。

总之，在端午节主题结构游戏活动中，教师引导家长不断鼓励和启发幼儿，让幼儿尊重中华优秀文明成果，尝试传播弘扬中华文化，在活动中家长和幼儿通过各种途径来收集照片、文字、故事等相关信息，学着记录并运用信息，在此过程中发展了幼儿的信息意识。

（3）义教、助教活动

在开展主题式结构游戏义教、助教活动时，我们鼓励家长参与其中，充分发挥家长的积极性、主动性，家长在亲力亲为的组织和参与中，更深入地与幼儿进行沟通和互动，让幼儿在勇于探究、求异创新等方面得到发展。

我们结合主题式结构游戏开展相关展示活动，并邀请家长参与观摩和评析。

如：在大班教学活动《幸福的大桌子》中，通过百变积木搭建桌椅等故事场景，激发幼儿边操作摆弄边表演故事的兴趣；在中班教学活动《小花匠种花》及小班教学活动《分糖果》中，我们启发幼儿用结构材料搭建相关道具，大胆地表现各种花朵及糖果的造型，在操作环节充分利用幼儿搭建的作品，推进活动有效开展。

又如：大班的"奥运会"活动将结构材料、结构元素巧妙地渗透到室内运动中，形成独具特色的主题式结构游戏室内运动。教师在活动中提供数量丰富、适宜运动的材料，不断观察和追随幼儿，在这种宽松的氛围中，幼儿自主学习和探索，运用结构材料搭建了跨栏架、杠铃、接力棒等好玩的运动材料。教师邀请家长参与主题式结构游戏室内运动的展示，和幼儿一起参与到"奥运会"比赛中，大胆尝试不同的玩法，有些家庭利用跨栏架的高低变化来增加比赛挑战性，另一些家庭把举重和跑步接力相结合来丰富比赛情境，在比赛中幼儿充分体验到不断尝试和创造的乐趣，从中发展了幼儿的求异创新能力。

在此基础上，我们鼓励家长结合这些活动，尝试组织开展主题式结构游戏相关的义教、助教活动。

如：小班结合"小司机"主题，请家长开展了《怪汽车》教学活动，教师启发家长利用大雪花片搭建西瓜车、南瓜车、萝卜车等道具，组合成一个表演场景，活动中家长充分运用这些道具，激发幼儿的好奇心和想象力，鼓励幼儿积极与之互动。

又如：我们邀请家长协助创设班级阅读区、美术区环境，利用结构材料搭建书架、工具收纳盒、作品展示架等，不仅美化了班级环境，更便于幼儿在活动时大胆地进行创意表现；在各类主题式结构游戏大活动如"结构游戏节""亲子搭建赛"中，家长不再是活动的旁观者，而作为参与者和教师一起进行活动现场的组织和调控，鼓励幼儿遇到困难不轻易放弃，不断探索解决方法；结合各类节日进行主题式结构游戏环境创设中，家长积极参与其中，和幼儿一起巧妙地利用各类结构材料进行设计与布置，增加节日热闹欢快的氛围，激发幼儿在与环境的互动与探索中提升经验。总之，在这些活动中，家长亲力亲为的参与能促进幼儿更积极地动手动脑，坚持不懈地进行尝试，从而发展幼儿的勇于探究能力。

2. 间接参与式

通过研究我们发现，家长间接参与幼儿园主题式结构游戏，更好地体现了参与活动的宽松自主，在收集材料和宣传活动的过程中，有助于推动幼儿信息意识、技术应用等方面的发展。

（1）收集材料

我们请家长和幼儿一起收集主题式结构游戏开展过程中所需的材料，从日常生活、自然环境等多途径中去收集材料，包括自然材料、废旧物品或半成品材料等。家长引导幼儿在收集材料时进行一定的记录和筛选，对于材料的名称和特性进行深入的了解，从而让我们各班的材料更为丰富多样，激发幼儿对于材料的兴趣。在收集材料过程中，家长的支持和参与推动了主题式结构游戏顺利开展。

我们每个班级都有结构材料库，由家长和教师共同创设。材料库里琳琅满目，包括专门材料（积木、积塑、胶粒、花片等）、自然材料（沙、石、水、土等），还包括废旧物品和半成品材料（瓶子、纸盒、挂历等）。在开展主题式结构游戏时，我们鼓励幼儿可以根据自己的需要随时取用，让这些材料发挥其最大的价值。

从收集材料到创设材料库，家长积极参与其中，鼓励幼儿多途径去收集相关材料，并尝试记录材料信息，从而发展幼儿的信息意识。

（2）宣传活动

为了调动家长和幼儿参与主题式结构游戏的积极性，我们鼓励家长通过海报、微信、拍照及摄影等多种方式，协助宣传相关活动，让我们的活动留下更多精彩的足迹。

以中班开展的《我爱我家》主题式结构游戏活动为例。在活动前期，教师请班级家委会成员宣传活动主题、活动内容、家园配合事项等，家委会通过制作电子海报并发到班级微信群的形式，进行活动前期的宣传，让班级中所有家长一目了然。活动开展过程中，我们请家长和幼儿共同收集关于"我的家"的相关信息，如我家的房子、我家的家具、我家的庭院等，在此基础上合作完成亲子结构作品"我的家"，家长鼓励幼儿用相机、手机、iPad等工具及时记录搭建过程中如何选择材料、如何解决困难、如何想象创新等，这些工具起到很好的辅助作用，促进幼儿更好地宣传自己的搭建过程。活动临近尾声时，我们启发家长和幼儿用图文并茂的方式制作一份小报，介绍"我的家"搭建过程，运用小报这种宣传方式来更好地进行交流分享。在运用相机、手机、iPad、小报等工具或技术进行宣传的过程中，幼儿技术应用能力得到了发展。

（二）家长参与幼儿园主题式结构游戏支持幼儿核心素养发展的策略

1. 兴趣导入策略

我国古代教育家孔子说过："知之者不如好之者，好之者不如乐之者。"在家长参与主题式结构游戏中也是如此，我们鼓励家长发现和保护幼儿的兴趣和好奇心，这是顺利开展主题式结构游戏、推动幼儿核心素养发展的前提。例如：家住科技馆、博物馆旁的幼儿，家长和幼儿共同参观，场馆内的创意科技和传统文化，成为幼儿好奇、探索的场所；家住公园附近的幼儿，家长经常带幼儿去游玩，与大自然亲密接触，动植物的生长以及四季变化是幼儿求知、好问的点滴；家住海边的幼儿，家长和幼儿一起看看美丽的海岸风光，玩玩有趣的沙滩游戏，引导幼儿去观察、发现大海的奥秘。幼儿对诸如此类的事物产生兴趣，是激发其学习与探究的最佳途径，也能把相关经验运用到我们的主题式结构游戏中。

通过兴趣导入策略，我们引导家长为幼儿提供广阔的舞台，开阔幼儿眼界，扩展幼儿思路，逐步让主题式结构游戏的内容不断生成扩展，鼓励幼儿去不断尝试、大胆创造。

2. 资源提供策略

这里所说的资源主要是指书籍资料以及育儿信息发布等相关内容，我们和家长一起阅读、探讨和学习。书籍资料包括《幼儿园大型户外建构游戏：从游戏走进学习》《幼儿园室内外建构游戏指导》《幼儿园建构游戏50例》以及《创意拼搭——幼儿园建构游戏方案》等。

以《幼儿园室内外建构游戏指导》为例。与传统的建构活动相比,本书强调建构活动的游戏性,指出建构活动不仅是进行搭建,还可以与角色游戏、表演游戏、科学游戏融合到一起;强调建构游戏不是片段性的,而是一个持续深入的过程;强调幼儿的自主建构、自主游戏。对于家长参与幼儿园主题式结构游戏来说,这些内容是一种很好的借鉴和参考。再如:我们积极创设"家园共育之窗"、印制家教知识资料,将幼儿园开展主题式结构游戏的动态进行公布,让家长及时了解并参与各类活动。我们引导家长把这些理论知识运用到平时对幼儿主题式结构游戏的指导实践中,积累指导经验。

总之,我们通过多种途径的资源提供,帮助家长了解开展主题式结构游戏活动的思路与方法,不断更新观念,从而激发幼儿在活动中更自主地去学习和探究。

3. 榜样示范策略

所谓榜样示范,是指教师设计并组织主题式结构游戏活动,通过教师的示范性行为,在"做"中教,让家长在"做"中学。如:我们开展"结构游戏节"活动,邀请家长参与其中,内容涉及亲子摄影、手工制作、亲子搭建等,活动中教师通过一定的图片示范、语言示范以及现场亲身示范,让家长了解教师在活动中如何对幼儿进行教育与指导,总结出一定的规律与方法。

与此同时,我们也注重家长间的相互交流学习。每位家长都有自己的优势与特点,有的家长具有较强的教育意识,能针对幼儿出现的问题采取相应的对策;有的家长心灵手巧,善于引导幼儿搭建,让幼儿与父母一起无拘无束地创作。家长助教活动中,"家长老师"开展结构游戏特色活动,自主承担活动的组织和协调等任务,为其他家长在开展相关活动时提供了示范和表率作用,形成相互学习、相互探讨的有效平台,最终促进主题式结构游戏深入开展,让幼儿从中获得更多知识与经验。

榜样示范是一种直观、具体的指导方式,我们向家长充分展示如何科学有效地组织主题式结构游戏活动,并鼓励家长之间取长补短、不断提高,更好地增进活动中与幼儿的互动,推动幼儿在活动中不断探索和进步。

4. 主题拓展策略

在主题式结构游戏开展过程中,我们始终注意预设与生成并重,不断进行拓展和深入。如:《我在马路边》主题式结构游戏中,基于幼儿的经验和兴趣考虑,生成了"未来的桥"这一搭建主题,我们鼓励家长和幼儿在家用积木及废旧材料搭建了心目中未来的桥,他们的作品既充满创意又充分体现环保及高科技的理念,包括风能桥、绿化桥、太阳能桥等。这些独具特色的作品陈列在班级结构展示区,幼儿自由地去看看、说说,成为班内一道亮丽的风景线。

除了主题内容的拓展,材料的拓展也是我们经常会用到的。如:我们利用生活材料纸杯开展"迪士尼乐园"主题式结构游戏。家长与幼儿探索不同纸杯的特性,如何有效提高纸杯在垒高中的稳定性、牢固性;如何用纸杯的特有造型拼搭出不同的人物或建筑物造型;如何巧妙利用辅助材料在原有造型上进行创新等。活动中,每组家庭大胆想象、标新立异,搭建了迪士尼城堡、巡游花车、米老鼠、小熊维尼等生动有趣的作品,家长与幼儿充分感受到主题式结构游戏带来的乐趣和成就感。

通过主题拓展策略,教师提供平台让家长积极参与活动,鼓励家长学会充分尊重幼儿,启发幼儿不断自主学习,提升相关技能,获得相关经验。

5. 互动体验策略

互动体验贯穿于主题式结构游戏活动前、活动中及活动后的任意时间段中。活动前,我们引导家长参与环境的创设、材料的准备、活动内容与形式的宣传;活动中,家长和我们一起合理分工、积极组织并进行现场协调,同时做好拍照及摄影等工作,留下活动开展的美好瞬间;活动结束后,我们及时收集家长的意见反馈,鼓励家长总结活动的成功之处,分析所存在的不足并提出相关建议,让家长体会到他们也是参与活动的主人,有权利发表自己的意见和建议,让他们感受到参与主题式结构游戏活动的意义。

互动体验策略有助于建立家长与教师合作、尊重、平等的和谐关系,促使家长从旁观者转变为参与者、合作者,从而激发幼儿在主题式结构游戏中更大胆地尝试和表现。

综上所述,在实践研究中,我们不断反思和总结家长参与幼儿园主题式结构游戏的有效策略。对于幼儿来说,有助于促进他们问题解决、审美情趣、勇于探究等方面的提升,让幼儿在主题式结构游戏活动中获得更好的发展。

二、在实践中成长

(一) 家长参与幼儿园主题式结构游戏支持幼儿核心素养发展的成效

1. 促进了幼儿多方面核心素养的协同发展

古人云:"不积跬步,无以至千里;不积小流,无以成江海。"同样,我们运用多种形式和策略引导家长参与主题式结构游戏,支持幼儿不断地进行学习和探究,逐步积累相关经验和方法，从中发展了幼儿多方面的核心素养。

如：在《城市万象》主题式结构游戏中，我们请家长和幼儿从电脑媒体、图书中搜集建筑、桥梁、车辆等各种图片及影像资料，家长还要带幼儿直接观察，丰富对建筑物及城市交通等方面的经验，并通过图文并茂的方式记录相关信息，作为搭建时的参考，开阔幼儿的搭建思路。之后，家长和幼儿运用各种结构材料一起着手搭建，在此过程中，幼儿要尝试整体构思造型，选择相应数量、大小、色彩适宜的材料，要与家长协商合作、克服搭建中的困难等等。因此，看似一个简单的主题式结构游戏活动，我们鼓励家长参与其中，和幼儿一起收集信息并不断探索尝试，从而促进幼儿信息意识、问题解决以及勇于探究等方面的发展。

诸如此类的主题式结构游戏活动中，通过家长的积极参与，家园配合让幼儿成为活动的主角，在活动中不断追随幼儿、启发幼儿，有效支持了幼儿多方面核心素养的协同发展。

2. 体现了教师实践反思能力的有效提升

家长参与幼儿园主题式结构游戏活动中，需要我们教师适时引导、及时鼓励并保持家园密切沟通，在此过程中，教师需要不断提高自身的实践反思能力。

以《有用的植物》主题式结构游戏活动为例，教师引导家长密切关注幼儿在活动中的表现，成为幼儿活动时的支持者和推动者。家长通过和幼儿一起发现、探索，让幼儿了解有土栽培和无土栽培等种植方式，并与幼儿共同制定不同方式种植、照顾植物的规则和记录表，鼓励幼儿自己动手尝试。如何让幼儿在活动中更深入地去探究，了解更多新兴的种植方式呢？教师通过边思考边实践的方式，请家长和幼儿一起观察身边其他不同的种植方式，并及时记录相关信息，幼儿把这些信息带到幼儿园和同伴、老师进行交流。随着活动的推进，教师开始思考如何引导家长更主动参与到活动之中，提供更好的平台让幼儿大胆创造和表现。通过教师不断地反思和实践，班级结构作品展示区成为幼儿记录自己发现的场地，幼儿在家中和家长一起搭建了水培区植物，并将这些水培植物进行分类摆放，通过观察、记录不断探索，总结新的经验。在此主题式结构游戏中，教师及时发现问题，适时进行调整，推动活动更深入有效地开展。

由此可见，教师在指导家长参与主题式结构游戏中不断思考、尝试和总结，逐步调整和推进活动，在此过程中有效地提升了教师的实践反思能力。

3. 推动了家长支持幼儿核心素养发展的理念习得

在主题式结构游戏活动中，教师引导家长积极参与，结合幼儿的年龄特点、兴趣以及实际需要,运用科学的方法对幼儿进行教育,从中开阔了家长的视野,更新了家长的育儿理念。

如:在以"亲子创意故事宝盒"为主题的结构游戏系列活动中,我们引导家长和幼儿一起收集故事素材等各类信息,并根据收集到的信息进行一定的记录和筛选,从而选定故事主题,家长的参与支持了幼儿信息意识的发展。同时,我们鼓励家长和幼儿一起用结构材料搭建故事人物及场景,在搭建过程中,家长应启发幼儿注意色彩搭配、搭建造型的美观性和牢固性等,给予幼儿自主想象和创造的发挥空间,促进了幼儿审美情趣的发展。活动中,家长和幼儿的思维得到了碰撞,一个个生动的故事场景应运而生,有我们耳熟能详的《三只小猪》,有童话故事《白雪公主》,也有原创作品《快乐的小蚂蚁》等等,作品种类繁多、精彩纷呈。此外,我们邀请制作故事宝盒的家长参与幼儿园的展示活动,家长和幼儿一起边操作宝盒边表演故事,利用故事宝盒这个生动形象的道具,幼儿通过大胆的讲述来吸引台下观众的兴趣,促进了幼儿更自主地学习和探索,在活动中有助于发展幼儿的技术应用能力。

我们开展的类似活动还有很多,在活动中有效推动了家长支持幼儿核心素养发展的理念习得,有助于家长更自觉自愿参与到活动中,并把科学的理念运用到对幼儿结构游戏的指导中,从而更有效地促进幼儿核心素养的发展。

(二)家长参与幼儿园主题式结构游戏支持幼儿核心素养发展的思考

在家长参与幼儿园主题式结构游戏支持幼儿核心素养发展的实践研究中,我们虽取得了一定成效,但也需思考和调整,力求使研究更为深入。

1. 进一步探索不同层次家长参与幼儿园主题式结构游戏的形式策略

为了更好地在主题式结构游戏中发挥家园合力的效应,我们可以通过问卷调查、个别访谈等方式了解不同层次家长的相关信息,以及他们对于参与幼儿园主题式结构游戏的看法和兴趣等。在后续研究中,我们将鼓励较高学历、较高层次的家长独立设计并组织主题式结构游戏活动,尝试在活动中加以一定的创新,从而在家长之间起到榜样示范的作用。而对于另一些层次较弱的家长如祖辈家长等,我们可以通过资料宣传、现场观摩、沙龙研讨等各种形式,让他们更好地了解并参与到我们的活动之中。

总之,不同层次家长亲力亲为的参与,一定会让主题式结构游戏活动变得更为丰富有趣。与此同时,幼儿在与不同层次家长的互动中能体验不同的活动组织形式与方法,从而更积极地去探索和尝试,获得更多相关经验。

2. 进一步提升教师指导家长参与幼儿园主题式结构游戏的专业能力

在家长参与幼儿园主题式结构游戏的过程中,我们教师应引导家长学会倾听幼儿,密切关注幼儿的兴趣和需要,通过多种方式鼓励和启发幼儿,还应指导家长注重创设宽松自主的环境,让幼儿积极观察、操作和探索,从中激发幼儿参与活动的主动性,方方面面的细节都需要我们去重视和学习。

因此,我们应该在实践活动中积极与家长沟通,了解家长真正的兴趣和需求,还应通过理论学习、外出培训、头脑风暴等多种途径来提升自己的专业能力,更科学地指导家长参与主题式结构游戏活动,促进活动深入开展,从而进一步推动幼儿多种核心素养的发展。

我们深知,在实践研究中幼儿核心素养的发展还不够深入和全面。今后,我们将始终秉持着家园合作共育的理念,在家长参与幼儿园主题式结构游戏的实践中不断反思和总结,从而支持幼儿各方面核心素养逐步发展,促进幼儿茁壮成长!

家园自然融合

——在主题式结构游戏《好吃的食物》中发展中班幼儿的核心素养

◇ 顾丹韵

家庭和幼儿园作为幼儿生活与学习的两种重要环境,它们的教育作用不仅体现在各自特殊教育功能的发挥中,更重要的是它们各自教育功能的整合。幼儿园与家庭是一车两轮,必须同步协调、同方向,才能促进幼儿的发展。3~6岁幼儿正是处于培养核心素养形成的重要时期,幼儿阶段教育是好是坏,将直接影响孩子一生的成败。因此,在家庭的成长中如何实现幼儿核心素养的培养应该引起我们的重视。

一、家园自然融合促进幼儿核心素养的理念先导

核心素养是帮助个人满足社会各个生活领域的基本素养,家是人们成长的另一个摇篮,家是我们实现个人终身发展的起点,3~6岁幼儿核心素养的培养与个人在家庭生活中的成长密不可分,要培养具有现代社会特征的孩子,让他们适应变化迅猛的世界。在家庭生活中渗透核心素养的概念是家长的教育理念与时代相一致的一种表现。为促进幼儿核心素养的培养,家长应该教育孩子要有耐心,并为那些孩子不能理解的问题提供指导;培养幼儿的思维能力帮助他们勇于探究;在家庭生活中家长让孩子们做他们能做的事,大胆地放开手培养幼儿敢于直面困难勇气和解决问题的能力;家长在生活中要培养孩子善于发现美的眼睛,让孩子懂得感恩知道回馈;在家庭教育中,实事求是、追求真理,尊重儿童成长,培养孩子敢于批判质疑的能力;同时,我们需要在家庭生活中培养孩子的健康生活观和责任感,父母要让孩子了解世界,热爱自己的国家,增强孩子的责任感。因此,培养幼儿的核心素养需要与家庭生活融合。

二、家园自然融合促进幼儿核心素养的具体方式

（一）组建家长助教队伍，引领家长体验主题式结构游戏课程

家长与教师联系密切，但也是独立的群体。每一个团队都需要领导者和组织者，才能正常运作和发挥作用。因此，鼓励热心而有才干的家长来组成领导核心，积极组建家长助教队伍，主动让家长成为助理教师，对课程的推行起到了促进作用。因为：① 能让家长获取孩子学习情况的第一手资料，体验教师的工作过程，减少对幼儿园工作的误解；② 能发挥家长的专业特长，为主题实施过程提供人力物力资源，减轻教师的部分压力；③ 能帮助家长获得一些教育的新观念、核心素养的理念和具体的操作方法。

《好吃的食物》是中班幼儿非常熟悉而又喜欢的一个话题，孩子们可以很容易地被激发起参与的兴趣。同时，我们邀请了家长参与其中，充分发挥家长的积极主动性，而丰富的内容也可以为促进幼儿核心素养的发展开辟一个广阔的空间。

1. 主题活动准备：共同探讨、制定内容

在《好吃的食物》主题确立后，教师邀请了家长代表来共同探讨，商议主题内容。全职妈妈很会烘焙，她将参与到活动中来，为幼儿开展一次烘焙活动；自家有果园的爸爸准备组织孩子们参观果园，了解不同的水果生长；在餐厅里工作的爸爸擅长做菜，准备带领孩子们参观餐厅厨房师傅们是如何制作美食的。经过大家的出谋划策，最后确定了适合孩子的四个方案，教师和家长们共同为幼儿提供了丰富的生活体验和资讯，为后面游戏活动的开展奠定了有力的基础。

附：

教 师 预 设	家 长 商 讨	最终确定方案
买菜	买菜	买菜
食品店	小小蛋糕师	小小蛋糕师
水果店	蔬菜拼盘	蔬菜拼盘
蔬果园	蔬果园	神奇的蔬果园

2. 主题活动开始：收集资料、积累经验

教师向家长预告主题的目标和内容，让家长了解整个主题目标和学习目标，并且告知家长需要参与的部分。如：谈起食物孩子们总是非常兴奋，有的喜欢吃蔬菜，

有的喜欢吃水果……因为这与他们的生活紧密联系着,家长与孩子共同收集关于食物的文学作品、书籍等,有的家长还尝试大胆想象和创作自制了"可怕的大嘴""好吃的食物"等有趣的图书,深得孩子们的喜爱。随着主题的深入,孩子们会问:"好吃的食物从哪里来呢?"有的说:"超市里样样有。"有的说:"我妈妈每天去菜场里买菜,菜场很大,什么都有。"于是就以"买菜"为切入点,由家长们带领孩子进入菜场,了解菜的品种、外形等,可以通过亲身体验来认识周围世界,表达内心感受,所以说它不仅是认识的反映,情感的抒发,更是生活经验的再现。通过这次小小的"买菜"任务,家长起到了关键的作用,家长的言传身教都会在很大程度上影响着孩子。同时促进了幼儿劳动意识的发展,愿意为家人做一些力所能及的事情。

(二)善用社区资源,引领家长融入主题式结构游戏课程

《幼儿园教育指导纲要》中指出:家庭是幼儿园重要的合作伙伴。应本着尊重、平等、合作的原则,争取家长的理解、支持和主动参与。我园主题式结构游戏课程是根据幼儿园教育内容,围绕师幼共同的兴趣点、幼儿的经验、年龄特点为基础,教师预设或幼儿生成相结合,将幼儿的结构游戏渗透到主题活动中去,不断接纳幼儿生成的活动,形成教师预设、幼儿生成等一系列主题式结构游戏活动。在推行课程时发现,仅靠教师的力量是很难帮助幼儿积累的,而家长、家庭、社区是幼儿每日生活的重要元素,能为教育提供大量的资源。

1. 主题活动开展:勇于探究、开拓思维

主题日渐深入,就更需要大量的专业信息和方法。此时家长与社区人士的专业特长就是可贵的资源。家长就以教师助理的身份直接参与到游戏活动中,以自己的特长协助教师完成教学活动及指导力所能及的幼儿小组活动。

【小小蛋糕师】

全职妈妈在平日里很喜欢烘焙,为了能够让孩子们了解简单的烘焙知识,体验烘焙的乐趣,她提供了烘焙工具以及烘焙材料。在活动中,不仅各种各样的饼干样式吸引着孩子们,而且扑鼻的香气更加诱惑着"小馋猫们"。有了这次愉快的体验后,教师开展了一次"小小蛋糕师"的结构游戏活动,孩子们运用不同的结构材料也能做出琳琅满目的"蛋糕",还对同伴"蛋糕"的造型、美观等问题发表自己的意见。于是,在角色游戏中多了一家"甜甜屋",里面呈现了许多与众不同的"蛋糕"、可爱的"饼干"……

有了"烘焙"体验,不仅提高了孩子们的动手能力,更重要的是孩子们学会了观察、制作、等待,感知劳动的不易,培养了孩子的劳动意识;在结构游戏中,孩子利用结构材料来代替烘焙材料,制作出各式各样的"蛋糕",促进孩子的审美情趣、勇于

探究能力的发展。

【果蔬拼盘】

➢ **镜头一：**

教师预设提问：食物除了可以吃，还能做什么？

幼儿1：只能吃，别的不可以了。

幼儿2：切开来吃。（幼儿3反问：不是还是吃吗？）

于是，教师邀请了厨师爸爸，厨师爸爸带领一组孩子参观了餐厅厨房，讲解了厨房的基本设备，并特地为孩子准备了一场"拼盘大战"。比赛中，厨师们娴熟的切菜、配菜技能让孩子们目不转睛，又用不同的蔬菜雕刻出可爱的动物造型，摆设出一盘盘好看式样的菜肴，引得孩子们情不自禁地鼓掌拍手。在回去的路上，孩子们七嘴八舌，有的说：我刚才看到一个厨师在雕刻萝卜，没想到可以雕成一个可爱的兔子，太厉害了。有的说：厨师切菜的时候好快，我都没来得及看，他切了一个胡萝卜，摆在盘子里，一层一层真好看……

师：你们想试试自己做拼盘吗？

幼：老师，我想试试。

孩子们争先恐后……

于是，周末孩子们主动与爸爸妈妈在家完成了一个个创意十足的蔬果拼盘。

➢ **镜头二：**

星期一来到幼儿园后，玥玥、辰辰和琪琪的"拼盘热"还没有散去，在表征墙指着自己的作品得意地说着："这是我和爸爸一起拼出来的，和你们的都不一样，我们蔬菜和水果都用到了。"话音刚落，琪琪急忙说道："我和妈妈奶奶做的才漂亮呢，瞧，我的孔雀开屏用了不同的菜叶子一层层铺上去的，妈妈说这样更有立体感。"几个女孩子越说越起劲，只见她们拿了乐高积木、雪花片，不一会儿，教室的一角传来了"咯咯咯"的笑声，教师闻声走去，富有创意的积木拼盘展现在眼前，同伴们看到了，激发了大家的兴趣，孩子们纷纷都创作起"别样拼盘"来……

由教师预设的问题→邀请家长→共同制作"果蔬拼盘"→生成"积木拼盘"，在整个过程中，我们看到家长在其中发挥的巨大力量。在共同制作"果蔬拼盘"时，家长逐渐培养孩子的多种素养，如：当孩子出现拼得乱七八糟情况时，家长会问："怎样摆放可以摆得更好看呢？"引导孩子勇于探究；有的家长故意"乱摆"，孩子立马会提出自己的意见，表示不认同，在制作过程中，家长渐渐培养孩子的批判质疑、勇于探究的能力。在班级交流过程中，孩子们倾听同伴的想法、交流自己的作品以及表达自己不同的建议。同时，玥玥等幼儿用结构材料代替水果、蔬菜，说明他们的表征能力在逐渐提高。在用不同结构材料创作"拼盘"的过程中,幼儿根据自己的喜好、眼光来搭配、创作作品,审美情趣的意识在日常活动中得以提高。

【我的菜篮子】

有了这一次"买菜"的经历后,"劳动意识"的这颗种子深深埋藏在每个孩子的心中,渐渐萌芽了。博霖,一个内向的小男孩,在之后的每个周末都会和爸爸妈妈一起去菜场"买菜"。有一次,在"蔬果店"游戏中,顾客买了许多蔬菜、水果,作为"老板",博霖看到生意如此好当然高兴了,可是由于提供的篮子太小,装不下或是装下了也在路上撒落一地,"顾客"纷纷反映篮子问题,"老板"灵机一动,拿了一篮小嘟嘟立刻搭起来,没过多久一个合适的篮子出现在店里,"顾客"们被这个漂亮的"篮子"吸引住了。在分享中,"老板"介绍了如何想到要搭篮子的想法,原来他每个周末为家人买菜,妈妈都会为他准备一个大篮子,能装下满满的蔬菜。欣欣听了他的介绍,急忙补充道:"一个篮子太少了,我刚才去买蔬菜,篮子都没有了。""那怎么办呢?"我追问道。"老师,我也会搭篮子。"于是,孩子们生成了"我的菜篮子"结构活动……

在"蔬果店"游戏过程中,"顾客"的需求激发了"老板"的理性思维,当出现问题的时候能及时出主意、想办法,满足了"顾客"的当下需求,解决了难题。虽然是一个小小的游戏行为,却离不开幼儿的生活经验以及家庭教育背后的支持。正是平日里博霖得到爸爸妈妈的支持与引导,潜意识里培养了孩子的勇于探究的能力,才会出现游戏中的"新想法、新行为"。

当"漂亮的篮子"出现后,孩子们自发地要为"蔬果店"搭建篮子,自主地与同伴商量、合作、设计不同的菜篮子。在这个过程中,孩子们审美情趣得到了提高。同时,教师为幼儿生成的活动创设良好的环境,关注、支持、引发幼儿的主动探索和交往,满足幼儿自主活动、自发学习的需要。

2. 主题活动的延伸:互帮互助、解决问题

【神奇的蔬果园】

早晨来园活动,杨杨神神秘秘地跑到教师身边,悄悄地告诉教师:"老师,我能用雪花片搭蔬菜了。"教师惊讶:"这么厉害啊,那把你的本领给我们大家都看看。""好!"话音刚落,他就拿了一篮雪花片搭起来。不一会儿,一棵"可爱"的大白菜出现在大家面前。在分享过程中,孩子们边看着这个"新颖的作品",边听着杨杨的介绍,杨杨得到了雷鸣般的掌声……突然,淳淳似乎发现问题了,问道:"'大白菜'站不起来呀,要倒的。"教师问道:"两层怎么会倒呢?"爱辰喊道:"他搭的两层不一样大小的,所以要倒的。"教师立马追问:"那怎么才能站稳?"爱辰及时补充:"要两层一样大小才行。"看到大家

都点点头表示赞同,教师给发现问题、解决问题的孩子竖起了大拇指。在之后的结构游戏中,孩子们搭建出各种各样的蔬菜、水果,于是神奇的蔬果园诞生了……

(1) 有效互动,推进探究

在分享过程中,教师提供机会让幼儿互相交流,发现"两层不一样大小的大白菜会倒",让幼儿从发现问题到一步步帮助自己解决问题,找出"不容易倒的大白菜"搭建的方法,其实这正是教师了解幼儿很好的机会:了解他们的兴趣,了解他们对事物的看法和问题,从而对活动推进提供可行的建议。从幼儿的交流中教师看出问题所在,于是教师就用设问、反问、追问等形式进行引导,更好地推进幼儿的探究。

(2) 发现问题,解决问题

杨杨搭建的"大白菜"给予同伴们很多灵感,随后出现了各种各样的"大白菜"→大小各异的"胡萝卜""香菇",有独自搭建的,有尝试合作搭建的,在搭建过程中,渐渐地发现问题,并能解决问题。

三、家园的自然融合促进幼儿核心素养的成果凸显

1. 主题成果展示:创意无限、合作分享

在主题结束时,教师们邀请家长来园参加幼儿的成果汇报活动,分享孩子们的成长。如:幼儿以小组的方式向家长们介绍小组成果。"蔬果店"小组用视频的方式介绍如何玩买菜的游戏,视频中只见孩子们用自己搭建的"菜篮子"买卖交易,玩得不亦乐乎;"蛋糕师"小组用图文并茂的方式介绍自己"设计"的蛋糕、点心,赢得了爸爸妈妈们的热烈掌声;"果蔬拼盘"小组采用边介绍边现场操作的方式,为全班上演一场"饕餮大餐"。除了以上结构游戏活动,孩子们还自发地生成了一系列的游戏活动。

附:

教师预设	家长商讨	最终确定方案	生成活动
买菜	买菜	买菜	菜篮子(角色游戏)
食品店	小小蛋糕师	小小蛋糕师	家乡美食会(角色游戏)
水果店	蔬菜拼盘	蔬菜拼盘	送外卖(运动)
蔬果园	蔬果园	神奇的蔬果园	

2. 主题成果收获:发挥实效、体现生活

中班主题活动《好吃的食物》是一个体验、思考与探索相结合的活动。通过这

次活动,家长们的教育方式和对核心素养的关注度有了很大的转变。为了更好地了解孩子,父母在整个主题活动中给予了很大的支持与引导,以身作则,让孩子在家庭的成长中受到言传身教的力量影响,为孩子做出榜样。因此,只有当孩子在家庭教育中养成了基本的核心素养,他们在生活中才能遇事迎难而上,勇往直前。最好的爱就是给予他们更多的陪伴,树立起与孩子共同进步一起学习的意识,与他们一起成长。

苏联教育家苏霍姆林斯基在他的《给教师的建议》一书中指出:"家庭要有高度的教育学素养,这是在实现人的全面发展的思想方面,现实生活所提出的又一个重要问题。教育的完善性,它的社会性的深化,并不意味家庭的作用的削弱,而是意味着家庭作用的加强。只有在这样的条件下才能实现和谐的全面的发展,就是两个教育者——学校和家庭,不仅要一致行动,要向孩子提出同样的要求,而且要志同道合,抱着一致的信念,始终从同样的原则出发,无论在教育的目的上、过程上还是手段上,都不要发生分歧。"

家庭参与幼儿园教育,形成家、园合力,已成为现代教育的重要标志。家庭教育所具有的特殊功能,是幼儿园和社会教育所不能代替的。只有实现家庭、幼儿园和社会教育有机结合,建立全社会共同育人的大教育体系,育人环境才能得到进一步优化,全面提供民族素质的宏伟教育工程才有可能完成;只有提升了家庭教育的品质,家园协同才算真正奏效,这样也才能真正促进幼儿核心素养发展。

读懂孩子游戏　助力孩子成长
——在主题式结构游戏《城市建筑》中发展大班幼儿核心素养的案例研究

◇陆盈英

核心素养是指人在不同的教育阶段，逐步形成的适应个人终身发展和社会发展需要的必备品格与关键能力，核心素养理念的提出也为幼儿园提供了更清晰的目标、更整体的教育视野，让我们的幼儿获得更全面的发展。

著名的教育学家陈鹤琴先生说："游戏是孩子的生命。"而结构游戏作为创造性的游戏之一，以它独特的魅力深受幼儿的喜爱。近年来，我园不断实践、探索，开展了一系列主题式结构游戏活动，以结构材料为主要表征手段引导幼儿进行大胆地创造和表现，在活动中充分激发幼儿的积极性和主动性。

《幼儿园教育指导纲要》中指出："家庭是幼儿园的重要资源。应本着尊重、平等合作的原则，争取家长的理解和主动参与，并积极支持、帮助家长提高教育能力。"可见，家长的助力必将为我们主题式结构游戏的开展提供有效的支持。本文就以大班主题式结构游戏《城市建筑》为例，在家园合力中推动游戏深入开展，从而促进幼儿核心素养的发展。

一、建筑齐分享——初探主题式结构游戏

兴趣是最好的老师，追随幼儿的兴趣，让幼儿在活动中更好地发展，我们建议家长与幼儿共同行动，开启幼儿对主题式结构游戏的探索之旅，并在家园互动中加强幼儿的信息意识，为核心素养的培养奠定基础。

开展主题式结构游戏初始阶段，老师时常和孩子们展开一些讨论，发现他们对于建筑的经验常局限于周边的环境或者现代的建筑。如何丰富幼儿的建筑经验，为主题活动的顺利开展做好铺垫，信息的收集尤为重要。这期间，家长起着举足轻重的作用——与孩子共同收集信息丰富其生活经验，使孩子了解获得知识和信息的途

径,发展幼儿获取信息的能力。

如在完成"老房子、新建筑"的调查表时,我们通过班级QQ群给家长发送了一张温馨提示单:

> 随着城市化的迅速发展,各色各样的建筑不断出现在孩子们的身边,孩子们置身其中,却也是难得有机会去认真关注各类建筑的特色与不同。为此我们选择了"城市建筑"作为此次活动的主题,以给我们与孩子提供一个共同走进建筑的好机会,去认识新老建筑。希望家长能够积极配合参与此次活动,谢谢。
> **活动建议:**
> 1. 和孩子一起用图片或者绘画的方式记录孩子感兴趣的建筑。
> 2. 以幼儿为主,家长为辅,让幼儿能自主完成任务。

借此机会,家长带着孩子积极行动起来,有的直接去实地观察,用照片的形式记录下来他们的搜索轨迹,了解了这些建筑外观、设计理念等;同时,家长和孩子们还一起在网上、图书馆搜索这些建筑的人文背景,图文并茂详细地介绍了上海的老建筑和新建筑。

活动效果:

利用调查表这种信息搜索的方式,家长们有了明确的目的和孩子一起去收集一些需要的信息;并通过多种信息收集的途径,引导幼儿学会关注周围环境中的信息。渐渐地,孩子们对建筑充满了兴趣,他们能说出许多上海的建筑并对上海这座城市有了更深入的认识,为上海这个城市感到骄傲,整个过程家长和孩子们体验了获取信息和成功的快乐。

由此可见,重视家长工作,动员家长和孩子一起收集、整理、交流信息,参与到主题式结构游戏,能使我们的活动开展得更加生动、有趣;家长对孩子的帮助与引导从长时间的角度来看可以潜移默化的教会孩子主动探索及思考,积极通过现有渠道获取事物的背景信息。因此,类似的活动能够有效提高幼儿的信息意识。

二、建筑共探索——共探主题式结构游戏

精彩纷呈的主题式结构游戏深深地吸引着孩子们,在活动中他们时常展现出强烈的探索欲、求知欲和表现欲。因此,我们邀请家长一起参与其中,见证一系列游戏给幼儿带来的成长后,他们会更积极地助推幼儿,与教师同步培养幼儿的核心素养。

（一）积极参与，提高幼儿问题解决能力

我们的室内运动是别出心裁、独树一帜的，是利用碳化积木创造各种运动情境，给予幼儿一个动手动脑的平台。为了进一步让家长了解孩子们室内运动的进程，我们邀请家长以观察员的身份关注孩子，学会欣赏孩子，从而进一步激发幼儿问题解决的能力，而问题解决正是培养幼儿核心素养至关重要的一点。

活动名称： 快乐运动

活动目标：

1. 能大胆地创设运动环境，喜欢并乐于参加体育活动。
2. 共同参与，激发家长积极参与活动的兴趣。

活动准备： 碳化积木、黑板、笔、纸

活动简要流程：

发放邀请函——观察幼儿的活动情况——体验班级室内运动环境——交流分享活动感受

活动现场：

孩子们迅速地在走廊上创设了各种运动场景，以"城市建设者"为例，把圆形的碳化积木以不规则的方式摆放作为行进的障碍物，接着利用椅子和长条的碳化积木组合搭建了若干幢建筑，推着放有各种形状积木的滑板车绕过障碍物，穿梭于自建的房子中，玩得不亦乐乎。一旁的家长也跃跃欲试，在尝试着弯下腰穿过建筑时，长条形的碳化积木多次散架，此时，孩子们主动帮大人解决了这个问题，在高度和宽度上不断地进行调整，并且再次邀请家长去尝试。

活动效果：

对于家长的参与，孩子们显得尤为兴奋，为了向家长展示碳化积木的不同玩法，他们多次改变运动情境，随之运动技能也在不停地变化。家长的有意试探，则让孩子们拥有了一个动脑筋解决问题的机会，在动态的环境下始终保持着兴趣和热情，主动思考、比较、分析寻求解决方案。

家长感言：

萌萌妈妈：孩子的想象力真是天马行空，一块小小的木块积木，通过孩子们的摆放和搭建可以变换成各种情境，很佩服孩子们的动手能力。

彤彤爸爸：刚开始时，我还以为孩子们只是在玩游戏，也产生了疑惑，今天说好的

运动怎么没有。接下来的活动让我大吃一惊,原来运动可以这么玩,孩子们在搬运积木时可以进行负重锻炼,在自己搭建的房子间跑和跳。

檬檬妈妈:今天的活动很有趣,看到孩子们为了修好大人破坏的房子,他们一次次地去尝试,失败了不气馁,自己动脑筋解决问题,值得表扬。这也让我们看到了幼儿园开展这样活动的意义,所以对于接下来的活动我会全力支持。

情况分析:

通过主题式结构游戏,家长逐渐意识到应该为孩子提供一个宽松的环境,给予他们问题解决的空间和时间,才能激发幼儿的思考欲望。同时,家长感悟到要抓住孩子的兴趣爱好,适时地加以引导,锻炼幼儿问题解决的能力而不是直接把答案告诉孩子。

(二) 共同合作,发展幼儿初步探究能力

孩子们利用最熟悉的结构材料搭建了许多上海有名的建筑。但是因受到材料的限制,孩子们时常觉得玩得不够尽兴,于是我们把家长请进班级,担任教师的角色为幼儿授课,组织幼儿游戏,开展助教活动,通过家长、幼儿和老师的多方互动促进幼儿自主探究能力的发展,也渗透了核心素养的培养。

活动名称: 建筑材料大挑战

活动目标:

1. 能利用废旧材料大胆创造和表现建筑。
2. 在家园共育中,能有意识地去探究和发现材料的秘密。

活动准备: 家长自制PPT,准备各种生活材料及辅助工具

活动流程:

1. 看看说说

——欣赏上海的建筑。

——说说你最喜欢的上海建筑。

2. 动手搭建

——寻找伙伴,确定搭建内容。

——构思建筑,商讨建构材料。

——展示作品,合作介绍成果。

活动现场:

在活动中,幼儿自行结伴,分多个小组活动。确定搭建的建筑后,孩子对选择哪

些材料有些异议,家长及时跟进,和孩子们一起构思,用笔记录下各个建筑部位需要用到的材料;当孩子们发现材料容易散架时,家长指导他们对材料进行了调整,随之各式各样的建筑拔地而起,有养乐多和纸棒组合成的东方明珠塔,有纸筒、纸板、纸杯和扭扭棒制成的金茂大厦……

活动效果:

在与材料的互动中,幼儿能根据家长的建议,自发、自主地进行了一系列的尝试、摸索和探究,勇于探究的精神得到了很好的体现。并用废旧材料重新去构造建筑,让家长和幼儿意识到结构材料的多样性,而不是单一使用现有的材料。另外,在选择材料时幼儿能主动思考材料的适宜性,并及时做出选择,批判质疑的精神悄然而生。

家长感言:

千千爸爸:虽然刚开始,有的小组对活动有点无从下手,但经过提醒,他们就能马上行动起来。旁边的小组其实也遇到了这样的困难,但是他们没有求助,通过模仿我的分解方式,同组内的小朋友提出自己对材料选择的建议。在后续的活动中,我也尝试着鼓励孩子们自己去搭建和调整他们的作品。

情况分析:

主题式结构游戏让家长重新审视了自己的教育方式,调整自己的节奏,放手让幼儿去尝试、质疑、分析、创造建筑,探索周围的世界;同时,家长也正逐步适应孩子的活动方式,对待孩子的探究行为给予了及时的支持和鼓励。

(三)亲子视频,提升幼儿沟通互动能力

有序的活动,帮助幼儿从多个角度获取了各种经验,如何把幼儿获得的各种信息转化为自己的语言,让他们能大胆讲述并能清楚地表达,教师和家长需要为幼儿创设一个说话的机会,一个展示自我的机会,从而满足不同幼儿的需要。利用六一儿童节的契机,组织家长录制亲子视频,并进行成果展示,给予幼儿创造沟通互动的机会,提高幼儿主动表达的兴趣,进一步推动幼儿核心素养的形成。

视频片段:

天天小朋友拿着手上的建筑照片:"这是上海最高的三个摩天大楼,这个是金茂大厦,还有这个是环球金融中心,最高的是上海中心大厦!爸爸说它们都有各自好听的名字叫'注射器''开瓶器''打蛋器'"。

乐乐指着电脑上的建筑图片:"我介绍的是上海的城隍庙,是一幢老建筑,和我

们现在的建筑不一样,你看它们的屋檐是往上翘的,窗户全都是木头做的,妈妈还告诉我这是很久以前留下来的房子。"

轩轩翻看着自己的建筑调查表:"我最喜欢的是东方艺术中心,从上面看下去像是一朵花,或者像一只小蝴蝶,它到了晚上开灯的时候会变得闪闪发亮。我在里面学习打击乐,会看到很多的艺术家在里面表演好看的节目。"

……

活动效果:

这个简单的亲子短视频获得了家长的全力支持,在父母的鼓励、支持和陪伴下,幼儿大胆地向大家介绍自己喜欢的建筑,从建筑的外观、历史、功能等不同的角度,多方面地对建筑进行了详细的介绍,使幼儿真正体验语言交流的乐趣,得到了良好的人文熏陶。

家长感言:

天天爸爸:很感谢老师提供这样一个平台,让孩子体会了自己做主的快乐,整个过程孩子都非常投入,为了能把这个视频做好,孩子主动要求查询了很多相关资料,并用自己的语言把陆家嘴三个有趣的建筑进行了简单的介绍。

乐乐妈妈:很意外,孩子竟然对豫园的知识了解那么多,还问我许多关于豫园的历史问题,视频录制好后,还提议用废旧材料自己搭建豫园。

情况分析:

主题式结构游戏的不断深入,给予家长和幼儿更大的挑战和机会,把更多的表达表现机会给予幼儿;而家长作为一个协助者,和幼儿共同完成任务,他们在与幼儿共同准备视频介绍中,感染熏陶着幼儿,从而让幼儿得到了更多的发展空间,能够清楚表达自己的想法,自信地参与活动。

三、建筑乐畅想——深探主题式结构游戏

主题式结构游戏丰富了幼儿关于建筑的知识,但是城市建筑的活动教育价值并不只限于了解建筑本身。为了打开幼儿想象的翅膀,让主题式结构游戏深入开展,引发新的思路,我们展开了"未来的建筑"亲子制作活动,通过家长适时地帮助可以为主题式结构游戏注入新的活力,提升幼儿的核心素养。

嘟嘟带来了和爸爸共同完成的一幅美术作品《我设计的新建筑》,这幅建筑

的创想立刻引起了幼儿的共鸣。于是,我们展开了"未来建筑"的亲子搭建活动,并把作品摆放在走廊上。面对各种奇形怪状的房子,孩子们纷纷当起了解说员:"房子我是用冰棍搭建的,风扇是爸爸建议的,说扣满风扇的建筑可以自动发电,节约能源。""这栋房子全是用纸片和塑料吸管完成的,妈妈负责剪,我负责垒高,是一幢装有双脚的机器人房子,可以带我们到处旅行,没有交通堵塞。""布满植物和花草的房子,是妈妈梦想中的房子,可以让我们每天呼吸新鲜空气,还能装扮城市。"……

一幅画引起的活动,让孩子们津津乐道,每个孩子都是建筑设计师,在和家长互动中,设计了许多新颖、独特的建筑;还学会用最直接、直观的方式表达他们对当下城市难题的关注以及解决方式,这样的人文熏陶使其对人类的生存和发展有了自己的思考,更加热爱生活。伴有家长陪同,主题式结构游戏对幼儿核心素养的培养起到了推波助澜的作用。

总之,开展多种形式的主题式结构游戏,转变了家长的教育理念,收获了更多的教育方式,对幼儿核心素养的培养与教师达成共识。丰富多彩的主题式结构游戏也让幼儿寻获了一位重要的合作伙伴,在家长的参与和协助下,他们畅游在知识的海洋,习得了各种必备技能,促进了幼儿"文化基础素养"下的人文熏陶,"自主发展素养"下的勇于探究、问题解决、信息意识,"社会参与素养"中的沟通互动等基本点的发展。

建议与参考:

1. 提供适宜的指导书籍

在进行主题式结构游戏时,我们可以提供一些指导书籍供家长参考,如《学习活动》用书,让家长了解什么是主题式活动;又如我园关于结构游戏《开启智慧潜能:王港幼儿园结构游戏研究成果选编》《小积木大智慧》等书籍,其中的教案设计和案例可以帮助家长有针对性地进行结构游戏的指导。

2. 推送前沿的教育理念

虽说家长对幼儿教育越来越重视,但是对于最前沿的教育理念仍存在一些偏差,需进一步更新。正如当下的"核心素养",教师在自己学习的同时,可以把收集的信息通过照片、文档、微信稿等方式在班级QQ群和微信群里推广,让更多的家长了解核心素养的意义、作用,以及培养的方式方法等,从而促使他们形成一些科学的、新的教育观念。

【参考文献】

［1］上海市教育委员会.上海市学前教育课程指南［M］.上海：上海教育出版社,2009.

［2］中华人民共和国教育部.3～6岁儿童学习与发展指南［M］.北京：首都师范大学出版社,2012.

［3］林崇德.21世纪学生发展核心素养研究［M］.北京：北京师范大学出版社,2016.

［4］韩秀珍,王小英,蔡珂馨.幼儿园方案教学实践活动探索与研究［M］.长春：东北师范大学出版社,2004.

第 三 部 分

新大陆：实践创新

· 小班 ·

核心素养视野下小班主题式结构游戏的实践与思考
——以《小花园》主题的组织与发展为例

◇ 何凌波

一、主题式结构游戏是培养幼儿核心素养的重要载体

核心素养不是某一种单一素养,也不是面面俱到的素养集合,它是相互联系、相互交叉、相互融合、相辅相成的。主题式结构游戏的特点是打破领域之间的界限,将各领域的内容围绕同一主题有机地联系起来。因此,主题式结构游戏是培养幼儿核心素养的重要载体,它的组织与开展应当在核心素养的理念指引下,以培养幼儿核心素养为目标,以促进幼儿全面发展为根本任务。

二、核心素养视野下的主题式结构游戏的组织与发展

幼儿核心素养主要指:文化基础、自主发展和社会参与三大素养(其中包含20个基本要点)。下面主要以小班主题《花》为例,围绕幼儿核心素养的培养这一目标,根据主题的内容,有目的、有计划、有步骤地组织实施,推进幼儿核心素养的综合发展。

【主题《花》的实施过程】

主题背景:

《小花园》是本学期教师预设的主题活动之一,其包含的内容主要是"花仙子"以及"大树和小树"这两部分内容,但在探索主题活动过程中,我们发现小班孩子被色彩丰富的"花"所深深吸引,而这部分探索的内容也比较丰富。因此,我们引导幼儿对"花"进行了深入的观察和探索,孩子们发现公园里的花、幼儿园里的花以及班级植物角里的花不尽相同。

主题实录:

小花园是孩子们最常见、最喜欢游玩的地方,那孩子们为什么喜欢?花园里有

什么？可以发展幼儿的哪些核心素养呢？

提出问题：

花园里有什么？（预设——花、树；生成——小动物：燕子、蜜蜂、蝴蝶、毛毛虫、小蝌蚪……）

主题开展：

【找一找】

活动伊始，我们引导家长带孩子们到周围的公园里找一找有哪些花？说说你看到的花长得怎么样？（包括花朵、花瓣、花茎等组成部分，以及花的颜色、形状等外形特征）让孩子们对"花"有一些初步的了解。

素养分析：

在找各种各样花朵的过程中，有助于孩子们养成主动探索和发现的习惯，同时，促使孩子们发现美，喜欢自然界与生活中美的事物，而收集照片的任务则让孩子们具有一定的信息意识。

【看一看】

我们组织开展了"各种各样的花"集体教学活动，孩子们介绍交流了各自收集到的不同花朵。活动后，我们对孩子们收集到的照片进行了梳理，并将照片张贴在主题墙上，我们发现孩子们会三五成群地走上前交流"我喜欢红色的花""我喜欢这个大花"……于是，我们引导孩子们观察：这些花有什么不同的地方？

素养分析：

活动中每个孩子都充满好奇，喜欢走到主题墙指指点点，交流讨论，同时养成了善于观察的习惯，比较花朵的相同与不同，并学会了感受和欣赏花朵的色彩美、形态美。

【比一比、搭一搭】孩子们的发现——花朵的大小不同

于是主题有了进一步的发展，我们跟随孩子们的探索与发现，引导孩子们在比一比的基础上利用结构材料进行表现，把自己的发现立体直观地呈现出来，再进一步和同伴的作品比一比大小。在搭建的过程中，孩子们发现用雪花片搭建的小花站不起来，于是我们组织大家一起讨论找到了解决的方法——给小花搭建一块绿草地。

素养分析：

通过观察比较，孩子们不仅习得了对物体大小的认识，还能用搭建作品的方式来表现自己内在的认识；同时当搭建过程中遇到困难时，孩子们通过讨论来解决问题，并用一定的方法验证自己的猜测——用雪花片搭建底座让小花站起来，并将经

验迁移到后面的活动——种小苗苗。

【说一说、分一分】孩子们的发现二——花朵的颜色不同

来园活动时,我把各类花朵的卡片投放在桌面上,不一会儿惊喜地发现孩子们在向同伴介绍自己收集的花,也会向旁边的朋友说出自己的发现和认识:这是红色的,这是黄色的、粉色的,还有白色的……并将相同颜色的花放在一起。

素养分析:

小班孩子喜欢观看自然界中的花草树木,并关注其色彩、形态等特征,在此过程中孩子们通过亲身感受与欣赏,发现了美的事物,并进一步萌发了对美的感受和体验。

【数一数、画一画、搭一搭】孩子们的发现三——花朵的数量不同

第二天,同样的花朵卡片,孩子们的交流、发现却有所不同。"我的是一朵花""我有两朵花""我有许多许多花",听到这些发现后我和孩子们玩起了"看谁找得快"的游戏(听数字找相同数量的花朵),并将相同数量的花朵排排队。随后的几天中,孩子们会在绘画、美工和结构游戏等活动中用各种形式来表现"越开越多的花"。

素养分析:

上述活动孩子们在对花的探究过程中,不仅获得了丰富的感性经验,而且尝试了归类、排序、判断,形象思维和逻辑思维能力得到了充分的发展。孩子们在此基础上还能选择用自己的方式(拓印、美工、数物对应、搭建等)进行表现并大胆创造。

【想一想、搭一搭】孩子们的发现四——花朵生长的地方不一样

研究一段时间后,孩子们的发现也止步于此,于是我又在墙面上出示了两组孩子们观察不同花朵的照片,并向他们抛出了一个问题"看看花朵长在哪里?"孩子们惊讶地发现,原来花朵生长的地方也不一样,有的长在草地上,有的长在树枝上。结构游戏时间,孩子们搬来雪花片和小点点积木,把这个新发现用不同的方式呈现出来。

素养分析:

当主题探索遇到困难时,孩子们并没有放弃,而是由教师提出的问题引发了进一步的思考和探索,通过观察发现并找到答案。不仅如此,孩子们还乐于用不同的结构材料进行表达表现,并愿意和别人分享、交流自己的作品,发现、评价同伴作品的美。

【种一种、演一演、搭一搭】

随着对各类"花"的深入研究,孩子们会在户外运动时主动寻找幼儿园里的花,

也更喜欢往班级的植物角里钻了,带着好奇的眼神观察着植物角里种子的发芽过程,这些种子也是孩子们自己亲手播种的,从观察种子的不同之处,猜测种子会长成什么样？到周末时,孩子们还会主动承担任务,把种子带回家照顾,生怕种子渴了、干了发不了芽。

每当在植物角发现种子有一点点变化,冒出了芽,抬起了头,又长高了一点……孩子们学会分享自己的发现和喜悦,还会用肢体动作和结构材料表现种子发芽长大的过程。

素养分析：

在播种和观察种子发芽的过程中,孩子们初步尝试了推理和分析,发现了事物之间的联系；在遇到周末没人给种子浇水的困难时能够坚持而不轻易求助,乐于劳动,轮流把种子带回家照顾,养成了愿意为自己、他人、集体服务的意识。

【主题延伸】

在照顾植物角的过程中,孩子们发现有一些花枯萎了,伤心地问我："小花死了吗？""你觉得呢？"我没有直接回答。"我觉得它没有死。""为什么呢？"她慢慢低下头回答："我觉得它很漂亮,我不想它死。"

分析与措施：

主题探索过程中,孩子们渐渐敢于提出自己的问题,并有了初步批判质疑的意识,敢于说出自己的意见和理由。对于上述现象,我采取的措施是：把枯萎的花朵剪下来制作成干花,以此填补小班孩子在情绪情感上的体验。

在观察研究"花"的同时,孩子们联想到与之相关的一些小动物(蜜蜂、蝴蝶、毛毛虫、小鸟等),结构室活动中,孩子们还用彩色泡沫砖块联手为小鸟造家,一座座空中房屋拔地而起。

分析与思考：

主题的深入和延伸不断地丰富着孩子们的主题经验,也引发了孩子们的想象与联想,在情绪情感得到了满足的基础上,孩子们的结构技能也得到了不同程度的发展,如在"给小鸟造家"过程中,孩子们"架空""围合"的技能得到了很好的展现。

三、深化幼儿核心素养培养的思考

在主题式结构游戏的开展过程中培养幼儿的核心素养需要思考的问题很多,如：该主题下可以培养幼儿的哪些素养？如何培养？教师组织与指导的策略有哪些？等等,这都需要我们进一步的思考和探索。

1. 幼儿核心素养的综合发展

小班主题式结构活动的组织与研究，促进了幼儿核心素养多元的综合发展，如在主题开始前的查找与收集过程中让幼儿发现美、感受美、欣赏美，再到让幼儿观察发现花朵的不同之处，并随之进行深入的研究，组织开展了各种形式的包括绘画、分类、表演、搭建等活动，从而让幼儿在操作的过程中习得相关的数理知识、艺术的表达表现以及解决问题的能力；其次更是联系生活，让幼儿自己动手种植、照顾，引发了幼儿的自主探索、猜测并观察、验证；最后还能兼顾幼儿的情感发展，如制作干花、给小鸟造家等活动更是让幼儿习得了知识以外的情感与体验。

2. 做一名追随幼儿的智慧教师

在开展主题结构活动的过程中，教师要减少预设，给予幼儿更多自主探索、思考与实践的时间，让幼儿学会发现问题、解决问题。教师作为支持者、引导者，对幼儿的发现和探索进行归纳、提炼，并梳理主题式结构活动中幼儿探索的线索与经验。

"美"一直在身边
——在主题式结构游戏中发展小班幼儿的审美情趣

◇ 张燕玲

在孩子生活中有许多"美",对于他们来讲"美"应该是直接的,只是他们没有去发现而已。教师应尽可能地引导启发孩子发现身边的"美",让他们拥有一双善于发现"美"的眼睛,培养其审美意识、能力,并提升孩子的审美情趣。

"审美的意识":是审美活动中,人对审美对象的能动反映,即广义的美感。包括审美的感知、感受、趣味、理想、标准等各个方面,是审美心理活动进入思维阶段后的意识活动。

"审美的能力":是指审美主体凭借自己的感觉器官,主要是从形式上感受美,并获得美感的能力。它是人们进行一切审美活动的出发点,是审美鉴赏能力、审美表达能力和创造能力得以萌生和发展的前提和基础。

"幼儿审美情趣"又叫幼儿审美趣味,是以个人爱好的方式表现出来的审美倾向性,审美情趣来源于幼儿的审美思想,审美情趣又决定着审美标准。审美情趣会随着人自身和环境发生变化而发展或改变。审美情趣具体包括幼儿感受美、创造美、欣赏美、语言美、行为美、心灵美等多项表现能力。

一、注入感知与欣赏的氛围
(一)创设表征环境,引发幼儿与主题的初互动

《幼儿园指导纲要》指出:"环境是重要的教育资源,幼儿的发展是在与周围环境的相互作用中实现的,特别幼儿的大部分学习活动,是在环境的潜移默化中进行,是一种有组织、有指导的环境教育。"因此幼儿核心素养的发展也少不了"环境"的支持。

1. 表征墙——让主题"活"起来

"让每一面墙壁会说话,每一寸土地都育人。"这是我们创设表征环境的初衷。

教师在创设环境时要坚持让墙饰会说话，让孩子们成为环境的主人的原则。而表征墙可以使教师扩展幼儿的兴趣并且把幼儿的兴趣引向新的方向。在与幼儿共同参与创设表征墙的过程中，让幼儿了解主题内容，引发话题进行创作，并同时学会欣赏教师及同伴作品，提升幼儿的审美情趣，为后续的表现和创造进行有效铺垫。

【案例一】小猫钓鱼

基于故事《小猫钓鱼》的集体活动后，教师创设了"小猫"和空空如也的"池塘"的情境。在与孩子们认识材料后，孩子们马上开始为墙上空空的池塘"出谋划策"了。

第一次交流分享时，瑞瑞折了一条没有尾巴的三角形小鱼。琳琳马上帮忙把瑞瑞的小鱼放在白纸上，再画一条尾巴就变出了一条漂亮的小鱼。

在第二次操作时，教师增加了雪花片和点点积木。菲菲在折完纸后尝试着用雪花片变成了小鱼的尾巴，还为小鱼添上了眼睛……而旭旭用积木搭出了一条条不同颜色的小鱼。

第二次交流分享时，教师将瑞瑞的三角形小鱼又进行了一次分享。孩子们发现，原来只要把纸再反着折一下，就能快速地变出小鱼尾巴了。最后，"小猫钓鱼"的故事就完美地呈现在了表征墙上。

在案例中，教师首先根据主题内容进行预设，通过引导孩子观察和发现表征墙上的变化，并通过自己的语言表达自己勾绘出的"小猫钓鱼"的美好故事情境，引出了主题活动。

其次，通过讨论并尝试利用不同材料进行创作。在创作过程中，孩子将自己的发现结合已有的经验及教师的个别指导，将作品再创造。在这样的过程中，孩子可以不受限制，自主地与材料产生互动，与同伴产生互动，与环境产生互动，这样的环境才是"活的环境"，才可能让幼儿产生进一步探究的愿望，满足他们不同层次的需求。

最后，当作品呈现于表征墙后，孩子在互相观摩和评价的过程中，提高其对美的观察力、感受力以及初步的评价作品的能力，即提升了孩子们的审美情趣，且为后续的表现和创造进行有效铺垫。

2. 游戏区——让主题"动"起来

幼儿的学习方式以"感受、体验、操作"为主，为创设一个能让幼儿自主体验、表达、创新的环境，教师尝试创设有趣的区域环境。如角色游戏区域中教师以幼儿熟悉的动物造型和皮毛特色创设和装饰娃娃家的门。当孩子进入角色环境后，在环境的暗示下孩子会在游戏中主动与人问好、交往,同时养成了随手关门、做客敲门等习惯。在此过程中,有趣的动物门明显利用率更高了,同时提高了孩子生活中的安全意识,而孩子的行为美也有了明显的提高。

显然,孩子所掌握的游戏经验并不是通过教师在游戏中传授和指导的,而是孩子在角色游戏环境的刺激和影响下,激发了孩子对有趣的"门"的审美趣味,进一步引发孩子的礼貌用语和行为,以及提高孩子生活中安全的意识。因此,创设主题化区域游戏环境,让孩子在接触游戏环境中,潜移默化地感受和发现环境的美,能够激发孩子多角度的审美情趣。

(二) 结合故事内容,激发幼儿对主题的再兴趣

小班的孩子对什么事物都充满着好奇心,但他们对事物的好奇和兴趣都较为短暂。根据小班孩子的年龄特点,教师的任务除了为孩子提供能满足需要的材料外,还要根据小班孩子直观性、趣味性突出、理解语言能力弱的特点用生动形象、富有趣味的语言,引起孩子的兴趣,启发引导孩子积极主动参与活动。

教师可通过故事情境,创设丰富优美的语言环境,引导其运用各种感官听、看、说等,不仅提高了其语言表达力,也使孩子在轻松、愉快的氛围中感受美,提高审美情趣。

【案例二】一棵"枯树"

在《苹果和橘子》主题中,我们在表征墙上以树干为背景,让孩子们自由想象。有的说是苹果树,有的说是橘子树,还有的说这是一棵椰子树……结构活动时,孩子们就迫不及待地大展身手。因为结合实际的生活经验以及已有搭建圆形的前期经验,很快就搭建出了大大小小不同圆形的水果,苹果、橘子……马上,一棵"枯树"就变身为一棵丰收的"水果树"。但随着主题进入尾声,孩子也渐渐地从开始的兴致高涨到现在的漠不关心,表征墙上的"水果树"不再受欢迎。

当进入《学本领》主题后,我们开展了集体语言活动《小刺猬背果果》,在之后的结构游戏中,旭旭默默地搭了一个小小的刺猬,放在了"水果树"下。一周后,"水果树"下的刺猬越来越多……

在案例中,孩子对于主题逐渐失去兴趣,必然也失去了再创造的动力。此时,教师在保留前主题开展的轨迹的同时,结合当前主题内容,选择孩子感兴趣的故事内容,激发孩子对"水果树"的再次关注,从而引发孩子的再次创造。

在过程中,教师不做任何引导,仅仅通过孩子之间的引领和模仿,加强了孩子对周围美的事物的观察和再创造能力,即培养了孩子审美情趣。

二、搭建表现与创造的平台

（一）教师引导

1. 组织集体教学活动，引导幼儿感受欣赏美

集体教学活动是提升教师与孩子互动最直接，也是最有效的途径。教师根据孩子的随机生成，组织有效的集体教学活动，引发并引导孩子发现、感受身边的美。

【案例三】小猫的渔船

➢ 镜头一：

早晨自由活动时，旭旭拿着他的"小船"来到教师面前，说这是他给小猫搭的"小船"。原因是他发现"鱼塘"里的小鱼太多了，小猫可以开艘"船"去钓鱼。原来旭旭是照着建构图纸上搭出了"小船"。当得到教师的认可后，旭旭马上又动起手来，很快柜子上接连出现了几艘一模一样的"渔船"。

➢ 镜头二：

跟随孩子的脚步，教师马上制定了亲子调查表，并且组织了一次集体教学活动《船》。在观察图片时，旭旭马上发现了渔船的特点："老师，'渔船'上有一间小房子。""原来，不同的'船'都有自己的特别之处，'渔船'上会有小房子，还会有很多的捕鱼工具。"

结构游戏时，旭旭马上就拿起了他之前为小猫准备的"渔船"，开始了他的改造行动。很快，那些一模一样的"渔船"再次得到了重生。另外，他根据自己的想法，又利用雪花片搭建了一艘全新的"渔船"。

在分享过程中，教师请旭旭着重地介绍了他将"渔船"进行改造的过程，让其他孩子们都大开眼界。

案例中，孩子根据积木图纸上的"小船"，一块不差地为小猫搭建"渔船"，初步体现了其探索能力和动手搭建能力。但在搭建过程中孩子缺少了自身对于"渔船"的了解，如造型、作用等，使得所搭建的"渔船"如出一辙，缺乏创意。

根据孩子已有的经验和发展，教师通过组织开展集体教学活动，激发孩子主动观察的意愿，并发现"渔船"造型的不同之处和主要特点。在此基础上，孩子能够及时地进行反思，并将从中获取的经验应用于自己的作品，在完善原有作品的同时，能够自主选择材料并进行创造，体现旭旭已经有了初步的创造表现意愿。而作为教师，则在提升幼儿已有经验的同时，引导幼儿一起发现美的事物的特征，感受和欣赏美，以此丰富了幼儿的想象力和创造力。

2. 提供多种教育环境，鼓励幼儿表达表现美

当幼儿的表现和创造得到肯定后，那么教学环境的改变又可以大大地推动幼儿的表现和创作欲望。在多种教育环境的刺激下,进一步激发幼儿发现美的事物的特征,愿意主动探索并用自己的语言、动作等进行再次创造新事物。

【案例四】钓鱼桶

主题墙上小小的"池塘"已经承受不住这么多千姿百态的小鱼了。经过讨论,我们将"小鱼"投放到了角色游戏的"小鱼塘"里。马上,角色游戏开始后,"钓鱼场"就正式开张了。但是没多久,我发现于廉在一旁搭着什么,我小心翼翼地问:"于廉,你在干什么?""我刚才去钓鱼,但是老板说没有放鱼的小桶,所以我准备用雪花片搭一个。"由于之前就已经有了搭小碗和小花篮的经验,所以没一会儿,他就兴高采烈地提着"鱼桶"又继续去钓鱼了。

在本次的案例中,教师通过前期活动的预设,孩子们主动积极地利用不同的结构材料搭建出了多姿多彩的小鱼,孩子的创造表现力逐步提升。同时,在角色游戏开展过程中,当发现问题的时候,孩子并没有求助教师的帮助,反而能够自己根据已有的经验,自主寻找材料解决问题,也体现了孩子逐步形成的创造和表现能力。

(二)同伴互助

幼儿与幼儿之间的发展是平行,但是也是相辅相成的。通过同伴互助,有效地推动了活动中幼儿自主发现和创造的行为能力。同时也是逐步培养幼儿互相帮助的行为意识,更为他们彼此之间建立一种互爱、互助的协同关系,创设一个友好、合作的良好氛围。

【案例五】我的大渔船

➤ **镜头一:**

一踏进结构室,旭旭若有所思的样子引起了教师的注意,"今天你有什么好想法吗?"旭旭真挚地看着教师说:"我想造一艘很大的'船',请好朋友一起出去玩。"在惊讶于他的想法的同时,教师马上提出了要求:"你造的'船'除了要大之外,一定要很安全哦。"马上,旭旭找了一块空地,开始了他的造"船"之路。

分享时,旭旭表现出失落的样子,"我的'船'没有成功,每次小朋友坐上去就会倒,一点都不牢固。"

➤ **镜头二:**

再次来到结构室,旭旭马上拉着教师说:"老师,你能帮帮我一起'造船'吗?我的'船'一直会倒,一点也不安全。"原来,旭旭依然没有放弃"造船"的想法。根据旭旭的问题,教师马上组织孩子们一起帮旭旭想办法。

最后在同伴的建议和帮助下,旭旭尝试更换了"造船"的材料,将原本使用的泡沫砖换成了可以接插的大乐高。最终,在不断的尝试后,旭旭的"船"终于开起来了。

案例中,孩子能结合自己已有的"造船"经验,敢于并乐于表达和表现。但因为对材料不了解,出现了"船"不牢固的现象,第一次的尝试并没有成功。而通过集体讨论和交流后,孩子能够在同伴的帮助下,了解不同结构材料的特点,并通过尝试更换"造船"的材料,顺利完成自己的搭建作品,在一定程度上,提升了自身的创造和表现能力。

(三) 家园配合

《幼儿园教育指导纲要》指出:"家庭是幼儿园重要的合作伙伴。应本着尊重、平等、合作的原则,争取家长的理解、支持和主动参与,并积极支持、帮助家长提高教育能力。"幼儿的成长离不开教师和家长的合作。

1. 班级活动

为了孩子的发展,家长们会及时关注班级家园联系栏、多媒体网络等教师发布的相关内容,当有需要家长配合时都会积极主动地参与。例如,在开展"学本领"主题活动时,家长根据教师要求完成亲子作品,并主动带来了很多有关小动物的图片、绘本,投放于教室的图书角。同时,教师把家长和孩子共同从家里带来的这些图片布置成《我喜爱的动物朋友》,孩子们随时都可以去查阅和学习。不仅让孩子学会了交换和共享,为主题活动的进一步发展提供了足够的条件,也为环境创设提供了很多材料。又如,在主题开展中,家长主动到班级进行义教活动,在义教过程中,家长带来的各种仿真动物及动物视频,让幼儿了解了许多有关动物的知识,真真切切开阔了眼界,增长了知识。这样不仅扩大了幼儿园的教育资源,更丰富幼儿的教育活动。

2. 园部活动

除了班级活动之外,园部活动种类、形式更为丰富多彩,而家长的参与积极性也更为高涨。就以"结构游戏节"为例,园部首先举办了"小小发现家之最美作品"亲子摄影活动。在活动中家长和幼儿运用手中的相机记录彼此眼中周围的一切,拍下身边与建构有关的作品,运用摄影的方式创造性地演绎"小小发现家"的主题。随之,园部又开展了"小小建构家之能工巧匠"亲子搭建活动。为家长与幼儿准备了三种大型材料放置于偌大的操场上,鼓励家长充分参与,与幼儿共同游戏,发挥创意,边打边玩,充分体验建构的快乐和身边美好的一切。这次活动的开展,也让教师深深感受到:家庭是幼儿教育的好帮手,家园良好互动会使我们的工作收到事半功倍的效果,环境是无声的老师,良好环境的创设能使我们的保教工作充满生机和活力。

三、取得的成效

经过一段时间的实践研究，我班通过创设室内外、显性、隐性环境来培养幼儿形成正确的理解美、感受美和评价美的观点，达到提高幼儿审美情趣和艺术创造能力的目的，既有可行性也有可操作性，我班的环境创设水平及幼儿审美能力有了显著提高。

（一）幼儿的审美情趣得到提高

无论在室内外环境的创设，还是语言、交往环境的创设，孩子的审美情趣是呈逐渐提高趋势，大部分孩子能够积极参与班级环境设计与制作的过程，能依据自己的情感体验设计与制作的快乐，享受成功的喜悦。并会主动欣赏诗歌、音乐，能主动翻阅图书，能大胆用带情感的声音讲述故事、朗诵诗歌，能区分粗浅的美与丑的事物。在道德美感方面，表现在讲话有礼貌、会主动与人问好、交往，会关心别人，有良好的行为美。

（二）教师的专业意识不断提升

在为孩子们创设各种环境的过程中，教师不断地查阅资料，不断地进行研讨，在不断验证、摸索的过程中，积累经验，使教师对幼儿园环境的创设有了深层次的了解和认识，提升了审美情趣和敏锐观察孩子的意识。

四、思考与调整

（一）生活中提高审美能力

1. 教师的专业素养

许多教师把评价安排在美术活动的结束部分，或全体集中听少数几个幼儿谈自己对别人作品的感受，或把教师认为好的作品展示出来讲评，形式较单一。现代教育观要求我们评价时可以让幼儿自由展示作品，大胆让他们说说自己的感受和意见，学习评价别人作品的不足，学会提出补救的办法，既帮助别人，又提高自己的绘画能力和修养。教师应多提发散性的问题，及时给予一些启示，尽量少进行结论式的评价；评价不一定采用讲解、谈话的方式，可以通过出示相类似的成人或儿童画进行比较，让幼儿在观察中获得直觉式的心领神会，使幼儿在评价中逐渐提高审美能力。

总之，教师在一日活动中要随时抓住教育的契机，给予有针对性的指导，使计划教育和随机教育巧妙地结合，促进主题式结构游戏的深化和质量的提高，更好地促进幼儿核心素养的发展。

2. 幼儿的个体差异

在平时的一日生活中,教师多以集体教学、游戏为主,常常会出现"一刀切,齐步走"的教育方式,通常都缺少对于幼儿个体差异的关注,以至于在某方面能力较弱的幼儿出现不自信等表现。作为教师首先应善于观察和感受孩子的个性差异,特别是其先天的或后天的优势和缺陷,并帮助其扬长避短。其次,培养孩子与他人相互配合、相互包容、相互激发的能力,促进孩子与他人建立良好关系,同时使孩子愿意用美的眼光去发现身边美好的人、事、物。

(二) 评价中促进求异思维

在幼儿园的一天生活中,有很多时间都可以让幼儿去学习建构,如早锻活动、自由活动、餐后活动、游戏活动、下午活动等。就拿早锻活动和课间活动来说,我们可以让孩子用大型的积木去搭成拱形门、山洞、小桥等,然后让幼儿在自己搭好的拱门和山洞里学习钻、爬、投掷等动作,在小桥上练习走平衡。要尊重幼儿,幼儿有着独特的思维方式和观察眼光,教师应尊重幼儿自由的表现方式,保护幼儿的个性,培养幼儿的求异思维。

主题式结构游戏中幼儿创新意识的培养

——在主题式结构游戏《娃娃家》中萌发小班幼儿创新意识

◇ 陆盈英

随着时代发展,国际竞争日趋激烈,社会对人的综合素养和创新能力提出了更高要求。因此我们以培养"全面发展的人"为核心,坚持发展幼儿的核心素养。而幼儿创新意识也是幼儿核心素养框架中的一个关键点。

作为教育启蒙者,我们要开启幼儿的创新之门,通过幼儿最喜欢的学习方式——游戏,让幼儿自由自主的进行创造,从而有效激发幼儿的创新意识。而主题式结构游戏不仅具有建构游戏的特征,对幼儿的创新意识发展也起到了推进作用,同时也丰富着主题内容的相关经验。

因此对于小班幼儿从主题《娃娃家》入手,培养其创新意识的培养,并对主题不断拓展、延伸主题式结构游戏,为幼儿创新意识的培养创造更有利的条件。

一、趣创,营造创新氛围

我国著名的教育家陈鹤琴先生指出:"怎样的环境刺激,得到怎样的印象。"环境是幼儿自我表达表现舞台,是幼儿尽情想象与创造的天地,尤其是小班幼儿因其年龄特点,更需要环境的刺激。而创设一个让幼儿感到"有趣"的游戏环境,可以让幼儿产生一种强烈的创新动机。

1. 提供开放性的环境

认知心理学认为:"培养幼儿创新意识的温床是丰富多彩的、富有启发性、具有开放性的游戏环境,只有在这样的环境中,才能让幼儿完全自由地感知、接触周围众多的事物,激发他们广泛而又强烈的好奇心,促使他们展开想象的翅膀,无拘无束地从事以前没玩过的游戏,尝试过去没做过的事情。"由此可见,开放性的主题式结构游戏环境是培养幼儿创新意识的前提。首先是空间上的灵活性,我们强调让幼儿自创游戏环境、自选场地、自选同伴；其次是材料上的选择性，根据小班幼儿的喜好，投放了许多结构材料和辅助材料在教室周围，以供幼儿游戏的需要。

2. 注重互动性的环境

主题墙是与幼儿发展息息相关的生动环境，为了更好地开展主题式结构游戏，我们调整了创设思路，以"表征墙"的形式展开，给予幼儿更多的参与机会，如为了丰富娃娃家的生活经验，让父母在家和孩子一起做家务，并用照片的形式收集成"连环画"，呈现在墙面，和同伴一起深入研究他们感兴趣的话题；还会把幼儿的创造性作品呈现在墙上，为游戏的深入开展埋下创新萌芽。

二、趣说，萌发创新意识

主题式结构游戏的材料玩法开放自由，没有特定的规则限制，其开放性给予幼儿极大的自主探索空间。在探索的过程中，更多的是幼儿自己驾驭和控制材料，主动迁移已有经验创造玩法、解决问题。所以当幼儿熟知结构材料的特性后，能根据游戏的需要，随时进行"变变变"的活动，建构不同的造型以供角色游戏的需要。

【案例一】小碗变变变

孩子们利用雪花片搭建了许多的小碗，并呈现在了娃娃家，但在后续的活动中没有运用。于是，我们展开了超级变变变的活动，通过简单的组合让幼儿把小碗变变变，立刻引起了孩子的兴趣，纷纷创变出了许多实用的家庭小道具：小碗变变变，变成了娃娃家的台灯；小碗变变变，变成了娃娃家的电话机……

核心素养分析：

小碗下加一个底座变成了台灯，两个小碗连接起来就变成了电话机，童趣的语言提示，让幼儿对活动充满了兴趣，他们大胆想象、大胆创作，潜移默化中培养自己的创新意识。

三、趣玩，支持创新行为

主题式结构游戏的开展不单是一个活动或一种游戏，我们的形式是多种多样，相互交融，相互影响，是核心素养有效开展的重要保证。只有教师为每个幼儿提供了充分表现自我的机会，幼儿有了创新的冲动，也就有了创新的可能，创新意识就会逐步培养起来。

（一）结构游戏与角色游戏间的相互转换

【案例二】好吃的鸡蛋

"笃笃笃，笃笃笃"，角落里传来了物品敲击的声音，闻"声"而去，原来是岳岳用小点点组合成的一个圆形在敲击桌面，于是我问道："岳岳，这是什么呀？""这是鸡蛋呀，圆圆的鸡蛋！"说完，他又在篮子里找了相同形状的扇形积木接插成一个圆圆的鸡蛋，边搭边说："这是妈妈做的鸡蛋，真好吃！"

核心素养分析：

小班幼儿年龄虽小，但不妨碍他们的创造想象能力，利用身边最熟悉、最喜欢的建构材料搭建了一个简单的圆形，还能按照自己的生活经验解释了自己的搭建作品，说明幼儿对圆形的特征有较深的认知经验；并在向老师展示的过程中，还能边做边说，伴有角色想象。

跟进措施：

"好吃的鸡蛋"引起了孩子们的关注，纷纷建议：再搭建一些鸡蛋，并把鸡蛋放在娃娃家的厨房，让大家一起玩。

【案例三】好玩的鸡蛋

为了给家人烧一顿好吃的饭菜，娃娃家的——妈妈在厨房里忙得不亦乐乎，从冰箱里拿出了很多食物开始烹饪，当拿到鸡蛋时，——妈妈直接把鸡蛋放在锅子里，旁边的岳岳爸爸喊道："妈妈，你怎么不切鸡蛋？"——妈妈很为难，皱着眉头对爸爸说："这个不能切，是用积木搭的。""可以的，可以的，你看要这样切。"说完，爸爸很自然地拿起刀，先用刀在材料上划一下，然后再用手把鸡蛋分成两半。

核心素养分析：

游戏中幼儿根据自己的生活经验发现了鸡蛋敲了后，不能像现实生活中一样可以打开，但是岳岳是一个勇于探究的孩子，他对任何事物具有好奇心和想象力，喜欢探究，并且能大胆尝试，积极寻求问题的解决方法，利用积木的特性，可以随意接插的功能，向同伴展示了如何撬开鸡蛋的方法。

主题式结构游戏的开展，幼儿搭建的作品已经不再是单纯的装饰品，而变成了角色游戏中的游戏道具，并且在不断丰富的游戏情节中不断发展、不断创新。

（二）角色游戏与来园活动间的相互渗透

【案例四】超级大汉堡

角色游戏开始了，萌萌妈妈拿出了乐高积木，并把积木一层一层地垒高，很快一个5层高的建构作品出现在餐盘上，轩轩爸爸走上去问："这是什么呀？"萌萌笑眯眯地说道:"这个是超级大汉堡哦,是给爸爸你做的,很好吃的!"

核心素养分析:

汉堡是幼儿生活中比较常见的食物,把结构材料进行简单的组合、垒高,就创造出了娃娃家的角色道具,一种大家都喜欢吃的美食,从而丰富了娃娃家的游戏内容。

跟进措施:

为了让幼儿的建构作品能有效利用,教师把这个作品呈现在了"表征墙"上,通过隐形的环境暗示,让幼儿进一步拓展角色内容。

【案例五】美味的汉堡

早上的来园活动,天天时不时地看着墙上的汉堡,模仿出了许多同色系的汉堡;接着,他把汉堡又进行了拆分,里面加了一块不同色系的乐高积木,并和身边的同伴说:"这个是加了奶油的汉堡,这个里面放了香蕉……"

核心素养分析:

表征墙的提示起到了有效的作用,幼儿通过模仿再创造了许多娃娃家的替代材料,利用结构材料丰富多彩的颜色,把现实生活中食物和材料颜色进行了匹配,从而为接下来娃娃家的游戏增添了有趣的角色道具。

由此可见,将角色游戏中建构的道具布置在表征墙上后,幼儿能够自主、自发地将作品进行改造,从游戏之外的角色定位又重新回到了游戏之内,引发幼儿不断思考,不断创新。

(三)集体教学活动与角色游戏间的相互支持

【案例六】做礼物

圣诞节即将来临,航航提议要送给妈妈和爸爸圣诞节礼物,得到了同伴的积极响应,由此我们展开了集体教学活动《做礼物》,利用结构材料搭建了许多建构作品,有雪花片搭建的大苹果,祝愿妈妈身体好;有乐高搭建的吸尘器,能成为妈妈的小帮手……

核心素养分析:

通过前期经验的丰富,以及搭建技能的提高,幼儿能主动地搭建出了许多与生活相关的作品;而结合节日的活动,点燃了幼儿的创作热情,展开了他们想象的翅膀;集体教学方式的展开,也让幼儿有了更明确的目的,让幼儿都能有自我表达表现的机会。

跟进措施:

利用孩子们搭建的结构作品,我们为孩子专门创设了一个礼物展示台置放在教室的展览区域内。

【案例七】送礼物

角色游戏开展得如火如荼，娃娃家的爸爸妈妈们忙碌地在为家人烧饭、洗衣服，滴滴开着小汽车路过礼物展示台时，犹豫了一会儿，拿起了雪花片搭建的大苹果兴冲冲地和妈妈说："给你吃个大苹果，让你变得美美的。"然后又出去拿回来了一个乐高大蛋糕给奶奶，"祝你生日快乐！"

核心素养分析：

礼物展示台的设置为角色游戏的内容增添了更加有趣的游戏情节，通过建构作品，幼儿的语言表达得到了充分发展；同时，幼儿在赠送家人礼物时，情感得到了进一步的提升。

游戏不仅需要生活经验的支持，更需要认知经验的加入。通过集体教学活动，不仅帮助幼儿积累认知经验，更将这种经验运用到游戏中，从而创新了更多的游戏情节。

四、反思与调整

在培养幼儿的创新意识时，教师一定要心中树立正确的核心素养观，给予幼儿足够的思考空间、选择空间等，提供各种帮助树立幼儿创新意识的平台，逐步激发幼儿的创新意识，使其产生强烈的创新动机，促使创新意识在小班幼儿心中生根发芽，促使幼儿核心素养的培养能进一步扩展。但是核心素养培养的过程中，仍有很多不足之处。

1. 重过程，更应重分享

聚焦幼儿核心素养，很多教师往往注重活动的过程，很容易忽略游戏分享在幼儿核心素养培养过程中的重要性，所以如何取舍主题式结构游戏中观察到的林林总总的幼儿行为，提取有价值的内容进行分享，还需我们教师深入思考。

2. 重能力，更应重品质

在培养幼儿的创新意识过程中，除了培养幼儿的一些关键能力，我们还应重视其品质的培养，帮助他们养成爱动脑动手、独立等必备品质，也是为创新意识的培养奠定了基础。如当幼儿说"我不会"时，我们如何鼓励幼儿；当幼儿能坚持完成任务时，我们如何赞美幼儿；当幼儿搭建的作品与众不同时，我们该如何肯定幼儿，都需要教师加以关注。

以"爱"之名 用"心"绽放
——在主题式结构游戏《学本领》中发展小班幼儿珍爱生命和求异创新

◇ 沈晓燕

《上海市学前教育纲要》中指出：要从生活习惯、规则意识、学习能力、情感与自我意识、审美情趣等方面为幼儿终身发展奠定必要的基础。而核心素养是个人在终身发展中不可或缺的、最关键、最必要的基本素养，其主要涉及了三维度、二十个基本点。《3～6岁儿童学习与发展指南》中又指出：幼儿的学习是以直接经验为基础，在游戏中进行；要珍视游戏的独特价值，通过直接感知、实际操作和亲身体验获取经验的需要。因此，我们利用主题式结构游戏，即围绕某一主题，利用各类结构材料进行建构，并将一日活动中的内容有机结合，促使幼儿全面、均衡的发展。本文就以小班主题《学本领》为例，探讨主题式结构游戏发展幼儿珍爱生命及求异创新两大基本点的组织与开展策略。

一、深入人心——开启主题式结构游戏
（一）尊重幼儿的兴趣所在

《纲要》中明确指出："任何活动都要以幼儿的兴趣点出发。"可见，兴趣是幼儿参与活动的关键，更是幼儿学习的动力。在兴趣的驱动下，相信幼儿的潜能也能发挥到最大。因此，在开展主题式建构游戏时，我们首先要以幼儿的兴趣为基础，寻找有价值的建构内容。例如：在亲子实践活动"海洋水族馆"中，激发了幼儿对水里动物的喜爱。为此，我们围绕"水里的动物"开展了一系列的活动。

（二）捕捉幼儿的生活经验

主题活动的题材应源于幼儿的生活。为此，我们只有时刻关注幼儿的生活、倾听幼儿的心声，才能发现幼儿的需求和兴趣点，从而发现幼儿生活中富有价值的建构内容。例如：孩子们经常在自由活动时，会激烈地讨论起回家路上看见的一群小

鸭子,有时还会模仿起小鸭子们游泳的姿势、走路的姿态,甚是可爱。于是我们根据孩子的生活经验,开展了主题建构活动《可爱的鸭子》。

二、身临其境——推进主题式结构游戏
(一) 预设活动,培养幼儿求异创新的意识
1. 情境故事,浮想联翩

对于小班的幼儿来说,情境故事的导入能激发幼儿参与活动的积极性。活动中,教师应给予幼儿充分的支持。

【案例一】《大乌龟》

随着主题《学本领》的不断深入,孩子们对动物的情感越发浓郁。故事《送大乌龟回家》中的角色"大乌龟",更是成为他们想要建构的对象。

片段一:

教师:你们还记得故事《送大乌龟回家》吗? 故事中乌龟怎么了呢?
幼1:故事中的大乌龟不能自己翻身,需要朋友们的帮助。
教师:那大乌龟为什么不能自己翻过身来呢?
幼2:因为大乌龟有重重的壳。
教师:原来重重的壳就是乌龟的特征。今天我们就要用不同的材料来表现乌龟重重的壳。
幼1:我要在盘子上画上乌龟壳上的花纹。
幼2:我要用瓶盖来装饰它的壳。
幼3:我要用手工纸来做龟壳。
……

拟人化的故事激发了小班幼儿的遐想,幼儿对于故事中的"大乌龟"深有感触,从而促使他们积极地参与到"乌龟"的制作中,他们能根据教师提供的不同材料制作乌龟"重重的壳",使得每只乌龟都会有自己的特点。

片段二:

《大乌龟》活动又开始啦! 教师说:"宝贝们,还记得大乌龟吗? 它想要变成一只活泼的大乌龟,你们有什么办法可以帮到它呢?"吉吉说:"我觉得活泼的大乌龟一定喜欢运动,所以它的脚应该是不同方向的。"教师又说:"那你们观察过我们自然角中乌龟吗? 它又是怎么样的?"乐乐说:"我看到乌龟在晒太阳的时候,头是伸出来的。"天天说:"我看到乌龟在睡觉,头是缩进去的。"……没过多久,就发现一群形态不一的乌龟

出现了,它们有趣极了。

教师语言的引导或暗示,使幼儿的创作思维受到了极大的启发,各种形态的"乌龟"瞬间生动地呈现在了孩子们眼前。

片段三:

今天的建构活动开始啦!教师说:"你们发现了吗?我们的教室中有好多好多的乌龟,这些乌龟想要在一起玩,可是……"宁宁说:"那我们就来给它造一个水中游乐园。"教师说:"哇。好棒的想法呢!"说完,孩子们就开始行动起来了。只见有的孩子搭水草,有的孩子搭梯子,有的孩子搭了小椅子,有的孩子搭了围墙……不一会儿,经过孩子们的合作,他们将一个美丽的水中游乐园呈现在教室的垫子上,一群群可爱的乌龟也正在游乐园里欢快地游戏呢!

在主题式建构活动循序渐进的过程中,幼儿的建构技能得到了充分的提高,他们利用各种建构材料帮助乌龟构建水中游乐园的设施,使得一个美妙绝伦的水中场景与造型各异的乌龟完美地呈现。

核心素养分析:

绘本故事的加入,瞬间引发了幼儿的建构兴趣,而关于"乌龟"的一切,时刻吸引着孩子们的目光。从不同材料的使用到"乌龟"的不同形态,到最后的水中游乐场,不断延续的故事情节促使着孩子们积极参与到其中,引发幼儿无限的遐想和思考,在快乐的建构活动中,幼儿的创新意识得到了萌芽。

2. 适时介入,勇往直前

在建构活动中,教师适时的介入指导会给幼儿一些启发和暗示,促使幼儿主动去探索和创造,从而推动游戏的发展。

【案例二】《不一样的小鱼们》

随着主题活动的开展,孩子们又想到了搭建小鱼。于是在教室的一角,豆豆和六六专心致志地搭建了起来。不一会儿,只见他们用雪花片搭建了一个圆圆的小鱼肚子。可是小鱼的尾巴该怎么搭呢?孩子们左思右想,游戏停滞不前。我见状走上前:"宝贝们,我们的小花园里有小金鱼哦,你们可以看看金鱼的尾巴是怎么样的。"于是,孩子们蹦向了小花园。过了一会儿,六六兴奋地跑过来说:"小鱼会摆动它的尾巴,所以它的尾巴应该像把扇子。"没过多久,两条活灵活现的小鱼出现在我面前:一条是拥有蓝色三角形尾巴、黄色身体的金鱼;另外一条有着圆圆的身体,一条扇形的尾巴摇来摇去,非常可爱。

核心素养分析:

经过一段时间的摆弄,多数幼儿对于雪花片积木的接插技能已经能基本掌握。在活动中，教师适时介入、观察指导，不断激发他们的创造行为，引导幼儿自主地任意操作、组合材料，使自己的建构作品能与众不同，从而推动幼儿的创新意识。

3. 亲子共建，别出心裁

《纲要》提出："幼儿园应与家庭密切合作，综合利用各种教育资源，共同为幼儿的发展创造良好的条件。"结合主题式建构活动开展的亲子搭建赛，不仅能增进亲子之情，还能激发幼儿在建构活动中的创造力和想象力，提高幼儿的创新意识，使建构作品更加形象化。

【案例三】动物大派对

主题活动还在继续，出于孩子们对这些建构作品（动物）的喜欢，我们组织开展了亲子搭建活动《动物大派对》。

"今天的建构活动可有趣啦！我们可以和爸爸妈妈一起开动小脑筋，你可以适当地挑选一些废旧材料（瓶子、罐子、扭扭棒、吸管等），这样相信你的建构作品一定会更棒！"只见家长和孩子们热闹地讨论着……

一一说："妈妈，我想搭一只螃蟹。圆圆的身体我们可以用雪花片搭。"一一妈妈说："我们可以用一些扭扭棒来当作螃蟹的脚哦！"而在一旁的星星说："爸爸，我想搭一个长颈鹿。"这时，星星爸爸说："我们一起来搭吧！"星星和爸爸一起动起手来。星星说："长颈鹿长方形的身体可以用小点点积木。"星星爸爸说："长长的脖子我们就用小盒子搭吧！"……

不一会儿，我们就看见各种各样的小动物出现在我们的作品展示区里，孩子们高兴极了！

核心素养分析：

小班幼儿建构技能有限，很难自主地将辅助材料运用到自己作品中。而家长的加入使得幼儿能够自然而然地将自己天马行空的想法呈现在家长面前，企图寻求家长的帮助。在如此快乐的亲子活动中，有家长的鼓励和帮助，孩子们的想法得以实现，创作乐趣得以体验，满足感得以抒发，其求异创新的能力得以发展。

（二）生成活动——萌发幼儿珍爱生命的情感

喜爱动物是孩子们的天性，小班的孩子喜欢把动物当作自己的朋友。当"学本领"这一主题开展后，我们以了解动物为基础、走进动物为伏笔、亲近动物为收获，让幼儿用一颗真挚的童心，深入地了解动物们的真实生活。紧接着将结构游戏融入其中，生成了相关的主题建构活动，以此来萌发幼儿对小动物的情感，进一步促进幼儿自主发展的核心素养。

1. 谈话式的讨论

谈话式的讨论是指在主题式结构游戏中，教师将传统的单向传授转变为双向对话，以平等的姿态与幼儿共同分享相关经验。它是真正意义上同伴之间的相互倾听，是情感、思想等多方面的交流，而只有这样才能使活动有效地开展。

【案例四】动物话题小讨论

在一次远足活动后，孩子们对公园中"流浪狗、流浪猫"这一问题展开了激烈的讨论。

幼1：你们看见公园里的小狗、小猫了吗？

幼2：是的，我和其他小朋友都看见了，感觉那些小猫太可怜了，那么小。那些小狗又一直汪汪地叫，好像饿了！

幼3：我也觉得它们好可怜，我们家小区楼下我也看到过"流浪猫"，不过我看到旁边有个碗，大概是好心人喂食物时留下的。

教师：那如果下次你看到这些"流浪狗、流浪猫"，你会怎么做呢？

幼1：我想要去照顾它们！

幼2：我想要去保护它们！

幼3：我想要去多多关心它们！

……

核心素养分析：

生活中的动物容易引起孩子们的关注。他们情感丰富，喜欢抱一抱、亲一亲、摸一摸它们，这是情感流露的表现。他们也常把动物当作自己的朋友，他们对于可爱的小动物总是印象深刻，当我们在远足活动中，偶遇了可怜的小狗、小猫时，孩子们的情感一下子得到了巨大的转变，他们你一句我一句地讨论着："如果我遇到了流浪狗、流浪猫时，我会想要去珍惜和爱护它们。"在不知不觉中，逐步推动了孩子们有爱护小动物的情感，进一步萌发了幼儿珍爱生命的价值观。

2. 多元化的提问

在主题式建构活动中我们以多元化（陈述性提问、假设性提问、选择性提问、开放性提问等）的提问方式，鼓励幼儿打破原有的思维模式，促使让幼儿呈现敢想、敢说的形式，为培养幼儿自主发展的核心经验而埋下伏笔。

【案例五】为小动物造家

"流浪狗、流浪猫"活动还在延续，我们一直关注着，于是我们就生成主题建构活动

《为小动物造家》。

今天的建构活动开始啦！教师说："宝贝们，这些无家可归的动物想要一个家。"孩子们说："那么我们就给它们搭建一个温馨的家。"

希希、星星和丁丁把积木（泡沫砖块）以正方形的形式围起来。这时，丁丁跑到我这里，领养了一只"流浪动物"，他把长颈鹿放在了他们新造的房子里。希希说："我们的房子只有一层，长颈鹿不适合住在这里。"丁丁又说："已经领养的动物，怎么可以抛弃它呢？"教师问："那你们想一想有什么办法可以解决这个问题？"一旁的希希说："或许我们只要把房子搭得高一点就好啦！"教师又说："如果就长颈鹿一个人住大大的房子，你觉得怎么样？"星星说："肯定会觉得孤单，我要再领养一只长颈鹿！"这时，教师连忙问："你们不是已经领养过长颈鹿了吗？为什么不领养其他的小动物呢？"星星又说："它们是同类动物，应该住在一起！"教师又说："只有两只长颈鹿住，又为什么要造那么多的房间呢？"希希说："多造几个房间，这样其他的动物朋友们就能来做客了。"这下可好了，长颈鹿的家热闹极了……

核心素养分析：

温馨的游戏情节让幼儿沉浸在充满爱的氛围中，多元化的提问方式时刻刺激着幼儿的创造性思维，使幼儿在愉悦、自主的环境中尽情徜徉，抒发着自己的情感，唤起了他们保护动物、爱护动物的意识，点燃了他们珍爱生命的情感。

三、慎行笃思——反思主题式结构游戏

通过主题式结构游戏的开始，我们发现，幼儿一日生活中的各个环节都是培养核心素养的途径，教师应以观察者、支持者、引导者的身份出现，在一日活动中抓住教育的契机，使之巧妙的相结合，从而促使主题式结构游戏的深化，更好地推动幼儿核心素养在主题式建构游戏中的发展。

《3～6岁儿童学习与发展》中指出："关注幼儿学习与发展的整体性。"而核心素养的培养并不是以某一基本点单独存在，而是互相渗透、相辅相成的，具有整体性、融合性的特点。可见，在主题式结构游戏中，教师应以幼儿为主体，充分挖掘主题中的核心经验，促使三大核心素养相互交叉、相互促进。然而在游戏的开展过程中，由于教师对核心经验把握及评价方面的欠缺，使得核心素养的培养局限在求异创新及珍爱生命两大基本点。因此，在接下来的实践过程中，我们将继续开展主题式结构游戏，进一步推动幼儿核心素养的发展。

在游戏中寻找快乐
——在主题式结构游戏《我的幼儿园》中促进小班幼儿的情绪稳定

◇ 金丽青

蔡元培先生在《中国人的修养》一书中提到：决定孩子一生的不是学习成绩，而是健全的人格修养。人格修养是人格的正常和谐发展。心理学从五个维度来定义，即一个人的人格是否健全心理是否健康——性格（内外倾）、人格品质（善恶）、责任感、情绪稳定性、思维开放性。

情绪稳定是健全人格素养的重要组成之一，心理学研究通过实验证明：幼儿期是幼儿情绪发展的关键时期。因此，对于刚入园的小班幼儿而言，情绪的稳定性发展对于幼儿的健康成长具有重要意义。

主题式结构游戏是作为结构游戏的一个重要分支，是指在一段时间内围绕一个主题来组织的结构游戏等系列活动，其特点是打破领域之间的界限，将各种一日活动的内容围绕主题有机连接，让幼儿通过该主题结构游戏活动，获得与主题相关的较为完整的经验，对促进幼儿情绪稳定性发展具有重要的作用。

一、问题提出

小班初期，幼儿不稳定情绪的表现以分离焦虑和自我中心现象为主。

1. 分离焦虑

从家庭生活到集体生活，对幼儿来说是一个巨大的转折点，容易产生情绪波动和交往问题。3～4岁幼儿一旦离开熟悉的环境和最亲近的照料者，就会产生分离焦虑，如果这种消极情绪过于强烈和持久，将不利于幼儿的心理健康。

2. 自我中心现象

小班幼儿处于身心发展阶段，游戏中以自我为中心居多，喜欢操作摆弄材料，但规则意识不强；不善于与同伴沟通、交流意识比较薄弱。尤其当幼儿在游戏过程中，遇到一点小问题,就会哇哇大哭。

本文通过《我的幼儿园》主题式结构游戏的开展,帮助幼儿了解幼儿园的各项活动,通过亲身的参与及感受,了解幼儿园、喜欢幼儿园的集体活动,帮助幼儿尝试表达和控制自己的情绪,培养同伴之间乐观合群,感受共同生活的愉快。

二、指导策略

(一) 多样的游戏材料,稳定幼儿情绪

【案例一】《我不哭》

入幼儿园前,小宇以妈妈照料为主,依恋母亲的情绪强烈。入园后,脱离妈妈的怀抱,整日哭哭啼啼,对幼儿园的任何事情提不起兴趣。如何使小宇尽快稳定情绪,适应幼儿园集体生活,变成我的当务之急。

早上来园,小宇坐在雪花片前,默默擦着眼泪,于是,我走上前,用雪花片平铺拼了三条弯弯的弧线,我问小宇:"你看,这是小宇的哭脸吗?向下弯弯的,一点也不好看。"坐在对面的文文看了,马上说:"老师,我觉得好看,我看到的是一个笑脸。""是吗?小宇,你看到的是什么?"我假装不知道。小宇抬起头,看了看,说:"是哭脸。"文文说:"不对,不对,你们到我这边来看。"我拉着小宇走到文文身边,"是笑脸,真的是笑脸。"小宇看到后,破涕为笑。"对嘛,就是这样才好看!"小宇点点头,说:"老师,我也要试试看!"小宇拿起雪花片,一片一片拼搭出一个"笑脸",体验到拼搭雪花片的快乐,小宇变得高兴了。

分析:

当幼儿出现消极情绪时,教师可以通过转移注意力的策略使幼儿将注意力转移到其他对象,特别是能给幼儿带来快乐情绪的对象。案例中,教师通过用雪花片拼搭的表情转移幼儿的注意力,并通过好看的笑脸,鼓励幼儿控制自己的情绪。

【案例二】《幼儿园真好玩》

9月,孩子们的情绪还是不稳定,有的苦恼,有的闷闷不乐……结构游戏时间到了,我带孩子们来到结构室,孩子们看到明亮、五颜六色的结构室露出了高兴的笑容。小语看到漂亮的积木说:"老师,积木的颜色真漂亮呀!"卉卉说:"幼儿园有好多玩具,我喜欢幼儿园!"君君说:"卉卉,我们一起搭积木吧!"不一会儿,通过孩子们无目的地平铺、垒高,一座高高的、彩色的房子造好了,君君高兴地说:"老师,你看,这是我们的幼儿园,好看吗?""对啊,你们的想法很棒!"看到孩子们能摆脱焦虑情绪,并能高兴地游戏,我也非常欣慰。

分析：

小班初期，幼儿的搭建技能处于无目的的摆弄阶段，往往不能轻易出现搭建成果，并且他们的情绪较敏感，易受挫。但是，大块的积木能促使小班幼儿通过简单的搭建技能（平铺、垒高）就获得成功的喜悦，而且从颜色和轻巧的材质上能够带给孩子一种积极的情感，促进他们同伴间表达和交流情感的欲望和能力，成功的游戏体验使他们爱上幼儿园的情绪也得到稳定发展。

【案例三】《雪花片，变变乐》

游戏开始了，航航和月月正在用颜料装扮房子。不一会儿，航航哭着来找我："老师，月月把我的房子涂得乱糟糟的。"我看了看作品问道："月月，你为什么把房子下面都涂了很多颜色？"月月低着头，抿着嘴说："这是泥土呀。"是呀，月月的想法是对的，这正好反映了月月的已有经验。于是，我提示说："如果种上小花，你们房子就会变得更漂亮了。"月月想了想说："老师，我不会画花。"航航歪着头，看了看篮子里的雪花片说："老师，我觉得雪花片很好看，像一朵小花！""航航，我们试一试吧！"在我的提示下，两个孩子把雪花片放进颜料里沾一沾，又在草地上按一按，一朵美丽的小花出现了。航航和月月高兴地拍着手，欣赏着自己漂亮的作品，说："我喜欢雪花片，它可以变出好多东西，真有趣。"

分析：

小班幼儿的想法来源于生活，房子下面的泥土就是孩子最直观的经验感受，教师对她的仔细观察给予支持，通过提问来引导幼儿展开想象力，丰富画面，美化作品。幼儿经过老师的提醒，联系到游戏中的结构材料，雪花片多彩的颜色和花朵状的外形给予幼儿绘画技能上的满足。

从案例二和案例三可以看出，幼儿园多种多样的积木能满足小班幼儿在搭建技能、绘画技能上的经验获得，体验成功的喜悦，因此，幼儿渐渐爱上摆弄积木，建立快乐的情绪。

（二）丰富的游戏形式，促进同伴交往

【案例四】《一个小杯子的快乐》

萱萱是一个非常内向、文静的小女孩，她不善于和小伙伴交朋友，但是坐在雪花片前特别专注、认真。来园活动中，萱萱用雪花片拼搭出一个长方形，拿在手里假装喝水，原原问道："萱萱，雪花片不能放在嘴里。""我没有，这是一个小杯子，我在喝水。"萱萱说。原原拉着萱萱的手说："你能教教我吗，我也想要一个小杯子，和你的一样。"萱萱点点头说："好啊。"原原和萱萱拿着自己制作的小杯子，互相干杯、喝水。原原提议，把小杯子放到娃娃家去，可以用来招待小客人。萱萱高兴地说："好啊，我们用红色的雪花片搭红红的杯子送去红红家吧。"孩子们在欢欢乐乐的氛围中，快乐地搭着不同颜色的杯子、小碗……

分析：

《纲要》中提出，幼儿园"应为幼儿提供人际间相互交往和共同活动的机会和条件，并加以指导"。因为萱萱的雪花片作品"小杯子"成功吸引了同伴的注意，获得了同伴的好感和喜爱，推动了幼儿间的交往和游戏的进一步发展。在游戏过程中，"小水杯"给孩子们提供了交往的机会，萱萱的积极情绪得到发展。

【案例五】《大家一起玩》

> **镜头一：**

小班幼儿对游戏没有持续性，玩一会儿就被其他因素吸引而转移注意力。在室内运动中，孩子们用呼啦圈铺了一条小路，有序地用跳跃的方式通过。但是淘淘横冲直撞，一会冲到最前面，一会儿在地上爬，影响了其他小朋友的游戏，遭到朋友们的抱怨，涵涵说："老师，淘淘又在捣乱了。"

> **镜头二：**

在结构室，孩子们正专注地搭积木，但是淘淘横冲直撞把朋友们的作品破坏了，受到同伴的排挤，大家不愿意和淘淘一起玩游戏。淘淘一个人在角落里把玩泡沫砖块，一会儿淘淘把泡沫砖块铺成一条小路，在砖块上走来走去，玩得不亦乐乎。淘淘的这一玩法吸引了小伙伴们。芳芳走上前，对淘淘说："我能和你一起玩吗？"淘淘高兴地笑了，说："好啊。"可是高兴的淘淘又跑又跳，不一会儿"小路"变形了。芳芳看着已经没有踪影的"小路"说："淘淘，你又在捣乱，我不和你玩了。"淘淘拉着芳芳的手说："我想和你一起玩，我们把小路修好吧。"芳芳点点头说："好，这是一条小小的路，我们需要慢慢地走。"

看到淘淘和芳芳玩得如此开心，越来越多的孩子加入了他们的游戏，歪歪扭扭的小路也越铺越长……

于是，我把孩子们熟悉的泡沫砖块投入到室内运动中，形成了《大家一起玩》游戏。孩子们的玩法变得多种多样，泡沫积木不仅是歪歪扭扭的小路（锻炼平衡能力），还可以是孩子们运送的货物（增加游戏的情境性）、造房子的砖块（体验运动中的成就感），从多方面促进幼儿游戏的兴趣，提高幼儿游戏持续性。

分析：

幼儿园是幼儿进入的第一个小社会，在这个小社会中，孩子们需要遵守群体规则,建立伙伴间的友好关系,摆脱自我中心现象,向社会合作发展。每个游戏的规则是每个幼儿必须遵守的。有趣的结构游戏对幼儿充满了诱惑,因此,幼儿与同伴一起游戏的欲望促使他们控制自己的行为而遵守规则,学会用规则协调关系,获得同伴的认可。

结构材料能运用到一日环节的各个不同的游戏中,帮助文静的萱萱、淘气的淘淘都找到了好朋友,让孩子们在快乐的游戏中体会到和朋友一起游戏的快乐。

【案例六】《角色游戏真快乐》

娃娃家游戏开始了,点点妈妈想招呼小客人坐下来吃饭,但是雨泽看着空空的碗很不乐意,他说:"碗里没东西,没意思。"点点想了想说:"有啊,里面有青菜。"雨泽还是不肯让步,继续说道:"没有,我没看到。"点点马上跑去雪花片篮子拿了几片绿色的雪花片放在碗里,说:"青菜来啰!"雨泽看着碗里的青菜,满意地坐下开始品尝。

果汁店的涵涵看到了点点的做法,也去拿了一些雪花片,把它们放进空空的果汁杯里,一杯杯好看的果汁陈列在商店里,马上吸引了好多的小客人。涵涵正向小客人们介绍红红的一杯是西瓜汁,黄黄的一杯是香蕉汁,孩子的想象力真是丰富多彩……

分析:

多样的材料满足幼儿游戏意愿。结构作品能丰富角色游戏,让孩子们玩得不亦乐乎。五颜六色的玩具可以用到一日环节各个游戏中,角色游戏烧饭的材料,变成好吃的水果,从而激发同伴的交往,帮助幼儿在集体游戏中感受同伴一起玩的愉悦,稳固爱上幼儿园集体生活的情绪。

(三)多元的游戏评价,激发幼儿情绪

评价在主题式结构游戏中起到了画龙点睛的作用。多元的评价方式是满足幼儿进一步探索的兴奋剂。

1. 关爱——师幼评价

小班幼儿手指动作发展不是很完善,在游戏活动中,幼儿的情绪稳定性不是很好,无意识占优势,然而每个幼儿都有被他人肯定和赞扬的心理需求。因此,教师及时、有效的评价能帮助幼儿感受教师的关爱,有效激发幼儿快乐游戏的意愿。

2. 友爱——幼幼评价

每次结构游戏中,教师不仅可以采用自己总结性的评价方式,还可以让幼儿间互相说一说、评一评。在同伴间互评的过程中,感受来自同伴的友爱之情,还能提升幼儿的语言表达能力,引导幼儿自信倾听、认真欣赏、正确评价的能力。

三、成效

在《我的幼儿园》主题式结构游戏中,孩子们从最初来到陌生环境时的焦虑情绪,转变到对幼儿园、老师、同伴产生亲近感,逐渐形成稳定的情绪,体验到共同相处的愉悦。

打开孩子的小天线

——在主题式结构游戏《动物的花花衣》中发展小班幼儿的信息意识

◇ 潘佳莉

当代信息技术正以惊人的速度改变着人类的生活方式和学习方式,为了迎接时代的挑战,适应信息社会的发展,对幼儿信息素养的培养尤为重要。信息意识是信息素养的核心,对于幼儿来讲,就是指幼儿能利用计算机和网络、图书等媒介,有获取信息的思想和认识,是对信息的敏感程度。小班幼儿对信息这些抽象的概念还无法理解,因此,我们以开展主题式结构游戏来培养幼儿对信息的兴趣、意识及能力。

教师反思性实践是教师教育发展重要的推动力,这里是指教师在教学或实践中的方法,它包括停下来思考影响这些课程实践的策略和原因,批判性地思考不同的观点,还包括在新的理解下改变实践内容。

游戏是幼儿最喜爱的活动之一,因此本研究以小班主题式结构游戏《动物的花花衣》为例,侧重教师在反思性实践过程中,促进幼儿核心素养培养中小班幼儿信息意识基本点的发展。

一、在反思中实践

(一) 构思预设,萌发幼儿观察并收集信息

培养小班幼儿信息意识要从满足师幼共同兴趣点出发,基于兴趣的基础上,有的放矢地预设和实践,能提升幼儿对关注并收集信息的敏感度。

【案例一】我知道的黑白皮毛动物

在开展主题活动《动物花花衣》主题中,我以调查表的形式请幼儿收集自己知道的黑白皮毛动物,并把该任务发送到家长群中,请家长运用多媒体和幼儿共同搜索。两天后,我收到了班级中25份调查表,调查表上用图片加文字的形式来表征幼儿知道的黑白皮毛动物。

谈话活动中，我拿出这些调查表，提问这些孩子与父母搜集的黑白皮毛动物时，64%的孩子不能把自己调查的信息讲完整。

分析和反思：

1. 调查内容过于宽泛

教师预设的调查内容过于宽泛，导致父母和幼儿在搜索相关内容时目的不明确，搜索到了多少就把多少内容和孩子一起"涂鸦"到了记录纸上，导致幼儿记不清自己涂鸦的内容。这就像是老师和家长硬塞给孩子的信息，从他们的反应来看，是不能被完全吸收的。

2. 调查形式比较单一

小班幼儿以无意记忆、机械记忆为主，凡是感兴趣的、印象生动强烈的事情就容易记住，具有直观的、形象的性质。因此，可以采用参观动物园、寻找周围的黑白皮毛动物等途径，引发幼儿了解事物的敏感度，仔细观察事物，积累认知经验。

【再实践】我最喜欢的黑白皮毛动物

通过实践与反思前阶段的内容与形式，我们把记录表调整成"我最喜欢的黑白皮毛动物"，并鼓励家长双休日带领幼儿参观动物园，或是在小区、公园或周围寻找"黑白皮毛的动物"。一周后，我收到了28份记录表，上交率达到96.55%。其中19份记录表上仅有一只动物，剩下的9份有两只动物。

谈话活动中，孩子们能用短语较清晰地表达自己在某地、和某人、发现的某黑白皮毛的动物，有的孩子甚至在父母的指导下了解了部分它们的特征与习性。

思考：

1. 提供支持，观察和捕捉信息。我采取了引导幼儿尝试多途径、多方法获取信息，如除了网络、直观感受外，还可以尝试引导幼儿从报纸杂志、绘本书籍中收集信息。

2. 捕捉兴趣，确定观察内容。为了使幼儿在主题式结构游戏中获得更丰富的经验，我有的放矢地观察幼儿自主生成搭建的动物，并尝试用统计表的形式来确定一种幼儿最感兴趣、对此又强烈好奇心的动物，引导幼儿观察了解该动物的特征和生活习性。

（二）实践反思，助推幼儿处理并利用信息

"实践是检验真理的唯一标准"，仅仅只有理论知识而纸上谈兵是远不够的，在实际教育活动中，只有通过不断反思和实践，才能真正了解研究的价值。

【案例二】"大熊猫"的由来

为了帮助幼儿多途径获取信息,我们尝试家园联系,帮助幼儿从报纸杂志和绘本中收集幼儿喜欢的动物的基本特征和习性。为了满足幼儿兴趣来开展主题式结构游戏,教师抛出问题:"你最想了解的黑白皮毛动物是哪个?"来引导幼儿思考和获取相关信息。第二天,幼儿陆陆续续上交了调查表。统计得出,55.2%的幼儿想要深入了解大熊猫,14.9%的幼儿更想了解斑马,29.9%的幼儿想要了解其他黑白皮毛的动物。

在观察幼儿的结构作品中,多数幼儿喜欢用黑白的雪花片搭建黑白条纹的斑马和大熊猫,与调查表内容匹配度较高。

于是,我把统计表贴在主题墙上作为幼儿的表征,并表明我们先从大熊猫开始了解,孩子们欣然接受。

分析反思:

1. 幼儿搭建大熊猫所用的结构材料比较单一,通常以雪花片为主,可以引导幼儿运用环保材料开展亲子搭建,用刺毛球积木、小乐高积木尝试搭建。

2. 幼儿的搭建的技能还需提升,例如如何搭建牢固的作品、如何尝试让作品站起来。

3. 统计表内容作为表征放在主题墙上,与小班幼儿的认知不匹配,可以在幼儿想要了解的动物上贴上相应的照片作为提示幼儿的表征。

4. 如何进一步培养幼儿信息意识?可以从收集大熊猫特征和习性、画画/说说/搭搭大熊猫、寻找大熊猫的消息作为出发点对幼儿进行培养。

【再实践】大熊猫照相馆

通过学习活动《大熊猫照相馆》,幼儿了解了大熊猫的特征。在自由活动中,幼儿用蜡笔大胆表现大熊猫后,还能用雪花片制作大熊猫照片的相框,通过排列和创作之后,形成了一幅幅与众不同的大熊猫相册。见状,我拿起小点点积木,问:"它也能排列成相框吗?"有孩子摆弄了一会儿,用接插、围合的方法搭建成功了。分享交流时,孩子们发现,小点点积木搭建的相框比较牢固,原因是雪花片的"牙齿"没有咬紧,在比较的过程中,幼儿提升了雪花片的搭建技能。

思考:

1. 信息意识培养需要以点及面。幼儿对大熊猫黑白皮毛的特征已比较了解,但对于大熊猫的爱好和生活习性还需要进一步了解,教师可以为幼儿准备相关绘本,或是在家长的帮助下收集相关信息,丰富幼儿对大熊猫的了解。

2. 需进一步丰富主题式结构游戏内容。可以创设动态的语言区角,投放幼儿自主搭建的大熊猫作品，在主动讲讲、演演中让幼儿互相学习、相互丰富对大熊猫的了解。

二、在实践中收获
（一）幼儿的发展
1. 收获了信息兴趣

表现在幼儿对所关心的事物敏感，并愿意仔细观察。如在调查表"我最喜欢的黑白皮毛动物"中，幼儿对自己感兴趣动物的观察能体现从整体到局部的观察、从外形到特征和习性的观察，以上内容都体现在调查表的记录上，从而可以看出，幼儿对自己感兴趣的事物表现出了愿意仔细观察的敏感性。

2. 增强了信息意识

表现在幼儿愿意尝试多途径、多方法获取信息，并用绘画、粘贴等简单记录。如幼儿在主动探索大熊猫的特征和习性时，能在成人的引导和帮助下，尝试通过网络、实践、报纸杂志、绘本阅读等方式获取需要的信息，并将信息内容通过绘画、粘贴、亲子手工制作、小报等方式呈现。

3. 提高了信息能力

表现在幼儿愿意尝试根据自己的需求，对收集的信息能简单分析、判断，并尝试进一步利用信息。

幼儿获取信息并输出的过程就是把获得的信息反映到自己生活中的过程，幼儿通过结构游戏，将自己了解的信息，通过搭建、想象添画等形式来呈现，如幼儿能用黑白两色的雪花片来搭建大熊猫，即了解了大熊猫黑白皮毛的特点；用绿色的小乐高和子弹头来搭建竹子，即对大熊猫食物的了解；幼儿通过绘画的形式来反映大熊猫的喜好，如喜欢爬树、喜欢滚动等，并能运用结构材料作为辅助，在静态的图片上增加边框，成为一个相架；幼儿能通过语言交流的方法，大胆讲述收集到的信息内容，如讲述关于大熊猫的故事绘本，通过绘本内容来交流大熊猫的特征和习性，同伴交流的过程也是相互学习与探讨的过程。

（二）教师的收获
1. 积累了支持小班幼儿信息意识素养发展的策略
（1）确立有意义的兴趣点

确立有意义的兴趣点是为了使幼儿更积极主动地收集信息，也发挥信息的有效性。如，确立主题时，通过调查表，选择符合幼儿兴趣的大熊猫来开展实践研究，在家长和老师的配合下,幼儿对大熊猫表现敏感,愿意多渠道仔细观察大熊猫,收集关于大熊猫的形态特征、习性喜好等信息,并简单运用在主题式结构游戏中。可见,幼儿的信息意识发展的前提,是他们对"信息"有兴趣。

(2)形成多途径的支持策略

为了使幼儿更多元地了解信息,我们在家园配合下,通过网络、实践、报纸杂志、绘本阅读等方式获取需要的信息,并将信息内容通过绘画、粘贴、亲子手工制作等方式呈现。如,为了使幼儿直观了解大熊猫,我们请家长配合带幼儿到动物园参观大熊猫,了解大熊猫从小到大的形态。在参观结束后,幼儿能主动通过搭建竹子、绘画不同形态的大熊猫、在谈话活动中表达对大熊猫的兴趣等方式反映他们收集到的信息。

2. 提高了促进小班幼儿信息意识素养发展的实践能力

(1)在反思中灵活调整预设内容

预设的活动需要围绕小班幼儿年龄,要满足小班幼儿的兴趣,要有的放矢地为了培养小班幼儿信息意识来预设,又要同时兼顾培养幼儿的搭建能力。因此,在预设的过程中,教师要有选择性地灵活筛选预设的内容,体现有价值的内容。

(2)在实践中捕捉幼儿生成信息

在实践的过程中,教师需要及时捕捉幼儿生成的信息,有目的地梳理和选择生成内容,将内容重组成符合小班年龄特点的、有教育价值的活动,通过不断实践和反思来提升幼儿的素养。

把阳光还给孩子
——在主题式结构游戏中促进小班幼儿健全人格培养的案例研究

◇ 刘 镜

一、源起

健全人格是指人格的正常和谐发展。幼儿健全人格素养主要是指培养幼儿具有稳定的情绪等积极心理品质。良好的情绪是学前儿童心理健康的重要标志之一。心理学研究表明，当幼儿情绪处于安定与愉快状态时，机体会分泌出对身体有益的物质，这非常有利于幼儿身体的正常发育与健康发展。

小班幼儿还处在家庭与幼儿园逐渐过渡的阶段，他们面临自我和他人相矛盾，有许多问题亟待解决的困惑，所以情绪会时好时坏、反复无常。比如：刚入园的一个阶段，有好多幼儿每天来园与家人分离时总是要哭闹；游戏时，有的幼儿容易与同伴发生冲突，有的幼儿做事缺乏自信，碰到挫折容易放弃……表现出种种的情绪不稳定及不会调节和管理自己的情绪。而如何培养小班幼儿稳定的情绪，能较快地适应集体生活、健康快乐地成长，是小班教师必须重点解决的问题。本研究主要侧重小班幼儿情绪稳定，学着自主、自信，学习调节管理情绪，有初步的抗挫折能力等良好情绪的培养，从而促进幼儿健全人格的发展。

二、案例呈现

（一）以《娃娃家》《小司机》等主题为例

背景：

小班刚入园的幼儿情绪很不稳定，时常会出现哭闹的现象。随着《娃娃家》主题式结构游戏的开展，我们不断为幼儿创设了自主宽松的结构游戏环境，提供各种适宜小班幼儿搭建的结构材料，引发幼儿情绪愉快主动投入到结构游戏中。

> 镜头一：

来园活动时，孩子们都在各个区域里玩结构游戏。刘老师从妈妈手里接过了哭泣的小雅，说："小雅，你看，今天老师在各个区域和桌子都为你们准备了很多的搭建材料，小朋友都在搭自己喜欢的娃娃家，你也和他们一起玩好吗？"小雅点了点头，走到了小宇的旁边，跟小宇一起用泡沫积木玩起了叠叠高的游戏。

> 镜头二：

结构游戏开始了，孩子们高兴地搭起了各种各样的车。可是过了一会儿，宽宽和鹏鹏就吵了起来。刘老师走了过去，问："怎么了？"鹏鹏说："宽宽搭的卡车很好看，我想看一看，他不给我看。"宽宽听了说："这是我搭的，我就是不高兴给你看。"鹏鹏生气了，说："我只是看一看，又不会弄坏。真小气！"刘老师对宽宽说："小朋友想看你搭的卡车，那就证明你搭得非常好。如果你像小老师一样，把作品拿出来与小朋友一起交流分享，本领很大哦！"宽宽听了，想了想点了点头，把卡车送到鹏鹏面前，并跟鹏鹏介绍起了他是怎么搭的……

分析：

从镜头一中我们可以看出，小雅是个胆小、怕生的孩子，刚进入幼儿园，不适应集体生活，早上来园时总会情绪不稳定。教师创设的丰富的游戏环境和宽松的游戏氛围帮助小雅转移分离的焦虑，投入到搭建娃娃家游戏中。

从镜头二中可以看出，当宽宽因以自我为中心，不愿意与同伴一起交流分享他搭的作品而产生了争吵时，产生了消极情绪。这时候，教师及时介入，适时引导，使宽宽学习用恰当的语言和方法与同伴交流，享受积极情绪带来了快乐。

支持策略：

1. 环境创设

《幼儿园教育指导纲要》提出："幼儿园的空间、设施、活动材料和常规要求等应有利于引发、支持幼儿的游戏和各种探索活动，有利于引导和支持幼儿与周围环境之间积极的相互作用。"因此，在结构游戏中创设适宜的环境有利于幼儿积极主动地、有创造性地参与活动，有利于幼儿健康快乐地发展。

（1）物质环境：在教室的各个区域，为幼儿提供丰富的结构材料，满足每个孩子搭建需求。

（2）心理环境：除了丰富的建构材料，宽松、自主的建构环境对小班幼儿来说尤为重要。在这样的环境中，幼儿能够放下心中的焦虑，以较为轻松的心态去面对同伴及各种环境。

2. 过程关注

（1）细心观察：在主题式结构游戏中，教师能仔细观察幼儿游戏情况，判断哪些情况需要教师立即介入点拨，哪些情况要暂缓介入，采取肯定、支持、点拨、表扬等方法，使幼儿的游戏得以顺利进行。

（2）恰当引导：当幼儿因不会表达表现产生消极情绪时，教师能及时介入，运用各种方式，如：老师陪伴、同伴陪同等方式，帮助引导幼儿用心思考、解决问题。帮助他们树立自信心，体验成功的乐趣。

（二）以《小司机》《学本领》等主题为例

> **镜头一：**

结构游戏中，豪豪、小宇等几个孩子没有进行搭建，而是摆弄着手里的雪花片积木。教师走过去问："你怎么不搭呀？"小宇低下了头，轻轻地说："我不会。"教师又问豪豪，豪豪低下头不说话。

下午放学时，刘老师发放了《汽车形状我知道》的调查表，请孩子们跟爸爸妈妈一起去发现车子的外形特征。

结构游戏又开始了，小宇他们还是坐在椅子上不愿意搭。刘老师问小宇："你知道公共汽车是什么形状的吗？"小宇说："我看到过长方形的。"刘老师说："那今天我们一起来搭公共汽车，好吗？"小宇点了点头。

不一会儿，一辆好看的公共汽车搭好了，小宇看着他的作品高兴地笑了……

> **镜头二：**

结构游戏时幼儿的建构兴趣很高，搭出了一辆辆的车子。这时，有人听到了朵朵的声音："老师，小雨在哭。"刘老师走到小雨的身边，问："你怎么了？"小雨哭着说："我……"教师说："不要急，慢慢告诉老师。"小雨继续说："我想搭一辆小轿车，可是我不会搭。"说着拿着她搭的车子给我看。原来车身搭的雪花片数量不同，导致拼不起来。刘老师说："你看路路的车子搭得很漂亮，要不请路路教你怎么搭？"路路拿着她的车子和小雨的对比了一下，告诉小雨："你搭错了，这边四片雪花片，这边只有两片，所以车子搭不起来……"过了一会儿，小雨的车子也搭好了。

> **镜头三：**

结构游戏中，幼儿们正高兴地搭建着动物园的小动物们。这时，宸宸又哭了。刘老师问她："发生什么事情了，为什么哭了？"宸宸伤心地边哭边说："这是我拿的积木，可是点点抢走了。"听了他的话，点点说道："老师，宸宸把所有的长方形都拿走了，我们也要搭的呀。"两个人都觉得自己有道理，所以争抢了起来……

刘老师说:"这里有很多辅助材料,你有没有试过用辅助材料来装扮小动物呢?"宸宸听了,想了想来到了材料库找起了适用的材料。过一会儿,宸宸开心地说:"这些纸盒围合起来就是动物园了。"说着,放在上面试了试,非常合适。宸宸开心地笑了。

分析:

从镜头一中我们可以看出,小宇和豪豪对于造型不敏感。在建构作品时,往往常常因不自信就中断游戏,总说自己不会。虽然教师会鼓励引导他们,可是只要有困难还是会产生退缩性行为。教师通过各种方式帮助小宇成功搭建,增强自信心。

从镜头二中我们可以看出,小雨胆子比较小、不自信,遇到问题不愿意表达出来,只会以哭泣来发泄。教师通过细心观察,及时介入,先以鼓励的方式,鼓励引导小雨用语言表达,并通过榜样指导的方式,帮小雨完成了作品。

从镜头三中我们可以看出,宸宸因为积木被抢,心中有不满和委屈,所以哭了起来。教师及时介入,通过引导的方式,启发他去材料库寻找辅助材料来替代原有材料,进而解决问题,体验了建构成功的快乐。

支持策略:

1. 家长引领,教师陪伴。针对幼儿建构游戏中表现出的不自信,教师充分运用家长资源,完成亲子调查表。并通过与教师一起的共同搭建,体验成功的快乐,进而促进他们具有自尊、自信的表现。

2. 榜样作用,培养自信。面对像小雨这样胆子小又自尊心强的幼儿,教师利用榜样作用,让她与同伴交流学习。并注重从她的个别行为中提取一些正面的细节,并在全体幼儿面前不失时机地进行表扬与鼓励,使她心情愉悦并感到自豪,增强了自信心。

3. 创新材料,积累快乐。教师细心观察,并根据幼儿在结构游戏中的需求,在创设了宽松、舒适的环境的同时,还提供了大量的辅助材料,使幼儿能自主选择,并获得建构成功的喜悦,增强了自信心,促进了健全人格基本点的发展。

(三)以《学本领》《我的幼儿园》主题为例

> **镜头一:**

《学本领》的主题开始了,今天我们的建构主题是《动物园》。幼儿们选择了不同的材料开始了结构游戏。浩浩选择了乐高积木正在搭建,可是乐高只剩下一篮子了,小紫也要用乐高积木。两个人你抢我夺,眼看就要吵闹起来。刘老师走了过去,问:"只剩一篮子乐高积木,而你们都想要,那应该怎么办呢?"浩浩说:"是我先拿到的,应该给我。"小紫不乐意了,说:"老师说过的,玩具要大家一起玩。"刘老师说:"对的,那你想跟浩浩一起玩,有没有跟他商量过?"小紫睁着大大的眼睛,想了想,说:"我忘了。"说着,他转过身跟浩浩说:"浩浩,我们一起用乐高积木搭小动物好吗?"浩浩听了,点了点头。

两个孩子聚在了一起,开心地搭起了动物园里的小动物们。

> **镜头二:**

结构游戏中,幼儿们开心地搭建着《我的幼儿园》。这时,萱萱放下手里的积木,坐到自己的位置上去了,一脸的不开心。刘老师走过去问:"萱萱,你为什么不搭了?"萱萱摇了摇头不肯说话。刘老师又问:"有什么不开心的事,跟老师说说吧。"萱萱看了看,低声地说:"我想搭滑滑梯,可是怎么也搭不好。牛牛说我搭得太难看。"刘老师说:"把你的作品给我看一看。"萱萱拿来了作品,刘老师一看发现了问题,但没有对她说,只是从表征墙上拿来了滑滑梯的图片,请萱萱自己来发现。萱萱对比一下,开心地说:"我知道了,滑滑梯的脚要一样长的,我搭错了。老师,我去改一下。"说着,又继续去建构了。

过了一会儿,一座滑滑梯搭好了。萱萱开心地笑了。

分析:

从镜头一中可以看出,小班的幼儿一般与同伴交往时,不懂得如何去表达,不懂得交往规则,所以常会发生与同伴的小摩擦。游戏中,教师一直关注着幼儿,在发生冲突时,及时地介入,鼓励和引导他们学用一些基本的礼貌用语,学着交流商量,如"我们一起搭好吗?"等引导幼儿以适合的方式表达自己的想法。

从镜头二中可以看出,在游戏中,教师细心观察,发现到萱萱的情绪变化并关注了她情绪变化,及时引导萱萱调节因受到挫折而中断建构游戏行为的消极情绪。同时通过有效地运用表征墙上收集的图片,为萱萱建构滑滑梯的外形特征解惑。这种遇到问题——解决问题的方法有助于幼儿形成良好心理状态,避免幼儿产生消极情绪,使幼儿初步尝试自我情绪管理。

支持策略:

1. 鼓励幼儿表达交流。在幼儿之间发生冲突时,教师为幼儿提供空间,鼓励他们表达自己的想法,学会与同伴商量,进而解决问题。除此之外教师还在分享交流环节为幼儿创设了一个交流的环境,及时对表现好的幼儿多多鼓励,在幼儿心中树立榜样。

2. 鼓励幼儿调节情绪。当幼儿遇到挫折,产生了消极情绪放弃游戏时,教师有效运用表征墙上收集的图片引导萱萱自行解决问题,进而使游戏得以顺利开展。在这一过程中,也使萱萱尝试了自我情绪的管理,获得了足够的情感满足,促进幼儿人格的健康成长。

三、成效与思考

1. 幼儿的改变

（1）稳定了情绪：开展主题式结构游戏后，我们发现通过不同的方法，如创设环境、教师陪伴、榜样作用等，使幼儿在游戏中情绪越来越稳定，能情绪安定愉快地进行建构游戏。

（2）增强了自信：在主题式结构游戏中，教师尊重幼儿学习的兴趣和学习自主性的发展规律，鼓励幼儿学会自主思考、自由选择游戏场地和结构材料，提供了幼儿自主发展的空间，不断尝试、探索，体验建构成功的喜悦，有效地促进了幼儿自尊、自信、自主的发展。

（3）学习了调节：在幼儿遇到挫折或问题时，教师鼓励和引导他们运用不同的方法调节自己情绪，如：发生冲突时，可以用语言表达的方式与同伴交流商量；建构过程中遇到困难时，可以寻找不同的建构材料以替代的行为完成作品等。小班幼儿通过运用这些方式调节自己的情绪，减少了消极情绪的产生，获得了足够的情感满足，促进了幼儿健全人格素养的发展。

2. 教师的收获

在开展课题研究过程中，我们发现培养幼儿健全人格素养的同时对于教师而言也提出了新挑战。

（1）学会了观察：教师在主题式结构游戏中，关注幼儿，观察他们在主题式结构游戏中的状态和作品了解幼儿，并在游戏结束后进行反思，力求探究新的支持策略，在更好地促进幼儿健全人格基本要点发展的基础上，教师反思性实践能力也得到了提升。

（2）学会了支持：在主题式结构游戏的开展过程中，教师自身素养也得到了提高，在游戏中，教师是幼儿游戏的支持者、合作者、引导者，能根据幼儿的不同行为表征，及时调整支持策略，给予幼儿思考的空间和与同伴交流的空间，使幼儿不仅学会建构基本技能，还知道了游戏中调节自我情绪的方法，进而促进了幼儿健全人格素养的发展。

（3）我们的思考

随着孩子的成长，健全人格基本要点的培养也需要老师不断地学习，不断地根据孩子的年龄特点，推进孩子健全人格的发展。在开展的过程中，我们发现，教师对培养幼儿的健全人格的方法和策略准备仍显不足，需要教师在今后的工作中不断吸取更广博的知识，提高自身的综合素养。

· 中 班 ·

走近"幼儿核心素养"
——在主题式结构游戏《花》中发展中班幼儿核心素养的案例研究

◇ 何凌波

所谓幼儿核心素养,是核心素养在幼儿阶段的具体化,是每位幼儿应该具备的关键能力和必备品格。我园梳理的幼儿核心素养主要由文化基础、自我发展和社会参与三方面构成。

主题式结构游戏也不是单纯的搭建活动,而是对于一个主题认知组织的一系列有目的、有计划、多样性的活动,可以是集体教学、个别学习、自主活动等,而不是一次纯粹的建构活动。教师可以通过多种形式来引导幼儿开展活动,通过观察、探索、学习、提问等多种方式抑或是多种感官感知来开展主题活动,最终达到对主题经验的习得,同时,幼儿的多种核心素养也得到一定程度的发展。

一、主题前思考

在组织幼儿开展本主题式结构游戏活动前,教师预设下发了一张"花之问"的调查表,初步了解幼儿对"花"的了解、兴趣和问题,并通过商量讨论决定从"花的结构""花的种类""花的用途"三大领域进行对花的深入探究。经过一段时间的实践研究我们发现:我们不能单纯地将"花的种类"和"花的作用"割裂,其实它们之间是有密切的联系的,如:在寻找、探索"树上的花"的时候,孩子们对校园里香香的桂花产生了浓厚的兴趣,教师引导幼儿进一步深入地探究,发现了桂花的香气、桂花是可以吃的,这些多感官的探究激发了幼儿强烈的探究欲望,同时也让我们充分认识到:我们应遵循幼儿的兴趣和探究轨迹,而不是根据教师自身的认识来将主题内容进行划分。因此,我们对"花的作用"的研究隐含在"花的种类"中,让幼儿通过对不同花的研究和了解,自然而然地习得不同的作用或用途。

此外,还有一方面的考虑是因为"花的作用"中的部分内容对于中班第一学期的幼儿来说比较难,如:花可以用来泡茶,但花茶的种类、配置和作用就比较难,适合大班年龄阶段进行研究;还有有关花的香味,孩子们会用鼻子分辨不同花的香味,但制作、配置香包对幼儿来说又有一定的难度,因此我们将其作为了延伸活动。

因为本主题的研究时值秋冬季节,孩子们发现周围的花没有春天那么多,这也引发了我们的思考:是否要开展对于"四季的花"的认识?但是通过对《纲要》和《指南》的再次阅读和理解,我们觉得关于"四季的花"适合在大班年龄段结合"春夏秋冬"主题进行相关研究。基于以上思考和认识,我们实施开展了主题为"花"的主题式结构游戏的研究和探索。

二、主题实施

为期一学期"花"的主题式结构游戏的设计与实施研究过程中,我们看到孩子们多种核心素养都得到了不同程度的发展,以及幼儿核心素养综合、协同发展的真实成效。

(一) 多形式开展活动,促进幼儿核心素养的发展

1. 主题中的多种形式

孩子们的学习方式和思维方式是多元的,根据中班幼儿的发展水平和不同个体的认知、情感特点,我们设计并开展了与花相关的多种形式的活动,如:花的调查表、谈话活动、个别化学习、搭建活动以及植物角里的发现等。(如下图)

前期:收集各类有关"花"的资料(书、杂志、绘本、卡片、美工制作等等)

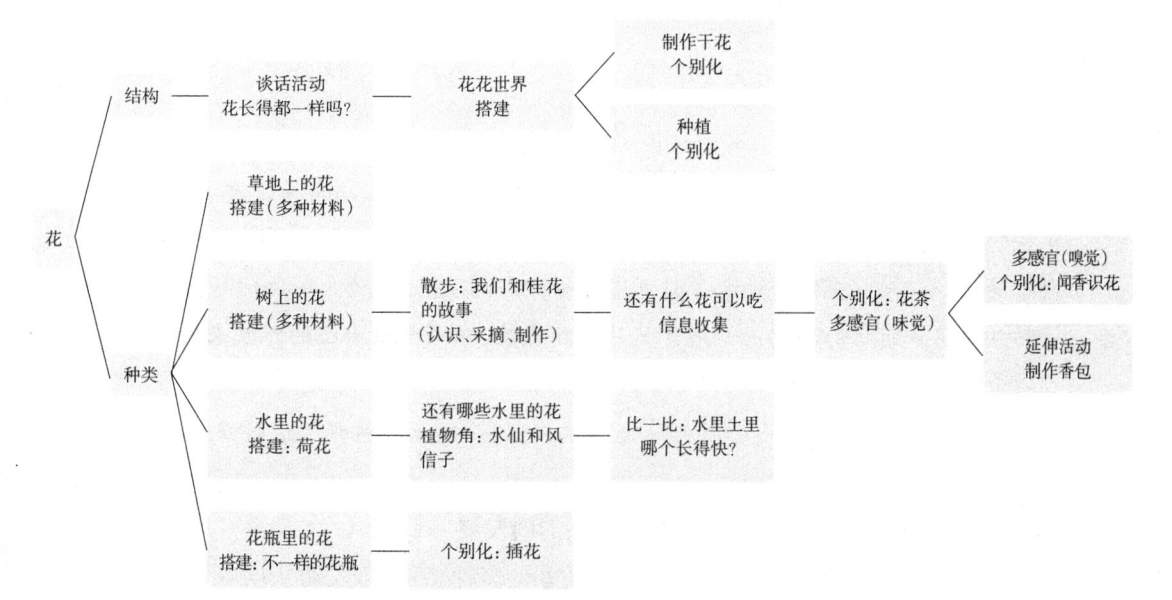

```
花 ─┬─ 结构 ─── 谈话活动           ── 花花世界 ─┬─ 制作干花
    │            花长得都一样吗?      搭建        │   个别化
    │                                             └─ 种植
    │                                                 个别化
    │
    └─ 种类 ─┬─ 草地上的花
             │   搭建(多种材料)
             │
             ├─ 树上的花          ── 散步:我们和桂花 ── 还有什么花可以吃 ── 个别化:花茶 ─┬─ 多感官(嗅觉)
             │   搭建(多种材料)      的故事              信息收集          多感官(味觉)  │   个别化:闻香识花
             │                       (认识、采摘、制作)                                   │
             │                                                                            └─ 延伸活动
             │                                                                                制作香包
             │
             ├─ 水里的花          ── 还有哪些水里的花 ── 比一比:水里土里
             │   搭建:荷花           植物角:水仙和风     哪个长得快?
             │                       信子
             │
             └─ 花瓶里的花        ── 个别化:插花
                 搭建:不一样的花瓶
```

2. 活动中的多种形式

【案例一】荷花池

【赏一赏】

教师收集选取了一些荷花的图片，有整体的荷花池，有局部特写荷花的。孩子们用欣赏的眼光仔细观察着画面中的荷花，"我看到荷花开得大大的。""还有小小的。""这个花还没有开呢，我知道这叫花苞。""你看，还有那个绿色的是莲蓬。"……孩子们你一言我一语地认真讨论着。

【学一学】

看到孩子们观察得这么仔细，而且对荷花也有了一定的认识，于是我让孩子们运用肢体动作学一学荷花的样子。看，这也难不倒他们，特别是女孩子们翘着灵巧的手指，把荷花盛开的样子表现得淋漓尽致；男孩子们也不甘示弱，合起小手掌有的做含苞待放的花苞，有的是小荷才露尖尖角……

【搭一搭】

有了视觉和肢体表现两种不同感官的认识，孩子们在接下来的结构游戏中自然而然地搭建起荷花来。孩子们选择用雪花片把自己对荷花的认识立体直观地呈现出来，在搭建的过程中，孩子们发现给"小碗"中间加上四片雪花片就变成了"花芯"，用两个三片连接起来的弯弯的小棒棒合起来就是"花苞"了，还用两三片绿色片片接插变成了高低错落的"莲蓬"。那怎么样才能变成图片中美美的荷花池呢？不一会孩子们找到了解决的方法——搭建一块大大的荷叶，完成后的荷花池真是美不胜收。

【分析反思】

活动中每个孩子都充满好奇，善于观察，不仅能观察到图片中不同的物体，还能通过观察比较花朵的相同与不同，习得了对物体大小的认识，并学会了感受和欣赏花朵的色彩美、形态美，并进一步利用肢体来表现美，还能用搭建的方式来表现自己内在的认识。同时当搭建过程中遇到困难时，孩子们通过讨论来解决问题，并用一定的方法验证自己的猜测——用雪花片搭建底座，从而根据自己的想法来创造美。可以看出，孩子们在"赏一赏""学一学"和"搭一搭"等多种形式的表达表现过程中，"审美情趣""勇于探究""问题解决""求异创新"方面都得到了不同程度的培养和发展。

（二）多感官感知事物，促进幼儿核心素养的发展

主题式结构游戏活动中，可充分调动幼儿的多种感官，激发幼儿从多个角度去探索认识事物,从而养成"多感官参与,多角度思考"的学习习惯。如在"我们和桂花的故事"活动中,幼儿运用嗅觉、触觉、味觉和肢体等多种感官感知和了解了桂花的相关知识,并从多角度、全方位地思考问题、解决问题。

【案例二】我们和桂花的故事

一次午后的散步活动,让孩子们发现了让校园充满香味的秘密——桂花树,孩子们在桂花树下欢呼雀跃,同时也给我提出了一个难题:"老师,能不能让我们的教室也变得香香的?""我们把桂花带回教室吧。"于是开启了我们和桂花带着香味的故事。

【理一理】

把桂花带回教室后,我们引导孩子们通过自己的小手来摸一摸桂花,并把花朵下面的小杆子拿掉,以便开展后续活动——动手制作糖桂花。在挑一挑、理一理的过程中,孩子们运用触觉感知了桂花的小巧、柔软,意识到用力捏它会变黑的现象,同时,幼儿小肌肉的精细动作也得到了发展。

【做一做】

在挑拣、整理过后,我们还邀请班级里部分妈妈和奶奶来参与和我们一起动手制作糖桂花。"为什么要把小杆子拿掉?""为什么要一层糖一层桂花?"孩子们的问题一个接一个,层出不穷。是啊,有问题就对了,小手在劳动,小脑袋也在思考。通过提问、制作,孩子们知道了:小杆子放在里面会发苦;分层是为了腌制均匀。同时也学会了分工合作。看,我们几个小组还在瓶子上写上了数字,比一比,哪一组的糖桂花最快完成?

【搭一搭】

桂花树该怎么搭建呢?用什么材料呢?孩子们又在结构游戏中遇到了困难,我引导幼儿看一看展示区孩子们用子弹头搭建的"草地上的花","可不可以把草地弯一弯围成圈呢?""对呀,就像搭的笔筒一样。"孩子们心领神会,一点就通。可是到实际操作时还是花费了一些时间,有的上下两个点没有交错导致围起来的圈会散开,有的搭建得太短围不起来……可是在同伴的帮助下大都得到了解决,还有的幼儿则选择用最常用的雪花片来搭建桂花树。虽然是不同的结构材料,但搭建出来的作品真是惟妙惟肖,体现了不同幼儿自身的认识和想法。

【分析反思】

本案例中,教师引导幼儿运用嗅觉、触觉、味觉等多感官感知"桂花",多角度思考,提出问题并解决问题。当孩子们在建构活动中遇到困难时并没有放弃,而是由教师提出的问题引发了进一步的思考和探索,通过观察发现并找到答案。不仅如此,孩子们还乐于用不同的结构材料进行表达表现,并愿意和别人分享、交流自己的作品,发现、评价同伴作品的美。

游戏材料是幼儿游戏中必不可少的物质基础。在一些幼儿园的结构游戏中,搭建的材料都是由教师来安排,幼儿没有选择的机会。在上述案例中,都是让幼儿自由选择各种材料尝试搭建。搭建过程中,幼儿会发现哪种材料更适合搭花,哪种材料更适合搭树,哪种材料搭得快,哪种材料搭得牢固。在这样自主的结构游戏中,不仅他们的建构经验得到了不断的积累,而且幼儿"勇于探究""理性思维""问题解决"和"勤于反思"等方面也得到了提高。

三、主题后思考

1. 源于幼儿需求

满足幼儿基本的心理需要、认知发展需要与社会性发展需要等各方面发展,目标指向于促进幼儿情感、态度与认知等方面的全面、综合发展。如当幼儿提出要把桂花带回教室时,教师想办法满足了孩子们的要求,而不是一口否定说"花朵不能采"。

2. 归于多彩生活

主题内容来自幼儿生活、贴近于幼儿生活经验,最终为幼儿适应未来社会、终身发展奠定基础。如在把桂花带回教室后不是结束,而是另一个活动的开始——制作糖桂花,在探究完制作方法后又延伸到"还有哪些可以吃的花?"每一个多彩的活动都回归到幼儿的生活中。

3. 尊重多样发展

尊重幼儿学习与发展的个体差异,促进每个幼儿的核心素养在原有的基础上得到不同程度的发展。如在学一学荷花的活动中,对于男孩和女孩的肢体表现差异,不是要求达到一样的水平,而是尊重他们的个体差异,并进一步引导幼儿用结构材料表现出自己不同的认识。

玩"美"游戏

——在主题式结构游戏中培养中班幼儿的审美情趣

◇ 张微微

幼儿审美情趣是指幼儿个人爱好的方式表现出来的审美倾向(对美的认识和评价),是幼儿欣赏、鉴别、评判美丑等的特殊能力。它是幼儿在审美活动中表现出来的喜欢什么、不喜欢什么的情感倾向性,它是体现个人审美活动中的一种主观的爱好。审美情趣素养是《中国学生发展核心素养》基本点素养之一。《上海市学前教育纲要》中明确指出:3~6岁的孩子应该要初步接触多元文化,能发现和感受生活中的美,萌发审美情趣。审美能够陶冶人的性情,培养人的高尚情操,不仅能激发热爱祖国的情感,也能唤起人们对生活的热爱之情,对幼儿审美素养的培养是素质教育的重要组成部分。

游戏是幼儿主要活动形式,而结构游戏是幼儿最喜欢的自主游戏之一,我们提供多种结构材料开展的主题式结构游戏活动能带给幼儿快乐,不仅能培养幼儿对美的感受力、创造力、欣赏鉴别等审美情趣,而且促进幼儿多方面核心素养的发展。

本研究侧重对孩子审美情趣中的感受美、表现美、评价美方面进行了实践探索,取得了明显成效,较好地促进了孩子审美情趣等诸方面素养的发展。

一、主题式结构游戏促进审美情趣素养培养的实践

(一)感知美——营造氛围,促进审美感受

感知美的能力是提升审美情趣的基础和出发点,人对审美对象的审美感受主要是通过视觉器官来完成的。因此,培养幼儿的审美情趣就要引导幼儿身临其境地亲自体验和感受,让幼儿尽可能地多去欣赏、观察、感受,将外在美的活动内化为审美情趣。

1. 环境互动中调动

《幼儿园教育指导纲要》中指出:"环境是重要的教育资源,应该通过环境的创设和利用,有效地促进幼儿的发展。"教育离不开环境,在主题式结构游戏中审美情趣的培养更离不开环境的支持烘托和熏陶。

如何创造这种环境呢?我的做法是让幼儿成为主题环境的主人。孩子们动手参与每个主题环境的布置,将他们收集的与主题有关的材料、搭建的作品等布置在教室的每个角落,让他们对环境产生亲切感,激发幼儿更充分地与环境互动。例如,在中班主题式结构游戏"春天来了"环境创设中,我请孩子们与爸爸妈妈一起收集和花园相关的照片、视频,用废旧材料制作花园中的景物等;我和孩子们一起用各种结构材料搭建的小花、动物等小花园中场景装饰在教室中,丰富班内的环境,让他们每天都能身临其境感受不同材料和作品带来的视觉冲击,促进他们的审美感受,萌发他们的创作欲望。

环境中多种结构材料作品的投放引领幼儿感受不同材料表现的美感。如园内的亲子结构主题长廊、小雪花片搭建出的各种主题物品、根据主题的更换定期进行更新,让幼儿每天经过的时候能观赏到各种不同造型的美;美术走廊用结构材料与美术材料相结合的方式进行搭配装饰,不仅美观,而且很别致,每天给幼儿一种美的视觉感受。

多种环境中材料的投放使幼儿根据自己的兴趣爱好和动手能力去选择性自主创造,将孩子内心的想法和意愿尽情地表达表现。例如,在开展"春天来了"主题式结构游戏活动时,运动环境中投放了大型雪花片、小嘟嘟、大型清水积木等结构材料,幼儿用这些结构材料创作出了投掷区、平衡区等他们喜欢的不同运动场景,在他们自己创设的环境中"玩耍",运动的兴致变得更高。

由此可见,在主题结构游戏中培养幼儿的感受美,可以利用主题活动创设游戏环境,让幼儿在情境中学习、体验,只有恰当的环境刺激,才能引发幼儿的兴趣,有了兴趣才会去观察,才能发现美,才会感知美,促进审美感受。因此,教师要利用各种手段创设富有情境性、有吸引力的教学环境,可以加深幼儿对美的体验,更好地获得对美的感受。

2. 感受欣赏中激发

法国艺术家罗丹曾说过:"美到处都有,对于我们的眼睛不是缺少美而是缺少发现。"在主题式结构游戏活动前,我们给予幼儿欣赏、观察生活中的实际景物的多种机会,从观察中发现美、感受中体验美,不断积累审美的经验和素材,为丰富创造作准备,萌生审美创造灵感。

例如,"春天来了"主题式结构游戏活动中,我先带孩子们一起去参观了幼儿园的小花园,运用已有的花园环境,让他们直观地欣赏花园中的亭子、花、草、树木等景物,感受不同的色彩、线条的变化等带来的美感,再通过适宜的引导,让他们发现物体与物体之间有前后、大小、远近、遮挡、重叠等关系,孩子们和这些景物有了"亲密接触"后搭建出的作品呈现出更多的表现手法,更美观,更具欣赏性。如小花不再是平面的,而是呈现出立体的,有大有小,造型多样,有的像小碗,有的围成圆圈形的像太阳,有的像蝴蝶……幼儿的作品色彩丰富了,外观造型多样化了,变得更美观了。不会欣赏美,就不能表现美和创造美,平时生活中让幼儿多感受外界事物的美,对提升审美情趣有很大的作用。

(二)表现美——多种途径,助推审美创造

在主题式结构游戏创作中,审美感知是幼儿创作的催生素,创作表现则是审美感知和审美想象的外化,当幼儿初步积累相关的审美经验后,教师应该鼓励幼儿投入到创作表现中去。

1. 多样材料中碰撞

主题式结构游戏中,材料的投放是支撑活动主题有效呈现的物质基础,能激发幼儿参与活动的兴趣。投放丰富的结构材料,使幼儿充分感受不同材料,色彩丰富、形状多样、材质各异的结构材料靠自身的美深得孩子们喜欢,引发孩子自发、自主与材料进行互动。

例如,"我在马路边"主题式结构游戏中,原先就投放了一种材料,发现幼儿对操作的兴趣不是很高,于是进行了调整,有选择地将长杆积木、小嘟嘟、乐高积木、雪花片等多种适宜主题开展的材料投放到其中,让幼儿随意地摆弄它们,幼儿在其中自主地探索和创作,孩子们在与众多材料的相互作用过程中,充分利用各种感官,看看、做做、试试、比比、想想中发现材料的多样化,提升创作表现的兴趣,幼儿在"玩"中创作出了造型各异的车辆、建筑等。

2. 多种活动中产生

主题式结构游戏中幼儿表现美主要形式是园内一日活动,在活动过程中,要灵活运用各种学习方法,激发幼儿对创作表现的兴趣,当幼儿有了兴趣,就能有效提高主动性和积极性。

(1)在艺术活动中表现美

随着幼儿对材料表现的经验日趋丰富,教师还应该活化材料的用途,使结构材料趣味化,把结构材料变成幼儿的美术活动材料,让幼儿体验材料的趣味性和创造性。

例如,"我爱我家"主题式结构游戏中开展了美术活动,我们将结构材料巧妙融入美术活动中,用合适的结构材料开展拓印、借形想象等有趣的美术活动。每个幼儿都有不同的学习能力和思维习惯,所以要根据幼儿的特点选择不同的结构材料引导幼儿通过不同的表达方式表现作品,创造美。

活动中,有的幼儿选用了比较大的、形象的结构材料,像大乐高、长杆积木、子弹头等,直接或进行简单造型后用拓印的方式来表现他们眼中的家园;有的幼儿用结构材料进行拓印添画,来丰富和细化他们要表达的内容;有的幼儿则用多种结构材料拓印后借形想象,想象范围更广,表现内容更丰富。活动使幼儿感到涂画竟然也是如此有趣,体验到用结构材料在自己的手中奇妙的变成他们喜欢的景物,使他们对美的创作有迫切的需求。幼儿在活动中带着"玩"的心态去用材料创作,不断变换使用各种不同的材料,不断用各种艺术表达表现的方式去构思创意,不仅丰富活动主题,而且感到很有乐趣,体验到不同造型、色彩、线条等变化带来的美感。幼儿在"玩"中体验到主题式结构游戏活动的"趣"和"美"。

(2) 在各类游戏中表现美

结合主题活动创建的结构作品融入游戏后,为游戏提供了丰富的场景、道具,使幼儿的活动开展得更富有想象力,更加生动,促进幼儿对结构材料来表现作品的兴趣和探究。

例如,"我爱我家"主题式结构游戏中,雪花片变成了多样的碗、盘子,智高乐积木变成了炒菜的锅子,小嘟嘟积木变成了饮水器,幼儿根据自己所需创建各种物品,为游戏活动增添了美丽的景象;在角色游戏中幼儿根据故事主题搭建出动物、人物或者自己需要的角色进行表演,将结构材料变成了有生命的造型,为自己的表演增添了一抹亮丽的风景;又如在音乐游戏中,幼儿将各种结构材料和辅助材料一起生成了丰富多样的作品,如手风琴、吉他、笛子等多种乐器投入到游戏中,玩出了自己的特色,不仅感受到了游戏的快乐,在游戏的同时也欣赏到了美,自己的审美观又向前跨进了一步。

(三) 评价美——注重分享,提升审美情趣

《纲要》中艺术领域指导要点中指出:"幼儿的创作过程和作品是他们表达自己的认识和情感的重要方式,应支持幼儿富有个性和创造性的表达。"

游戏后开展的交流分享活动也是幼儿获得技能和审美能力的重要途径,教师积极地组织幼儿采用多种分享方式进行思维的碰撞,有效提高幼儿对作品的理解能力

和欣赏能力,丰富幼儿的审美经验。

1. 多元的分享方式

分享过程采用自评和互评等多种方式相结合的方式进行分享。经过一段时间的欣赏和创造幼儿具有了一定的欣赏水平和评价能力,教师应该给予幼儿评价的机会,可以用不同的分享方式来发展幼儿的审美语言和情趣。

例如,"我们的城市"主题结构活动中,进行创作后先请幼儿分享自己的构思和创作感受,让大家了解他的想法和做法,再以幼儿互评的方式,从造型、色彩、表现手法的与众不同等方面评价同伴的作品,从不同角度、用不同方法提出更好的看法和建议,从而达到较全面、较深入的剖析。他们在看看、说说、评评中借鉴经验,提高认识,使幼儿的审美创造能力在相互补充、支持、提炼中不断得到提高。

2. 情趣的分享氛围

评价的目的是激发幼儿活动的兴趣和积极性。教师要善于从儿童的角度去捕捉幼儿世界的"情趣点",引发孩子的共鸣,让幼儿进行愉悦的交流。

在轻松愉快的氛围中进行分享交流,能使幼儿享受与他人分享的乐趣,从而有效地激发幼儿对分享的兴趣,更好地发挥幼儿的自主性,从中去发现美、体验美,在分享交流中提高幼儿的审美能力和审美情趣。例如,在"我在马路边"主题式结构游戏中,幼儿在他们创建的场景中进行交流,大家在演一演、看一看中进行互动。这种富有童趣的交流方式让孩子产生轻松、愉悦的心理,使他们更加乐于参与活动,更能放松、大胆地表达自己的想法。

二、主题式结构游戏中培养幼儿审美情趣素养的成效与思考

(一)达成的效果

幼儿通过实践研究,促进了感受美、表现美、评价美的能力。比如,通过自然环境、图片、作品等多种形式和多途径的欣赏,孩子们在不知不觉中吸收了构图、线条、色彩等艺术语言,丰富了孩子们的艺术感觉,提高了他们的审美能力,幼儿在心中慢慢播下主动发现美、创造美的种子。幼儿逐步能够通过从不同的角度对美术作品、自然景物及周围环境中美好事物进行认识和欣赏,体验到欣赏美的快乐,并能够初步了解对称、规律、均衡等形式美,感受构图、色彩、造型、组合等情感表现性,丰富了幼儿的审美经验,增强了对美的理解能力。

发现美才能懂得美,懂得美才能创造美,通过多种活动、形式的欣赏、感知、创造、评价,激发了幼儿用多种材料进行创作的兴趣和探究,围绕主题式结构游戏开展

的各项活动,丰富了幼儿美感的经验,培育幼儿爱美、创美、审美的眼睛,提高了他们的审美情趣等多方面的素养。

在教育教学实践研究中促进了教师反思性实践能力的提升。研究过程中教师分析、观察、调整,追随孩子不断地改进方法和策略支持和推进幼儿去发现美、感受美、创造美,推进幼儿审美情趣的发展。在与幼儿一起探究、发现、创造,对幼儿进行引导和指导的过程中,教师也在不断地学习审美的相关知识和技能,教师随时根据幼儿的发展情况进行灵活多变的教育探索,如教师的观察引导、教师的环境提供、材料的投放等,此过程是教师不断学习的过程,不仅发展了自身的审美素养,教师自身观察能力和指导能力也得到了提高。

(二) 后续的思考

主题式结构游戏很好地融入在各个领域中,丰富了幼儿的活动,提高了幼儿的审美情趣。但是要真正地使幼儿"会感受""会表现""会审美",提高幼儿的审美能力,还有一些问题值得我们思考。

1. 让发现成为幼儿的一种审美自觉

发现美才能感受美,感受美才能创造美,怎样推动幼儿能自主地去关注周围生活中美的事物,发现身边的美并自主地认识和赏析,让发现美成为幼儿的一种习惯,一种自发的兴趣和爱好,还需要从不断的实践研究中探究发现。

2. 让支持成为教师的一种专业自觉

开展主题式结构游戏,教师自我综合能力得到了提升,那教师如何在领悟《3~6岁儿童学习与发展指南》艺术核心的基础上,把握关键点,有意识、有目的地运用支持性策略,随时随地为幼儿创造条件和机会,用艺术的语言或其他行为有效促进、帮助、引导幼儿在生活中处处留意各种美,用语言表达对美的感受,用各种材料去创造美,推进幼儿的审美情趣素养,让教师的这种支持成为永恒是我们需要坚持的。

我的游戏我做主
——在主题式结构游戏《我在马路边》中提升中班幼儿的自主发展

◇ 陈 艳

我园是一所结构游戏特色幼儿园,在多年的实践研究中积累了开展结构游戏的相关经验。在此基础上,结合我班实际,开展基于核心素养培养的中班主题式结构游戏的实践研究,能在传统结构游戏的形式上更深入去开展活动,将各种一日活动的内容围绕主题有机连接,让幼儿通过主题式结构游戏活动,获得与主题相关的较为完整的经验,在此过程中,不断去丰富和完善我们的特色课程,使其持续发展。

随着当今社会对于教育的日趋重视,我们的教育理念与方法也在不断地调整。在基于核心素养培养的中班主题式结构游戏中,我们积极去探索有效的教育策略和途径,勇于尝试新形式、新方法,引导幼儿在主题式结构游戏探究活动中,各领域的知识、能力和态度都能得到充分的发挥和提高。通过实践研究,我们也及时进行反思和总结,形成研究成果推广,带动辐射,以达到适应新时代教育发展需要的目的。

综上可见,开展基于核心素养培养的中班主题式结构游戏的实践研究是非常有价值的。本学期我们重点研究的是幼儿社会参与和自主发展方面的相关素养,通过研究我们取得了一定的收获与感悟。

一、丰富多样的结构材料

幼儿园有齐全的材料才是激发孩子兴趣的根本,孩子可以在幼儿园里尽情地享受他们的建构时光,想搭什么就搭什么,孩子的创造力就是从幼儿园起步的。有了这些材料,孩子们智慧的源泉才得以喷发;有了这个环境,孩子们才勇于探究建构的魅力;有了这个机会,孩子们才可以和小伙伴们合作搭建,完成心中最理想的作品。材料是根本,没有材料,谈何勇于探究。

案例背景：

近期我们正在进行《我在马路边》的主题学习，孩子们对于搭建马路边的建筑和马路上的车子非常感兴趣，在多数孩子的心里，搭建出一幢又高又大的房子是梦寐以求的事情，由于班级里的建构材料有一定的局限性，孩子们在自由活动的时候给教师提出了建议，希望教师带他们去结构室来搭建大房子和大马路，我一口答应了他们的要求。

【案例实录】

进入结构室，孩子们都纷纷开始了今天的主题搭建，此时昊昊跑过来跟我说："陈老师，这里的积木太多了，可以搭好多好多房子呢！"我说："是的，你想搭什么呢？"昊昊开心地说："我想搭世界上最大的房子，给我的爸爸妈妈还有爷爷奶奶一起住。"我又说："那么你想用什么积木搭呢？""我要用这样的长积木和圆柱形的积木，教室里的雪花积木和子弹头只能搭小小的房子。"昊昊拿起一根长杆积木对我说。"那你喜欢幼儿园的结构室吗？"我又问他。"当然喜欢啦，这里的积木太多了，各种各样的都有，我想搭什么就搭什么。"昊昊开心极了。

思考分析：

幼儿园对于孩子们的勇于探究的培养首先看硬件，尽最大可能让孩子参与到环境中来，给予他们小主人的感觉。教师和孩子们动手在表征墙面上创作设计，不但是孩子们跟墙面的互动，还是他们跟教师、跟同伴的互动。所以，环境的创设不但体现了教师的智慧、孩子的灵动，更加体现了整个幼儿园的教育主旨。

活动室的设置，让幼儿的日常活动变得丰富多彩。结构室内，许多建构材料的运用更为幼儿提供了表现、创作、施展才华、模仿生活的机会。在这些小空间中，孩子们无拘无束，他们在玩中学、学中玩，充分感受发现的乐趣，提高了观察力、想象力，激发了求知欲望，为勇于探究的发展奠定了良好的基础。幼儿园加强校园物质文化建设，不断提升校园环境的文化品位，实施环境育人的价值功能，实现幼儿园可持续发展。

二、营造积极向上的精神面貌

教师对于培养孩子勇于探究的地位很关键，他们是孩子的主宰，又是孩子们发展的动力，他们需要在过程中观察和分析孩子们在活动中体现的素养，还要适时地引导和帮助孩子们往核心素养上发展，教师起着承上启下的作用，既要领会园长的领导思想，又要在一日活动中渗透着核心素养的培养，所以教师的精神领悟是核心素养是否能开花结果的关键,起着重要的作用。

【案例实录】

在一次普通的大教研会议上,组长在给各位教师介绍核心素养的意义和价值,其中,举例说明了如何撰写案例分析,教师们都听得很认真,做着笔记,并且思考着自己班里的学习和游戏时渗透着哪些素养。此时,有一位资深的老教师提出了一个疑问,表示核心素养对于孩子的培养毫无价值,她看不懂这个示范教师写的案例,也不理解为何要在幼儿园实施核心素养的培养。这令会议一度陷入尴尬,那么到底有没有意义呢?

思考分析:

在物质文化逐步发达的今天,教师们更追求高尚的精神生活。在开会的时候教师主动提出疑问,表示教师在思考,在寻求解决问题的方法,这样的做法证明教师有一颗进取心,也给其他教师做出榜样,让大家把疑惑提出来,帮助大家更好地将核心素养发挥得淋漓尽致。为完善教师核心素养的意识,展现教师对于核心素养的掌握程度,以下是列举几点教师作为核心素养的播种者,要做到的几项以身作则。

一是以园为基,塑造良好形象。幼儿园是教职工共同的家园,是教职工事业的根基,要树立"园荣我荣,园耻我耻"的思想,教育职工随时随地自觉维护幼儿园的声誉,积极为幼儿园的发展出谋划策,劲往一处使,把个人目标和团队目标合二为一,精诚团结,谋求幼儿园的稳步快速发展。

二是以德为先,自己先学会学习,严以律己强师德。作为社会人,我们要讲社会公德;作为教师,我们要重师德。我园不断强化教职工的角色意识:站在工作的岗位上,我们不是普通人,而是教师。面对家长的合理要求,我们要满足;面对家长的疑惑,我们要耐心解答;面对家长的误会,我们要冷静解释、真诚的沟通。平等对待每一位家长和幼儿,尊重互敬。

三是以爱为本,以爱心换取放心。面对幼儿园的强势竞争,人心的偏向,爱是最得力的砝码。爱事业,爱孩子,把爱留在心底,付诸行动,生活上细心照顾幼儿,学习上耐心引导,不得体罚幼儿,用我们的爱心换来家长的放心和幼儿的开心。

四是教职工积极规划自己的职业生涯,以向上的态度体验作为教师的乐趣,享受教育工作的快乐。明确自身的责任,追求卓越,"知道自己每天要干什么,把它做出创意来"。

三、给予孩子更多的空间

孩子提出的要求教师如果一味地帮忙解决,孩子的能力就不能得到提高。现在很多孩子都是家里的掌上明珠,爷爷奶奶带大的孩子更是如此。孩子不但在自理方面的能力弱,在解决问题的方面也相当缺失。那么在幼儿园里教师就要给予孩子更多的空间去培养孩子大胆尝试,积极寻求问题的解决方法。

【案例实录】

在《我在马路边》主题活动中,我预设了一次在马路边上添画小花和小草的活动。我要求孩子们先涂个圆圈,然后再画上花柄。应该说活动的难度并不大。可让孩子们自己来添画时自己动手的孩子比较少,有的就眼睁睁地看着老师不动手,眼中充满了求助的眼光。突然班上的恒恒小朋友喊了起来:"老师,我不会做,帮帮我吧!"于是那些原本眼睁睁看着我的孩子也跟随着喊了起来:"老师,我也不会。"看到这种情况后,我就跟恒恒说:"恒恒,试试看,老师相信你会的,动动看。"看到老师没有帮他,他就大哭起来了,还很伤心。

思考分析:

每个孩子遇到困难时采取的方式不一样,恒恒平时就是这样喜欢喊叫引起老师和同伴的注意,在这次画小花、小草的活动中遇到困难时采取了喊的方式,影响了整个教学活动。当时我采用了"冷处理"的方式,用平淡的语气对孩子们说:"自己试试看吧。"使其他幼儿觉得老师是不会帮助了,于是孩子们的注意力迅速再度集中到教学活动中来,同时也暗示恒恒,遇到困难,"喊"是不能解决问题的。确实恒恒小朋友对画花、草的集体教学活动的接受能力较差,注意力无法集中,我在《幼儿教育》中看到:"在培养目标一致的情况下,教师可以有变通的教学形式、方法等,可以运用个别的、小组的和集体的形式。"在此,我对恒恒采用了"一对一"的教学形式,恒恒能认真听讲并完成作业,由此可见恒恒对这天的画花内容并不是一窍不通,只是他接收信息的方式不同。当我看到恒恒完成作业后的表情,我很有成就感,我觉得自己这一次处理得很好。

四、成功的体验

成功的体验可以使幼儿增强信心、克服自卑感,淡化挫折和失败带来的心理压力。幼儿在学习活动中都有掌握知识的愿望,当取得成功、愿望达到的时候,就会有一种心理上的成就感。这种成就感,又产生一种追求,想继续取得成功的需要,这就激发了深入学习的动机和兴趣。有时幼儿没能取得成功,教师也给以鼓励和支持,使他转苦为乐,这就会是他们乐学善学转变的开始。同时对于基础较差的幼儿我们可以把简单的问题留给他们,让他们体会成功的喜悦。

【案例实录】

　　来到结构室,恒恒先摆放了四根长方形的木板,距离间隔比较近,然后在上面放了一块正方形的木板,接着继续在上面摆放同样的积木,当发现积木不够时,他起身到其他筐里寻找相同的积木,但是由于第一层的基座不太稳,加上走动时地面震动,刚才搭好的一层半倒塌了。此时,恒恒愣了几秒钟,立刻又捡起地上的积木开始重新搭建。这样的倒塌重建共发生了三次,第三次的时候,恒恒有些气馁了,他指着自己的作品说:"陈老师,又倒了。"教师微笑地跟他说:"没关系,倒下了,我们可以重新搭,一定会成功!"恒恒重新振作了起来,继续开始搭建。

　　这次恒恒把第一层的四根积木稍微分开一些,再放上木板,当他在摆放第二层的四块积木时,手的动作就轻了很多,而且会回头看看那幢高楼的作品。在后面的建构过程中,他也遇到了一些困难,如:找不到正方形的木板,他到其他区域去寻找;正方形的木板都用完了,他会用圆形的木板替代;正方体的积木用完了,他就是用圆柱体的长积木;圆柱体的长积木用完了,他就把几个短的圆柱体积木拼接起来,最后完成了自己的高楼作品,满脸笑容地跟我介绍,并且主动要求我拍照。

思考分析:

　　在这个案例中,孩子并没有表现出他一贯的蛮横和攻击的行为,我充分感受到了结构游戏对幼儿意志品质的培养,意志是人在有目的的行动中自觉调节行为和情感,克服困难的心理过程,它要求人们控制情绪上的波动,克服体力上的障碍,坚持信念,排除干扰,做出不懈努力,遇到问题不轻易放弃探究等。恒恒在建构过程中遇到了一次又一次作品倒塌的事件,这对中班上学期的幼儿来说,挫败感较大。但恒恒这个孩子拥有异乎寻常的阳光心态,有初步克服困难的勇气,通过老师的激励,在一次一次的重新搭建的过程中,发现问题,开动脑筋,不断调整自己建构的方法,最后获得了成功。我想,虽然是一个小小的游戏活动,整个过程也只有那么短短的二十几分钟,但是对于他的非智力因素培养起到了重要影响。这也使我深刻感悟了,结构游戏作为一种手段,对于幼儿发展乐学善学的核心素养起着重要作用。

五、让孩子成为主人

　　在《在马路上》这一主题活动中,我们让孩子和家长一起搜集了很多关于马路上的图片及资料,并借助孩子们已有的生活经验让他们为幼儿园设计各种标志。幼儿园是孩子生活中特别熟悉的地方，所以，对布置主题墙提供了有利的条件。不仅如此，我们还在活动室的各个角落放置了各种各样的汽车模型，和孩子一起制作的作品一起来装饰活动室的每个角落，不仅能加强幼儿对知识的掌握，还能增加幼儿遵守社会规范的意识，丰富幼儿的生活经验，知道在公共场合中要遵守标志的要求，做文明市民。

在《我在马路边》主题活动中，我们组织幼儿外出观察马路上汽车的活动，想不到孩子们同时对各种各样的标志产生了浓厚的兴趣。于是根据孩子们的兴趣点，我们围绕着"马路上的汽车""香喷喷的轮子""问路""交通标志作用大"等设计了一系列的活动，运用了教育教学中的多种形式让幼儿从日常生活去观察、去模仿各种车及基本常识。同时，我们也组织了各种各样的活动，如：在上"马路上的汽车"时，让幼儿说说、学学、做做，尽快掌握各种不同性质的车。我们还利用户外活动时间和孩子们一起做开汽车的游戏，学它们的声音，孩子们对此特别感兴趣。

通过学习主题，大部分孩子们对知识掌握还算可以。不过，我觉得在这整个活动中，有很多值得探讨的知识点我没有把握好随机性，例如：当幼儿讲到一个标志时，如果能让幼儿当场画一画，会更形象一些，产生较好的互动性；在设计标志这个环节时，如果能给幼儿多一些讨论和思考的空间，那幼儿设计出来的标志会更全面，对于这点，我会带领孩子继续丰富。

搭搭玩玩中的美丽心情

——在主题式结构游戏中支持中班幼儿的情绪健康发展

◇ 唐　翔

情绪是伴随着个体成长而普遍存在的一种心理活动，又是有着明显外在表现的行为活动。情绪健康是学前儿童心理健康的重要标志之一，良好情绪的发展也是健康成长的一种体现。当下，关注"核心素养"已成为教育的热门话题，在幼儿阶段，"健全人格"的培养将会对幼儿的成长和发展起着决定性因素。而能调节和管理自己的情绪等是"健全人格"发展的主要表现之一。

中班幼儿的情绪发展特点：一是有意性行为开始发展：幼儿在集体中行为的有意性增强了，注意力集中了；二是学习控制自己的情绪：中班幼儿较之小班幼儿情绪更稳定些，他们的行为受情绪影响的比例在逐步减少，能够尝试学习控制自己的情绪；三是活动中学会交往：该年龄段幼儿喜欢和同伴一起玩，在活动中逐步学会交往，有愿意了解他人和与他人分享、合作的想法。总之，从中班开始，有些幼儿已经有了逐步调节情绪的能力，有些幼儿已经学会在他人面前掩盖自己的情绪，并尝试掌握一些简单的排遣情绪的方式。

孩子是在游戏中学习的，结构游戏是孩子最喜欢的游戏活动之一。因此，本研究注重以主题式结构游戏中采用一些支持策略侧重培养幼儿认识、调节和管理情绪从而促进幼儿健全人格的发展。

一、在主题式结构游戏中支持中班幼儿情绪健康发展的实践研究

（一）学会认知情绪

幼儿在结构游戏中常会因为结构材料或是搭建内容引起一些矛盾和冲突，常会出现"以自我为中心"的现象。这类幼儿更喜欢从自己的角度看问题，忽略他人的感受，以达到自己的目的为乐趣。

中班刚开始，幼儿对教室里新布置的《我爱我家》主题环境特别感兴趣，在一次"我家的房子"谈话活动后，幼儿在游戏活动时用积木搭建各种形状的房子。

【案例一】我的城堡最好看

➢ 镜头一

结构游戏活动开始，静静很快搭建好了一个洋葱形状顶的城堡，奕奕看到说："真好看。"这时，心心也完成了自己的作品，静静看着心心的城堡顶说："你的城堡的顶怎么歪掉了，过会儿就要掉了，这样不好看了。"心心板起脸说："你的才不好看，我的最好看。"说完，立刻把自己的城堡放到了大家搭建好的围墙里，把静静的城堡推倒了，然后说："你也搭一个和我一样的城堡吧，这样放一起才好看。"两个人不停地把自己的作品放过来放过去，引起了一阵争执声……

分析：

案例中的心心个性较为内向，不愿听取他人意见，也不善于与同伴沟通。心心与同伴发生了分歧，即使知道了自己的问题，她也不愿意去改变和解决，反而一味地要求同伴按照她的想法去改变，这样的行为可以看出该幼儿有些以自我为中心的特点。

➢ 镜头二

老师请孩子们围坐在一起，问道："你们觉得心心的城堡搭得好吗？"孩子们不回答。老师接着问："那你们觉得除了这种形状的顶还有什么其他形状的顶？"静静说："还有半圆形的、洋葱形的，都很好看。"老师问奕奕："为什么觉得静静的好看？"奕奕说："静静的洋葱顶形状搭得很好。心心的感觉就要倒了。"心心急着说："我的城堡是我自己设计的，和你们都不一样，我的最好看。"

老师摸了摸心心的脑袋说："我也觉得你的城堡好看，可是你刚刚那样做合适吗？你没有听过别人的想法就直接把别人的作品推倒了。如果是你的作品被推倒，你会高兴吗？"心心低着头不说话。老师看了静静一眼说："我知道你其实想帮助心心搭好她的城堡所以才提醒她的对吗？"静静说："对的，我以前搭的城堡也是歪的，很容易掉的。"老师看着心心说："那心心好不容易设计好的城堡有一天也突然塌掉了一定也会很难过对吗？"心心一时说不出话了。老师拉着心心的小手看着她们说："心心现在是个设计师，那你们愿意做心心的助手帮助她一起完成她的作品吗？"

孩子们异口同声地答应了，互相笑了笑，老师看着心心说："大家来帮你一起完成心愿了。那你还生气吗？"心心笑了笑，摇摇头。

分析：

教师在发现幼儿个性特点的基础上，进行适当的介入，让幼儿围坐在一起，分别与不同的幼儿进行交流,心心跟着教师一起倾听他人的表达,在倾听中知道了别人对自己作品的看法,知道了问题后,教师首先肯定心心来稳定心心的情绪,再引导心心回过头思考刚刚的情绪状态和表达是否合适,假设心心不听同伴的建议可能会发生的结果,再次让心心思考自己的行为不恰当之处。最后,教师创造机会,引导同伴去帮助心心完成心愿这样一个很有趣的目的,让幼儿化解了尴尬。

策略:

1. 推己及人策略

教师分别引导同伴尽可能清楚地表达自己的真实想法,逐步引导幼儿倾听同伴的回答,了解同伴的建议是对自己有帮助的,提示幼儿学会听取同伴建议中对自己有益的东西。同时,教师让幼儿体验换位思考,让幼儿能够将心比心地感受到自己行为的不恰当之处,幼儿才会醒悟自己情绪表现得不恰当之处而去尝试接纳别人的想法。

2. 同伴互助策略

教师在引导的时候要注意考虑幼儿的个性特点,尽量以不刺激幼儿的情绪为出发点,先表扬肯定幼儿已有的优点和亮点,让该幼儿的自尊心、自信心都得到满足,再以同伴帮助或者是支持的说法来解决幼儿的问题更容易让幼儿接受,这不仅解决了问题,还能让该幼儿在同伴协助的过程中逐步感知自己的问题。

➢ **镜头三**

心心拿着自己的设计图说:"我要搭个一层接一层的顶的城堡,搭个三层。"静静、宸宸、奕奕商量着分别搭了三个不一样大小的半圆形,心心把这些半圆形从大到小地依次由下往上固定在一起,固定了好半天没成功。静静说:"要再用些雪花片搭个底座把两个半圆连起来,不然弯的地方不好固定。"奕奕说:"要搭得厚一点。"宸宸说:"先把大半圆固定好再连接上面的,一层层弄。"四个人继续尝试搭建中……

终于,四个人一起动脑筋固定好了这些顶,最后这个城堡在大家的共同努力下完成了,大家一起把这个大大的城堡搬进了围墙里。最后,心心高兴地喊道:"谢谢你们帮助我!我也很喜欢你们的城堡。"

成效:

经过教师的策略引导,心心认识到自己的情绪问题,尝试改变态度,接受同伴的建议和帮助。其实搭建活动对于幼儿空间想象和架构技术有一定的考验,虽然在共同实践过程中遇到了困难,但在互相磨合中商量、寻找解决方法,经过彼此的努力和协作克服了困难。这过程中对于心心认识自己的情绪是一种体验和锻炼,还增进了与同伴的情感。

教师引导幼儿倾听、尝试换位思考来引起幼儿对于自己情绪的关注,让幼儿认知不良情绪的影响。而教师适当的肯定能够帮助幼儿平复情绪,针对幼儿的个性特点和情绪问题来选择合适的策略帮助幼儿解决问题,不仅培养了幼儿认知情绪的能力,更有助于幼儿客观了解自己的情绪表现。

(二)尝试调节情绪和学习管理情绪

除此之外,中班幼儿也很在乎自己的情感需求。有这样一小部分幼儿情绪波动较大,行为表现易受情绪影响,遇到问题动不动就哭,还时常会发脾气,时间久了,朋友都不想和他们一起玩,最后,这些幼儿变得性格孤僻起来。

《在动物园里》的主题活动正在热烈地开展中,幼儿尝试着用不同的积木搭建各种造型的动物,在介绍自己搭建的作品时意犹未尽。随着主题的深入开展,幼儿获得关于动物的信息也越来越多,搭建的作品内容也更加丰富了。

【案例二】为什么我的不可以

➢ **镜头一**

孩子们开开心心地拿着搭建好的动物离开了动物商店,这会儿,程程大声地喊:"为什么我的不可以,他的就可以,你一定要给我搭出来。"涵涵说:"可是这个很难啊,我们不可能搭的和你说的一模一样啊,要不你换一个。"程程板着脸说:"不要,我就是要这个,你快给我搭,不然我把商店给拆了。"琪琪生气地说:"商店不能拆的,我们要玩游戏呢,还有很多顾客要搭动物。请你不要影响我们了。"三个人吵了起来……

分析:

案例中的程程是个活泼好动的孩子,遇到事情容易发脾气,有时候遇到不顺心的事就会坐在一旁大哭、扔东西和对同伴动手来发泄情绪;平时也较爱影响身边的伙伴,比较喜欢引起别人的注意。平常遇到问题后,即使老师对他提出建议,他也不太愿意接受,总是会嘟起一张小嘴在一边生气。

➢ **镜头二**

看到这情形,老师开玩笑地问程程:"聪明的程程发生什么事情了?你有不开心的事可以和老师说说。"程程一脸哭腔地说:"我就是想要一只恐龙,可是他们不给我搭。"老师再问:"那他们有没有告诉你为什么不给你搭呢?"程程说:"他们说不会搭。"老师笑着说:"所以你就生气了吗?还是他们说了什么话让你生气了?"程程哭起来:"我就是要恐龙,他们这样就是不对的,这样就不要开动物商店了。我要让他们关门。"老师在一旁安静地看着程程发牢骚,等了一会儿,程程哭累了,老师递上一张纸巾继续问:

"那你现在还想哭吗？你还有没有话想对老师说呢？"程程说："我……我……不想哭了。"老师说："如果你还想哭的话，你还可以和我再聊聊，或者老师把你想说的话录下来给你的伙伴听听，或者你再去旁边画画图、听听音乐。"程程立刻说："那我去旁边听音乐，待会儿再过来。"老师跟着程程一起过去，陪着程程一起听了一会儿音乐后，老师说："其实老师以前也有和别人争吵不高兴的时候，但是老师知道发脾气并不能解决问题，所以我决定不再发脾气，而是想办法解决问题，发脾气会对身体不好，所以我就用发脾气的力气好好想办法，和别人好好谈，一起解决问题，结果问题解决了，我可开心了！"

分析：

教师了解幼儿的性格脾气，看到事情发生并没有直接责怪任何一方，而是静下来和程程谈一谈，交谈的过程中教师态度温和，试着和程程愉快地沟通，在沟通中了解到了程程的不满情绪，教师耐心地等待，决定给程程一点时间去消化和发泄他的情绪，等到时机成熟，教师再次引导程程找到合适的发泄情绪的方法。在找到合适的发泄方法后，还通过自己的切身体验更有说服力地引导幼儿接受正确的情绪管理方法。

策略：

1. 合理抒发策略

当幼儿遇到严重的情绪爆发问题时，教师首先应做的是缓解幼儿情绪，而不是激化问题本身的矛盾。教师可以以一个朋友的身份出现在幼儿身边与幼儿进行交谈，交谈过程中注意以倾听者的状态耐心倾听幼儿的不满情绪发泄，主要先通过语言表达来让幼儿发泄内心的不满情绪。其次，哭是幼儿最直接的发泄方式，教师给予幼儿一些时间来排遣自己的情绪，当情绪排遣的差不多时幼儿的情绪得到了一定的抒发，负面情绪慢慢平缓下来，这时教师可以引导幼儿选择一些较为合适的情绪管理方式，比如自白、唱歌、听音乐、看图书等方式来让幼儿自我管理情绪，让幼儿将自己的情绪逐步平缓下来。

2. 体验共享策略

教师在幼儿情绪得到缓解的时候，适时表达自己的想法，借用同样的情境，教师提出自己的解决方法给自己带来的成功感吸引了幼儿的注意力，为幼儿在迷茫中寻求解决方法指明了方向。幼儿在感知与教师共同遇到的困境中产生了共鸣，教师用正确的情绪管理方式和解决问题的方式所带来的成功感打动幼儿、感染幼儿，在潜移默化中让幼儿学会管理自己的情绪。

> **镜头三**

程程在听完老师的话后,似乎明白了些什么,擦了擦眼泪,跑过去和涵涵、琪琪说:"你们还愿意给我搭动物吗?你们可以给我搭什么动物?"琪琪说:"你不要再生气了,我们可以给你搭别的,恐龙我们搭不来,你还有其他喜欢的动物,我们可以搭,或者我们给你搭个青蛙,你要不要?"程程翘着嘴巴说:"那好吧,那下次我一定要搭恐龙,你们回去看看怎么搭。"琪琪说:"知道了,其实青蛙也很可爱的,我们给你搭个可爱的青蛙吧。"说完,涵涵和琪琪忙了起来。不一会儿,青蛙搭好了,琪琪拿着青蛙对着程程呱呱呱地叫起来,程程笑了出来!

成效:

首先,适当的情绪抒发让程程的情绪得到了缓解,程程学会了表达自己的不满情绪,知道用合理的方式表达情绪往往要比危险的行为更好,不知不觉中感受控制情绪;其次,共鸣的感受让程程更能够接受积极的正面的情绪管理方式,当程程知道控制自己的情绪、管理自己的情绪可以解决问题让自己快乐起来,程程愿意去尝试和体验。这对于幼儿的自我控制和积极情绪的培养都有很好的帮助。

教师以同伴者、平行者的身份与幼儿进行互动,不仅对幼儿本身有帮助,其实对于教师来说也是很有价值的,教师在不断的互动中更加了解幼儿,耐心倾听幼儿的心声,能够更客观地引导幼儿学会合理的情绪管理方式。

二、我的思考

经过中班一学年的锻炼,幼儿在情绪情感培养方面有了很大的进步,能学会正视自己的情绪问题,尝试调节自己的情绪,愿意学习管理自己的情绪。但是幼儿的成长在不断进行,到了大班,幼儿面临的挑战越来越多,情感变得更加丰富,情绪变化也越来越大,健康良好的情绪能帮助幼儿建立自尊、自信,提升幼儿人际交往的能力。但是我们面临的新挑战是还需要培养幼儿的抗挫能力,这是我们后续需要研究的方向。除了学会认识情绪、调节情绪和管理情绪外,针对后面需培养的坚强品质和抗挫能力,个人认为还可从以下两个方向思考和实践:

1. **给予幼儿犯错的权利与机会**

孩子在不断的试错中慢慢成长,来自自我的体验和认知收获到的东西远远要比老师给予的更有意义,也更容易让孩子接受。老师尽力做到放手让孩子自己去尝试,学会等待和观察,而不是一味地去害怕错误的发生过多地限制孩子,让孩子体验成功与失败,在过程中让孩子成长,慢慢磨砺出坚强的品质,培养抗挫的能力。

2. 家园合作，入情入理的沟通

现在孩子的内心承受能力越来越弱，遇到问题或者碰到不满足自己的处境时，很容易出现极端行为，教师在园努力锻炼幼儿的同时，家长应该也在家里严格要求孩子，真实反馈孩子在家的行为表现，信任老师，共同努力，不要过多地保护孩子而让孩子丧失了锻炼坚强品质和抗挫心理的能力。总而言之，家长应配合老师及时调整家育方法，科学育儿，双向努力才能逐步培养幼儿坚强的品质和抗挫能力。

每一个孩子都是玩具设计师
——在主题式结构游戏《玩具总动员》中发展中班幼儿的问题解决和求异创新

◇ 蔡程华

一、源起

玩具是孩子最喜爱、最亲密的伴侣。在玩具身上，孩子们找到了快乐、满足，学会了交流、分享，玩具不仅是一件好看、好玩的物品，更是孩子之间交流的媒介与情感的纽带。随着主题的开展，孩子们开始从单纯地把玩玩具，到对玩具产生好奇，并愿意探索和发现玩具的构造与组成，使得主题经验不断得到深化。

本文以中班《玩具总动员》主题式结构游戏为例，重点围绕"中国学生发展核心素养"中的自主发展与社会参与两方面，通过主题式结构游戏，发展中班幼儿的建构水平，逐步培养幼儿的乐学善学、问题解决等能力，继而促进幼儿自主发展与社会参与素养的养成，同时也促进了幼儿其他多方面素养的发展，使每一位幼儿得到全面和谐地发展。

二、玩具诞生的摇篮——关注与支持，为幼儿创造大显身手的平台

教师在尊重幼儿游戏意愿，关注幼儿游戏行为，分析幼儿已有经验中会发现：游戏过程充满教育的契机，教师对幼儿游戏行为的支持有时需要及时地引导，有时需要分享和提升，有时则需要与其他领域有机融合。教师应及时关注与支持幼儿的游戏行为，并适时介入指导，为其后续的创作提供坚实的保障。

【案例一】玩具大象稳又牢

案例背景：

身边的事物往往是幼儿创作的灵感来源，如生活中的用品、玩具等，这也为幼儿的创作提供了模仿与参考的依据。某天，晨晨带来了一个"大象"玩具，也就开始了一系列的创作……

> **镜头一：**

结构游戏开始了，孩子们根据"玩具"这一主题自主选择材料进行创造。晨晨一组选择的材料是雪花片，只见晨晨对坐在旁边的同伴雨彤说："我今天要搭一头大象，因为我带来的玩具也是大象。"雨彤说："我也喜欢大象。"两人相视一笑，晨晨便开始寻找自己想要的颜色，开始进行搭建了。

晨晨选择了蓝色雪花片开始搭建大象的身体，不一会儿，就搭好了第一层，刚准备搭建第二层的时候，他看了看篮子里的积木，发现蓝色的雪花片似乎不够了。他想了一会儿，拿起了篮子里的黄色雪花片，继续搭建第二层。很快，大象的身体就已经初具模型了，坐在旁边的雨彤看到晨晨搭建的作品，问他："你的大象为什么这么多颜色呀？"晨晨想了一会儿，回答道："它是一头玩具大象，是有很多颜色的。"雨彤说："真好看！"

游戏时间到了，晨晨把还没完成的作品放到了半成品区域内，准备下一次继续创作……

分析：

※ 尊重幼儿意愿，自主选择材料

《纲要》指出："应充分尊重幼儿选择游戏的意愿。""为幼儿提供充分活动的机会。""保证幼儿愉快的、有益的自由活动。"等等。

镜头中，晨晨首先确立了自己搭建的主题——大象。接着，晨晨选择了自己所需的材料——雪花片来搭建作品，雪花片是中班幼儿最常使用的结构材料，适宜于表现与创造多种结构作品。因此，教师对于晨晨选择的结构材料也给予充分的尊重与肯定。同时，"大象"这一作品来源于晨晨的日常生活，因为他自己带来的正是一个大象的毛绒玩具，反映了晨晨的生活经验，将生活中经常玩的玩具用结构材料进行再造。其次，通过在活动中与同伴之间的交流、互动，晨晨的人际交往能力也在得到不断发展。

> **镜头二：**

晨晨去半成品区内拿出了上次的大象继续搭建，他先加固了一下之前松散的部分，便开始搭建新的部分。只见他拿着大象左看看右看看，似乎遇到了难题，教师看到了这一幕，便走上前询问晨晨："怎么了？"晨晨说："我不会搭大象的鼻子，长长的，搭上去就掉下来了。"原来是因为雪花片搭建的鼻子有点长，导致连接处有点承受不住往下的重力，鼻子便总是掉下来。

于是，教师引导晨晨："那我们可以想个办法，从大象的身体上开始搭。试试看！"晨晨便开始尝试了起来，只见他拿起橘色的雪花片，从大象身体上方搭建了一条长长的形状当作大象的鼻子,这样一来,鼻子有了上方的支撑,就不会掉下来了。晨晨露出了笑容:"我的大象真漂亮。"

分析:

※ 适时介入指导,拓展幼儿思路

中班时期的幼儿已经具备独立搭建物体的能力,也能按照某一主题进行搭建。但是在游戏中,由于年龄特点的限制以及建构技能不完善等因素,幼儿会遇到各种问题难以解决。因此,需要教师不断关注幼儿的游戏,观察幼儿在活动中的表现,引导幼儿发现问题产生的原因,以及寻求解决问题的办法。

镜头中,幼儿受到教师的启发以后,能及时调整自己的搭建思路,去探索"如何让大象的鼻子不掉落下来"的办法,使"大象"更为牢固、美观,教师的介入指导激发了幼儿愿意解决问题的兴趣和热情,并付诸实践。

➢ **镜头三:**

晨晨的作品即将完成,他搭建了大象的四条腿,使大象能够稳稳地站起来。完成以后,他便开始欣赏自己的作品,同伴们看到这头漂亮的大象,便开始围过来,一起讨论起来。

雨彤:"大象真漂亮。"

子萱:"我喜欢大象的长鼻子,卷卷的,真有趣!"

家豪:"我们还可以搭一些小动物,做它的朋友。"

教师:"是啊!大象需要朋友,大家可以一起搭建。"

"……"

于是,教师利用这个契机,组织幼儿开展了以"大象的朋友"为主题的结构游戏,一些作品纷纷涌现。

分析:

※ 推动主题衍生,鼓励幼儿创新

镜头中,晨晨利用结构材料将自己的玩具大象变成了一件结构作品,当幼儿搭建完大象作品之后,教师抓住幼儿的兴趣点,及时组织开展与之相关的结构游戏。部分幼儿根据故事《骄傲的大象》搭建出了故事中的主角,如小鸡、小蚂蚁等等,再利用这些作品搭建故事场景,请幼儿看一看、说一说,不仅提高了幼儿的语言表达能力,同时也在游戏中提高了幼儿的劳动意识和问题解决的能力。

三、玩具进化的历程——商讨与解决,为幼儿积累实践创新的经验

幼儿在良好的游戏环境中才能保证身心的健康,愉快地投入到游戏中,更好地

发挥游戏的价值。因此,教师要努力为幼儿创造良好的游戏环境,一个好的游戏环境必须丰富而宽松,让幼儿自主游戏,同时还必须隐含教育的因素,给予幼儿一定的支持与暗示。

在主题式结构游戏中创设的环境以及投放的材料还应有效激发幼儿游戏的动机和构思,当幼儿对制作玩具产生兴趣时,教师可为幼儿创设一个自由、宽松的交流环境与区域,供幼儿自主表现与创造。

【案例二】我是小小提琴家

案例背景:

某天,辰轩带来了自己的玩具——一把小小的提琴,这个新奇的玩具引起了其他孩子的兴趣,大家都争着要玩小提琴,一下子,这把小提琴就成了班级中的热门玩具。于是,为了解决争抢玩具的纷争,孩子们便想到了一个主意,用积木搭建一把小提琴,故事就这样开始了……

> **镜头一:**

自由活动时间到了,辰轩一拿出自己的玩具——小提琴,便吸引了一群孩子的注意力,大家纷纷围过来,想和辰轩一起玩,只见四五个孩子围坐在一起,开始研究起这把小提琴。

萱萱问:"这几根线有声音的?"辰轩马上纠正她:"不对,我妈妈说,这是'弦',拉在上面就会有音乐的。""好神奇呀!"孩子们纷纷附和道。萱萱说:"给我玩一会儿吧!"一旁的诺诺说:"我也想玩!"瞬间,"我也要玩""我也要玩"的声音此起彼伏,辰轩露出了纠结的神情。教师在旁边看到了这一幕,便走上前,问道:"既然大家都想玩,那有什么办法让大家都能玩呢?"家豪说:"再去买一个玩具。"馨馨说:"大家轮流玩。"涵涵说:"自己做一个。"教师继续问道:"用什么做呢?""纸。""箱子。"……这时,涵涵说道:"可以用积木搭一个。"教师附和道:"真是一个好办法!"说着,涵涵便走到建构区,开始选择适合的积木……

分析:

※ 问题的提出——争抢玩具的纠纷

在活动中,当发生争抢玩具的纠纷时,孩子们能够想出一些办法来尝试解决问题。镜头中亦是如此,大家都想玩同一件玩具,在教师的启发之下,能够想出各种办法来解决争抢玩具的纠纷问题,并能尝试运用身边的结构材料进行搭建,制作出自己想要的玩具。

> **镜头二:**

为了支持幼儿的创作,教师打开了电脑,搜寻有关"小提琴"的照片、视频等,孩子

们纷纷围过来,开始观察小提琴的外貌特征等。孩子们也开始边研究便讨论起来:

"小提琴长得真像一个葫芦。"

"小提琴有四根弦。"

"我在电视上见过,小提琴是放在肩膀上拉的。"

"……"

观察图片以后,涵涵来到建构区,拿出一箱智高乐积木后,便招呼同伴一起过来搭建,大家纷纷选择自己想要的颜色,开始搭建起来。

分析:

※ 问题的实践——交流讨论中提升经验

镜头中,通过幼儿的观察、分析和交流讨论,让幼儿加深了对于小提琴外部结构的了解,为之后的搭建打下基础,也在交流讨论中提高了幼儿的人际交往能力。其次,在观察图片的过程中,幼儿之间的讨论和经验共享能够很好地帮助幼儿提升经验,获取有关"小提琴"的更多知识。同时,通过幼儿在实际搭建中的不断探索与尝试,幼儿的勤于反思和问题解决的能力得到不断提升。

➢ **镜头三:**

结构游戏开始了!涵涵还是选择继续搭建自己的"小提琴"玩具,他去半成品区内拿出了自己先前搭建好的黑色的指板,就开始搭建小提琴的面板。不一会儿,他就搭建好了面板的大部分区域,便开心地向一旁的航航展示:"你看,我的小提琴快要完成啦!"

航航看了看涵涵手机的小提琴,说道:"你的颜色好乱啊!我都看不清。"涵涵看了看自己手里的小提琴,似乎也意识到了这一问题,脸上出现了一丝疑虑,拿着小提琴左看看右看看,无从下手。教师观察到了这一画面,便上前问道:"涵涵,怎么了?"涵涵说:"航航说我的小提琴颜色太多了,看不清。"

教师说道:"是啊,如果颜色太乱就会让人看不清。"教师继续引导道,"没关系!我们只要把面板的颜色换成一种颜色就可以了。"涵涵点了点头,开始在箱子里寻找同一颜色的积木。不一会儿,一把小提琴就诞生了,涵涵拿着自己搭好的小提琴,兴奋地向同伴们展示了起来。

分析:

※ 问题的解决——启发与推动

我们发现,幼儿在主题式结构游戏过程中经常会遇到瓶颈或发生一些问题,除了同伴之间可以协商解决,教师也应及时观察游戏过程中幼儿的表现,并适时给予幼儿启发与帮助,推动幼儿完成作品。在幼儿游戏时的讨论、交流中,幼儿的参与性不断增强,能积极主动地参与到主题式结构游戏中。在游戏中,幼儿通过观察——自主建构——遇到问题——解决问题这一过程,充分体现出了幼儿解决问题的兴趣和热情,以及完成作品的成功感。

四、收获与感悟

(一) 感悟

上述两个案例都是以中班《玩具总动员》为主题背景,以幼儿的前期经验为基础开展的主题式结构游戏活动。一件作品的诞生,并不是偶然的,它需要充分的前期观察、经验共享和不断尝试,通过幼儿在游戏中的交流、互动以及发现问题、解决问题,从而达到培养幼儿多方面素养的目标。在游戏中,教师也应作为一个观察者、启发者,引导幼儿积极探索、不断尝试。具体有以下几个方面:

1. 关注——善于观察、倾听幼儿

观察与倾听是教师掌握幼儿第一信息的途径,在主题式结构游戏中教师要善于关注幼儿的言行,站在幼儿的角度和立场观察、分析幼儿在搭建中的游戏行为,努力做到观察有目的、有重点。教师观察的角度很多,但教师在观察过程中不可能面面俱到,而是要从中班幼儿的年龄特点出发,关注幼儿的实际游戏水平,力求观察有针对性、连续性、实效性,并根据观察内容不断调整教育策略,提供有效的环境支持,满足幼儿的游戏需求,推动游戏的继续开展。

2. 引发——丰富经验、制订计划

在开展主题式结构游戏之前,教师可以先组织幼儿观察、讨论,丰富幼儿的前期经验,并通过提问等途径拓展幼儿的思路,激发幼儿的创作灵感。

幼儿的搭建分有意搭建和无意搭建,幼儿无意搭建时就会搭到哪里算哪里,其搭建物往往也与搭建主题相背离。教师可以在游戏前引导幼儿以小组为单位进行讨论、商量,通过绘画、设计图等方式设计出所要搭建的作品,并协商分配好各自的任务,如某某负责搭建大象的鼻子,某某负责搭建底座,某某负责搭建身体……明确搭什么、怎么搭的问题。

3. 助推——积极回应、推动激励

主题式结构游戏是一种创造性的游戏,在游戏中幼儿不仅是自主、自由的,也是创意无限的,教师要善于捕捉幼儿在主题式结构游戏中自发生成的兴趣点、发展点,积极采取灵活多样的回应策略,挖掘幼儿在合作中闪现的智慧,及时加以提升和拓展,提高幼儿搭建作品的质量。在教师的鼓励和助推下,幼儿的创作兴趣被进一步激发,他们享受主题式结构游戏带来的快乐,参与度不断提升。

(二) 收获

1. 促进了幼儿自主发展素养的养成

在主题式结构游戏中,幼儿由兴趣出发,搭建出自己喜欢的各类玩具,并能在游戏过程中,不断尝试、探索,幼儿在连续多次同一主题的主题式结构游戏中表现出了达成目标的持续行动力。其次,在主题式结构游戏开展的过程中,幼儿始终保持着积极的态度和浓厚的兴趣。如:当不了解小提琴的构造时,在教师的引导下,幼儿能够自主观察、探索,从书本及互联网中获取相关知识,并运用到结构游戏中。最后,当碰到问题时,会去寻找问题产生的原因,总结经验进行再次尝试,调整自己的建构方法,使作品更加坚固、美观。

在这一系列的过程中,幼儿的乐学善学素养得到充分展现,信息意识不断提升,自我管理能力逐步提高,自主发展素养在主题式结构游戏中得到了充分、有效的培养。

2. 促进了幼儿社会参与素养的养成

在主题式结构游戏中,幼儿通过与同伴、与教师之间的沟通与交流,有效地促进了幼儿社会性的培养,主要包括人际交往与合作、个性品质培养等。在主题式结构游戏中,幼儿之间需要通过相互协商、分工合作才能完成任务,在此过程中,幼儿可以学习如何处理个体与集体的关系,学习如何与他人沟通协作,提升自我的社会参与度。

主题式结构游戏本身具有的灵活性,能够促使幼儿找到自己喜欢的玩法,搭建出自己满意的作品,从这个角度讲,主题式结构游戏有助于每个幼儿体验到成功感,获得自信心。同时,主题式结构游戏的主题常常具有积极的社会意义,如:幼儿的周围生活、生活中常见的事物等,幼儿在游戏时能够潜移默化地形成良好的社会责任感,社会参与素养在主题式结构游戏中得到充分培养。

3. 促进了幼儿其他方面素养的养成

在主题式结构游戏中,除了自主发展与社会参与两大素养以外,幼儿的其他多方面素养也在得到潜移默化地发展。如:在搭建"大象"这一作品时,幼儿能够多角度地分析问题"大象的鼻子怎么样才能不掉落?"并通过不断的尝试,做出选择与决定,确定搭建方法,这也充分体现出了幼儿勇于探究的科学精神。

又如:在搭建"小提琴"时,幼儿能够有意识地将小提琴的每一部分用不同的颜色进行搭建,使整架小提琴在视觉效果上更加美观,充分展现了幼儿发现、感知、欣赏和评价美的意识和能力,由此幼儿的审美情趣素养得以凸显。

4. 提升了教师反思性实践的能力

《纲要》中指出:"教师应该成为幼儿的合作者、支持者、引导者。"在游戏过程中,教师应给幼儿足够的自主性,鼓励幼儿根据自己的目的选择所需的游戏内容和材料,允许并鼓励幼儿创新,启发幼儿积极运用各种材料进行创造。而在主题式结构游戏中,除了发展与培养幼儿的多方面能力与素养,教师也在指导幼儿游戏的过程中得到成长。其中,最重要的就是教师的反思性实践能力。

反思性实践能力,是指一种实践的方法。在主题式结构游戏中,教师运用反思性实践这一方法来观察、倾听、实践,不断调整和推进幼儿的主题式结构游戏,使幼儿的游戏经验呈现螺旋式上升,使幼儿的游戏水平得到不断深化,同时,教师也通过不断的反思与调整提高自我的游戏指导水平,从而提升教师的专业素养。具体体现在:

(1) 创设适宜环境——满足幼儿创作需求

在主题式结构游戏中,教师创设一个符合幼儿年龄特点、游戏发展水平、兴趣爱好的游戏环境,不仅可以渲染游戏氛围,也可以激发幼儿的游戏热情和愿望,促使幼儿自发、自主地参与主题式结构游戏。

首先,教师在创设主题式结构游戏环境时,应定期更换游戏环境和材料,由浅入深、从易到难,为幼儿创设一个可变的、灵活的活动空间,保持幼儿的游戏热情。其次,还可巧妙利用桌面、地面空间,如铺设地垫,或将桌子合并等形式,创设宽松、适宜的环境供幼儿表现与创造,并引导幼儿自主选择结构材料与玩伴,使整体游戏环境有条不紊、互动性强。

在此过程中,教师也在不断积累经验,创设的环境更适宜幼儿的兴趣和年龄特点,投放的材料也更适合不同层次幼儿的游戏需求,教师的环境创设能力在指导主题式结构游戏中更上一个台阶。

(2) 及时生成拓展——推动幼儿自主表征

对于主题式结构游戏而言,游戏内容并不是一成不变的,也没有固定的模式,这就需要教师在观察、倾听的基础上,发挥自身教学机制,把握幼儿的游戏方向,并有选择性地拓展出新的游戏内容。如:在幼儿搭建出玩具作品——《恐龙》之后,教师及时把握住幼儿的兴趣点,延伸出"各种各样的恐龙"这一主题结构游戏内容,组织幼儿观察、发现各种不同的恐龙,并进行搭建,当造型各异的恐龙纷纷出现以后,幼儿自发将恐龙们摆放到一起,并搭建了围栏,一座"恐龙馆"便诞生了。部分幼儿还搭建了各类小型的结构作品当作恐龙的食物。简单的作品在幼儿的手中成为有趣的游戏,幼儿的愉悦感与成功感在主题式结构游戏中不断升华。

  在指导主题式结构游戏中的过程中,教师通过不断的观察、反思和调整,以丰富的游戏内容和多样的游戏形式等途径来推动游戏进程,从而提高自身指导水平,逐步形成专业自觉,促进自身反思性实践能力的发展。

从游戏走向社会

——在主题式结构游戏《我在马路边》中发展中班幼儿的社会责任

◇ 贾晓英

一、问题的起源

社会责任是幼儿在一定社会条件下逐步学会独立掌握社会规范、正确处理人际关系，从而积极主动适应社会生活的心理发展过程。幼儿阶段是社会责任发展的重要时期，研究表明，幼儿的社会责任发展与其将来的社会交往、情绪情感、社会适应以及学习成绩都密切相关。随着社会的发展，幼儿身处的环境越来越复杂，如何加快幼儿社会责任发展是当前需要重点思考的问题。中班幼儿的社会责任现状表现为社会性品质正在逐渐形成和发展，社会互动能力还相对较弱，社会性表现存在家园不一致现象。鉴于以上现状，本研究将重点关注社会责任中的自主意识、规则意识、责任意识和团队意识。自主意识是按自己的意愿自由选择游戏，以自己的方式进行游戏；规则意识是指社会个体关于规则的认知，愿意并且能够自觉遵守规则；责任意识是努力做好力所能及的事，不怕困难，有初步的责任感；团队意识是一种团结一致、互帮互助，为了一个共同的目标坚持奋斗到底的精神。

游戏是幼儿社会责任发展的重要途径，通过游戏的交往互动，幼儿学习理解他人的想法、情感，发展与人相处的能力及社会适应能力。主题式结构游戏的开展，使幼儿各领域的知识、能力和态度更高效地综合体现，促进幼儿社会责任的发展。

对于中班幼儿来说，马路是非常熟悉的，他们对马路上的车、交通标志等充满着浓厚的兴趣。随着科技的发展，车的种类、功能越来越多，成了幼儿热议的话题。因此开展了"我在马路边"的主题，通过"车来了""附近的路""找路"和"马路上的交通"四个分支不断衍生，在教师预设和幼儿不断生成的过程中构建《我在马路边》的主题式结构游戏。

二、主题式结构游戏促进幼儿社会责任发展的实践

（一）发挥环境的互动性

蒙台梭利说："在教育上，环境所扮演的角色相当重要，因为孩子能从环境中吸取所有的东西，并将其融入自己的生命之中。"一个良好的环境可以给幼儿提供观察、动手及表现的机会，在潜移默化中促进幼儿社会责任的发展。

1. 墙面环境

主题墙是墙面环境的重要组成部分，幼儿用自己的方式（绘画、搭建、照片等）来表征整个主题的开展进程，从材料收集——开展过程——作品呈现，从疑问提出——探索论证——问题解决，由浅入深，步步推进。在与墙面环境互动的过程中，他们观察、思考、积累，促进了自主意识的发展。

【案例一】不同的车

片段一：

表征墙前，大家介绍着调查表。小毅说："我的马路上有自行车。"晖晖说："我有公交车和轿车。"晨晨说："我和你们都不一样，是救护车，我还能搭出来！"

片段二：

结构游戏时间，晨晨拉来晖晖说："我们一起搭不同的车。"说干就干，晨晨用白色积木搭车身，并在车顶加了红色车灯："像不像救护车？"晖晖说："不像！警车、消防车上都有警报灯。"晨晨再次来到表征墙前，仔细观察，兴奋地说："我知道了，少了红十字标志！"于是红色积木变成了红十字标志安在了汽车上，这下晖晖心服口服，为晨晨竖起了大拇指……

分析：

主题墙上的调查表引发了幼儿的讨论，大家通过互相介绍积累主题经验，并且自主生成搭建车的主题建构活动。在与墙面环境积极互动的过程中，通过观察图片、实物等不断完善作品，体现自主意识正在养成。

2. 运动环境

在运动中，教师通过情境的创设，为幼儿营造良好的运动环境，从而提高运动质量。但一成不变的环境容易导致幼儿失去兴趣，教师必须不断投放材料支持幼儿的需求，鼓励幼儿不断丰富和创设新的环境。

【案例二】小小快递员

片段一：

运动时间，詹詹横冲直撞，推倒了障碍物，引来了不满。这时，老师提出"送快递"

的任务。接到任务后,詹詹搬来积木包裹,在途中始终坚守快递员职责,将快递完好送达。不过在返程中他依然走在来程上,跟前行小朋友撞在了一起……

片段二:

"碰撞"事件引发了讨论,有的说要增加限速标志来保证安全,有的说要增加单向行驶标志来避免碰撞,有的说要增加红绿灯来限制交通,大家搭了起来……

片段三:

交通标志被投放到游戏中,幼儿将其布置在马路两边。运动开始了,这次詹詹和凝凝一组,途中按照标志向前行驶,在转弯标志的指引下,詹詹将小车推向返程,由于返程没有障碍物,詹詹加快了速度,凝凝有点害怕,提醒道:"前面有限速标志,你超速了!"詹詹看着标志马上减慢了速度……

分析:

对于中班幼儿,个别幼儿的规则意识还比较模糊,很多情况下,未必能遵守教师所强调的运动规则。运动情境的创设恰恰可以代替规则的某些作用,并且增强运动的趣味性,让幼儿在轻松、有趣的环境中增强规则意识。中班幼儿的责任意识还比较欠缺,"小小快递员"这个角色,激发了幼儿作为快递员的责任意识,使其社会责任得到发展。

3. 走廊环境

走廊环境是幼儿生活的一部分,蕴含着丰富的教育资源。幼儿在主题式结构游戏中积累的主题经验,引发了与走廊环境的互动,社会责任得到体现。

例如《我在马路边》主题中积累了相关交通标志的经验,走廊处的互动标志墙引起了幼儿的兴趣。幼儿通过拼搭积木块组合成各种规则标志,如"禁止吸烟""禁止快跑"等标志,提示上下楼梯的规则。近期,这几处走廊标志墙遭到破坏,积木散落在楼梯上,极易发生危险。对于这一情况,孩子们提出需要一个收纳柜,便于将散落积木及时物归原处,避免发生意外。这个过程激发了幼儿的主人翁意识,体现了幼儿的责任意识和规则意识。

(二)体现一日活动的渗透性

主题式结构游戏将结构游戏创造性地融合于幼儿的学习、运动、生活及游戏中,打破了领域之间的界限,将一日活动的内容围绕主题有机连接,更好地促进幼儿社会责任的发展。

1. 在学习活动中渗透

不管教师在设计活动前对幼儿的兴趣和经验有多了解,预设有多全面,都不可能完全适应幼儿的动态发展,关键在于能激起幼儿的兴趣点,生成新的活动。做到预设中有生成,生成中有预设。

【案例三】幼儿园门前的一条路

实录:

幼儿想要搭条王港上丰路的想法让老师及时调整了活动,添加了搭建任务。幼儿分组各承包一段马路的搭建,楠楠、承承和逸逸一组,自顾自地搭起来。楠楠抬头发现大家都在搭房子,提议道:"马路上除了房子还有车辆、绿化,大家不要搭一样的。"于是大家开始商量,分配任务。逸逸搭小汽车时遇到了困难,汽车怎么也站不起来。大家一起想办法,承承说:"汽车应该有四个轮子。"逸逸又在旁边加了两个,四个轮子一排,还是没站起来。四个轮子拆了装、装了拆,摆弄了很久。楠楠拿出玩具车,大家开始仔细观察轮子的位置。逸逸恍然大悟,把轮子按照另外两个对称的位置安了上去,汽车站起来了……

分析:

由预设活动(远足和调查表),引发幼儿讨论。老师抓住教育契机,及时调整,将一个传统美术活动生成融合结构特色的创意美术活动,真正从幼儿的兴趣出发,满足幼儿表达表现的欲望。案例中幼儿从个体搭建——商量讨论——互帮互助——团队搭建,这正是现在中班幼儿的年龄特点,在尝试合作的过程中逐渐克服自我中心,学会关心他人,这是社会责任的体现。

2. 在运动中渗透

在运动中投放结构材料,引导幼儿将这些材料进行组合,尝试多种不同的玩法。例如,结合主题经验,将两片大型雪花片用长杆积木连接,再借助另外两根长杆积木的推动,变成了一辆手推车,并且自主制定规则,沿着地上同一种颜色的线路前进。从开始的一个人玩到两个人玩,体现双方的默契和合作。再后来用更多的积木合作搭建出了山洞,这些障碍物也增加了运动的挑战性。在幼儿运动的过程中,发展了幼儿的自主意识、规则意识和团队意识。

3. 在生活活动中渗透

家长要善于引导幼儿密切关注生活,教师则要善于引导幼儿不断梳理和提升生活中的经验,通过自己的亲身实践,将生活经验内化为知识经验。

【案例四】生活中的标志

实录:

饭后散步时,楠楠和可乐在户外运动场地旁停住了,说道:"这是右转标志。""这是通行标志。"老师问:"为什么这些标志要放在这里?"楠楠答:"因为这里是自行车区,标志可以让我们骑车时知道什么时候转弯,什么时候停止。"毅毅说:"我在马路上也看到过这些标志。"桐桐说:"上次我爸爸开错路,记了分。"宸宸说:"上次我妈妈没有把车停在停车线内,还被罚钱了。"涵涵说:"我电视里看到有人闯红灯,汽车把人给撞了!"教师总结:"原来这些标志这么有用,在马路上不仅要自己遵守,还要提醒爸爸妈妈遵守交通规则。"

分析:

在教学活动《各种各样的标志》中,幼儿认识了一些常规标志及其含义。当在运动区看到这些标志时引起了共鸣,并且联系到了生活。从幼儿的对话中可以看出他们对生活的关注度,并且将主题经验得到了内化,运用到了生活中,培养了幼儿的规则意识和责任意识。

4. 在游戏活动中渗透

游戏作为幼儿的基本活动,是早期社会责任发展的重要途径。角色游戏、表演游戏以及结构游戏以人际交往为基础,通过交往互动,为幼儿社会责任发展提供了无限的可能性。

以角色游戏为例,依据主题《我在马路边》,创设了"加工厂",通过各区域发来的订单,用积木定制物品。这个区域与其他区域产生了积极的互动,订单络绎不绝,但是由于个别幼儿的订单描述不够清晰,从而激发了幼儿间的交往互动。有的订单需求庞大或者是急单,促使了幼儿间的合作行为,在合作中大家需要分配协商,较好地发展了团队意识。

(三)重视家园共育的一致性

家庭教育是基础教育的重要组成部分,家园一致对幼儿社会责任的培养是关键。幼儿教育要充分利用家庭教育,选择易被家长接受的方法,提高家长参与培养的积极性,使家园形成合力,全方位、多视角地培养幼儿的社会责任。

1. 共同创设和谐氛围

融洽和谐的环境有助于幼儿与成人、幼儿与幼儿间的情感交流,这样社会责任才能得到健康的发展。教师将主题式结构游戏创造性地融于一日生活,创设了一个轻松自由的学习环境,让幼儿快乐、自主地学习。而亲子任务是促进和谐家庭氛围的一个有力手段,通过亲子互动,增进亲子间的情感。例如在《我在马路边》的主题式结构游戏中,我们开展了《汽车总动员》的亲子制作活动,引导家长和孩子们一起搜集废旧材料进行再创造,废旧物品在孩子们的巧手下,变成了一辆辆造型各异的汽车,每一件作品都充分发挥了幼儿无限的想象力。

2. 共同树立良好榜样

不管是家长还是教师,都应该以身作则,给孩子树立良好的榜样。主题式结构游戏帮助幼儿积累了一些马路上的相关规则,在一日生活和家庭生活中,教师和家长都应该为幼儿做出表率。比如遵守交通规则、乘坐交通工具时为老弱病残幼主动让座、遵守七不规范、损坏公共设施时主动承担责任等,树立良好榜样供幼儿学习,从而发展社会责任。

3. 共同更新教育观念

无论是教师还是家长,都应该紧跟当下教育理念,让幼儿走出校园,走进社会。如带领幼儿过马路,认识红绿灯及相关交通规则;让幼儿到社区栽树浇水,到公园捡垃圾,了解和体会工作人员的辛苦;带领幼儿参观消防队员和警察的工作场所,知道如何防范危险……通过这些亲身体验,获得对社会的宝贵认识,真正从游戏走向社会。

三、主题式结构游戏对促进幼儿社会责任发展的思考

(一)促进幼儿社会责任发展

以《我在马路边》主题式结构游戏为例,在与墙面环境互动的过程中,幼儿通过观察调查表获取所需信息,促进了自主意识的养成;在与运动环境互动的过程中,幼儿通过创设马路上的交通设施,促进了规则意识和责任意识的养成;在与走廊环境互动的过程中,幼儿通过合作拼搭、自定规则、主动承担责任等行为,促进了规则意识、责任意识和团队意识的养成。同时将主题式结构游戏自然地融入幼儿的一日生活中,让社会责任得到潜移默化地培养。在学习活动中通过教师预设和幼儿生成,从兴趣出发,共同构建主题式结构游戏活动,发展了幼儿的自主意识和团队意识;在运动中通过不断尝试和挑战,将同一材料变换不同造型,达到一物多玩的效果,发展了幼儿的自主意识、规则意识和团队意识;在生活活动中,幼儿通过关注《我在马路边》的主题信息,将关于交通规则的主题经验得到内化,使幼儿的规则意识和责任意识得到体现;在游戏活动中,幼儿通过多个区域间的交往和互动,了解对方的需求,从而发展了幼儿的团队意识。

幼儿的发展离不开教师的耐心观察与适时指导:

1. 明确立场,引发幼儿自主活动

不参加游戏,只提供丰富的材料,让幼儿自主活动;参加游戏,做幼儿的玩伴,不

操纵游戏过程,发挥幼儿的自主性,尊重幼儿的活动。在实践中发现:幼儿在与材料和同伴的相互作用中,共同分享游戏带来的快乐和经验,促进幼儿主动性、独立性、创造性的发展。

2. 提供机会,引发幼儿自定规则

在角色游戏中提供幼儿扮演各种社会角色的机会,了解各个角色必须遵守的规则;在运动中提供幼儿自主创设环境的机会,巧妙运用结构材料来暗示规则;在一日生活中提供幼儿足够的自主权,结合生活经验协商自定规则。在实践中发现:幼儿在游戏中得到愉快体验的同时也是内在需要得到满足的体现,这时的规则非但没有阻碍他们的游戏,而且给他们的游戏增添了别样的乐趣。

3. 身体力行,引发幼儿履行责任

以身作则,培养幼儿的社会责任意识;懂得放手,培养幼儿的自我责任意识;适时激励,激发幼儿心底的责任意识;悉心督促,培养幼儿负责的好习惯。在实践中发现:幼儿的责任意识的培养不是一蹴而就的,而是在正确的行为认知和情感体验的基础上逐步转化为内在的、主动的、自觉的品质。

4. 巧设任务,引发幼儿尝试合作

布置任务时适当增加难度,迫使幼儿为了解决问题去协商、分工与合作。同时在任务中有意识、有目的地投放可以诱发幼儿合作的大型结构材料。在实践中发现:主题式结构游戏不仅能促进幼儿动手能力和建构技能的提高,更重要的是能使幼儿在协商、谦让、交换的游戏氛围中,学会分享与合作,尝试开拓与创新,体验成功与挫折。

(二)促进幼儿全面发展

《指南》中指出要以为幼儿后继学习和终身发展奠定良好素质基础为目标,以促进幼儿体、智、德、美各方面的协调发展为核心。在以《我在马路边》主题式结构游戏为例中可见:除了幼儿的社会责任得到发展之外,乐学善学、信息意识、问题解决等多种能力也得到了潜移默化的培养。

巧用策略 玩出精彩
——在主题式结构游戏中培养中班幼儿问题解决的案例研究

◇ 郁清荷

一、源起

问题解决是《中国学生发展核心素养》框架中的基本点素养之一。幼儿问题解决能力是指幼儿有目的地运用各种认知活动、技能等一系列操作,使问题得以解决的过程。

现在的孩子从小生活在没有困难的环境中,任何问题都有大人来帮忙解决,因此他们已经形成了对成人的依赖心理,一遇到问题就试图寻找别人的帮助,没有自我去解决的积极性。进入中班后,发现幼儿的"告状"现象逐渐增多且一日活动各环节中都会有不同的告状。如生活活动中,耳边会此起彼伏地响起:"老师,他把我位置坐了。""老师我饼干夹不起来。""老师我不会倒牛奶。""老师,他牛奶牌没插。"……可见幼儿在遇到问题时首先想到的是寻求教师的帮助,而不是主动探索解决的方法。在日常活动中,通过观察、分析、总结,发现幼儿在结构游戏中主要会出现同伴冲突、材料使用等主要问题。本研究以中班主题式结构游戏活动为载体,侧重培养中班幼儿有解决问题的信心、勇气和热情,愿意尝试解决问题的方法。

二、案例呈现
（一）以《好吃的食物》主题为例

背景：

美食是孩子们最喜欢的。在品尝美味的过程中,孩子们既得到了心理上的满足,同时又获得了许多新知识。《好吃的食物》主题式结构游戏活动中,幼儿围绕主题通过集体学习活动等多种途径,对各种不同食物的外部特征有了充分的了解,也渐渐将结构游戏与角色游戏融合进行游戏。

➢ 镜头一：野餐

娃娃家里来了很多客人，眼看家里越来越拥挤。

轩轩说："家里的人太多了，我们没有办法招待客人了。"

老师说："怎么办？客人来了也不能把他们请出去呀，要好好招待才行。"

轩轩两手一摊："我没有办法了。"

老师说："你想想，学本领的时候老鼠太太请客是怎么做的？"

轩轩欢呼："我知道了，我们可以野餐。"

静静听到后一起帮忙铺垫子，准备餐具、食物等。

静静说："吃的东西太少了，不够分。"

老师说："要不要去我们搭建的菜地里找找有没有食物？"

静静说："我有办法啦！我们可以找菜地里的食物，也可以用积木搭一些其他的食物。这样就会有更多的东西分享啦！"

这天，娃娃家搬到了外面野餐，孩子们享受野餐的乐趣。

分析：

幼儿在游戏中发现，由于这天客人的增多以及娃娃家空间的局限性，导致各种问题的产生，比如人太拥挤，餐具、食物等材料的缺少。当幼儿发现问题时，教师通过观察引导，迁移学习活动经验以及提出建议拓展孩子思维和解决问题的办法。在这个过程中推进孩子，同时孩子体验到了解决问题后带来的成功感。

➢ 镜头二：甜品店

甜品店是角色游戏中非常红火的店铺，里面的食物常常销售一空。这天，游戏进行到一半时只见甜品店老板在外面转悠，店铺前也没有再排着长队。仔细观察，原来甜品店的食物已经卖完了。

于是在分享环节中，教师将问题抛给孩子，孩子们围绕这个问题想出了各种办法。有人建议限购，每人只能买一个；也有人建议甜品店要多进点货不至于很快卖完，可以用我们搭建的食物替代；还有人建议老板边制作边销售……在激烈的讨论中，三种方案都得到了大家的认可。从此，甜品店食物的品种增多了，有孩子们自己搭建的食物，也有老板当场制作的食物，终于店铺生意又恢复了。

分析：

店铺红火带来了快乐，同时也掺杂着很多的问题。教师为幼儿搭建平台，通过同伴间的分享交流，在解决问题的过程中，孩子们能够尝试想出各种解决的办法，提出自己新的观点。在讨论中，其问题解决的能力得到了充分的发展。

策略:

1. 适时介入恰当引导,体验解决问题的乐趣

《指南》中要求:教师的教育方式应以直接传授知识为主,转变为以激发幼儿主动探索、自主活动为主。优化幼儿的学习方式,使幼儿主动地、富有个性地学习。在游戏中,会产生各种问题,老师就是幼儿活动的引导者和支持者。如:镜头一里替代材料的诞生就是老师在幼儿遇到困惑时,给予及时的引导和帮助,鼓励幼儿在互相讨论中产生思维的火花,从而提高幼儿分析解决问题的能力。从发现问题到解决问题,在游戏中幼儿始终渴望将生活中的真实情境融入游戏中。主题式结构游戏为幼儿提供了充分自主的空间,完成他们的小小心愿,使他们成功地体会到了问题解决的快乐。

2. 搭建平台给予支持,探索解决问题的方法

活动中,教师为幼儿搭建平台,将问题抛给幼儿,让他们在与同伴的交流中探索共同解决问题的方法。幼儿通过遇到问题到解决问题这一过程克服困难,这也是中班幼儿的游戏逐步走向成熟的标志。孩子们在发现问题和解决问题的过程中不断丰富经验,而教师需要做的,就是给他们搭建好自主解决问题的平台,有了这样的支撑点,孩子们在游戏中学会积极思考,主动探寻解决问题的各种方法。

(二)以《在动物园里》主题为例

背景:

"动物"这一主题是孩子们最喜欢的内容之一,孩子们通过各种不同形式的活动,了解动物外形,关注它们的不同特征和生活习性。在主题活动的开展中,更加深幼儿对于动物的了解以及喜爱之情。

➢ **镜头一:我搭不好,该怎么办?**

结构游戏开始了,桌面一组的小朋友选择了小雪花片搭建,小雅搭建了一只章鱼,得到了老师的肯定。过了一会儿,只见心仪在流泪。教师便上去询问:"发生了什么事情?"她没有回应。小雅说:"她想和我一样搭只章鱼,但是她搭的都散了,所以她哭了。"教师又说道:"那有什么好办法让小雪花片不会散开呢?"小雅马上拿出两片小雪花片说道:"你看,要像这样用力插紧,就不会散开了。""是啊!就像好朋友手牵手一样,紧紧地牵着不放就能成功啦!"

分析:

当幼儿遇到困难时,教师用抛问题的方式,引导能力强的孩子示范引领。在教师引导下,能力较强的小雅为能力较弱的心仪提供示范。能力较弱的心仪在模仿学习中,不仅丰富了搭建技能,而且体验到在同伴互助下共同解决问题的愉悦。

➢ **镜头二:意见分歧,如何解决?**

随着主题式结构游戏的不断开展,小杰提出:"我们在开心游戏中也开一个动物纪念品商店,可以出售一些与动物有关的物品。"大家都觉得这个建议非常不错,为此,老师与幼儿共同创设了动物纪念品商店,同时开创出了"加工坊"制作新的产品和修理损坏的产品。加工坊里小杰很快就完成了一个用子弹头积木搭建的长颈鹿,说道:"这是我搭的长颈鹿,快来买呀。"过了一会儿果果也准备拿黄色子弹头积木搭建长颈鹿,可是篮子里的黄色都被小杰拿走了,果果伸手就拿了小杰身前的积木,小杰大声说道:"这是我的,你别抢!""可是你把积木都拿走了我怎么搭长颈鹿?"两个人因为材料的问题发生了争吵。此时教师观察着并没有阻止。过了一会儿小杰说:"我有个办法,我们店里又不是只卖长颈鹿,这次你用其他积木搭动物朋友,下次我们交换!"经过商量果果同意了,他尝试搭建其他的作品。不同的动物纪念品吸引着顾客,店铺生意十分火爆。

分析:

活动中,幼儿与建构材料之间、师幼之间、幼儿与幼儿之间都是相互影响和交互作用的,幼儿由于材料与同伴发生争吵,教师给予幼儿空间,支持幼儿通过自己的办法解决问题。

策略:

1. 榜样示范丰富经验,支持幼儿解决问题的技能

成功解决问题需要丰富的知识经验和合适的技能支持。在主题式结构游戏中,幼儿会面临各种建构问题,教师应抓住有利时机,培养幼儿分析问题的习惯和能力,为幼儿搭建分析解决问题的"脚手架"。幼儿与幼儿在活动中的行为表现是相互影响和相互促进、共同解决问题的。案例中幼儿自己不会运用或掌握不好的材料,可以从同伴活动中得到启发,习得有益的经验和方法。在同伴的榜样示范和帮助作用下,不断丰富知识经验,从而为成功解决问题提供支持,促使其形成解决问题的技能。

2. 相信孩子提供空间,促进幼儿问题解决的能力

当幼儿走出家庭,与伙伴之间的矛盾就自然而然地形成了种种交往的障碍。而解决这些障碍正好为能力的发展提供了条件,通过让孩子自己去解决问题,也培养了幼儿的独立性。那么以后,孩子再遇到问题时,就不会一味地依赖成人,会自己想办法,这便增强了自信心和自己解决争端的能力。活动中,幼儿之间因为材料以及

搭建的作品产生了分歧和争吵。争吵中教师并没有直接制止或介入指导,而是相信孩子,给孩子们充分的时间和空间,在教师关注下,使孩子自己学着解决问题。久而久之,孩子们解决问题的能力也会不断的提高。

三、主要成效

主题式结构游戏中,幼儿能从遇到问题就会求助、逃避、甚至以偏激心理来解决,到在面对问题、困难、挫折时,能正确看待问题,勇于面对问题,并能想方设法克服困难和挫折来解决问题。如在"出租车"游戏中,新鲜、有趣的游戏情节,激发了乘客的热烈响应,出租车生意红火,导致司机工作非常疲惫。"小乘客们"看见路上没了出租车,就自己想起了办法,有的要改良车子的造型让司机能驾驶更舒适,有的让司机寻找替班,可以轮流工作……在幼儿自己发现问题并商量解决问题后,出租车又上路了。幼儿在面对困难和失败时,有了信心和独立意识并能解决问题。同时,幼儿在人际关系处理方面也树立足够的信心,形成健康的心理状态,促进了幼儿勇于探究、信息意识等其他素养的发展。

且思且实践,让孩子成为游戏的主角
——在主题式结构游戏《马路新景象》中促进中班幼儿的自主发展

◇ 赵　昕

游戏是幼儿的主要活动形式,幼儿的学习是在游戏中进行的。《纲要》和《指南》中明确指出:"幼儿园教育要以游戏为主,寓教育于游戏中。"结构游戏是教师预设和幼儿生成相结合,围绕一个幼儿感兴趣的主题开展的综合活动,其中包括主题结构游戏活动,能最大限度地满足幼儿通过直接感知、实际操作和亲身体验获取知识经验的需要,发展幼儿的认知,呈现出趣味性、随机性、过程性。主题式结构游戏的全面性和层次性的特点,正是对幼儿自主发展提供了强有力的保证。

反思性实践是一种教学或实践的方法,是指教师对教育教学实践的再认识、再思考,并以此来总结经验,做出新的计划和行动,进一步提高教育教学水平。

自主发展即个体对自身行为的意识与调控能力。个体知道自己要做什么,能依据个人对正确事物的信心行事,积极主动去做该做的事情,通过自身的活动获得发展。幼儿自主性发展目标即幼儿能主动提出自己的想法,具有一定的思维能力和想象力;幼儿能提出自己的不同与别人的观点,具有创新能力;幼儿在不断尝试中学会自己做出正确的选择和判断。

在主题式结构游戏的开展过程中,教师只有通过循环往复的反思性实践,才能发现幼儿的自主意识和能力,做到真正帮助幼儿自主发展。

一、主题式结构游戏中的反思性实践
(一)思"改"与"变"的合一,促进幼儿游戏的主动参与

适宜的结构游戏环境,是保证幼儿每天乐于其中开展游戏的保证,是有益于幼儿自主发展的前提,这也是考量教师有效创设游戏环境的反思性实践的

基础。

1. 改封闭区域,变流通环境

【问题发现】

原原拿着搭建完成的小汽车,来到结构展示区的"大马路"上,正当他弯下腰把自己的作品摆放好起身时,一不小心碰到了旁边紧挨着的房子,菲菲叫道:"老师,原原把我的房子弄坏了!"原原一脸无辜:"我是不小心的,你的房子太高了,所以我才碰到的。"

【思考问题】

封闭状造型区域阻碍了幼儿的游戏。地面结构区域本是为了让幼儿能展示作品并能与此环境进行互动所创设的,但封闭状的区域因为以地垫拼接组合成一个大 E 型固定于墙边摆放,在我们成人看来造型比较美,但由于大 E 周围空旷区域都摆放了积木整理箱,使得可以走动区域的空间所剩无几,当幼儿真正在进入摆放或构造使用时就经常出现这种情况。结合环境,合理使用地垫创设可以流通的区域势在必行。

【改进实践】

(1) 移动两侧矮柜,放大地面区域空间。

(2) 重新设计地面结构区造型,将地垫拼接成长方形、正方形、U 字形等多个不同形状的小造型。

(3) 空出墙边区域,进行分散摆放,每个小区域间都有合适的过道,保证幼儿随意进出。

2. 改固定情境,变互动场景

【问题发现一】

孩子们来到用 KT 板创设的"大马路"边上开始摆放自己搭建的作品,聪明的轩轩指了指马路,说道:"老师,为什么这里只有一条马路啊?上次我和爸爸去浦西玩,开车经过了南浦大桥,那里有很多马路连在一起的,好多车子在上面开。"

【思考问题】

情境紧贴地面,仅是地面马路区域,所以幼儿只是作为马路来往车辆的情境使用。但中班幼儿的生活经验已相当丰富,他们对马路的认知不仅有地面,还有马路上面的高架桥、高架桥下有黄浦江,所以固定式情境不能激发幼儿深入环境进行主动创造和使用,所以得改造马路情境。

【改进实践】

引导幼儿到游戏材料库寻找合适的可以搭建马路的材料,如方形纸板、瓶罐等自己去尝试构造马路。

【问题发现二】

地面道路上,笑笑拿着自己搭建的"消防车"走了过来,看到"马路上"上已经放满了车辆,跑来说道:"老师,马路上太拥挤了,消防车要去救火,等不及了!我看到消防车都是走应急车道的,可是现在马路上没有这样的地方!"

高架桥上,小贤把自己用智高乐搭建的公交车慢慢地放了上去,由于公交车体积较大,放上去之后占去了高架桥几乎大部分的地方,后面的婠婠也想让自己的车开在高架桥上,可是已经没有可以放的地方了。

【思考问题】

幼儿对功能车的已有生活经验越来越丰富,已有的马路场景已经无法满足他们摆放车辆的需求,并对场景的现状提出了质疑;幼儿用材料库里的材料构造出来的"高架桥"过短,以致能摆放在这个场景里的作品屈指可数。

【改进实践】

(1)引导幼儿使用情境中的材料,如分散地垫区域可以连接使用,两块地垫并列摆放等,让情境变大变宽。

(2)提供马路实景图,引导幼儿观察并鼓励幼儿用辅助材料在地垫上划分不同的车道。

3. 改无序摆放,变自主管理

【问题发现】

孩子们把一块方形地垫区域作为停车场使用,随意地把许多搭建好的车子横七竖八地摆放其中,依依和萌萌跑来说:"老师,停车场乱乱的,车子都撞在一起了,不安全。"

【思考问题】

停车场区域过于原始化,没有任何标志和提示,幼儿停放车辆得不到环境的暗示,造成幼儿无序摆放现象。

【改进实践】

(1)组织幼儿观看生活中的停车场场景,帮助幼儿了解停车场的标志和停车位的合理规划。

(2)鼓励幼儿用喜欢的材料构造表现停车场。

（3）支持幼儿利用造好的停车场进行停放管理。

（二）思"搭"与"找"的合一，增进幼儿游戏的主动思考

1. 搭多样玩法，找趣味游戏

【问题发现】

室内运动中，乐乐和陶陶用运动组合积木搭建了一条由跨栏和跳圈组合而成的"勇敢者道路"。不多会儿，陶陶跑去拍球了。我问陶陶，陶陶回答："勇敢者道路我很会走了，我想试试别的。"

【思考问题】

构造的运动情境无法循环运动，因为用运动组合积木延长铺设的从起点到达终点的运动区域情境过于简单，对中班幼儿来说缺乏趣味性和挑战性，会直接影响幼儿玩的兴趣。

【改进实践】

（1）投放不同动物头饰等辅助材料，提升趣味性。

（2）引导幼儿发现可以让勇敢者道路变得有趣的方法，如三种材料的组合使用、铺设更长更有难度的勇敢者道路等，让幼儿主动思考和改造。

2. 搭牢固作品，找合适方法

【问题发现】

结构室里，孩子们用泡沫砖块积木以垒高的方式搭建着马路上的房子，不一会儿，一幢幢"五颜六色""奇形怪状"的高楼建筑出现在视野中，有的一碰就会倒下，站都站不稳。

【思考问题】

由于是第一次使用泡沫砖块进行搭建，边想边搭是中班孩子的年龄特点，孩子们只是一味地把看到的泡沫砖块积木以垒高的方式"往上搭"，对于色彩和房子的构造都没有进行预先的设计和考虑，导致搭建的房屋虽高但无法站稳的现象产生。

【改进实践】

（1）开展分享交流活动，让幼儿围坐在作品周围直面观察容易倒的房屋，引导幼儿主动找到存在的问题，如房屋的底座过小支撑不了高大的房体。

（2）引导幼儿用围合的方法搭建房屋底座，观察不同的底座所搭建起来的房屋站立的情况。

（3）引导幼儿注重房屋搭建时色彩的组合，尝试运用不同的颜色来表现作品的整体与局部之分。

（三）思"听"与"说"的合一，推进幼儿游戏的主动评价

1. 听同伴之语，说自我之见

【问题发现】

结构游戏结束，孩子们把自己搭建完成的作品拿到了教室前方的桌面上进行呈现。"谁来介绍一下自己的作品？"大家都举起了手，浩浩第一个举手，来到桌子前，把自己的作品捧在手里开始介绍起来："我用雪花片搭了一个自行车，它是红色的。"浩浩说得起劲，可是下面坐着的孩子们有的东张西望，有的交头接耳，没有几个孩子在注视着浩浩的作品。

【思考问题】

孩子们在分享交流环节表现出了注意力不够集中，倾听习惯有待提高。每个孩子都喜欢自己介绍作品，而不会对同伴的作品有过多的评价和关注，缺少对他人作品进行评价的经验，以致分享交流环节的意义不大。

【改进实践】

（1）提供两组呈现作品的桌面空间，一为摆放所有完成的作品，另一个则是摆放要着重介绍的作品，让幼儿把目光聚焦到这一作品上，让幼儿集中注意力，学会倾听。

（2）教师在幼儿介绍完自己的作品后可抛出引导性追问，如"你觉得这个作品怎么样？""说说你的想法吧！"引导幼儿尝试结合自己的经验来评价同伴的作品。

2. 听教师之言，说主动发现

【问题发现】

分享交流中，我随手拿起芳芳搭建的房子说道："请你说说你的作品是怎么搭出来的？"芳芳对于我的提问愣住了，我补充道："在颜色的选择上，你是怎么表现的呢？"芳芳介绍道："我用红色来搭房子，用黄色搭了屋顶。""你们看懂了吗？记得下次搭建马路边的事物时要用不同的颜色来表现不同的部分哦！"

而接下来的几次搭建中我发现孩子们搭建的作品的颜色搭配还是乱七八糟。

【思考问题】

对于中班幼儿，教师在分享交流环节中语言组织能力较为欠缺，语态缺乏生动，无法吸引孩子们去认真倾听；教师在环节中过多的言语把控禁锢了孩子们对同伴作品的主动评价，对于幼儿的回答未能做出合理的补充和梳理经验，使得该环节对幼儿的知识经验提升度不高。

【改进实践】

（1）以情境性过渡语和鼓励性语言开场，如"哇，你们个个都是设计师，造了那么多的建筑，好厉害"等，激发幼儿主动观察，引导幼儿主动评价。

（2）引导幼儿自主梳理经验，把单一作品中发现的问题延伸到所有作品中，如"还有哪些作品也是用了色彩组合的方法？"舍弃教师的一概而论，让幼儿主动去观察各个作品并进行评价，得到知识经验的有效迁移和巩固。

（四）思"家"与"园"的合一，增进幼儿经验的主动获得

《纲要》中指出：家长是幼儿园的合作伙伴。家长资源以其独特的优势极大地丰富了幼儿园的教学资源，同时有效地弥补了幼儿园老师的专业缺陷。家长资源与幼儿园教学的良好生态互动能有效地促进教师、家长和儿童的共同发展。

1. 集家长之力，建主题根基

【问题发现】

主题开展前的一次餐前谈话中，当老师抛出关于马路边有什么的相关问题后，大多数的孩子都只是围绕着路边的汽车和房子这两个内容表达着自己的所思所想，对于其他马路边的景象了解甚少。

【思考问题】

在主题式结构游戏开展前幼儿的已有生活经验过于局限，平时外出也不会过多关注马路边的事物，或者虽然自己了解但无法用完整的语言进行表述。

【改进实践】

（1）结合家长资源，下发调查表，让家长利用休息时间带幼儿亲临马路边观察，并用图文并茂的形式记录，丰富幼儿的前期经验。

（2）提供让幼儿主动介绍调查表的平台，并对所有的调查表进行归纳和梳理，帮助幼儿再次巩固生活经验，为游戏的开展打下基础。

2. 集家长之思，延主题内容

【问题发现】

在开展"马路上的车子"主题绘画中，我发现大部分孩子的纸上的车子都以方形或者梯形来表现车身造型，以汽车和公交车两种类型的车辆为主。

【思考问题】

教师或者家长的过多示范绘画使得幼儿绘画模式单一，固定的车辆造型和少量的前期经验禁锢幼儿的发散性思维，影响了创造力的体现。

【改进实践】

(1) 利用通信平台与家长沟通问题的发生并共同制定丰富幼儿对于车辆不同构造的经验的改进措施。

(2) 开展亲子制作活动,让幼儿与家长运用废旧材料完成自己喜爱的不同功能的车辆模型。

(3) 提供幼儿向同伴介绍作品的平台,巩固对车辆构造的深入了解。

二、主题式结构游戏中的收获

(一) 幼儿的收获

1. 多参与——积极性提升

地面游戏区域要合理规划和有效调整,使得幼儿能够更有效地与环境进行活动,通过随意、方便地进入场地、改变情境,激发幼儿继续探索、积极参与。

2. 多思考——自主性发展

幼儿通过自身的实践,对已构造的游戏情境进行反思和调整,利用已有的辅助材料投放和补充,让活动内容不再单一,学会主动思考,善于发现问题和解决问题。

3. 多评价——主动性巩固

由于中班幼儿的年龄特点,结合班中幼儿倾听习惯有待培养的薄弱因素,通过调整分享交流环节中场地的布置和教师语言语态,使得分享交流给予幼儿获得更多经验的机会。幼儿在自我评价和互相评价的过程中,自主发展得到升华。

(二) 教师的收获

1. 提升自觉反思的能力

教师的专业水平发展贵在自觉、主动地反思自己在教学实践中存在的问题,从"失败"中获得"成功"也是一种有效的对策。教师在《马路新景象》主题式结构游戏的开展中不断形成了自觉反思的习惯,对于活动后的环境创设、材料提供、组织形式都能进行透彻思考,最终化为有利的专业自觉行为。

2. 促进教育实践的能力

通过本次反思性实践研究,极大程度上提高了教师的教学指导能力,只有通过反思,教师才能不断总结自己在知识的欠缺、教育理论的不足;只有通过反思,才能获得实践性的知识,积累好的教学经验,优化自身教学方法给予幼儿最佳的指导方法。

(1) 创设自主学习的环境

幼儿的自主学习是指孩子在幼儿园中按自己的想法和心愿,根据自己的喜好、自己的水平、自己的行为方式,独立地来接触事物,获得信息,取得经验,提升认识,主动地发挥自己的主观能动性。

主题式结构游戏的开展,环境的创设是需要考虑的一个要素。教师对于场地的合理运用和安排需考虑到幼儿的自主发展,如教师在教室的环境创设中建立材料库,通过投放不同层次的材料,让幼儿根据自己的需要选择材料,可用于室内运动和结构游戏中,发展幼儿自主学习的机会。

(2)搭建生生互动的平台

教师要为幼儿搭建让同伴之间共同游戏的平台,如结构游戏中创设开放场地,让幼儿通过与同伴自由结对共同游戏。这是一个可以互相学习和借鉴的平台,搭建能力强的幼儿会有引领示范的作用,较弱的幼儿会根据同伴的作品进行模仿和学习,教师创设的游戏环境给予了幼儿生生互动的机会,让他们学着去发现同伴身上的本领,并能尝试着自己去探索。

(3)丰富实践创新的经验

主题式结构游戏的分享交流为幼儿搭建了自主表达的平台,幼儿在分享交流中表达自己的想法、分享自己独特的表达方式以及种种体验。有效的交流分享活动需要教师有一双慧眼,学会敏锐观察。教师必须对游戏的过程进行有目的的全面观察,对幼儿游戏意识和游戏行为做到心中有数,才有可能捕捉到最有价值也最能适宜推动游戏积极进展的分享点。交流分享的目的,是帮助孩子梳理、提升已有经验,把孩子们的游戏体验引向深入。这就需要教师在幼儿游戏过程中全面观察,准确判断哪些内容有交流价值,做到心中有数,在有限的时间里巧妙引导,才能使交流分享发挥最大的教育效应。

幼儿通过每次的交流分享,可以学习到不同的搭建技能,也能根据老师的点评了解自己作品的亮点和不足之处,在下次的主题式结构游戏中尝试改变和创新,在一次次的尝试中让自己的搭建技能越来越多。

· 大班 ·

港珠澳大桥
——在主题式结构游戏《旅行去》中提升大班幼儿沟通互动和团队协作

◇ 蔡程华

源起

对于大班幼儿来说，他们已经积累了较多外出旅行的经验，大多数幼儿愿意兴致勃勃地讲述自己老家的著名建筑、旅游景点等，也会带着自己家乡的特产和同伴、老师一起分享。而借由"国庆节"这一契机，再一次激发了幼儿关于"旅行"这一话题的分享意愿，于是，《旅行去》这一主题应运而生。

本文将以大班《旅行去》主题式结构游戏为例，通过主题式结构游戏，发展大班幼儿的建构水平，逐步培养幼儿的沟通互动、团队合作等能力，继而促进幼儿自主发展与社会参与素养的养成，同时也促进了幼儿其他多方面素养的发展，使每一位幼儿得到全面和谐的发展。

一、灵感迸发——奠定达成共识的基石

随着《旅行去》主题的不断深入，幼儿的建构经验也随着主题不断提升。一幢幢精美的特色建筑、一艘艘造型立体的邮轮纷纷呈现出来，孩子们边欣赏边讨论，每天都有新话题。"港珠澳大桥顺利通车"的新闻一出，立刻吸引了孩子们的兴趣，于是，能干的设计师们开始了他们的创作……

➢ **镜头：**

教师组织幼儿观看了港珠澳大桥顺利通车的新闻，立刻引发了孩子们的热烈讨论。

"这座大桥好长、好壮观啊！"

"这座大桥是建造在海上的！你们看，它还有海底隧道呢！"

"我觉得我们也可以搭一座桥！"

"……"

讨论一结束,就看到夏天宇去询问自己的小伙伴李宇辰:"我们俩一起来搭港珠澳大桥吧!""好!"李宇辰回答道。说着,两个人就开始寻找需要的积木了。没过多久,一小块桥面就已经搭建好了,夏天宇看了看正在找积木的李宇辰,似乎想到了什么,便对他说:"你来搭桥墩吧!""桥墩怎么搭?""嗯?让我想想。"只见夏天宇拿起一些灰色的百变积木,没一会儿就搭好了一根长方体形状的柱子:"你看!这个就是桥墩,就这样搭吧!"李宇辰看了看桥墩,便开始寻找相同的积木搭建起来……

核心素养分析:

※ 信息意识——关心时事

在搭建前,当教师与幼儿一起分享这则新闻时,部分幼儿能说出港珠澳大桥连接的三个城市分别是哪里,以及一些基本的信息,这也反映了大班幼儿在日常生活中的信息收集,并能将自己的信息反映到结构作品的创作当中。

其次,当幼儿了解到这则新闻之后,部分幼儿将这则新闻以图文并茂的形式制作成新闻简报,并张贴在班级的新闻坊内,同伴之间或小组、或个人看一看、说一说,以不同形式了解中国的发展,大班幼儿的信息意识能力得到不断提升。

二、各抒己见——搭起沟通互动的桥梁

通过前期的思维碰撞,夏天宇和李宇辰的合作意识已经渐渐萌芽,两个人对各自的任务已经较为明确,但是当两位设计师完成基本的桥面之后,随着而来的问题也渐渐出现……

➢ 镜头:

港珠澳大桥经过连续多次的搭建,已经初具规模,桥面由一段长长的底板连接成,桥面下有一排桥墩支撑起整座大桥。夏天宇和李宇辰两位设计师还在桥面上架起了斜拉索,他们将大桥搬到了教室的主题式结构区域,其他孩子们纷纷围拢并讨论起来,"这座大桥好漂亮啊!""好长的桥啊!"同伴的赞美声让两位设计师露出了开心的笑容。这时,晴天提出了问题:"可是这座桥太窄了,只能容一辆车子通过。"大家看了看大桥,果真如此,桥面太过狭窄,当孩子们的小汽车玩具放在桥上之后,就没有多余的空间供第二辆车通行了。设计师们也面露难色。

教师观察到了这一幕,便引导道:"晴天说得很有道理。那你们有什么办法可以让两辆或者三辆车同时通行呢?""车道应该更宽一点!""还可以多搭几条马路出来!"教师询问设计师:"你们觉得这些方法怎么样?"两位设计师点了点头表示认同。于是,大桥的改造就开始了!

核心素养分析：

※ 沟通互动——交换意见

对于大班幼儿而言，沟通互动是其开展社会交往的重要手段。通过与同伴之间传递信息、传播思想、传达情感，并相互作用，是促进幼儿表达表现的重要途径，也对其社会性发展有着重要作用。

镜头中，当两位设计师完成作品之后，其他幼儿能将自己的想法和建议说出来，并提出自己的修改意见，使港珠澳大桥的改造逐步完善。可见，沟通互动除了能让大班幼儿交换意见，也能帮助他们及时反思，寻求更好的方法。

※ 批判质疑——提出见解

南宋教育家朱熹曾说过："读书无疑者，须教有疑，有疑者，却要无疑。"培养批判质疑精神，对于大班幼儿来说，关键是教师在主题式结构游戏中，营造一种宽松、民主、和谐的游戏氛围，引导幼儿善于向老师和同伴质疑，不轻易认同别人的观点，而是通过自己的独立思考，判断其价值，并提出自己的独到见解。

镜头中，当夏天宇和李宇辰完成港珠澳大桥之后，晴天就提出了自己的不同见解，他认为港珠澳大桥的车道太过狭窄，每次只能通行一辆车，这一问题的提出立即引起了同伴的共鸣。于是，教师抓住这一契机，引导幼儿讨论，应该如何调整，使车道变得更宽，在讨论中幼儿掌握了使车道变宽的方法并付诸实践，为后续的改建奠定了经验基础。

三、协商共赢——凸显团队合作的价值

团队合作是大班幼儿常见的一种交往手段，是幼儿与同伴为了一个共同的目标，相互支持、分工、协作并奋斗的过程。港珠澳大桥的改建工程就恰好诠释了这一词的含义，两位设计师精诚合作，将港珠澳大桥按照既定计划一步步进行改建，使得作品大气、磅礴，成为孩子们议论的焦点。

➢ 镜头：

改建工程正在如火如荼地进行中，设计师将原来的单车道改建成了双车道，并在每根车道中间设置隔离栏。同时，他们加固了桥墩，使整座大桥更加稳固。桥面在两人的齐心协力之下，很快就改建完成了。李宇辰看了看实景图，就开始搭建路灯了，只见他用灰色积木搭建了路灯的杆子，再用黄色积木表示明亮的灯光，不一会儿，一排路灯就跃然于桥面上，夏天宇看了看这些路灯，想了想，对李宇辰说："哎呀，不对！每个路灯应该距离都是一样的才行。"原来，李宇辰在放置路灯时是随意摆放的，这样，桥面

就显得有点凌乱。夏天宇将路灯都拆下来,按照每个路灯相距十个点子的办法,将路灯重新摆放,整齐的路灯照亮了前方的道路。他们再将每个不牢固的地方重新加固了一下,这样,一座崭新而又壮观的港珠澳大桥就完工了!

核心素养分析:

※ 团队合作——改建港珠澳大桥

首先,经过前期一系列的沟通和商讨,设计师们已经对港珠澳大桥的改建计划达成了一致。接下来,他们二人分工协作,各自负责大桥不同区域的改建,并及时商讨、交换意见,将港珠澳大桥一步步按计划完成。可见,通过二人的合作,能够有序地开展大桥的改建措施,同时,在搭建过程中,幼儿的团队合作意识进一步加强,并且有效地将这种方式运用于其他游戏当中。

※ 问题解决——港珠澳大桥建成

其次,在游戏开展过程中,教师在表征墙上呈现了港珠澳大桥的实景图、设计图等,同时引导幼儿观看视频,充分了解港珠澳大桥的外观、构造等,他们学会了分工、合作,从桥墩、桥身、桥架慢慢搭建成一座完整的大桥。创造的过程,也是幼儿不断挑战的过程,如:当桥面加宽之后,原先的桥墩就太小了,无法承受桥面的重量,幼儿又将桥墩进行了放大并加固;其次,在观察港珠澳大桥的实景图时,他们发现,港珠澳大桥并没有斜拉索,取而代之的是一排排路灯,于是,他们将原先的斜拉索拆除,装上了一排排路灯;最后,设计师们选择了一个醒目的蓝色搭建港珠澳大桥的标志,整座大桥壮观、大气,大班幼儿的建构水平得以充分体现。我们将幼儿的创作痕迹一一记录下来,使他们能够完整讲述自己从设计到建造的一系列过程,在这个过程中,孩子们的乐学善学、问题解决等能力得到充分的发展与培养。

四、感悟

1. 灵感源自生活——创造力飞扬

大班幼儿在平时生活中,经常会通过各种途径接触到一些时事新闻、国家大事,而这些生活中的信息也成为幼儿开展主题式结构游戏的灵感来源。除了本案例中的港珠澳大桥,我班在主题式结构游戏的开展过程中,也注重提炼幼儿生活经验中的素材,其中,绝大部分作品都来源于幼儿的生活经验。

在开展《旅行去》主题过程中,教师以"国庆节"为契机,邀请幼儿分享各自旅行的视频及照片,并以"家乡调查表"开展亲子合作,以图文并茂的形式将自己家乡的著名建筑、特产画下来,介绍给其他同伴,让孩子们了解中国的地大物博及各种特色的建筑,如福建土楼、北京四合院等,萌发幼儿爱家乡、爱祖国的情感。同时,引导幼儿在充分感受和认知的基础上,将这些建筑用结构材料进行创造表现,不断丰富幼儿的建构经验。

在这一过程中,幼儿获取及使用信息,并能根据自身实际情况,选择合适的方法进行搭建,幼儿的建构技能发展的同时,创造力也有了质的飞跃,如幼儿搭建的"中华赛龙舟""长征一号""中华艺术宫"等,这些作品除了较为完整地还原真实原型以外,也充分体现了大班幼儿的创造性,是建构技能和创造力两者结合的智慧结晶,幼儿的科学善学与勇于探究的能力得以充分体现。

2. 同伴精诚合作——行动力激发

《指南》中明确指出:要求幼儿"能想办法吸引同伴和自己一起游戏。活动时能与同伴分工合作,遇到困难能一起克服。"5～6岁是幼儿合作能力发展的重要时期。因此,对大班幼儿合作能力培养是很有必要的,能为幼儿终身发展奠定必要的基础,同时也为幼儿适应不断发展的社会所需要的能力奠定最初的基础。

在主题式结构游戏中,大班幼儿往往能自主选择同伴、选择材料,并分工协作,共同完成一件结构作品。游戏结束后,教师把幼儿合作创造的作品进行有效评价,除了能让幼儿感受合作带来的成功感和愉快之外,还能带动其他幼儿积极合作。如:教师把幼儿合作完成的作品用相机拍下来,通过多媒体播放进行场景再现,将合作带来的成功与不合作带来的不愉快进行比较,引导幼儿从中发现原因,以便以后能够更好地进行合作。又如:教师还可以让幼儿进行自我评价,讲讲跟同伴合作的收获,也可以分析发生矛盾的原因及解决办法,通过相互交流发现合作的"意想不到",激发幼儿合作的欲望,促进幼儿之间的合作,同时幼儿的问题解决能力也在这一过程中不断提升。

3. 确立创作计划——坚持性提升

在开展主题式结构游戏的过程中,时常会出现以下两种情况,第一,幼儿第一阶段搭建的半成品,到了第二阶段就失去了继续往下搭建的愿望,导致作品久久无法完成。第二,第一阶段的设想,由于时间的关系,到了第二阶段就渐渐遗忘,幼儿不知如何继续搭建。

为了解决这一问题,更好地培养幼儿在主题式结构游戏中的坚持性与持续行动力,教师引导幼儿尝试自己制订创作计划,充分调动幼儿的自我管理能力。在搭建之前,由组内成员自行商量,选择一位同伴绘制设计图,将创作思路画在画纸上,设计图要体现整体造型的轮廓与结构,并标明使用的积木颜色,完成设计图之后,组内成员便可以协商合作,按照设计图的要求分工完成作品,如果一次游戏时间无法完成,那么可以分两次或多次完成。这样一来,就很好地解决了上述两个问题。幼儿也在主题式结构游戏的过程中,学会合理分配和使用时间与精力,并具有达成目标的持续行动力,自我管理的能力不断发展。

　　主题式结构游戏的开展形式和内容并不是一成不变的,它可以随着幼儿的兴趣和经验不断衍生与拓展,相信在今后的研究与探索中,我们的成果将会越来越丰硕。

在快乐中前行

——在主题式结构游戏中培养大班幼儿自主发展素养

◇朱 灵

在人才济济、竞争激烈的当今,自主发展的意义和价值已经得到了广泛的认可。根据"终身教育"的理念,自主发展就必须得自主学习,自主学习的能力是现代社会人所必需的素养,弘扬人的主体性、自主性是时代发展的主题。而处于人生奠基期的幼儿来说,培养其自主学习的习惯和能力,对幼儿一生的学习、生活、发展都有着重要的意义。

新《纲要》中指出:"学前教育的根本目的是促进幼儿的发展,幼儿是学习和发展的主人,应尊重幼儿的主体地位。而尊重幼儿的主体地位,就表现为支持幼儿自主发展,发挥教师的主导作用。"《3~6岁儿童学习与发展指南》中也明确指出:"自主性学习是幼儿的学习品质。幼儿在活动中表现出的积极态度和良好的行为倾向是终身学习和发展所必需的宝贵品质。要充分尊重和保护幼儿的好奇心和学习兴趣,帮助幼儿逐步养成积极主动、认真专注、不怕困难、敢于探究和尝试、乐于想象和创造等良好的学习品质。"从中可以看出,幼儿的自主学习不仅是一种学习方式,也是其学习品质的组成部分,教师就是幼儿自主发展的"助推器"。

而大班幼儿随着年龄的增长和各方面能力的发展,自我意识逐渐增强,不再满足于追随、服从教师,他们爱学、好问,有着极强的学习欲望,他们渴望获得更多知识经验,他们希望自己去发现、探究和创造属于他们的世界。

幼儿园游戏多样,进入大班后,结构游戏以其自由自主、富于变化、具有挑战性的特点,更是受到孩子们的青睐。因此,我们依据大班幼儿的学习特点,选择能创造性地反映周围生活的结构游戏,并尝试围绕某一主题,在游戏情境中采取支持幼儿自主学习的策略,引导幼儿积极主动与周围环境、教师同伴进行协作、会话,使幼儿真正成为游戏的主人,自主性得以体现与发展。

一、把握有利契机,提升幼儿自主建构兴趣

《课程指南》里指出:在课程实施中,教师应处理好预设活动与生成活动之间的关系,善于发现幼儿喜欢的、感兴趣的事物和偶发事件中所隐藏的教育价值,满足幼儿的探索兴趣,尊重幼儿的自主活动,注重活动的过程,支持幼儿的发展。

自主发展依赖于幼儿自主意识的觉醒、自律素养的提升和自主精神的张扬。我们教师就要抓住教育契机。教育契机的关键是要敏锐地感知幼儿的兴趣和关注点,从而推动幼儿的自主学习,培养幼儿自主进行主题建构的兴趣。

【案例一】造桥小工人

在主题式结构游戏"各种各样的桥"中,正当我和孩子们站在搭建好的"大桥"边欣赏,兴致勃勃地说着搭建中的趣事时,亮亮和东东却脱离了集体,他俩在桥面上玩起了"开汽车"游戏,快乐溢于言表。洋洋受到了感染,不由自主地挪动脚步,加入了这个快乐小团队。接着,是明明、强强。虽然大部分孩子仍在我身边,可是,他们的小眼神已被"车队"吸引走,快乐的方向已然发生了变化。

还有什么比追随幼儿的兴趣更要紧的事情呢?立刻,一支长长的车队有序行驶在大桥上。"斌斌,别停下,大桥上不许停车哦!""老师,我们要去动物园了,再见!"……曾经经历过的、生活化的场景在游戏中再现。看着孩子们的兴致如此之高,我们就顺水推舟,抓住契机,决定建造一个孩子们心中的动物园。"动物园里有些什么呢?""动物们的家是怎么样的呢?"带着这样的疑问,孩子们谈论着,思考着……

《3~6岁儿童学习与发展指南》中指出:教师要充分尊重和保护幼儿的好奇心和学习兴趣,帮助幼儿养成主动学习和探究、创造的学习品质。幼儿本身就是环境中一个最大的动态因子。当出现新情况、新问题时,教师首先要顺应、尊重幼儿的情感需要,因为它是生生互动、师幼互动的基础和媒介。其次,对幼儿的无意行为应及时调控,有效引导,敏锐发现其中的价值,把握有利契机,将其转变为有意义的、幼儿感兴趣的游戏情节,或机动灵活地形成一个生成性游戏计划,作为原有预设性游戏主题的补充。

二、提供适宜材料,激发幼儿自主探索

幼儿的年龄特点决定了其以游戏为基本形式、以材料为中介的学习特点。主题结构游戏中,材料的投放是幼儿自主探索的必备条件,也是幼儿游戏的支柱。

在实践中我们往往发现,幼儿对游戏材料刚开始表现出极大的兴趣,但当游戏材料长时间没有更新的情况下,孩子会逐渐失去进行结构游戏的兴趣。所以,教师

在准备结构游戏的材料时,除了所需的积木、积塑等主要材料外,可与幼儿共同探讨和准备所需的材料(包括一些废旧材料),以及根据不同发展水平的孩子提供难易程度不同的操作材料,并且及时发现幼儿搭建中的需要,随机添加一些辅助性的游戏材料。幼儿在游戏过程中,通过主客体关系及相互作用而体现出自主、热心、无他人驱使等个性特征,激发了幼儿进一步自主探索的愿望。

【案例二】不一样的船

主题式结构游戏"不一样的船"开展一段时间后,我发现部分孩子依旧对搭船兴致盎然,但对于明明、君君等几个能力强的幼儿来说,似乎失去了挑战性,玩了一会儿就无精打采。经过仔细的斟酌,我悄悄地在船舱投放了几样东西:小旗、彩圈、长短不一的纸筒,再不动声色地退到一边。君君首先发现了这些材料,当他无意间透过纸筒看到对面时,兴奋地大叫:"明明,我看到你啦!"

由君君点着了这根导火索以后,快乐的故事接踵而至:明明用彩圈当作舵,自诩为"船长";小的纸筒变成了望远镜,长长的纸筒成为"大炮",对付"海盗"全靠它;孩子们搭起了一面面属于自己轮船的小旗,打起了自编的旗语;船上的乘客越来越多……

这种探索是偶然也是必然。适时提供具有多样性探索与表现的材料,让幼儿按照自己的想法任意操作、组合、改变,使游戏出现新的转机,产生新的内涵,引发新的探索活动,最终获得成功感和愉悦感,也推动了幼儿的主动探索。

由此可见,教师在对获得目标有着明确把握的前提下,根据孩子在游戏中的需要,适时进——及时投放新材料,及时退——支持与等待幼儿在自身经验的基础上产生新的探索动机。既满足幼儿游戏的需要,又让他们有更多机会迁移已有的经验,丰富游戏内容,使游戏更具生命力。

三、营造合作氛围,鼓励幼儿自主交往

"合作"是个人或群体为了一个共同目标而进行的相互协调行动。合作不仅是幼儿有效探索、主动学习不可缺少的条件,也是现代人才尤为重要的素养。

大班幼儿已经有了自己的主见,同伴间互相比较了解,有自己喜爱的好朋友,建立了牢固的友谊。在主题结构游戏中,自主选择同伴,分组搭建、分组交流,是幼儿之间互动学习合作的最好方式。

为此,在游戏开始之前,我鼓励孩子自由选择同伴,而且让幼儿知道,这种选择是双向的,一旦选择好朋友作为合作伙伴,大家要共同承担任务,不能半途而废离开。

【案例三】一百层楼的房子

在"我们的城市"主题式结构游戏活动开展中,佳佳、依依、庭庭、琪琪自由结伴,组成了自己喜欢、认同的"家"。他们选择了牛奶盒、清水积木等材料建造房子。佳佳说:"我们大家分头做,这样速度快一点。依依负责拿剪刀,庭庭用积木造房子,我和琪琪用牛奶盒造房子。"依依翘起嘴巴说:"我也想和你们一起造房子,我想在上面插一面小红旗。""那好吧,你来吧!"于是他们开工了。佳佳说:"这个盒子很高,我们可以造高楼。"依依:"做几层呢?"佳佳:"做一百层,一百层的房子里面能住许许多多的人呢,这样热闹。"依依做了一面小红旗插在了房子顶上,说:"这面红旗在晚上会闪光的,就是告诉晚上的飞机,这幢高楼很高,有一百层,小心别撞上来。""三个大窗户是观光的,头只要一伸出窗口,就能看风景了。""住在一百楼的人不敢把头伸出来,风太大了。""没关系,我来做收缩的升降的滑滑梯,从滑滑梯上滑下来就能出来看风景了。"于是他们又一起动手尝试制作"滑滑梯"。琪琪用剪刀在三个大窗户上开了三个口,用粗的吸管插入三个窗户内,他说:"人可以从这个管子里滑下来,很安全的。"完成之后,三个人还请我来参观他们"一百层楼的房子"。他们兴奋地介绍着这幢高楼,脸上露出了成功的喜悦。

在本次游戏活动中,孩子们以自由结伴的形式进行合作搭建。在合作搭建中,幼儿为解决问题一起协商、互助合作、共同完成。游戏中幼儿间多了一些分工、协商、配合的机会,使合作成为一种需要、一种必然,可帮助幼儿学会自主交往、乐于主动参与。

四、引导观察思考,支持幼儿自主解决问题

观察是孩子们认识世界、获取信息的重要途径。在观察中,他们会有意地对观察的事物进行比较,发现事物间的相互联系,相互区别,从而引发幼儿的思考、推理与分析。在观察与思考的过程中,幼儿不再依赖于教师的帮助和指导,更加愿意独立完成搭建任务,独立解决搭建中的问题。

搭建过程正是幼儿自我实现需求得以满足的过程,在满足自我实现需求的同时,获得了成就感和信心。而且,在搭建的整个过程中,幼儿会根据自己的原有经验探索解决问题的渠道、策略和方法,既体现出幼儿的生活经验,动手操作和亲身体验的学习特点,又使幼儿的原有经验得到更新、提升和发展,获得了新经验。

【案例四】"比赛航道"散架了怎么办?

主题式结构游戏"我们的城市"中,孩子们自发地分为两个小组搭建"黄浦江",

然后在"黄浦江"中搭建皮划艇比赛航道。可是,在比赛中出现了一个大问题:"比赛航道"总是散架,皮划艇很难顺畅地滑行,怎么办呢?

面对困境,张老师在两个场地分别拍摄下了孩子们搭建的"比赛航道"场景及孩子们的运动表现,并将两组照片同时展示在电脑上供孩子们对比观察。果然,孩子们很快地发现了问题所在:首先,单层的长板状碳化积木表面比较滑且两头微微翘起,容易滑动散开;其次,双层的"航道"虽然由很多块积木、拼接组合而成,相互之间没有固定,在"皮划艇"滑行的过程中造成了积木之间的移位,影响了滑行。

发现了问题原因,如何解决呢?孩子们又开始思考。有的孩子提出铺好"航道"后用胶布进行固定;还有的建议以地面为"航道",用积木在两侧进行围合。最后在大家的一致商量下,决定采取第二种办法。

多媒体照片的加入使幼儿能更清晰地观察到活动中出现的情形。通过两组照片的对比呈现,孩子们很快发现了问题所在,并尝试分析其中的原因。在不断的观察、分析与探索、反思中,孩子们一次又一次自主地实现了"问题解决"。

实践证明,幼儿成功的体验有时更多地源于对具体问题的解决。在这个过程中,教师的支持和指导是否及时有效,起着至关重要的作用。教师在适当的时机,运用明确的语言引导或行为上的支持,以及教师以活动参与者的身份进行示范性引导或合作式支持,能充分调动幼儿游戏的内驱力,让幼儿成为游戏中主动参与、快乐体验、自我建构的主体。

五、保护即闪灵感,推动幼儿自主创造

结构游戏具有自由、自主、自发的特点。很多时候,幼儿想要搭什么,怎么搭,是我们无法预见的,因此教师要保护幼儿的即闪灵感,学会及时调整,支持、鼓励幼儿结构游戏主题的发生和发展,支持幼儿的自主创造。

【案例五】美丽的"幸福门"

语言活动"老鼠娶新娘"结束后,孩子们玩起了娶新娘的游戏,佳佳提出了意见:"我舅舅结婚的时候,放了好几个鲜花门,可漂亮了!"张老师一听就明白了孩子们是看了婚礼的场景,有了这样的经验而有感而发。其余的孩子一致赞同,并提出要搭建美丽的"幸福门。"我欣然同意,并鼓励他们搭建不同式样的幸福门。一时间,大积塑片、积木块、PVC管、奶粉罐等材料闪亮登场。经过努力,各具特色的幸福门呈现在眼前,有色彩搭配的积塑门,有结实便于移动的管子门,有多样变化的奶粉罐门。孩子们还放上了纱幔、小花进行装饰,真是别致美丽。一切准备就绪后,孩子们提出了想法:放

在走道里角色游戏时使用,同时还可以邀请其他班级的小朋友来参加。

从上述游戏中我们可以发现,幼儿在活动中,搭什么,取决于幼儿的生活经验和即时兴趣,怎么搭,取决于幼儿的搭建经验及当下构思。因此,教师要保护幼儿的创意和即闪火花,为幼儿创设开放的建构环境,提供足够选择的建构材料,安排充足的建构时间、空间,保障幼儿游戏的开展,让幼儿的即闪灵感得到迸发。

六、给予激励评价,促进幼儿自主学习

心理学研究证明:当人取得一次体验式成功后,便会激起更多次地展开对成功的探索和追求。在实践中,我们发现幼儿对自己建构的作品特别需要得到老师的夸奖和赞美,并希望与同伴共同分享成功的喜悦。

因此,在活动中,教师往往承担着教育者和管理者的角色,在具体评价里,教师则承担支持者、合作者和引领者的角色。教师要了解每个幼儿的心理特征,进而促进幼儿积极主动参与到主题结构游戏当中,通过评价发现幼儿自身优点和特长,既可以增加幼儿的自信心和满足幼儿的成功感,也可以激发幼儿参与主题式结构游戏的欲望和激情。

【案例六】美丽的大树

在开展主题式结构游戏"秋天的公园"活动中,幼儿搭建了各种各样的树,并且还将树按照不同材料进行了分类摆放。其中积塑建构的树形象十分逼真,一下子便吸引了幼儿的注意,但给人感觉不够美,十分凌乱。于是,张老师便将其作为讲评重点。当张老师将幼儿的注意力移至积塑建构的树时,幼儿很快便提出了各自的观点。依依第一个提出要重新摆放一下,只见她将树沿着围墙排成了一排,经过她这一摆,的确漂亮了许多,也得到了同伴的认同。这时健健也举起了手,他将树按照颜色,变成了一排黄色,一排绿色,增添了有序感。这时彤彤说道:"张老师,我想把它们跟我们小朋友排队一样,排成一排一排。"经彤彤一摆放,同伴们不约而同地鼓起了掌。张老师给予赞赏的眼神、微笑的表情,并向幼儿竖起了大拇指。

从上述案例中可见:当张教师观察到幼儿在游戏中出现了问题时,不是一味地给予主观帮助,而是相信幼儿的潜力,为幼儿寻求解决问题的方法提供了支架,运用了隐形的师幼互动评价方法,通过自己的语言暗示、动作暗示、材料、环境的暗示,推进了游戏的发展,激发了幼儿再创造的愿望。

通过评价,教师了解了幼儿主题结构游戏的能力水平,分析游戏存在的问题,以便加以调整、改进和更有针对性的指导,以不断推进幼儿的自主学习与探索。为此,

教师要适时对幼儿表现出的主动性、能动性予以激励性评价。对幼儿来说,从中获得了与同伴共享及交流成功的喜悦,自信心逐渐得以建立,幼儿在游戏中积累经验的同时树立克服困难的勇气,从而促进了幼儿自主学习能力的提升。

在主题式结构游戏活动开展的实践研究中,我们领悟到:在主题结构游戏前,教师必须依据对幼儿的了解,充分估计他们在游戏中可能出现的情况,做好充分的准备,以便因势利导,支持和引导幼儿的游戏。活动中,要从幼儿的需要出发,及时关注幼儿的反应,对幼儿的兴趣点做明确的价值判断,与童真天性对话,尊重"自由"、尊重"自主"、尊重"自发"。要学会从幼儿的视角来审视,适时进退,适度提升,让幼儿的主体性更为凸显。

总而言之,孩子是在游戏中学习的。因此,在开展幼儿园主题式结构游戏时,我们要不断给予孩子自主探索、快乐体验和表达表现的权利,采用多种策略,最大限度地促进孩子的自主学习,从而推动幼儿的自主发展。

成长中的"三思考"

——在主题式结构游戏《有用的植物》中发展大班幼儿的劳动意识

◇ 倪方虹

社会参与是核心素养的重要素养之一,而劳动意识在社会参与基本素养中占有极为重要的部分,是指幼儿具有为自我、他人服务劳动的认识和想法。通过主题式结构游戏的展开,让幼儿在各类丰富的活动中逐渐热爱劳动,养成良好的劳动习惯。

一、三项支持

三项支持以幼儿的兴趣为纽带,营造宽松、有趣的劳动氛围,给予幼儿劳动的机会,挖掘每个幼儿身上的优势与潜力,充分调动幼儿的积极性和主动性,从而提升幼儿的劳动意识。

(一)创设环境,激发幼儿劳动意识

《幼儿园工作规程》中指出:"创设与教育相适应的良好环境,为幼儿提供活动和表现能力的机会和条件。"创设良好的劳动环境,营造有趣的劳动氛围,对激发幼儿的活动兴趣,保持幼儿参与活动的持续性等方面有着潜移默化的作用。

1. 有价值的观察对象

自然角里的每一种植物都有其教育价值,教师在自然角中有序呈现各种动植物,有结构地加以合理组合,激发孩子对自然角的观察兴趣,让幼儿乐于探究,从而获得更多的学习和发现。

2. 具体的记录过程

任务越具体,幼儿劳动目的就越明确,主动性就越高。记录的运用,在很大程度上,给幼儿明确了种植的任务,帮幼儿积累种植的经验。记录的对象是动态的,有变化过程,大班幼儿能根据观察自己记录。

如:在《有用的植物》主题活动中,将幼儿收集到的各种种子(黄豆、玉米、红豆等)陈列在自然角,一方面,让幼儿感受种子的丰富多样、品种繁多;另一方面,有所侧重地引导幼儿了解种子发芽的过程和方法。对于黄豆的生长,幼儿不断记录,每当有新的发现都能让他们雀跃欢呼起来,因此,他们能主动关注植物生长,定时照料。通过幼儿的观察也给了他们在建构时的无限创意,角色游戏中用百变积木搭了一盘黄豆芽在小吃店里售卖,小客人们觉得很有趣,生意也是出奇的好。

可见,在照料植物时,幼儿萌发了劳动的兴趣,并用结构材料来表现自己的劳动成果,进一步促进了幼儿的建构经验,同时也培养了他们的劳动意识。

(二)提供材料,帮助幼儿动手创造

《纲要》中指出:"提供丰富的可操作的材料,为每个幼儿都能运用多种感官、多种方式进行探索提供活动的条件。"丰富多样的材料,能支持幼儿建构,助力幼儿劳动。

【案例一】

午间散步时,教师与孩子们一起经过了种植园,孩子们纷纷表达了自己想进去参观的意愿。走进种植园后,孩子们高兴地观察、讨论。教师将孩子们参观种植园的照片贴在了表征墙上,孩子们围绕在表征墙周围,共同回忆着参观种植园的场景。

"轩轩,你在看葱呢,很细很细的葱!"

"我们在青菜旁边呢!"

"上次的萝卜叶子已经很长很长了,里面肯定有个大萝卜。"

……

"既然你们这么喜欢,为什么不试着去设计一个种植园呢?"听完教师的话,孩子们迫不及待地前往材料库开始寻找材料,喜欢画画的孩子们拿出了蜡笔、记号笔和铅画纸等绘画工具,喜欢搭建的孩子们拿出了百变积木、雪花片等结构材料,大家纷纷开始了自己的创作。最后,喜欢画画的孩子们绘制出了一张种植田地的设计图,而喜欢搭建的孩子们则在地面建构区搭建出了他们心中的种植园,里面种植了许多蔬菜,有萝卜、青菜、娃娃菜、小葱等。

【分析与思考】

1. 丰富材料助力幼儿创造

《上海市学前教育课程指南(试行稿)》中指出:"材料投放应数量充足、种类丰富全面,满足每个幼儿的游戏需要;材料投放应适合不同发展水平的幼儿,并及时更新和增添。"

幼儿通过发现、创造、搭建开展活动,材料库和各类结构材料让幼儿根据材料的

特性和想法自主选择,喜欢画画的幼儿和喜欢建构的幼儿都能从中根据自己的需求选择所需要的材料进行创造。幼儿在与各种材料的互动中加深了他们创造力、想象力和表现力,他们开始将地面的建构区创建成了一个小型种植园,幼儿能将创意和方案转化为有形物品。

2. 多样材料促使幼儿劳动

教师尊重幼儿探究的意愿,在幼儿与材料相互作用的过程中逐渐对植物感兴趣,多样的材料提供起到了关键性的作用,促使幼儿产生了劳动的意愿。因此提供适合大班幼儿年龄特点的支持性材料,是幼儿展开劳动的重要条件。

(三)给予鼓励,引导幼儿积极劳动

《3~6岁儿童学习与发展指南》中针对5~6岁幼儿明确指出:"鼓励儿童用多种方法发现问题,寻求答案。"及时给予幼儿鼓励,是幼儿劳动的源动力,有助于幼儿观察与建构。

【案例二】

一早,孩子们兴致勃勃地开始往结构区的种植园内增添蔬菜,佑佑边搭着土豆边说:"老师,我们自然角里的土豆没有种在土里也发芽啦!"这个话题一下子引起了大家的共同兴趣,"土豆种在土里的!""土豆种在水里的!""种在土里长得更快!"……

针对土豆的种植方式大家产生了一些争议,都认为自己的想法是正确的。教师提议:"那我们就来试试看,看看种在哪里的土豆长得最快!"当然有的孩子支持种在水里,有的孩子支持种在土里,孩子们根据自己的意愿进行分组,分别进行观察。他们把土豆分别种植在土中、水中,观察在哪种条件下的土豆最先发芽,长得最快。接着,老师和孩子们共同制定规则和记录表。之后,每天孩子们都能主动照顾自然角里的植物,每周一他们都将自己的发现进行记录。

有一天,在一次结构游戏活动时,教师突然发现班级里结构作品展示区里的水培区域突然出现了一个个土豆。原来是孩子们已经得出了结论:土豆既可以种在土里也可以种在水里。这下他们更感兴趣了,接下去他们还要试一试洋葱、生姜、青菜等。

【分析与思考】

1. 鼓励幼儿动手实验

无论是有土栽培还是无土栽培,植物的生长都是需要有人照料的。案例中教师鼓励幼儿自己动手照顾植物,从中来发现土豆的种植方式与种植环境,并与幼儿共同制定了照顾土豆的规则和记录表,使幼儿明白了照顾的流程,在幼儿心中种下了一颗劳动的种子。苏联教育家苏霍姆林斯基就说过:"儿童高尚的心灵是在劳动中培养起来的。关键是要使儿童从小就参加劳动,使劳动成为人的天性和习惯。"照顾植物是一个持之以恒的过程,幼儿抱着任务意识去参与劳动,把劳动当作比赛来做,这是一个非常好的开始,幼儿的劳动意识基本素养也从中得到了提升。

2. 鼓励幼儿自主搭建

同时,结构作品展示区无形中也成为幼儿记录实验结果的一个场地,幼儿自发搭建了一个水培区,将验证好的结果进行搭建与正确摆放,可以看到在此主题式结构中幼儿成为活动的主人,他们自主地、有目的地进行游戏,他们在活动中自己决定游戏的材料、建构的方式、合作伙伴等。教师作为旁观者,鼓励幼儿按照自己的意愿搭建。结构游戏与主题内容有机结合,又相互促进。

二、三位一体

《幼儿园教育指导纲要》指出:"幼儿园应与家庭、社区密切合作,综合利用各种教育资源,共同为幼儿的发展创造良好的条件。"在主题是结构游戏开展的过程中可以发现,活动的有效展开应从家、园、社三方入手,三位一体,相互渗透,为幼儿劳动意识的培养创造有利的条件。

(一) 家园合作

教师为了让幼儿进一步探索有关无土栽培的不同种植方式,有效利用了家长资源。《纲要》中指出:"家庭是幼儿园重要的合作伙伴。应本着尊重、平等、合作的原则,争取家长的理解、支持和主动参与。"家长不仅是孩子的教育者,更是幼儿园教育活动的重要参与者。

【案例三】

孩子们在自然角里发现水培植物比土培植物成长得更快,"无土栽培"一下子引发了大家热烈的讨论。针对此热点问题,教师为了让幼儿获得更多的体验和发现,就在家长群里发出了呼吁,希望家长能帮助幼儿找资料收集信息在家里尝试无土栽培,让幼儿在自己动手下见证奇迹。于是,在表征墙上出现了一个小房子标志——回家也可以试试看无土栽培。

给力的家长们开始动起脑筋来,有的家长开始到网上查阅资料;有的家长带领孩子前往孙桥现代农业开发区参观;有的家长打电话请教有种植经验的朋友……过了一段时间孩子们把家中的种植成果拍成照片,发到班级群里和大家一起分享。大家惊喜地发现,原来小朋友们在家里尝试了许多类型的无土栽培,有水培、沙培、营养土栽培。

回到教室的孩子们又开始动手创造了起来,他们的经验丰富,并进行有意识的搭建,无土栽培区也在结构展示区里出现了,里面种植了韭黄、莲藕、小番茄、茭白等。

【分析与思考】

1. 家长的支持

案例中的家长们非常支持主题的开展,通过电话咨询、上网查阅、现场参观等方式丰富幼儿对于无土栽培的经验,进一步激发了幼儿想在家中尝试的意愿。在家中孩子们每日都能够有机会、有时间去精心照顾植物,更是将他们的劳动意识渗透到了每日的生活中。

2. 教师的资源

家长们将幼儿的成果拍成照片发布在班级群中,给予了教师极大的教育资源,教师积极关注幼儿真实的生活世界和日渐丰富的经验世界,以此作为基点,积极展开探索活动,通过仔细观察,验证已有科学知识,或者获取新发现,幼儿主动地、积极地探索着无土栽培植物的特性,能够进一步了解无土栽培的多样性,帮助幼儿积累建构经验。幼儿娴熟地、主动地创造搭建,无土栽培区的作品也变得越来越丰富。

(二)社区助力

教育家苏霍姆林斯基说:"大自然是孩子智慧发展的源泉,要让孩子读大自然这本书,带他们到森林、果园、河边、田野中去,要引导孩子观察思考自然界中各种现象的联系。"在开展大班科学活动《植物的家》时,为了帮助幼儿认识常见植物,了解植物的生长所需,我们带领孩子走入了植物园开展社会实践活动"绿色种植园",让幼儿近距离观察、了解常见的植物。

园艺老师带领幼儿参观植物,帮助幼儿了解常见植物的生活习性及种植方法。幼儿徜徉在植物的海洋中,亲身感受了植物的神奇与魅力,还体会了园艺插花和植物组合盆栽体验活动,为幼儿提供了亲手缔造美好事物,直观感受植物生长过程的良好机会。

幼儿乐此不疲、流连忘返,不仅陶冶了情操,增添了生活情趣,还从中掌握了简单的种植技能,体验栽培、收获的乐趣,更重要的是在感受美、欣赏美、创造美的过程中,享受生活的快乐。回到幼儿园,幼儿们也动手搭建起来,将自己发现的美变化成了一件件生动的建构作品,班级里的植物园也悄然而生。

三、三思后行

(一)保持学习性、钻研性

教师在通过各种方法教授、引导幼儿的同时,自身也是一个学习与成长的过程。

学习不仅是教师吸纳新的教育理念的重要途径,更是教师专业成长不竭的动力。不断调整幼儿的价值取向,同时积累丰富的实践经验,开展丰趣多样、趣味横生的主题式结构游戏。

(二) 保持系统性、持久性

思南路幼儿园园长吴闻蕾说过:"对于核心素养的培养应长期而连贯——贯穿于一日活动之中,也应持续长久地进行。"在主题式结构游戏下幼儿核心素养的培养在幼儿园的课程和一日活动中正在体现,然而这还远远不够。在今后的活动开展中我们将继续强调幼儿劳动意识的培养,保持系统性、持久性。

以上研究基于《有用的植物》主题为研究情境,进而培养幼儿劳动意识的初探,我们将继续根据总纲领,以主题式结构游戏为媒介,进一步加强幼儿劳动意识的培养。

主题式结构游戏发展幼儿核心素养的实践与思考
——以大班《奥运会》主题的生成与发展为例

◇ 顾静雯

核心素养是指人适应信息时代和知识社会所需要的必备品格和关键能力，是个体在终身发展中，不可或缺的、最关键、最必要、居于核心地位的基本素养，是知识、技能和态度的综合表征，具体包括三维度（文化基础、自主发展和社会参与）以及二十个基本点（人文熏陶、审美情趣、勇于探究、理性思维、勤于反思、批判质疑、问题解决、信息意识、技术应用、求异创新、珍爱生命、健全人格、自我管理、社会责任、国家认同、国际理解、劳动意识、沟通互动、团队合作、顺势应变）。

那么，幼儿的核心素养是如何获得的呢？回溯建构主义的观点，无论是知识、技能还是态度，都不是通过教师传授得到的，而是学习者在一定的情境即社会文化背景下，在其他人（包括教师和学习伙伴）的帮助下，利用必要的学习资料，通过意义建构的方式获得的。"情境""协作""会话"和"意义建构"是学习环境中的四大要素。依据建构主义的观点，核心素养的发展必须依靠类似的"互动"得以实现。涉及三维度二十个基本点的综合素养，很难通过单一领域、传授式的教学获得，而更多需要教师为幼儿提供有意义的活动形式与环境，引发幼儿在活动中自主建构核心素养。于是，我们依循《幼儿园教育指导纲要》《3～6岁儿童学习与发展指南》的理念，在幼儿活动的基本形式——"游戏"中，选择了利用各种结构材料创造性地反映周围生活的"结构游戏"，并尝试围绕某一主题，在特定的情境中引导幼儿积极主动的与教师、同伴进行协作、会话，从而发展幼儿的核心素养。本文将以"奥运会"主题的生成与发展为例，探讨主题式结构游戏支持大班幼儿核心素养发展的支持策略。

一、独具匠心,生成主题

1. 巧用材料,支持主动探索

结构材料是开展游戏的物质保证,也是丰富游戏活动内容、发展幼儿创造能力的必要条件。因此我们根据不同结构材料的不同特性,将结构材料分别置身于不同的活动区域。在室内运动区域,为了方便幼儿活动,也为了保证幼儿能够快速完成建构运动情境而不影响运动时间,我们投放了体积较大、造型多样的碳化积木。每当室内运动时间,孩子们总是无比兴奋,夺门而出,疯狂"抢夺"着篮筐里的积木,三五成群地搭建各自的"战场"。有的玩交叉式跳跃,有的玩障碍式走跑,有的架起了"山洞",有的玩起了"摇滚"。在此起彼伏的笑声中,孩子们一边搭建,一边探索着各种运动玩法,创意无限。

2. 关注兴趣,引发主动思考

《课程指南》里指出:在课程实施中,教师应处理好预设活动与生成活动之间的关系,善于发现幼儿喜欢的、感兴趣的事物和偶发事件中所隐藏的教育价值,满足幼儿的探索兴趣,尊重幼儿的自主活动,注重活动的过程,支持幼儿的发展。

【案例一】从"跑步机"到"奥运会"

简单的材料组合已无法满足孩子们的运动热情,在队伍的尽头,有一组孩子正在悄悄"策划"着什么……没过多久,只见他们用方块状碳化积木铺成了"跑带",又用同样的积木垒高变作"机架",一个非常特别的"跑步机"就此诞生。孩子们十分兴奋地在上面跑着步。"跑步机"的出现成功地引起了其他孩子的兴趣,大家纷纷效仿……

结束后,孩子们又谈论着爸爸们的运动经历,谈论着爸爸喜欢的运动项目,更谈论起奥运会了。看着孩子们的兴致如此之高,我们决定来一场别样的"奥运会"。"奥运会有哪些运动项目呢?""这些运动项目是在哪里比赛的呢?""运动员们是怎么比赛的呢?"带着这样的疑问,孩子们谈论着,思考着……

幼儿总是喜欢将自己的生活经验融入游戏中。结构材料可以怎么玩呢?我可不可以这样试一试?他们总喜欢带着这样的疑问去联想、去尝试。用结构材料搭建的跑步机既新奇,又好玩,还开启了同伴间的新话题。可以看出,教师对幼儿兴趣点的关注,恰恰是促使幼儿主动思考的催化剂,而在这样的催化剂作用下,孩子们自己的主题"奥运会"应运而生。

二、信息收集,准备主题

由于主题式结构游戏具有综合性、动态的、真实性等特性,且在游戏中能够有效调动多种教育元素并使之交互作用,从而多角度地与幼儿的已有经验建立联系。因此,是培养幼儿的信息意识的良好契机。于是,当发现幼儿对奥运会项目产生浓厚的兴趣,同时又带有诸多疑问的时候,我引导幼儿开始了关于奥运会的信息收集。有查阅书籍的,有网上下载图片的,有观看视频录像的……多种途径的使用,不仅使幼儿积累了诸多经验,更丰富了幼儿获取信息的手段。

三、多维体验,探索主题

对幼儿信息意识的培养,不仅在于寻求信息的方法,更在于激发信息收集的兴趣,培养其对信息的感受力和表征能力。在对奥运会的收集和调查过程中,多种形式的表征刺激着孩子们的感官,引导孩子们不停地去发现、去感受、去探究、去体验其中的乐趣。有的穿上了泳衣,模仿着游泳健将们的霸气泳姿;有的拿起了长长的木棒玩起了举重;有的用雪花片搭建了弓箭比起了射箭,肢体动作的演绎使幼儿乐在其中。同样,画画的方式也时刻吸引着孩子们的调查兴趣,绚丽的色彩、清晰的画面,使人一目了然。更甚者将世界地图描绘其中,感受着世界的美好,其国家认同及国际理解等素养顺势得到了有效的发展。

1. 组织讨论,引导幼儿乐于分享,勇于表达

经过前期的资料收集和感官的体验,孩子们似乎对奥运会项目有了进一步的了解,于是我们组织幼儿将所收集的信息进行分享、交流,帮助幼儿了解更多的奥运项目信息,从而确定适合在"奥运会"中比赛的项目。

【案例二】"皮划艇"的诞生

在交流会中,足球、乒乓球、游泳、跆拳道、皮划艇、100米赛跑、田径接力赛、跳远等精彩项目——在孩子们的眼前呈现,在他们耳边回响。最后,我们决定先开展皮划艇比赛。"皮划艇项目在哪里比赛?"我率先发问。"在河里比赛。""还需要小船和船桨。"两名幼儿说道。接着,孩子们从材料库迅速找来了滑板作为"皮划艇",把圆柱体碳化积木当作"船桨",又在两片场地上分别造起了"小河"。

亲自收集的信息仿佛给孩子们注入了无限的勇气,同伴间的亲密交流又给孩子们带来了无限的成功感和满足感。带着这些勇气和满足感,孩子们不再吝啬于同伴之间分享,更不再羞涩于同伴前的表达。

2. 比较观察,引导幼儿勤于思考,问题解决

观察是孩子们认识世界、获取信息的重要途径。在观察中,他们会有意地对观察的事物进行比较,发现事物间的相互联系,相互区别,从而引发幼儿的思考、推理

与分析,在观察与思考的过程中,乐学善学、勤于反思的素养以及理性思维、批判质疑、勇于探究的科学精神不断获得锻炼。

【案例三】小河散架了怎么办?

在搭建"小河"的过程中,孩子们自发地分为两个小组进行搭建。可是,在比赛中依然出现了一个大问题:"小河"总是散架,皮划艇很难顺畅地滑行,怎么办呢?

面对困境,我在两个场地分别拍摄下了孩子们搭建的"小河"场景及孩子们的运动表现,并将两组照片同时展示在电脑上供孩子们对比观察。果然,孩子们很快地发现了问题所在:首先,单层的长板状碳化积木表面比较滑且两头微微翘起,容易滑动散开;其次,双层的"小河"虽然由很多块积木拼接组合而成,相互之间没有固定,在"皮划艇"滑行的过程中造成了积木之间的移位,影响了滑行。

发现了问题原因,如何解决呢?孩子们又开始思考。有的孩子提出铺好"小河"后用胶布进行固定;还有的建议以地面为"小河",用积木在两侧进行围合。最后在大家的一致商量下,决定采取第二种办法。

多媒体照片的加入使幼儿能更清晰地观察到活动中出现的情形。通过两组照片的对比呈现,孩子们很快地发现了问题所在,并尝试分析其中的原因。在不断的观察、分析与探索、反思中,孩子们一次又一次自主地实现了"问题解决"。

3. 及时鼓励,引导幼儿不怕困难,勇于挑战

鼓励,即教师通过真实的情感、语言与肢体动作,针对幼儿在游戏中的表现,及时地给予信任、鼓励和期待的一种评价过程。通过鼓励,促使幼儿发现自身的闪光点,提高其学习兴趣,激发其学习动机,提高其学习的积极性和主动性。

【案例四】"百米飞人大战"

"小河"的成功搭建,使孩子们无比兴奋,久久沉浸于"皮划艇"中无法自拔,游戏一度停滞不前。然而,在教师的及时鼓励下,孩子们开始思考着如何增加其他比赛项目。

在大家的共同商量下,这次孩子们决定将原有的"河道"变成田径赛场上的"跑道",准备来一场"百米飞人大战"。于是,每当自由活动时间,总能看到孩子们翻阅着收集的信息,商量着如何进行比赛。

受幼儿年龄特点的影响,幼儿探索的持续性不强,往往深陷在固有的活动中,无法进行新的探索和创造。教师的语言刺激再次唤醒了幼儿主动思考的欲望,促使幼儿在原有的认知经验中进行回忆、搜索、思考,迎接新的困难,寻求新的挑战。

4. 适时介入，引导幼儿直面问题，自主解决

在游戏中，教师介入的目的是促进幼儿的游戏水平向更高阶段发展。然而盲目的介入不仅会打乱幼儿的游戏行为，干扰幼儿原来的游戏意向，更会影响幼儿独立思考、独立解决问题的能力。因此，只有适时的介入才能推进幼儿的游戏行为，保证游戏的顺利开展，提高幼儿自主解决问题的意识。

【案例五】谁是冠军？

在孩子们的努力下，奥运田径赛场成功完成，他们也似乎乐在其中。可是在比赛中，还是会时不时地传来孩子的"吵架声"："你犯规，比赛还没开始呢！""我没有！我已经说开始了，是你没有听见。""不行，我们再来！"围绕着公平与否的问题，大家争论不休。于是我问道："怎么样才能让比赛变得公平呢？""比赛的时候要有裁判。"一名孩子紧接着说。"为什么要有裁判？裁判可以做什么？""裁判知道比赛规则。""裁判说了开始比赛才能开始。""裁判说谁第一就是第一。"一时间，孩子们对于裁判问题议论纷纷……

第二天，赛场上果真出现了"裁判"，只见他站在跑道一侧，手里拿着小旗，一声令下，选手们飞奔着冲向终点，最后宣布着比赛的胜利方，并记录着比分。

大班的孩子争强好胜，总喜欢在活动中和同伴一争高下，显示自己的强大，特别是在这样的比赛中。但是由于生活经验和认知能力的不足，在游戏的持续过程中总会遇到各种各样的问题，甚至是争吵。如在比赛中遇到规则问题时，他们无法找到解决的办法，持续争吵着。此刻教师的及时介入显得尤为关键，适当地点拨，孩子们跨越了困境，并且知道了遇到问题不能依靠吵架来解决，必须努力寻找出解决的办法。

5. 支持参与，引导幼儿大胆表现，共同创造

《3~6岁儿童学习与发展指南》中指出：尊重幼儿自发的表现和创造，并给予适当的指导。因此在主题式结构游戏中，教师应始终相信"儿童是有能力、有自信的学习者和沟通者"，支持幼儿的想法，支持幼儿大胆表现，与同伴共同创作，并适时参与其中，与幼儿共同享受欢乐时光。

【案例六】"小小奥运会"

有了"皮划艇"及"飞人大战"的成功经验，大家的创造热情越发高涨……比赛方式上从"飞人大战"中的个人角逐到"接力赛"的团队合作；比赛项目上从径赛中的"跑"延伸到田赛中的"跳"，习得技能上从"计时"增至"量距"。在运动场上，孩子们不仅成功地创造出各个运动项目，还将不同的项目组合变化，最后配上领奖台和雄伟

庄严、激昂澎湃的《国歌》，仿佛在我们身边的是一场真正的奥运会。

有了前期的经验，孩子们似乎知晓了"创造新项目"的"套路"。因此，从比赛项目的挑选、场景的变换、规则的改变、道具的使用到各个环节的衔接，孩子们都尝试着共同商讨，在整个主题式结构游戏中能始终自信而大胆地展现着其无限创意。而关于国家认同的基本点，也自然而然地融合在活动中，自然地发生，有效地升华。

6. 情景再现，引导幼儿回顾历程，多元记录

建构主义学习理论认为"意义建构"是整个学习过程的最终目标。在学习过程中帮助学生建构意义就是要帮助学生对当前学习内容所反映的事物的性质、规律以及该事物与其他事物之间的内在联系达到较深刻的理解，这种理解在大脑中的长期存储形式就是前面提到的"图示"，也就是关于当前所学内容的认知结构。因此，我们利用自制记录本，引导幼儿回顾整个游戏的历程，并且尝试用简单的文字、形象的图片、简易的符号、数字等将比赛项目、玩法、规则等一一记录。图文结合、持续性记录的方式不仅能让幼儿看到自己不断发展的游戏过程，提高幼儿的表征能力，而且还帮助幼儿将多种知识和经验进行反思、归纳、整合。

四、家园携手，发展主题

《幼儿园教育指导纲要（试行）》中指出：家庭是幼儿园重要的合作伙伴。应本着尊重、平等、合作的原则，争取家长的理解、支持和主动参与，并积极支持、帮助家长提高教育能力。而幼儿园家长工作的出发点就在于充分利用家长资源，实现家园互动合作共育。

【案例七】

游戏持续进行着，似乎到达了瓶颈期，很难有所突破。于是我们寻求了家长的帮助，希望能够给予孩子们些许帮助……

在家长的参与下，东西走廊的跑道在不改变原有造型的基础上新增了110米栏的项目。场景创设快速，方便幼儿迅速更换比赛项目。

在另外一个场地中，长方形的碳化积木引起了家长对于多米诺骨牌的联想，家长和幼儿共同尝试在场地中创设探索多米诺的环节。

家长的参与无疑给幼儿打了一针兴奋剂，当看到自己搭建的跑道上居然能够快速变换出另一种比赛场景时，孩子们身体的每个细胞都开始跳动起来，激发了孩子们运动的潜能。当发现多米诺骨牌在自己的手中轻轻一推，全部倒下时，所有幼儿的关注都有的新的聚焦点，企图发现其中的奥秘，瞬间激发了幼儿探索的兴趣，主动

探索意识得到进一步提升。

五、反思调整,回顾主题

综观整个"奥运会"主题式结构游戏的生成与发展过程,幼儿的核心素养,包括指向"自主发展"的勇于探究、信息意识、技术运用、问题解决、求异创新、勤于反思,指向"社会参与"的沟通互动、国家认同、国际理解等基本点都随着活动的自然生成,随着教师的支持引导而不断的获得发展。可见,主题式结构游戏是支持幼儿核心素养培养的有效活动形式,当然其中不可或缺的是教师对幼儿核心素养的把握以及在追随幼儿的基础上有意识、有预设、有智慧地科学引导。

《幼儿园教师专业标准》指出:教师应提供丰富、适宜的游戏材料,支持、引发幼儿的游戏;鼓励幼儿自主选择游戏内容、伙伴和材料,支持幼儿主动地、创造性地开展游戏。可见,教师不仅要提供游戏材料,还要提供丰富多样、适合不同年龄特点的幼儿发展、能满足幼儿自主选择的材料。然而在本次研究中,我们主要提供的是大型碳化积木,及少量小型的百变积木,忽略了对生活材料的使用。同时,在投放材料时,仍以教师想法为主导,忽略了幼儿的主体性。因此,在主题式结构游戏的开展过程中,教师应始终坚持以幼儿为主体,充分尊重幼儿的奇思妙想,支持幼儿的发展行为,从而提升幼儿的核心素养。

勇探究　勤反思　爱祖国
——在主题式结构游戏《我是中国人》中发展大班幼儿核心素养

◇ 唐晓瑜

"核心素养"培养逐渐成为人们关注的教育热点，国家政策与专家学者都认为"核心素养"培养对学生发展有及其重要的价值。3～6岁是幼儿发展各种核心素养的启蒙阶段也是关键时期。结构游戏是幼儿参与最多的游戏活动之一，而且主题式结构游戏幼儿参与更为积极。因此本文在大班《我是中国人》主题背景下，以结构游戏为载体，对幼儿进行核心素养培养，发现幼儿的核心素养能力有了改善，尤其发展了幼儿勇于探究、勤于反思、国家认同这三大基本要点。

一、《我是中国人》主题结构游戏中三大核心素养的确立

幼儿阶段是进行核心素养培养的关键期。《上海市学前教育课程指南》中提到5～6岁的幼儿爱学、好问，有极强的求知欲望，他们会选择自己喜欢的玩伴，也能与同伴一起开展游戏。因此，在大班幼儿的学习与生活中培养幼儿的各项核心素养能力既是重要的，又是可行的。同时游戏是幼儿最容易接受的活动形式，幼儿很容易在游戏中学习到知识技能并获得情感体验。结构游戏就是深受孩子们喜爱的一种游戏活动，因此我们尝试利用结构游戏使孩子获得核心素养的相关能力。

《我是中国人》主题是大班的一个核心主题，为幼儿基本经验的积累提供了不可多得的学习和成长的机会。因此我们选取这一主题开展主题式结构游戏，以核心素养培养为目的，借助结构游戏的自主、轻松、娱乐的特点来营造一个积极性比较强的学习氛围，让大班幼儿主动、积极地参与到活动中去。

该主题式结构游戏开展较注重情感激发，从各类系列活动中逐渐丰富幼儿对祖国的了解和认识，尤其是孩子在收集、整理以及游戏的过程中，发展其勇于探究、勤于反思这两大基本要点。同时幼儿也在其中了解了更多的中国文化，增进了爱国情

怀及民族自豪感,更加萌发其国家认同这一基本素养。

二、《我是中国人》主题结构游戏中三大核心素养的实践

1. 勇于探究在《我是中国人》主题结构游戏中的开发

《指南》中指出：重视幼儿的学习品质。勇于探究是幼儿学习品质中的关键要素。勇于探究的重点在于能正确认识和理解学习的价值，具有积极的学习态度和浓厚的学习兴趣，通过养成良好的学习习惯，掌握适合自身的学习方法；能通过发现问题自主学习，大胆尝试。因此让幼儿在活动过程中表现出的积极态度和良好行为倾向是终身学习与发展所必需的。

（1）营造开放的环境

陶行知先生说过："孩子的成长和发展需要有一个宽松的、开放的、积极的环境。"孩子自主参与设计的愿望是强烈的，他们自主发展的潜能也是巨大的。幼儿个体在能力、气质、性格、兴趣等方面千差万别，因此核心素养的培养要充分尊重和顺应幼儿，为他们营造开放的学习和体验环境。所谓开放的环境，首先应该是丰富多样的环境，幼儿可以根据自身特点和喜好自主选择；其次应该是具有充分张力的环境，不苛求统一的学习要求和标准，幼儿可以按照自己的学习方式和进程自主发展，充分发挥自身的潜能来提升素养。就如我们的《我是中国人》主题表征墙，以孩子为主导，教师给予支持，随着主题的开展与推进逐步由孩子来补充完善。孩子们一起收集资料完成调查记录表，共同分享自己获得的经验并发挥创意搭建各种主题结构作品。利用各种作品作为各种活动的补充材料，如运用在角色游戏、个别化学习中，同时也装饰了教室主题环境。

（2）顺应幼儿的兴趣

学习兴趣是孩子产生学习积极性的主要原因，心理学家认为兴趣是人们力求认识每种事物和从事某项活动的意识倾向。兴趣可以使人集中注意力，产生愉快紧张的心理状态。幼儿有了浓厚的学习兴趣，就能激发孩子的求知欲，从而获得更多的知识。遵循这样的规律，跟随并捕捉孩子的兴趣点，从《中国功夫》开始……

我们班有幸能够走入解放军叔叔生活的军营。孩子们在与武警叔叔的接触中观察到了他们充满力量的功夫，一个个都展现出积极的学习热情。

【案例描述一】了解功夫

自由活动时孩子们三三两两地开始讨论起来。

洋洋："我上次看了电视，发现原来武林高手都有自己的武器，有了厉害的兵器他

们在与别人比试的时候就更棒了。"

毛毛:"对对对,我看了《功夫熊猫》,他可是会各种各样的功夫,有时候用棍子,有时候用大刀,还有时候用宝剑,有些还是我从来没见过的,真是太厉害了!"

哲哲:"兵器到底有些什么呢?我觉得肯定有很多。"

小施:"我们去问问晨晨吧,我上次看见晨晨带来了一本专门讲武器的书,他放在书吧里了。"

于是几个孩子来到了书吧图书漂流区,一同认真地翻阅起了关于功夫武器的书籍。自此之后,书吧中与功夫相关的书籍都成了孩子们争相阅读的热门。

【案例描述二】搭建兵器

经过一段时间的探索后,孩子们已经不满足看功夫和兵器的书籍了,他们开始自己动手制作兵器。

游戏活动中,哲哲对旁边的几个朋友说:"我昨天看到一把特别漂亮的宝剑,我想搭一把,你们能和我一起搭吗?这样快一点。"

三个朋友围着积木坐在地垫上,哲哲说:"剑柄是红色的,剑的身体是黄色的。"

洋洋:"我来搭剑身体吧!乐乐,你可以帮我们找积木吗?"

乐乐:"好的,我来帮你们拆,我看这两个颜色的积木都快用完了!我也可以去其他小组借一点红色积木。"

哲哲:"谢谢你乐乐,这样我们一起搭就快多了。"

洋洋:"哲哲,我的剑身已经搭完了,可以和你合在一起了。我来帮乐乐找积木吧。"

孩子们对武警叔叔打的"中国功夫"印象深刻,孩子们通过各种各样的途径,回忆了武术的各种相关经验,也用自己的不同方式与同伴进行分享。在对"中国功夫"开展研究的过程中,孩子们有的拿来了书籍,有的拿来了图片。虽然他们认识的字不多,但他们对书中的一些图片也很感兴趣,他们边看图边听同伴的介绍,其乐无穷。孩子们看了各种书籍也逐步模仿书中的动作,教室中、表演区都能看到一个个练功夫的小小武术家。

案例描述二中几个孩子从兴趣出发在游戏的过程中自由分组开展活动,他们能相互帮助、分工合作,展现了他们乐学善学的基本素养。孩子们通过各种方式表达自己观点,了解同伴的观点,在讨论交流中互相提高,在合作游戏的过程中能学会分工协作并积极地运用语言协调交流。如在事前讨论搭建什么,谁做什么,有一定的计划意识。本次活动中孩子们对中国功夫的兴趣,是主题活动的开展的延续。

（3）利用社区的资源

《3～6岁儿童学习与发展指南》中指出：要让幼儿有更多机会参加不同的活动，最大限度的支持和帮助幼儿通过直接感知、实际操作和亲身体验获取经验的需要。我们教师要充分挖掘幼儿园周边的社区资源，帮助幼儿走出校园，接触不同的环境与事物。

《中国功夫》的案例中因为让孩子接触到了武警官兵的真实生活，在观察的过程中激发幼儿对武警官兵的了解，知道解放军叔叔是最可爱、最受尊敬、最了不起的中国人，进一步萌发幼儿的积极情感。孩子们在与武警叔叔的接触中观察到了他们充满力量的功夫，一个个都展现出积极的学习热情，他们很好地展示了自己勇于探究的基本能力。

2. 勤于反思在《我是中国人》主题结构游戏中的开发

勤于反思的重点在于幼儿具有对自己的学习状态进行审视的意识和习惯，善于总结经验；能够根据不同情境和自身实际，选择或调整学习策略和方法等。科学的反思是在实践中发现问题提出假说通过实践检验的完整过程。幼儿的实践就是游戏，所以我们应该为幼儿提供游戏的机会，使幼儿在游戏中发现问题。

（1）实际操作，进行尝试

蒙台梭利曾说："我听了我会忘记，我看了我会记住，我做了我会理解。"通过自身操作，在自己的努力探究与尝试下获得的认知是终生难忘的。因为这样不仅知其然，还知其所以然。幼儿在游戏中通过尝试后才能了解运用的方法是否合适，并吸取经验进行反思获得成功的经验。如在《练习功夫》案例中在孩子在游戏中发现原来他们想的和实践并不一样，所以他们才能够发自内心的感受，并主动改正。

【案例描述三】练习功夫

孩子们有的几人合作选择了不同的结构材料制作了各种各样的兵器，表演区里孩子们拿着自己制作的兵器个个兴奋不已，相互展示起来。

旸旸的棍子是用雪花片搭建的，他自豪地说："我是最快完成作品的，你们用百变积木要搭很久，我一会儿就搭好了！"哲哲说："雪花片的棍子肯定不牢，经不起打。"说着他拿着百变积木的宝剑敲了一下旸旸的棍子，果然他的棍子一碰就断裂了开来。旸旸着急地说："呀，你把我的金箍棒打坏了！"哲哲说："没关系，我跟你一起搭很快就完成了！"于是两人一起合作完成了百变积木做成的金箍棒。

在豪放有力的《中国功夫》的音乐声中，孩子们自然而然地踏着音乐的节奏舞刀弄棍起来。

游戏中孩子们运用了不同的结构游戏材料来搭建兵器。通过尝试和运用孩子们发现了雪花片搭建的兵器不够牢固，在练功夫的过程中容易松散，而百变积木搭建的兵器虽然花费的时间较长但更为牢固。在这个过程中幼儿积极反思，通过亲身感受了解了不同材料的特性，孩子们勤于反思的基本要点得以体现。关于游戏搭建时间长的问题，孩子们也发现了通过合作能更快地完成作品。

（2）幼儿互评，反思提高

反思必须依附于实践而行，在实践后通过幼儿的相互评价实现新的认识。评价为反思提供了平台，在群体的你一言我一语中，幼儿的各种知识被挖掘，幼儿才能不断地改进自己的想法，使思路接近逻辑。幼儿参与评价能促使幼儿对判断问题、解决问题方面进行思考，引发幼儿在今后的活动中主动发展，积极的促进幼儿的反思能力。如一次《造长城》建构活动中。

【案例描述四】造长城

结构室里，孩子们三三两两开始了游戏。哲哲也迅速占了一个角落，并把一大筐长方形积木占为己有。洋洋看着一大筐积木都给哲哲拿走了，赶紧跑过去说："哲哲你干吗拿走这筐积木，我们也要用的！"说完就试图把筐子挪到中间的区域。哲哲这时候一下把洋洋推开："哼，是我先拿到的。我想用来搭长城，等下给你们用光了怎么办！"说完，哲哲把许多积木倒了出来，开始自顾自搭起来，不再理会在旁边的洋洋。洋洋生气地说："哼，你总是这样，我们大家都不跟你玩了！"

游戏分享时间到了，哲哲抢先说道："我搭了长城，但是还没完成！"洋洋和琪琪、小施还有几个朋友一起也搭了长城。他们共同向大家介绍："我们五个人合作搭了长城，大家看我们的长城已经铺满这里了，而且还有烽火台。"

大家都纷纷给五人小组的作品鼓掌，这时候哲哲说："你们人多，所以才搭得快。"这时候洋洋说："是呀，老师经常说大家一起合作就能很快完成了呀！你其实可以和我们一起搭的。"

通过连续的跟踪观察，我们发现哲哲有了改变（见案例描述二：搭建兵器），尤其在同伴交往方面有了很大改善，他能及时反思自己不断调整自己与同伴相处的方式。他在积极反思自己并调整为他变得更愿意采用与同伴共同合作的方式来完成游戏。同时，我们要想使幼儿在反思中获得提高，教师必须耐心等待、精心的引导，从游戏到评价不断循环、递进。

3. 国家认同在《我是中国人》主题结构游戏中的开发

对幼儿进行爱国启蒙教育，从小培养幼儿热爱祖国，萌发"我是中国人"的自豪感，是幼儿园德育的重要内容。国家认同的重点在于具有国家意识，了解国情历史，认同国民身份；具有文化自信，尊重中华民族的优秀文明成果，能传播弘扬中华优秀传统文化。

（1）紧扣主题，爱国启蒙

《我是中国人》作为大班的一个核心主题，为培养幼儿国家认同的基本经验提供了不可多得的学习和成长的机会。通过相关的主题结构游戏的开展注重爱国情感激发，并由此逐渐丰富幼儿对祖国的了解和认识，继而萌发身为中国人的自豪感。

如主题结构游戏《十二生肖》，通过活动让孩子调查家庭生肖中出现的疑问，相互讨论积极反思解决问题，同时知道十二生肖是我国特有的习俗，通过后续的结构游戏与个别学习融合的活动《十二生肖排排队》掌握十二生肖的排列顺序。又如主题结构游戏《中国功夫》，孩子们利用结构材料搭建兵器进行武术表演，感受中国武术的气概。《京剧脸谱》活动中孩子们尝试大胆运用不同颜色，运用对称的方式搭建，为京剧脸谱是中国特有的艺术而自豪。《民族服装》中孩子们通过观察了解不同民族的特有的服饰，并大胆创意进行服装设计。

在这些主题结构游戏的开展中，孩子们在收集整理信息共同游戏的过程中，知道自己是中国人，对我们国家的传统文化有了更深入的了解，萌发幼儿热爱祖国的情感。

（2）利用节日，感受民俗

我们充分结合与主题相关的节日契机，开展丰富多彩的活动，使得活动中幼儿的情感充分融入，由此萌发幼儿的国家认同核心素养。

如庆祝十月一日国庆节系列活动。国庆节期间，孩子们观察到了马路上、店铺前都装饰了许多五星红旗。我们幼儿园里也每周都组织大家进行升国旗唱国歌活动。在说新闻时，有孩子说道："国庆节天安门升国旗，有来自四面八方的中国人都汇集在广场前，有的凌晨就排队就是为了看到五星红旗冉冉升起的瞬间。电视上小朋友们都挥舞着手中的红旗庆祝我们国家的生日。"于是我们投放了一些材料让孩子们制作红旗。孩子们有的选择了用手工纸制作，有的选择了用结构材料来完成。在开展的过程中孩子们相互帮助，特别是有些孩子发现红旗太大旗杆容易弯曲、完成的作品容易倒等问题，于是孩子们相互帮助找出解决方案。这次活动引发孩子爱国旗、爱祖国美好情感，培养孩子国家认同的基本要点。

如我们传统节日春节。春节是我们国家特有的节日，过新年时我们有各种各样的传统风俗，如贴春联、放鞭炮、剪窗花、拜年等。教室里孩子们用各种结构材料和废旧材料搭建作品布置环境，教室里充满浓浓的年味，也让孩子们在活动过程中了解我国丰富多彩的民间节日和习俗。

三、《我是中国人》主题结构游戏中三大素养开发的思考

1. 优化环境，互动成长

幼儿与环境的互动能更好地推动孩子的成长。我们的结构表征墙就是帮助幼儿以多种多样的方式学习表达对世界的认识，我们教师要做的就是给予幼儿支持，让幼儿核心素养得以发展。

幼儿的行为很容易受到同伴的影响，我们应该鼓励幼儿相互启发、相互交流、互相补充、主动探索。并进行相互评价，激发幼儿创作欲望，也让孩子在活动中体验不同的方法，反思并总结经验，有效地提高幼儿勇于探究、勤于反思的核心素养基本要点。

2. 关注个体，引导合作

在核心素养的培养方面，教师为了引发孩子积极思考，会激励孩子要"想的和别人不一样"，当孩子说出与众不同的想法时，给予赞扬夸奖，但我们要注意关注孩子个体发展的同时，要鼓励孩子团队合作。对于未来的社会发展而言，合作的能力很关键，教师需要让幼儿理解每个个体独特的表达带给团队的贡献在于为大家拓展了思路，展示了表达的另一种角度和可能性，实现了更多人的成长。这样孩子们就能理解创造力的意义不在于独占资源、独享赞誉，而是为了团队的进步。让幼儿在团队中获取经验，带动幼儿共同成长。

3. 相互渗透，共同培养

在教育中，每个领域都有自身的素养要求，但核心素养绝不是各领域素养的简单叠加。幼儿的勇于探究、勤于反思、国家认同基本要点的培养，不可能仅通过某一类活动就能够完全实现，而需要通过多种活动、多种知识和多种能力的共同作用。因此，在基于核心素养的主题式结构游戏实施中，要更加强调整合的课程理念，强调在各类活动和一日生活的各个环节中渗透核心素养的培养。

同时，幼儿核心素养的培养绝非一朝一夕的事，需要教师、家长和社会齐心协力、共同合作。幼儿核心素养的培养需要在家庭、社区、幼儿园等不同情境下开展各类活动。这样不仅可以让幼儿获得直接、完整的认知和情感体验，增进其责任意识，

还会促使他们尝试整合已有经验,应对挑战、解决复杂的问题,从而不断提升整体素养。

　　以上从勇于探究、勤于反思、国家认同等三大核心素养基本要点,和大家分享了我们以《我是中国人》主题结构游戏为背景开展培养幼儿核心素养的一些初探。核心素养是一种综合能力,需要挖掘的教育内容还有很多。我们需要在各类活动中不断调整幼儿教育的价值取向,明确幼儿所应具备的基本品格和关键能力,为培养全方面发展的儿童而不懈努力!

奇思妙想　玩转积木
——在主题式结构游戏《百变建筑》中发展大班幼儿的求异创新

◇ 贾晓英

长期以来，幼儿被动地接受"应答式"教育，导致幼儿独立发现问题、提出问题和解决问题的能力被压抑，也在无形中削弱了幼儿求异创新能力的培养。记得有一篇题为《针，非磨不可吗？》的文章，讲述了"铁杵磨成针"的故事。当一个孩子大胆向老师提出："婆婆在浪费时间，为什么针非磨不可呢？能不能用别的又快又好的办法？"老师却让他按照故事内容来思考，启发其认识到婆婆"持之以恒，坚持不懈"的精神。在全面实施素质教育的今天，这样的"统一"岂不是与之背道而驰吗？再反观我班幼儿，创作单一，缺乏想象，只有相互间的模仿，这些现象正是缺乏求异创新能力的体现。因此，如何培养幼儿求异创新能力是一个值得深思和探讨的课题。

一、在主题式结构游戏中培养幼儿求异创新能力的意义

所谓求异思维，不仅揭露事物的本质及其内在联系，而且在这个基础上产生新颖的、超出一般规律的思维成果。求异思维重在开阔思路，启发联想，从各方面、各角度、各层次思考问题，并在比较中选择富有创造性的异乎寻常的新构思。

游戏是幼儿最喜欢的活动，其操作性、自主性、象征性、愉悦性为幼儿提供了广阔的想象和创造空间。其中作为创造性游戏之一的结构游戏，简单的积木能有千变万化的组合，再现和创造都能最大限度挖掘幼儿的创造力。幼儿在与结构材料积极互动的过程中，不断探索和创新，有利于幼儿从小养成敏锐的洞察力、独立的思考能力、求新求异的创新精神，为此，我们尝试在主题式结构游戏中进行幼儿求异创新能力的培养。

现在，创新教育已经成为时代的必然趋势，而幼儿期是一个人最富有创造潜质的时期，所以从幼儿期抓起，在结构游戏中培养幼儿的求异创新能力是非常必要的。

结构游戏对幼儿的认知能力、思维能力和创造能力有着重要的影响。

二、在主题式结构游戏中培养幼儿求异创新能力的策略

基于中班《我在马路边》和《交通工具》两大主题的研究背景下，幼儿对于马路边的建筑和交通工具积累了丰富的经验。随着生活条件越来越好，幼儿外出旅游的机会越来越多，每每旅游回来总会和同伴分享所见所闻，谈论最多的就是建筑。为了能将中班的经验有一个延伸，"百变建筑"就成了我们这次的主题。通过两条主线：空间线和时间线分别展开。空间线由小及大，从上海建筑——全国建筑——世界建筑，逐渐扩大范围，拓展了幼儿的视野；时间线由远及近，从古代建筑——近代建筑——现代建筑，逐渐变化发展，增长了幼儿的见识。在主题深入开展的过程中，幼儿求异创新的能力正在得到潜移默化的提升。

（一）求异于环境创设，萌发创新意识

环境是重要的教育资源，通过创设良好的环境，能够萌发幼儿的创新意识。现阶段的环境创设存在一些共性问题：死板单一、缺乏互动性。教师需要转变观念，充分利用环境创设尽可能地为幼儿提供动手实践机会，使幼儿热爱环境、珍惜环境、创造环境，真正做到以物育人，以情感人。

1. 体现多维性

充分利用空间，将展示区由原来的二维空间改为墙面、柜面和地面一体的三维空间，全方位、多角度、多层次展现不同地区、国家的建筑特色。利用照片、调查表、绘画作品、结构作品等多种形式，给予幼儿平面和立体的不同视觉冲击。在欣赏的同时，积累相关主题经验，如建筑风格、外形特征、颜色搭配等，为幼儿萌发创新意识奠定扎实的基础。

2. 体现互动性

墙面展示区由原来的固定版面改为网格，便于取放和灵活移动。当幼儿有观察需求时，可以将网格调整到合适高度。网格的好处还不仅于此，通过教师的巧妙设计，增加了与幼儿间的互动。例如将各国著名建筑的照片呈现在网格上，将自制国旗利用网格间隙插入相对应的建筑位置，巩固主题经验。与此同时，利用废旧材料创设照片墙，嵌入搭建的平面建筑，不定期更换。

地面展示区也随之变化，将原先的一整块外移，留出走道以增加幼儿与墙面、地面的双向互动。同时将一整块分割成若干个小区域，便于幼儿自主取放作品和进行创新布局。例如，幼儿将一些黑白颜色的园林建筑归类到一个小区域，通过重新布

局,增加围墙、拱桥、假山、花园等,一个意境优美的江南园林出现了……

3. 体现适宜性

材料投放也是环境创设中的一部分,材料投放的适宜性体现在材料的种类和材料的数量。材料的种类要丰富,如雪花片、百变积木、木质积木、废旧材料等,鼓励幼儿同一物体用不同种类的积木来搭建,这也是培养幼儿求异创新的有效途径。同时材料数量要充足,要满足每个幼儿游戏的需求,但是要控制每种材料中不同块状积木的数量,这样有利于幼儿在缺少材料的情况下通过组合来进行替代,激发创新行为。

【案例一】积木不够了

实录:

结构室里,小毅四处寻找,气喘吁吁地告诉同伴:"我都找过了,这么长的圆柱形没有了,都是短的了。"君君说:"那怎么办?积木不够了。"小毅着急地说:"是呀,就缺两根,要不我们把这一层全部换成短的吧。"君君说:"不行,这样我们就不是最高的了。"正说着,君君将两根短的进行叠加,再与长的圆柱进行比较,意外地发现长度竟然是一样的。小毅兴奋地叫起来:"原来两根短的相连就是一根长的!"就这样,他们的摩天大楼成为第一高,赢得了同伴的掌声。

分析:

结构室的积木以大型木质积木为主,数量充足,由于块状类型丰富,每种类型的积木数量不多。大班幼儿以合作为主,搭建的作品大气,需要大量的积木材料,到最后出现积木不够的情况。这时孩子们没有放弃,而是通过自主探索,发现通过积木组合的方式解决问题,这正是通过投放材料的适宜性而表现出的创新行为。

(二) 求异于活动形式,提高创新能力

求异思维的关键在于"独创性",它需要更精细的观察、丰富的想象以及大胆的质疑,同时需要对已掌握的旧知识进行合理、灵活、巧妙地迁移和组合。鉴于这个新理念,需改变传统教学模式,从"听、接受"转变为"听、观察、操作、思考、创新"的活动形式。

1. 巧设任务,鼓励幼儿悉心观察和思考

发展幼儿创新能力的前提是观察和思考。考虑到幼儿的年龄特点,教师在一日活动的各个环节中指导幼儿有目的地观察事物,对事物有具体形象的感性认知,进而激发幼儿创新能力的提升。

【案例二】哪里不一样

实录：

自由活动时间，三五好友来到调查表前，小毅指着调查表问："这是埃菲尔铁塔吗？"希希说："这是日本的东京塔。"峻玮自豪地说："我在日本见过！"小毅不解地问："它们长得好像啊！"希希继续往后翻，突然停下，指着调查表上的埃菲尔铁塔说："它们颜色不一样，东京塔是红白相间的，埃菲尔铁塔是咖啡色的。"峻玮说："高度也不一样。"老师凑过来："交给你们一个任务，在调查表中搜集所有的塔建筑，并记录下来。"孩子们欣然接受，开始分工合作，有的查找，有的记录……

分析：

老师预设的调查表能引导幼儿在日常生活中观察周围的事物，培养信息收集的意识。在翻阅过程中，幼儿自主学习，达成信息共享，将个体经验转化为集体经验。在获取他人信息时，善于思考，能够及时发现和提出问题，通过观察比较和回忆生活经验的方式解除疑惑，这是一种良好学习品质的体现。案例中，教师巧妙布置"收集塔建筑"的任务，引导幼儿通过观察，思考塔建筑的共同特点，为下一次的建构活动积累经验。

2. 巧设主题，鼓励幼儿大胆想象和创造

创新离不开想象，想象是创新的先导。美国哲学家杜威有一句名言："科学的每一次伟大成就，都是从大胆的想象为出发点的。"教育也一样，如果没有丰富的想象力，就不可能实现创新和成功。敏锐的观察能力是幼儿创新的起步，那么想象就是幼儿展开思维探索的翅膀。

【案例三】千奇百怪塔建筑

实录：

结构游戏时间，屏幕上出现了一张塔建筑的记录表，老师问："这些塔像什么？让你想到了什么？"涵涵说："比萨斜塔像一个圆筒。"嘉仪说："广州塔像火箭……"老师说："请你们发挥想象，小组创作独一无二的塔建筑，并给它取个好听的名字。"晨晨一组用雪花片搭了大小不一的圆形，由大到小进行叠加，变成了一座圆锥形的塔。晨晨说："这有点像一顶帽子，我们就叫它帽子塔吧。"晖晖一组用百变积木搭了梯形，连接变成了一座松树状的塔，但是由于是平面的，怎么也站不起来。晖晖似乎发现了问题所在，又搭了一座一模一样的进行重叠，可还是站不起来。一组的昶昶若有所思，他将重叠的两座塔拆开，再用积木将其进行连接，像在两座塔之间造了座平房，两座塔都站起来了。晖晖大叫起来："双子塔就是这样的。"昶昶说："这样底座稳固了就能站起来了。"一旁的可乐灵机一动:"那我们就叫它双树塔吧。"慢慢的,展示区的塔越来越多,花花塔、帆船塔、扇子塔……

分析:

教师巧设开放性主题,强调独创性和自创性,给予幼儿足够的想象空间。利用记录表,引导幼儿有效观察,目的性渐渐明确。同时教师在启发幼儿仔细观察的基础上,引导幼儿发挥想象,如提问:"这像什么?""让你想到了什么?"等问题,促使幼儿从实际事物出发,由此及彼,塑造形象展开想象,培养创新思维。案例中的"双树塔"很好地说明了想象能够把记忆中的表象加以改造组合创造出新的造型,可见想象对创作的重要性。

3. 巧设情境,鼓励幼儿大胆质疑和解疑

巧妙创设情境,给予幼儿一个宽松自由、愉悦欢快的氛围,促使幼儿全身心投入到活动中,调动其积极性和主动性。同时,变化的情境容易产生问题和矛盾,此时教师作为一个观察者,鼓励幼儿大胆质疑解疑,从而激发创新思维。

【案例四】谁的房子高

实录:

运动时间,造房子区域传来吵闹声:"我们高!""明明我们高!"希希说:"看上去差不多高,我们可以来量一量。"孩子们开始四处寻找,逸逸从材料库找来麻绳,可是麻绳歪歪扭扭量不准。这个时候宸宸说:"用百变积木搭一把尺,想要多长就多长。"君君说:"这样要很久,等搭完运动都结束了。"希希说:"我们可以用数砖块的方法。"宸宸提出疑问:"可是有的砖块是横着放的,有的砖块是竖着放的,怎么数呢?"希希拿着砖块开始比画,说道:"你们看,两块横的砖块叠起来就是竖着砖块的高度。"君君接着说:"那竖着的砖块数两次就对了。"大家恍然大悟,开始数了起来。

分析:

大班幼儿已经初具竞争意识,教师在运动中巧妙设置造房子的比赛,不仅激发了运动兴趣,还给予幼儿一个自主解决问题的环境。通过发现问题——提出问题——提出质疑——解除疑惑——达成共识,找到了最适合的方法。在这个过程中,幼儿从常规测量工具——创造测量工具——数砖块测量,这正是一个求异思维的体现。发现问题是创新的起点,引导幼儿在质疑、释疑、又质疑的扩散性思维中逐步提高创造性思维能力。

(三)求异于家园合作,开拓创新思维

培养幼儿的求异创新能力,家庭教育起着不可忽视的作用。定期开展家长课堂,改变家长的教育观念,使创新教育延伸到家庭教育中去,实现教育的一致性,共同促进幼儿创新能力的提高。跳脱流于表面的家园互动形式,采取走进校园和走出校园两种创新形式,开拓创新思维。

1. 走进校园

开展形式多样的亲子建构活动,充分体现幼儿与家长的想象力和创造力。提供平台,给予家长展示和互相交流学习的机会,增加自信,开拓思维。

例如定期更换主题的亲子长廊,邀请家长和幼儿共同搭建,并以班级形式进行展出。承承妈妈带着和承承在家搭建的环球金融中心来到教室,由于太高,积木太松,一拿出来就倒了。修了半天,拿到展示区又倒了。细心的承承妈妈开始观察其他家庭的作品,终于发现了问题所在。她叫上承承,利用雪花片上的凸点进行平面连接,这样搭建的房子又牢固又立体。承承也恍然大悟:"原来积木还能这样搭。"在这个过程中不仅开拓了思维,还增加了亲子间的情感。

2. 走出校园

在家长和老师的带领下,积极参加校外活动,开阔视野,丰富经验。来到一个全新的环境,更容易激活思维,展现创新能力。

例如参加第二届STEM创新大赛,经过层层选拔,四人小组代表学校出战。比赛以环保为主题用废旧材料搭建不同功能的桥,并且创编故事。大家群策群力,发挥创意。楠楠一家运用一次性筷子搭建了太阳能桥,桥的顶部运用特殊材质吸收太阳能供给桥上的车辆使用,减少尾气排放,从而达到了低碳环保的作用;晨晨一家运用木块搭建水坝桥,利用阶梯的水流动力转化水能,进行水力发电;晖晖一家运用雪糕棒搭建绿化桥,在桥的两边种上绿化,利用绿化吸附汽车尾气。幼儿将搭建好的桥和房子进行布局,并且创编环保故事,分角色表演,将三座桥的作用发挥得淋漓尽致,在众多队伍中脱颖而出,取得了第二名的好成绩。同时其他学校的创作也让幼儿大开眼界,有的加入彩灯,有的运用科技现场演示。在互相学习的过程中,既开拓了视野又培养了求异创新的能力。

总而言之,主题式结构游戏对于幼儿发展的价值,不单局限于结构技能有多熟练,而是通过建构使幼儿发现自己的能力,建立自由创造的信心,把自己潜在的创造力表现出来。创新的思想源泉在于求异思维,求异思维的核心是:敏于生疑、敢于存疑、勇于质疑。有此源泉才能生发出具有发展性、创造性、突破性的新构思、新思想、新思维。

在探究中求真知

——在主题式结构游戏《我们的城市》中发展大班幼儿勇于探究

◇ 方佳鸣

勇于探究指幼儿能积极动手动脑,通过发现问题、收集和处理信息来寻找问题答案的过程。

《3～6岁儿童学习与发展指南》中科学学习的核心是激发探究兴趣,体验探究过程,发展初步的探究能力。勇于探究是中国学生发展核心素养之一。由此可见,在学前教育阶段,培养幼儿勇于探究素养,促进幼儿身心和谐发展,对其后继学习与终身发展有着不可估量的作用。

大班幼儿已具有初步的探究能力,对自己感兴趣的问题刨根问底,通过观察发现事物的特征,用实践操作来验证自己的猜测,并有一定的合作意识。游戏是幼儿的主要活动形式,而结构游戏是幼儿喜欢的自主游戏之一,因此在主题式结构游戏中培养大班幼儿勇于探究的素养具有很高的可行性。

本研究以大班主题式结构游戏《建筑大探秘》为例,通过多种途径、运用多种策略,侧重培养幼儿对事物具有好奇心和想象力,大胆尝试、积极寻求有效的问题解决方法,能不畏困难,有坚持不懈的探索精神,取得了明显的研究成效。在促进幼儿勇于探究素养发展的同时,幼儿的信息意识、问题解决等核心素养也得到了发展。

一、激发主动探究的兴趣

兴趣是幼儿自主学习的驱动力,它来源于幼儿的实际生活经验。老师做一名有心人,给予幼儿语言和行为上的关注,在话题中挖掘幼儿的兴趣点,提供多样性的材料提供,以推进探究过程的发展,在反复操作、反思、再次实践中不断激发幼儿的探索欲。

(一)趣事讨论,引发探究欲望

幼儿天生好奇,日常中一些常见的事物,也能引起幼儿的关注,激起他们谈话的欲望。一个能让幼儿产生共鸣、有意义的话题,值得老师去引导,满足他们的好奇心。

> **镜头一:分享暑假趣事**

在迎新活动中,孩子们一起分享着暑假里的趣事,为了让描述更加形象生动,家长还提供了一些照片。萱萱的照片很快引起了同伴的注意,乐乐说:"这是故宫,我也去过!"可可说:"这是以前皇帝住的地方。"轩轩说:"哈哈,真奇怪,以前的人怎么会住这样的房子呢?"老师反问:"那他们的房子是怎样的呢?"

> **镜头二:有趣的鸟巢**

小大人游戏里多了一个门票展览馆,孩子们纷纷前来参观。思涵说:"这是苏州,我妈妈告诉我这叫苏州园林。"辰辰指着自己拿来的门票说:"我去北京参观鸟巢了,这个可有意思了,像一只鸟笼。"同伴一听"鸟笼",便哈哈哈笑出了声。思涵说:"这些建筑真有趣,要是能搭建出来就好了。"老师说:"不试试,怎么会知道呢?"

【分析与思考】

幼儿在旅行的过程中积累了对建筑的认识,照片再现了幼儿的已有经验。在迎新活动中,教师创设分享交流的机会和氛围。在谈论中,他们表现出对不同建筑外形的兴趣,并产生了将古代建筑与现代建筑比较的想法。老师的提问"那他们的房子是怎样的呢?"让孩子们的兴趣变成了一个共同的探究主题,让幼儿在兴趣的驱使下,引发他们探索的欲望。当幼儿有了进行搭建的构想后,老师积极引导"不试试,怎么会知道呢?"给予幼儿实践操作的动力。

老师仔细倾听,用心观察幼儿的表达与表现,捕捉幼儿的兴趣点,结合本班幼儿探究方面的发展需求,选择一些有意义的、值得探究的内容进行放大,推进孩子的探究激情。

(二)环境创设,营造探究氛围

马克思说:"人创造了环境,同样环境也创造了人。"环境包括物质环境和心理环境。物质环境是探索的基础,心理环境为不断探索提供了源源动力。

1. 创设物质环境——满足探究需要

桌面、墙面、区角是在课程实施中环境的一部分,其中材料是探索中最重要的内容,提供大量的、丰富的操作材料能激发幼儿学习和动手的欲望。

> **镜头:自然物搭草屋**

午后散步,孩子们看着飘落的树叶产生了兴趣,他们捡起树叶,将不同的叶子摆放在一起做比较。欢欢说:"原始人的草屋也是用叶子搭的吗?"乐乐说:"好像还要用树枝吧。"孩子们你一句我一句地讲着建草屋的方法，最后老师说："这样吧，我们一起捡些树叶和树枝回教室吧。"

可是孩子们都没建过草屋，这下可难倒他们了。欢欢说："用扭扭棒，把树枝绑在一起。"乐乐拍拍手，说："这绝对是个好办法，用固体胶粘叶子也不错。"建完草屋后，他们又发现了新问题——很容易倒下。这下，孩子们又开始来到了教师创设的材料库，寻找各种可以支撑草屋的材料，在他们一次又一次的探究中，独特的自然物搭建的草屋落成了。

在老师的鼓励、引导和支持下，将孩子们用树枝、树叶搭建草屋的想法变成了现实。老师在幼儿的对话、行为中及时捕捉幼儿的兴趣点，创设适宜幼儿探究的材料库。

材料库为幼儿的探索提供了源源不断的物质动力，材料库中的材料具备多元化的特性，如常用的美术材料、自然物（树枝、树叶、石子等）、废旧材料、半成品等等，材料不需要多精美，但一定具备可操作性。

教师和孩子们一起参与散步，捡树枝和落叶，为建草屋做物质准备，满足幼儿的探索需要。家长也可以利用双休日带幼儿外出游玩参观，让孩子在与周围环境的互动中，激发幼儿对于各种事物的兴趣，积累相关经验。

2. 创设心理环境——建立探究自信

自信心是一个人对自身力量的认识和充分估计，是一种良好的心理品质，也是一个人克服困难、自强不息、取得成功的内在动力。

➢ **镜头：失败中的激励**

幼儿每一组5人进行合作搭建，比比谁用木头积木搭的建筑最高。孩子们你一块我一块，小心翼翼地搭建着。终于，功夫不负有心人，可可所在的一小组搭建起了一幢比自己还高的楼，孩子们为自己的成果欢呼跳跃，可就在此时，可可一挥手碰到了楼房，于是整座楼便倒了下来。孩子们看见散乱成一地的积木，几个女孩子竟然还哭了起来。

老师见状，拍拍、抱抱他们，安慰他们说："没关系的，我们一起来重建，我相信接下来我们一定可以搭建更高的楼房。"

师幼共同商讨、合作，终于漂亮的、多层的高楼再次拔地而起，孩子们脸上也露出了成功的喜悦。

【分析与思考】

探索并非都是一帆风顺的，孩子们在尝试的过程中也经历了多次失败，内心不免有所遗憾，但老师及时的语言及肢体安慰能尽快地消除幼儿负面情绪，帮助幼儿重建自信，使他们继续投入到进一步的探索中。

幼儿的自信离不开老师的鼓励。鼓励，即教师通过真实的情感、语言与肢体动作，针对幼儿在游戏中的表现，及时地给予信任、鼓励和期待的一种评价过程。老师的鼓励是支持幼儿进行持续性探究的动力，大班幼儿情绪发展趋向稳定，老师的鼓励能让幼儿更好地面对挫折。

除了幼儿遇到困难、失败的时候需要鼓励，在获得一次成功后，也要及时鼓励，幼儿在一次又一次的鼓励中，他们的自信心不断增强，从而有了坚持探索的内在驱力。

二、实施有效探究的过程

在进行主题式结构游戏的过程中不断地反思与实践，从而培养幼儿的科学精神，提高幼儿勇于探究、大胆尝试、在问题中寻找解决方法的能力。

（一）观察比较，找出问题原因

观察是人类认知世界最直接的方法，也是幼儿了解事物特征的重要途径，由于幼儿缺少有目的的观察方法，因此，只能了解事物的表面。观察比较，是把不同的事物或不同条件下的同一事物联系起来进行观察，从比较中发现其差异，以便更快地找出问题原因。

➤ **镜头：稳稳的中国馆**

教师问："你们在建造中国馆的过程中，发现什么问题了吗？"嘉嘉说："我的中国馆倒下了。"教师追问："为什么嘉嘉的中国馆很容易倒呢？"有的说："房子没有搭牢。"有的说："嘉嘉的房子上面大下面小，上面太重容易倒。"教师说："你们看看，欣欣的中国馆也是上大下小啊，为什么她的不会倒？"晨晨说："他们用的积木不一样，雪花片比较松。"教师又出示了可可的作品，质疑道："同样用雪花片搭的中国馆为什么很牢固呢？"孩子们的目光一直停留在这些不同的中国馆上，最后他们发现原来建筑的牢固，不仅是因为选择材料的不同，更多原因是因为地基不够稳，拼接不够牢固，建筑缺少支撑力。

【分析与思考】

在实践过程中，幼儿很容易发现各种问题，然而问题还是需要幼儿自主地去解决。教师引导观察比较的方式，让幼儿在多个作品中寻找不同的地方，幼儿从作品间的差异中，找到了让中国馆变得坚固的方法。

通过观察进行比较,能提高幼儿的观察及分析能力。老师的问题引起了幼儿有目的地观察作品,同中求异,从而找到成功的秘密所在。

在幼儿观察比较的过程中,教师要引导幼儿用完整的语句描述物体的不同特征,在表述过程中加深对事物的认知。

(二)信息收集,尝试解决问题

问题的解决需要幼儿运用各种知识经验,这些经验的来源有些是实际生活经验,有些是通过各种途径收集的信息,如网络、微信、杂志等。积极运用这些信息,可以为幼儿提供有价值的参考。

> ➢ **镜头一:郁闷的旅行**

经过了一个暑假,孩子们依旧沉浸在旅游的回忆中。在角色游戏中,孩子们将搭建的建筑作为旅游景点参观着。分享交流的时候,成成表达了对小导游萱萱的不满,他说:"今天去参观了苏州和北京,可是那里的房子根本不是苏州的,长城也不像长城,像桥!"教师问道:"那你们能不能回家和爸爸妈妈一起想办法,找一找苏州、北京和其他城市的特色建筑是怎样的呢?"

> ➢ **镜头二:大家去旅游**

第二天,孩子们带来了各个城市的旅游照片、手绘图片和景点门票。他们一边参考着这些收集来的图片,一边进行搭建。孩子们越搭越像,于是角色游戏"去旅游"又开始了。

【分析与思考】

幼儿在游戏过程中出现了问题,他们发现所搭建的建筑与实物相似度不高,因此影响了游戏的顺利进行。老师通过组织幼儿和家长一起通过多途径收集信息,从而了解城市的特色建筑,解决了搭建过程中"搭得不像"的问题。

用多种方式进行信息的收集,体现了在解决问题的过程中,家园合作的意义,以及收集信息的重要性。在信息收集之后,信息的处理也有很多方法,如网页上的图片、照片、视频等,大班幼儿已有能运用绘画的方式进行表现的能力,因此手绘也是处理信息的一种方式。

老师也要有效地处理这些信息,将它们在主题墙、区角、角色游戏中进行投放,让幼儿在与这些信息的交互过程中,加深对建筑物外形特征的认识和掌握。

(三)实践探究,学会解决问题

实践是探究过程中,最重要的一个部分,探究能力的掌握是解决问题的关键。其中主要有猜测、记录、合作及交流。

1. 引导幼儿大胆猜测

猜测是探究过程中不可忽视的一部分,看似天真的想法,经过实践,有时也具有一定可行性,因此鼓励幼儿大胆猜测,是推进幼儿积极实践的重要前提。

➢ 镜头一:如何造九曲桥?

在一次结构游戏中,幼儿想到要搭建九曲桥,然后九曲桥的独特造型(每一段桥面的长度是一样,每一段弯度都为90°)使幼儿的搭建过程遇到了不少的困难。教师问:"你们怎样才能保证九曲桥的每一段桥面长度都是一样的呢?"

萱萱说:"运用一把尺,记下第一段桥的长度。"可可说:"造好第一段后,后面的几段就按照第一段的长度来造桥。"安安说:"只要记下每一段桥面上的百变积木的小点数量就可以,后面几段跟这一段的点子数量是一样的。"

【分析与思考】

喜欢想象、猜测是幼儿的年龄特点,但有些幼儿因为担心说错而遭受老师和同伴的质疑,因此他们怯于表达自己的想法。为了引导幼儿大胆猜测,老师的作用尤其重要,无论幼儿的猜测是否可行,老师都不应随意否定幼儿,而是给予幼儿表扬和肯定,并且鼓励他们通过实践来验证猜测,帮助幼儿建立解决问题的信心。

2. 鼓励幼儿多种记录

《3~6岁儿童学习与发展指南》指出大班的幼儿已经具有初步的探究能力,他们能在成人的帮助下制订简单的调查计划并执行;能用数字、图画、图标或其他符号进行记录。

➢ 镜头二:记录一样长度的桥面

幼儿用各种方式来记录他们的操作过程。萱萱用尺量了长度后,将数字记录在纸上;可可搭完一段桥面后,时不时将第二段与第一段做比较,看看是不是一样长;安安则是运用了记录点子的方式使得桥面长度一样。

最终他们运用这些记录方式,搭建出了一样长度的两端桥面。

【分析与思考】

幼儿的记忆并非像成人一样持久、稳定,因此记录是探究活动中不可缺少的一部分。记录的存在为实践提供了有力的参考依据,便于幼儿在失败后,从记录中发现问题的所在。

教师应在平时的探究活动中,培养幼儿养成记录的好习惯,不随意否定幼儿记录的方式,只要幼儿能自圆其说,那么就可以根据他们喜欢的方式,自主地进行记录。幼儿的记录并非只限于一次活动中，有效的记录应是连续的。老师可以将幼儿的记录收集在区角活动中，供幼儿在下一次探究活动中进行参考。

3. 引导幼儿积极合作

合作是探究能力中的一种，大班幼儿合作能力进一步提高，他们能制定共同的目标，并且有一定的分工，通过合作，提高解决问题的效率。

➢ **镜头三：连在一起的九曲桥**

搭建九曲桥是个浩大的工程，搭两段桥面就花费了很长的时间。教师问："用什么方法可以造得快一点呢？我迫不及待要参观了。"孩子们异口同声地说道："合作。"教师问："那你们准备怎么合作呢？"萱萱说："我们每人都搭几段桥面，然后拼在一起。"教师说："嗯，每人都搭一些，然后将它们拼在一起，可以节约很多时间，希望你们的合作能成功哦！"

孩子们很有信心地回道："一定没问题！"说完，他们开始拼了起来。第二天，九曲桥在孩子的欢呼声中完工了。

【分析与思考】

结构游戏中更能体现合作的重要性，结构游戏能否顺利进行，在一定程度上取决于幼儿之间的合作与配合。大班幼儿已具有一定的合作意识，但有时也需要老师有目的地引导。在幼儿合作过程中，他们需要根据出现的问题不断调整合作方式，最终通过合作，以更快的速度解决问题。

合作的关键在于每一位参与合作的幼儿清楚知道自己的职责所在，因此在进行结构游戏前，老师可以通过交流的方式让幼儿明确自己的任务。当幼儿发现问题，寻求老师帮助的时候，教师不应直接给予答案，而是引导幼儿自主思考、分析产生问题的原因，教师也可以游戏伙伴的角色参与幼儿的活动。

4. 组织幼儿分享交流

分享交流是解决问题过程中的精华部分，它不仅是智慧的碰撞、经验的总结，更为接下来的探究进行铺垫。

➢ **镜头四：为什么桥不一样了？**

通过合作，九曲桥很快就建造完毕了，可是大家又发现了新的问题，为什么九曲桥变得歪歪扭扭了呢？萱萱说："我的桥面长度是20。"可可说："我的桥面长度和萱萱的一样。"安安说："我的桥面上也有20个点子啊！"依依忍不住说道："可是你们合作搭建的桥面长短不一样啊！"教师问道："那怎样才能合作搭出长度一样的桥面呢？"萱萱说："哦，知道了，我们三个人合作的时候，也要经常地去比一比是不是一样长。"

【分析与思考】

交流分享的形式有语言讲述、范例讲解、照片回顾及绘画表现等等,教师应该根据实际运用多种方式组织幼儿进行表达表现。

合作的过程并非都是顺利的,因此在交流分享环节,老师要激励幼儿大胆讲述自己的收获与发现的问题,将零星的经验进行规整并提升,针对活动中还未解决的问题,应集思广益,并鼓励幼儿将实践操作放在下一次探究活动中继续进行。在有效的分享交流中,师幼互动促进了已有经验与现有经验之间的碰撞,帮助幼儿积累主题经验,也提升了幼儿问题解决的素养。

从"遥望"走向"亲历"

——在主题式结构游戏《桥》中促进大班幼儿的自主发展

◇ 黄 佳

一、在《桥》主题式结构游戏中发展大班幼儿"自主发展"素养的源起

大班主题活动《我们的城市》开展过程中,孩子们进一步了解了上海有名的建筑、交通设施情况、各种各样的车等,能自主地进行相关的建构活动,很快上海的繁华景象的缩影就在结构展示区中得以呈现。

在活动的开展中,笑笑说:"上海都是高高大大的桥,比我们老家的桥大多了。"贝贝说:"不是的,我们王港幼儿园门口的桥就是小小的。"巧巧说:"爸爸妈妈开车带我去浦西的时候会经过大桥的,平时小桥也能看见的。"一时间孩子们对"桥"产生了浓厚的兴趣,到底上海这座大都市里会有些什么造型和功能的桥呢?于是,顺应孩子的需求,大家确立了新的主题《桥》。

文中主要围绕以"自主发展"素养为轴心发展幼儿的勇于探究、批判质疑、理性思维基本点。通过同伴的疑问、桥墩的承重力等科学原理、遇到棘手问题等,幼儿能坚持不懈地思考、探索问题所在,共同寻求方法解决问题。

二、在《桥》主题式结构游戏中发展大班幼儿"自主发展"素养的实施与案例

【案例一】终于成功了

➢ **镜头一:**

琦琦跟我说他要造"桥",他快速地来到原木积木区域,马上拿起几块圆柱体积木做起了桥墩,然后把几块长方体的积木平放在上面做桥面,马上桥梁的框架出现了。一开始在桥墩上架一块长方体积木,当架上第二块长方体积木做桥面,使桥梁变得更长时,桥面的接壤处就会出现重叠的现象。

琦琦转向我,指了指两块木板相接的地方,说道:"老师,这可怎么办呢,小汽车经过的这里时就会被路面堵住,过不去了!"

对于他的求救,我没有直接给予帮助,给了他一个建议:"你想想办法?还有,你的桥面只有单车道,有去无回啊。"说完我便离开了。

只见琦琦摆弄着积木,过了一会儿,"老师,我想到了。"他高喊着。

听到他的欢呼声,我走上前。

"老师,两块长方体积木连在一起的地方,每块积木只架住桥墩的一半,那么相接的地方就不会重叠了,小汽车经过的时候就不会堵住了。桥墩加宽了,桥面加了两块长方体积木,现在变成过来过去的两个车道了。"琦琦欣喜地将他的发现告诉我。

"琦琦你造的是什么桥啊?"一旁的贝贝走近他问道。"高架桥。"他自豪地说道。贝贝皱着眉头说:"可是我看到的高架桥和你造的有点不一样,我们去东方艺术中心观看表演的时候,我爸爸就是在罗山路高架桥上开的,高架桥的桥面有互相交叉,车子上下都可以行走的,你这个不是高架桥,就是一般的桥。"在一旁的贝贝说得头头是道,一语击中梦中人。琦琦斜着脑袋想了想,说:"上次去锦江乐园玩,我爸也是走高架桥的。好像有好几层的,但是这个桥搭起来有点难……"

> **镜头二:**

第二天,我以为"桥"就这样悄无声息地没有了下文。

"老师,早上好,我昨天让我爸爸打印了高架桥的图片,待会儿我们要继续造桥。"琦琦说完,去邀请贝贝和他一同搭建"高架桥"。

"高架桥上面和下面的桥面要互相交叉,那桥墩肯定要有高低的。"贝贝建议道。

"那我们这里只有矮矮的圆柱体积木做桥墩,没有高的桥墩啊。"琦琦叹气道。

"哦,对了,我们可以用材料库的啤酒罐来做高桥墩,圆柱积木来做低桥墩。"机灵的贝贝建议道。

说完,俩人开始造"高架桥"了。

孩子们搭建的高架桥在高低桥墩的安装下,上下两层桥面显得错落别致。他们看着图片,这会儿开始着手搭建引桥(主桥和路面的连接段)部分,由于高架桥造型比较复杂,琦琦还邀请了涛涛、笑笑一起来帮忙。

> **镜头三:**

"老师,快来欣赏我们搭建的高架桥。"琦琦兴奋地跑到我身边,手指着建构区的杰作说道。

"哇,好雄伟啊,而且上下桥面有高低。"我不禁地夸赞他们团队,"不过,我有个小小的疑惑。"我抛出了我的不解,"为什么上下桥面要安装这么多的桥墩呢?"

"桥面和引桥处安装桥墩为了使引桥和桥面连接起来,如果不安装,引桥中间就会滑下来。"笑笑解释道。

"看来你们经过了一次次的尝试和探索,得到了满意的结果,但是你们的桥墩也太多了,除了互相交叉的桥面,没有交叉的桥面也都安装了桥墩,还有下层的桥面和路面之间好多桥墩啊。太密集了,不美观。"

"这是为了更牢固,不会倒。"涛涛忙回答。

"但是,你们看到的高架桥是不是也有这么多桥墩呢?"我反问道。

➢ 镜头四:

对于我的提问,他们似乎意识到问题所在,造桥团队开始进行改造。

"桥面和桥面之间的桥墩不能拿掉。"贝贝说道。

"桥面和引桥之间的桥墩也不能去掉,否则要倒的。"笑笑忙说道。

"这边的可以拿掉。""那边的也可以拿掉,哇,没有倒塌啊。"贝贝边探索边说道。

"路面和桥面之间的桥墩,我觉得和上层的桥面一样,连接的地方不能拿掉,其他的地方可以拿掉。"琦琦貌似掌握了方法,他和同伴说道。

桥墩在孩子们的改造下变得"干净"了,不再多而密集。

"老师,现在路面变得干净了,车也可以在桥下的路面开了。"涛涛自豪地跟我说道。

"这才像真正的高架桥嘛!"我赞叹道。

"嗯,这才是我们看到过的高架桥。"琦琦感叹道。

分析:

1. 体现幼儿坚持不懈的探索精神

一座高架桥的建成,幼儿用了几乎整整一个星期。镜头中看出了他们对搭建"桥"有着狂热的兴趣,如果没有兴趣,可能他们早已放弃搭建,这也是幼儿在当前主题下自发产生的新主题,一次次的失败,他们没有一蹶不振,反而一次次的坚持,让他们迈向了成功,体现了勇于探究的核心素养。

为了体现上下桥面的高低错落,幼儿利用啤酒罐作为桥墩,也可起到支撑和稳固的作用。废旧物品作为结构材料是幼儿游戏中必不可少的物质基础,利用废旧物品作为游戏材料不仅丰富了幼儿游戏的内容和形式,还可以激发出幼儿的游戏动机和游戏构思,更加体现了幼儿为解决问题积极寻求方法。

2. 为了成功,幼儿寻找多种解决方法

(1) 图片的提供

幼儿能以图为证,为进一步搭建提供条件,凸显幼儿的实证意识,以及严谨的求知态度。

(2) 伙伴的加入

搭建过程中,团队的力量也是成功的一部分。伙伴的批判质疑,让造桥的幼儿意识到问题所在,从而做出调整和改变。

(3) 老师的质疑

老师抛出的问题能让幼儿进一步探究,寻求有效的问题解决方法。

3. 在探究中得到真知

桥墩是起到承重的作用,是力学的物理原理,但孩子不可能想得这么高深。在活动中,他们不畏困难、大胆尝试,通过不断地探索掌握了科学原理和方法,知道哪里需要桥墩,哪里可以舍去桥墩。

【案例二】桥的奥秘

➢ **镜头一:**

孩子们忙活着用亿童材料搭建,他们将一块块长方形的砖块平铺在地面上当作小桥,将大一些的正方体、长方体也铺在地面上做大桥,中间还搭建了障碍,走完小桥,翻过障碍走大桥。

孩子们反反复复玩着平衡走小桥大桥的活动,但是过了一段时间,孩子们就觉得无趣。

"你们下次可以尝试着其他材料搭建,不一定是这些小砖块,我们这里还有很多不同的材料呢。"我建议道。

➢ **镜头二:**

"老师我们用了蓝色、有凹面的材料,还有长长的砖块。"溪溪说道,"我们打算搭一座高高的桥,比前面桥要高。"

"老师很期待啊。"我殷切地说道。

"往前走啊,快快快。"不久,我被远处的声音吸引了。我转头一看,孩子们已经搭建好了,开始运动了。

"老师,这是我们搭建的大桥,比之前的桥高,行人可以在上面走。"巧巧主动跑过来向我介绍他们的成果。

"现在的桥高了许多,行人和车可以在桥面上行走,不过刚才看到你们在桥面上走的时候,好像要等待,比较拥挤,是不是可以利用桥下的空间呢?"我抛出了疑问。

➢ **镜头三:**

带着疑问,溪溪和同伴们又开始着手搭建。

"我们应该拆掉,重新搭,桥面要宽一点,桥下面人才能行走。"团队中的彤彤建议道。

"可以啊,我们在两块蓝色的积木(凹面设计)中间放两块黄色的长方体积木,这样桥下面就变宽了。"巧巧说道。

"那快点开始吧。"溪溪焦急地叫道。

搬材料的、商量的、搭建的,过了一段时间,初具"桥"形。

"桥上行人和汽车通行,桥下可以让轮船经过。为什么桥下非要走汽车呢?"巧巧反驳道。

"就像杨浦大桥、南浦大桥那样,有轮船开过。"溪溪说道。

"桥下是轮船,那我们钻过桥墩还是爬过桥墩啊?"彤彤问道。

"要不我们就用滑板车穿过桥下,感觉自己像轮船。"溪溪答道。

就这样,孩子们玩着"桥上行人走,桥下轮船开"的室内运动。

分析:

1. 运动与结构的相结合,碰撞出创意的火花

在桥的主题下充分利用亿童材料进行室内运动环境创设,幼儿能从多角度分析问题,做出决定,最终以新造的"桥"进行室内运动。体现走、钻、爬、滑动等运动技能。

2. 不断钻研,循序渐进,呈现出最好的作品

从平铺的桥到高桥,再到桥下可以轮船行驶的桥。幼儿具有问题意识,能独立思考问题,对于同伴的想法会提出自己的见解、看法。三个镜头中看出幼儿锲而不舍的探索精神,不断使室内运动"器材"变得更有趣,可以看出桥的现代化为生活带来方便。

三、基于核心素养培养的大班主题式结构游戏的领悟

1. 作品源于生活经验

无论是案例《终于成功了》中幼儿提到的罗山路高架桥,还是案例《桥的奥秘》中提到杨浦大桥等,都源于幼儿的生活经验。生活经验也是感知未知的基础。

2. 作品呈现立体造型

无论是百变积木还是亿童材料,孩子建构的桥梁都是立体、形象的呈现。幼儿从着手搭建→讨论→改建一步步地将作品完成,呈现出立体造型。孩子的想象力和

创造力是多维性的,能大胆表现和创造作品,从另一方面体现出幼儿不畏困难,敢于克服和挑战。

3. 作品凸显核心素养

案例中体现多个基本点。在搭建过程中,桥墩的取舍体现物理原理中的力学原理;遇到桥面叠加问题,幼儿大胆尝试,积极寻求有效的问题解决方法;同伴抛出的问题,具有问题意识,能独立思考;搭建中遇到困难受挫,幼儿能不怕困难坚持探索,这些无不体现了核心素养中勇于探究、批判质疑、理性思维等基本点。

桥梁,无论是现代的高架桥、立交桥、斜拉桥,还是古代的拱桥、石板桥,都是为车、人所用,能使交通更为畅通、便利。桥梁连接着各条马路,好似连接了每个人的心,它是交通的重要连接点。通过了一系列的桥梁建构,孩子们对上海这座城市的热爱,对上海的时尚、现代、历史文化风貌引以为豪,让幼儿变身小小建筑师为上海设计和搭建更多的桥梁。

《我们的城市》下的主题式结构游戏让孩子们不仅接触了上海的年轻,又感受着老上海的历史文化底蕴,孩子的核心素养也得到了进一步的凸显。

放手让孩子想、做、说
——家园配合在主题式结构游戏中培养大班幼儿求异创新能力

◇ 唐 翔

求异创新能力是人适应时代发展的关键能力。而培养求异创新能力，应当从幼儿时期就开始，坚持不懈地激发和培养。求异创新能力的培养能够刺激幼儿的思维逻辑，帮助幼儿建立独立的思考能力，尝试拓展出独特的视角，刺激幼儿的想象力，触发幼儿的创造能力等，使幼儿在创新发展的过程中认识自我、创造自我。

求异创新能力是幼儿核心素养中自主发展素养的一个基本点，幼儿的求异创新能力是指幼儿有别于常规或常人的思路和见解，并以此来改进或创造新的事物、方法和环境等行为。其主要表现为：一是对事物有独特的感受和理解；二是尝试用不同于别人的思路表达表现。

从大班幼儿年龄特点看，幼儿从具体形象思维过渡到初步抽象思维的过程，幼儿敢于大胆发挥想象；运用素材替代物的能力变强；追求与众不同的审美观；富有创造力；求异意识越加明显。

《纲要》明确指出：学前教育机构必须与家庭教育等互相协作配合，提高教育影响的一致性和有效性。可见，家园配合共育的重要。我班家长能积极参与并配合到幼儿园的各项活动中，比如：在参与学校主题式结构游戏活动中，家长虽然能按要求进行亲子搭建活动，但是在实践过程中还是存在一定的问题，一是对教育理念的认识和运用欠佳，二是缺乏科学引导的方法。因此，为了提高家园共育的有效性，老师有必要利用自己的专业优势指导家长配合共育。

本研究以大班主题式结构游戏活动为载体，通过家园配合培养幼儿求异创新能力，侧重从主题式结构游戏活动中培养幼儿创意想、做、说。

一、家园配合培养大班幼儿求异创新能力的实践研究

(一) 指导家长培养幼儿"创意想"

1. 耐心等待,观察幼儿

俄国教育家乌申斯基说过:"如果教育者希望从一切方面去教育人,就必须从一切方面去了解人。"面对幼儿,我们想要走近幼儿、了解幼儿,就一定要懂得耐心等待、观察幼儿的重要,等待幼儿的创意思维产生,观察幼儿进一步的行为表现,了解幼儿创意思维变化的过程,这对于后续培养是个大前提。

在家园共育中,我们通过定期与家长进行约谈活动,如定期的亲子结构游戏活动、创意搭建活动分享交流、周末与其他家庭开展一些家庭亲子创意搭建体会沙龙……引导家长关注幼儿的兴趣点,多观察幼儿在家时喜欢接触的玩具、动画、图书内容等,在进行搭建活动前,耐心等待、观察幼儿的思考过程,尝试与幼儿沟通创作的想法,并鼓励幼儿大胆创想。例如:针对大班幼儿的动手能力较强,想法也日趋丰富,大多喜欢在家中玩一些小型乐高积木,我们指导家长要耐心、仔细地在旁观察幼儿整个搭建活动的过程,学着捕捉幼儿很多富有创造力的行为表现,因为这些富有创造力的现象背后一定隐含着幼儿具有个性的想法,家园一起对于幼儿潜在的求异思维萌芽进行关注。

2. 认真倾听,肯定幼儿

除了耐心等待和观察外,更重要的是倾听幼儿,了解幼儿内心真实的想法。大班幼儿想象力比较丰富,同时求异思维开始发展,幼儿喜欢搭建一些与众不同的作品。因此我们指导家长在幼儿进行创想时通过适时介入与幼儿进行交谈,了解幼儿想要表达的创作搭建内容,对幼儿表现出的好奇予以肯定,激发幼儿放开想象的空间,拓展自己的思维。家长在我们的指导下渐渐学着倾听幼儿,了解幼儿的真正想法,面对幼儿天马行空的想法学会尊重,并学着适时地肯定。

在这种尊重、开放的氛围下,经过一段时间家园配合的有效培养,幼儿的想象越来越丰富,思维也越来越灵活。求异思维迅速发展,为建构出和别人不同的作品奠定了基础。

(二) 指导家长培养幼儿"创意做"

俗话说:思想是行动的前提。有了创意的想法必须付诸行动。于是,我们进一步指导家长配合引导孩子创意搭建,家长也积极配合,在与孩子一起亲子游戏的氛围中共同体验与成长。

1. 设计图纸,按图搭建

【实录】

毛毛妈积极报名参加了亲子故事宝盒搭建活动,在进行搭建前,毛毛妈问毛毛:

"你喜欢讲哪个故事?"毛毛大声叫出来:"我们现在学的是关于动物的本领,我喜欢你上次跟我说过的那个故事《很忙的蜘蛛》。"毛毛妈说:"可是这个故事没有图片,也不知道什么场景,你要跟我一起布置出来。"毛毛笑着说:"那好吧。"说完,毛毛妈带来了一堆废旧环保材料和少许的积木,毛毛皱着眉头说:"用这个做吗?这个怎么做呀?"毛毛妈说:"上次,我听唐老师说,大班的孩子在搭建作品前,可以先做设计图,然后跟着设计图搭建作品。"毛毛笑着应答:"好吧,那我们试试吧,我要把这些材料设计成动物。"毛毛妈笑着说:"现在先请你用积木以及这些纽扣、绳子、泡沫球等大胆想象设计出各种有趣的动物。"毛毛一边摸着头想一边在纸上画了起来……

教师平时有目的地对家长的科学育儿指导都会成为家长的教育智囊。毛毛妈能够记住老师日常的教育指导方法,模仿借鉴老师的教育引导方法,引导毛毛用说说、画画来设计搭建图纸。大班幼儿想法比较丰富,思考更复杂,创意较独特,愿意用画画的方式表现自己的想法等特点。老师利用家园沟通的契机,指导家长可以引导幼儿先设计图纸再按图纸进行搭建,并学着观察幼儿在搭建的过程中反复变化创意的过程,并不断鼓励幼儿修改设计图进行搭建,直到幼儿完成自己的创意搭建。

家长引导幼儿先创意构思再动手建构促进了幼儿更有目的地创造搭建,同时,在按创意设计图建构中又会激发幼儿进一步创意想象。

2. 故事宝盒,创意建构

【实录】

刚设计完图纸,毛毛妈说:"那我们现在拿这些材料做起来吧,你先用这些积木把围栏搭好。"毛毛立刻拿起积木,一层一层地搭好了。接着,毛毛妈问:"你的设计图中毛毛虫是怎么做的呀?"毛毛看着设计图说:"毛毛虫身体一节一节的,要用东西连接起来才行,变成一长条。"说完拿起纽扣就说,"我设计图里想的就是用纽扣做成毛毛虫,我还准备用多余的纽扣做花朵,我画了一大片的花海。"毛毛妈笑着说:"小家伙,挺聪明的,我觉得可以,不过得用绳子连接起来才行。"只见毛毛把纽扣按颜色间隔地排列成弯弯的一条,然后在妈妈的帮助下毛毛把毛毛虫的身体穿好了,自己画了个眼珠子贴在了毛毛虫的头上。接着,毛毛把剩余的纽扣按不同大小、颜色拼成了一朵朵花……

在主题式结构游戏活动中,我们在班级里创设了一个材料库,这个材料库里的材料丰富多样,多是原始材料和生活素材,我们定期会根据幼儿的活动情况更换补充材料库,在进行主题创意建构时,指导家长带领幼儿把积木与材料库、素材结合使用进行创意搭建,使幼儿在游戏中学会材料的创意替代的同时增强环保意识。毛毛妈在借鉴幼儿园的做法后在家里也创设了一个材料库,引导毛毛在亲子主题搭建时选择废旧环保材料、生活素材来搭建作品和开展游戏。

幼儿对于废旧环保材料和生活素材的创想以及如何改变原有材料创造后呈现的过程都是幼儿创新思维的发展体现。在这个过程中教师要指导家长放手让幼儿大胆尝试运用材料进行替代,在幼儿搭建时,引导幼儿对一个主题、多种材料进行多种创意替代制作,这对幼儿会更有挑战性,富有创造力的作品也就会不断诞生。

(三)指导家长培养幼儿"创意说"

1. 交流分享,创新表达

【实录】

在两个人的努力下终于完成了故事宝盒,毛毛妈说:"明天我们把这个宝盒的故事给老师和同学分享,好吗?"毛毛问:"那要怎么分享?"毛毛妈说:"你可以边摆弄里面搭建的动物,边讲演故事。"毛毛说:"好啊,我试试。"毛毛妈说:"发挥你的想象,用我们一起搭建的作品编讲故事。"毛毛有点紧张,毛毛妈说:"这样吧,我会和你一起去讲演故事内容,你主讲我配合你哦!"

第二天,毛毛妈在老师的指导下与毛毛一起讲演故事,毛毛做主角,妈妈做配角。然后亲子在集体面前编讲故事,取得了意想不到的成效,讲演也赢得孩子们一片掌声。由此可见,从图纸设计开始,指导毛毛妈放手让幼儿大胆想象,将想象的内容画成设计图,按照图纸进行创意搭建,而最后的讲演也赢得孩子们一片掌声。

而故事本身是灵动的,教师指导家长引导幼儿用完整的语言、丰富的肢体行为来表现亲子搭建的主题故事,因此,从引导幼儿大胆想到大胆做再到大胆说,是个连续性的过程。我们要用多种形式指导家长结构游戏活动中引导幼儿根据想象大胆编讲故事,从原有内容出发启发幼儿进行创造性的表达。

2. 互赏互学,标新立异

【实录】

今天,在幼儿园进行了故事宝盒的分享活动,毛毛妈和毛毛代表我们班参加了展示,看着一个个不同的故事宝盒,毛毛突然指着一个作品说:"这个刺猬怎么做出来的呀? 一圈圈的。"毛毛妈说:"应该是用瓦楞纸卷出来的。"毛毛说:"好厉害,可是怎么没有刺? 不过这刺猬很立体。"说完,毛毛转了下眼珠跟妈妈轻声说:"其实可以用一只小馒头做,小馒头软软的,在馒头上面涂黑色,上面扎满牙签就可以变成刺猬了,摸上去像真的一样。"这时,毛毛妈大声笑着说:"这你也能想到,要不我们回去试一试。"毛毛激动地说:"好吧,我想到一个特别的方法,我觉得这个做得很好看,可是用馒头做出来的刺猬会更好,摸上去感觉不一样的,别人想不到的。"

欣赏他人作品的同时,幼儿不仅可以观察到自己和别人作品之间的区别,还会通过观赏别人的作品触发自己个性化的想象,大班幼儿求异思维的发展以及希望得到别人的关注的特点已较明显出现。

因此我们指导家长多给幼儿选择的权利,尊重幼儿与众不同的想法,多给幼儿互相交流学习的机会,对于幼儿个性化的追求,家长要学会冷静思考后表明客观的看法,在日常交流中多刺激锻炼幼儿的求异思维,多肯定孩子的独特眼光,增强幼儿的自信,久而久之,幼儿的求异思维能力更凸显。

二、家园配合培养大班幼儿求异创新能力的成效与思考

(一) 家园配合培养大班幼儿求异创新能力的成效

在大班的主题式结构游戏活动中培养幼儿求异创新能力过程中,家园携手,从大胆想、做、说的角度出发激发幼儿求异创新能力的思维,并与幼儿共同体验、转换角度、借鉴学习、大胆尝试、信任幼儿,一步步跟着教师的指导步伐推动着幼儿求异创新能力发展。

1. 幼儿的发展

在主题式结构游戏中,幼儿爱动脑,想法很有创意,体现在图纸的设计、不同材料的创意建构以及创编作品的表达中。例如:故事宝盒结构搭建活动中,每个班级富有个性化的宝盒故事,孩子们在故事宝盒的搭建中大胆地发挥想象,将改编和创编的故事内容放进了设计图,一个动物不同的材料和形式的创意搭建,增强了作品的有趣性和新颖感。孩子们还能大胆说、创编宝盒故事,让整个活动变得更加的有趣。在这样的主题式结构游戏的活动体验中,幼儿的求异创新能力得到了极大的提高。

2. 教师的发展

教师的教育指导策略对于家长有很大的启发,教师在指导的过程中学会了针对不同的问题有不同的处理方式,教师在不断地反思中调整有个性化的教育指导方法并给予家长选择的空间,家长在老师的指导下尝试实践,促进了老师反思性专业能力的提升。

3. 家长的发展

家长在教师的指导下获得了正确的教育理念,学习了许多科学的教育方法,面对幼儿在主题式结构游戏当中出现的问题能较好应对,推进了幼儿的求异创新能力

的培养,使教育形成合力,也促进了教育成效的最大化。

(二) 家园配合培养大班幼儿求异创新能力的思考

幼儿的求异创新能力培养须持之以恒,多元互动教育才能更有效。

1. 打破常规教育模式,给予幼儿充分自由

以幼儿发展为前提,尝试体验一些新型教育内容或形式来刺激幼儿的创新思维,比如:幼儿哲学辩论、幼儿探究思维的活动、幼儿谈话活动、交往游戏活动等会给幼儿充分的思考空间,让幼儿有足够的自由去发展自己的创新思维,教师、家长一定要学会放手让幼儿试一试,不要过多地干扰和局限幼儿的思维和创意,在与幼儿共同游戏中感受和推进幼儿的求异创新能力。

2. 尊重个性审美眼光,帮助幼儿标新立异

创新的基础上会萌发求异思维,幼儿有不同的看法和审美是一件很正常的事情,教师或家长应正面引导幼儿,对幼儿这样的行为持以理解和赞同。同时,应该遵循幼儿的求异思维发展的培养原则,提出合理积极的建议,并用适合孩子的个性化发展的评价标准,让幼儿能在标新立异的个性化评价中获得自信、获得奇异创新的激情。

孩子，让我们一起思考

——在主题式结构游戏《城市新气象》中发展大班幼儿的勤于反思

◇ 倪方虹

反思性实践是一种教学或实践的方法，是指教师对教育教学实践的再认识、再思考，并以此来总结经验教训，做出新的计划和行动。反思性教学实践要求教师在实践中反观自己的得失，分析其背后隐含的理论知识，提出解决问题的假设，进一步提高教育教学水平。

核心素养是在个体终身发展中最关键、最必要的素养，自主发展素养是核心素养的重要素养之一，而其中的"勤于反思"基本要点更是幼儿所不可或缺的。在《城市新气象》主题式结构游戏的开展过程中，教师通过反思并不断内化与调整，使其实践能对幼儿起到推进作用，有效提升了幼儿"勤于反思"基本要点的发展。

一、"思考"与"调整"

"跳房子"是室内运动的一个项目，在运动的过程中怎样让活动更有趣、更持久，不仅是教师考虑的问题，也是幼儿主动会去思索的问题。

（一）思材料——深思熟虑，实践出行

运动材料的选择和投放过于随意性和主观会影响到活动的进程，《上海市学前教育指南》中明确指出："在各类活动中，教师是够提供了适宜的活动材料，注重材料的丰富性和多功能性，有助于幼儿自由选择、探索与表现。"

➢ **镜头一：**

宁宁和霖霖用老师提供的地垫边料铺好房子后开始了跳房子的游戏，单脚跳、双脚跳，不停往返玩得很高兴。可是，经过多次往返后他们的兴致显然淡了许多。教师走近寻找原因，只见满地的材料散落来开，房子已不成形……

【问题与反思】

从上述镜头中可以发现：

1. 材料过于随意，稳定不易

以地垫边料这种废旧材料作为跳房子活动的主要材料，幼儿运动环境创设得很快，但在幼儿运动时一触及便会散架，缺少稳定性。

2. 材料种类单一，变化不足

有限的材料禁锢了幼儿的思路，形成了固定的运动模式，缺失了自主能力的发展，也阻碍了幼儿创造性思维的发展，不利于幼儿主动思考。

➢ 镜头二：

宁宁说："这种垫子的边搭不起来，一踩到房子就坏了。"教师回答道："教室里的材料你们都可以用，你们去找找合适的材料吧！"说完，孩子们开始到处寻找，只见聪聪拿来了许多编制积木，开心地说："倪老师，编制积木可以搭得很长很长，不会弹掉。"教师点了点头，又听到宁宁说："老师，我们可以用展示区里的百变积木搭的标志吗？容易断的地方就放个禁止标志。"……

【分析与思考】

1. 在反思中寻找更稳固材料

幼儿在教师的引导下自我反思寻找新的材料，他们以不具形象特征的积木来代替原本的材料，能根据自我需求进行创设，利用积木的特性进行稳固的连接、延长与围合，使运动更持续，在此过程中幼儿能自主审视，不断调整，以求最佳运动组合方式。

2. 在探索中发现更多样材料

多样而充足的材料能满足不同兴趣的幼儿的需要，幼儿在自我探索中发现了不同结构材料的特性，以编制积木为主，创设房子的主体结构；以百变积木为辅，搭建简易标志做提醒作用。

(二) 思创意——寓教于乐，步步为赢

《上海市学前教育指南》中指出："培养幼儿对运动的兴趣，是幼儿园开展运动课程的重要目标。"多样的玩法是保持幼儿运动的兴趣的基本来源。

➢ 镜头三：

运动开始，幼儿高兴地玩着跳房子游戏，只见他们一会儿用单脚跳，一会儿用双脚跳，一会儿两个人一起比赛。过了几分钟后，游戏人数从十多人变成了两人。"怎么只有你们两个了呀？"我问西西。西西回答："他们说想玩其他的了。"

【问题与反思】

幼儿在运动中很快地丧失了兴趣,究其原因:

1. 玩法缺乏多样性

幼儿的主要玩法便是单双脚交替跳,显得过于单薄,随着时间的推移幼儿的兴趣逐渐慢慢转移,很快被其他事物所吸引。

2. 玩法缺少挑战性

镜头中可以发现教师制定的目标和要求对于大班的幼儿来说过于简单,也没有考虑到幼儿的水平差异,让幼儿无法自主选择符合自身运动水平的运动方式,因为难度太低而失去兴趣。

➢ 镜头四:

"怎么能玩跳房子游戏玩得更有趣呢?"教师问。

明明提议:"每一个格子都可以有不一样的玩法。"

教师好奇地问道:"什么玩法?"

明明回答:"可以转圈跳、左转弯跳右转弯跳。"

"我给你们不同星星的难易卡片,你们自己设计难度,怎么样?"教师提议。

当最高为五星的卡片都设计好后,孩子们又开始愉快地游戏了……

【分析与思考】

1. 主动思考,设计更多关卡

运动时,幼儿不单是身体素质得到了锻炼,他们还巧妙地运用到了勤于反思基本要点,不断变化游戏形式,挑战更难关卡,将运动进行得有滋有味。镜头中幼儿在对"跳房子"兴致减弱时,能自发地主动思考新的玩法并进行尝试,对于该运动充满着好奇,教师抓住契机,将跳房子玩得更有趣。

2. 自己动手,记录更多信息

幼儿能回顾到之前运动时的计划、过程和结果,并分享给他人,有助于自我思考与调整,运用于运动中。回顾运动过程,幼儿不再按既定的规则进行运动,他们会自己思考,挖掘出更深层次的玩法,让运动变得更有趣,来满足室内运动时运动量的达成。

从以上镜头中可见,教师只有在活动后反思,在实践中调整,形成良好的专业自觉性,才能为幼儿提供最佳的活动方案,同时,也促进了幼儿的勤于反思的培养。

二、"无为"与"有为"

《纲要》中指出:"教师要成为孩子的倾听者、观察者;教师要成为幼儿学习活动的支持者、合作者、引导者。"那么适时把握幼儿游戏中的时机显得尤为重要,在结构游戏"停车场"中,幼儿面对着许多的问题,作为教师到底要选择"无为"还是"有为"呢?

(一)选择"无为"——默默观察,耐心等待

面对幼儿遇到困难时,教师总会按捺不住,想着去引导幼儿获得一些创造性的发现,可往往事与愿违,例如:

孩子们开始思考:怎样的停车场才是最合适的?轩轩说:"这么多车,乱七八糟的怎么整理啊?我们来放放好吧。"于是他把车子有序地摆放起来,还没放好,婉宁就打断了他,说:"这样不行,看起来不整齐。"教师心生一计,说道:"你们可以按车子的大小分。"这时,齐齐正好走来说道:"我的调查表里记录过,警车属于特种车,可以把特种车放一起!小汽车放一起!"婉宁大声说道:"不行,老师说要按大小分!"

【反思】

听到婉宁的这句话后,教师便开始反思自己的行为:

1. 是否干预幼儿思考

幼儿教师的过早介入,打断了幼儿间的互动,影响了幼儿探索的兴趣,导致幼儿原本富有创造性的想象活动因一个标准答案的出现而告终。

2. 是否固定幼儿思维

对于汽车的分类摆放方式有很多种,按汽车的种类、大小、颜色……但在教师的介入后幼儿便认定教师所说,减少了幼儿观察的时间,没有主动去分析其他的分类方法。

【经验】

由此得出,该案例中教师的介入是无效的,应选择作为旁观者默默等待,给予幼儿更多的思考时间,观察幼儿是否能通过自己的观察、分析来解决问题,这才能促进幼儿学会学习素养的提高。

(二)选择"有为"——做有心人做,步步为赢

那么,是不是教师不介入,选择"无为"就是最好的方法呢?也未必如此,例如:

彤彤、霖霖叫来蔡蔡和他们一起搭建停车场。新的停车场终于搭好了,霖霖说:"我最喜欢特种车了,这个停车场里我们放一些比较厉害的车子好不好,把警车、消防车、救护车……都停在这里!"蔡蔡提议:"现在我们有一个停车场停小汽车,一个停特种车,再搭一个停工程车怎么样?"得到认可后,教室里出现了三个巨大的停车场,无处安放……

【反思】

看到幼儿如此自主地游戏,教师心里很欣慰,但是也在思考着如何帮助幼儿将作品更好呈现。

1. 提醒幼儿使用标志

幼儿将三个停车场很好地进行分类,但是对于其他幼儿来说并不能马上观察到此区别,可能会存在车辆乱放的问题,可引导幼儿增加标志。通过标志,幼儿能根据各种问题自己总结经验,解决车辆乱的问题。

2. 引导幼儿关注身边

三个巨大的停车场无处安放,可引导幼儿联系身边,如室内停车场都是有两层的,帮助幼儿用最佳的方法来解决这个问题。

通过教师的有效介入,幼儿自己动手绘制出了三种标志,还将三个停车场拼装在一起变成一个立体停车库。

由此可见,教师通过观察加入幼儿的探索过程中,成为幼儿游戏时的参与者来进行有效指导,帮助幼儿理清思路,反思自己的行为,有效达成活动目标。

综上所述,结构游戏的进程是幼儿自主探索和发展的进程,只有在幼儿面对无法逾越的困难时,才需要教师的介入与帮助,给予幼儿些许灵感,引发幼儿经验的迁移,让幼儿自主解决困难。我们应以最少的干预、最大的爱心、最多的观察,给幼儿最有效的点拨,促进幼儿创造自主性的发展的条件和机会,最大限度地促进幼儿勤于反思。

三、"发现"与"创造"

《幼儿园教育指导纲要(试行)》在总则里提出:"幼儿园应与家庭、社区密切合作,综合利用各种教育资源,共同为幼儿的发展创造良好的条件。"家庭和社区两方面是本次《城市新气象》主题开展过程中所必不可少的教育资源,幼儿学会学习素养的养成并不只仅限于幼儿园。

(一)联系家庭——各种各样的标志

标志是幼儿非常感兴趣的事物,在运动、游戏中他们都会运用自己的已有经验去设计和创造,但往往线条单一,无法让人一目了然。教师思考请家长来协助开展"各种各样的标志"活动,带领幼儿关注周边生活中的标志,并进行记录。

通过家园合作,幼儿认识到了更多的标志,使他们的想法更丰富,通过自我反思创作出适合游戏的新标。

(二) 联系社区——栩栩如生的消防车

在开展大班科学活动《消防车》时,为了帮助幼儿认识消防车的外形和特征,产生热爱消防队员的情感,邀请了消防员叔叔走进我们的教室。

消防员叔叔的来到让孩子显得格外高兴,消防员叔叔向大家讲解着消防车上的一些灭火设施,"消防车上有许多东西,有警报器、水带、消防泵……"教师不仅联想到幼儿搭建的一些消防车作品,何不请专业的消防员来指导幼儿搭建结构作品呢?在消防员叔叔专业的点拨后,消防车内搭建了更丰富的消防设施,显得栩栩如生。

幼儿能够熟练地运用结构材料,根据自己已得到和已了解的信息进行创作,幼儿具有主动学习的愿望,不仅善于观察,还勤于反思,进而弥补自己消防车知识的不足。

四、"努力"与"成效"

在教师的反思性实践下,我们看到了大班幼儿在主题开展过程中学会学习素养不断提高,同时,教师在通过各种方法教授、引导幼儿的同时,自身也是一个学习与成长的过程。

(一) 促幼儿勤于反思的发展

1. 主动学习

《纲要》指出:"教师要善于发现幼儿感兴趣的事物以及游戏、偶发事件中所隐含的教育价值,把握时机,积极引导。"创设幼儿感兴趣的主题游戏,追随幼儿感兴趣的事物,提供幼儿可探索的操作材料,让兴趣成为幼儿学习的催化剂,在幼儿的认知过程中和学习过程中起着推动作用,激发幼儿的自主性、探索性,促使幼儿爱学习、会学习。

2. 审视自身

《3~6岁儿童学习与发展指南》中针对5~6岁幼儿明确指出:"鼓励儿童用多种方法发现问题,寻求答案。"在幼儿游戏的过程中,教师提供的可探索材料、适宜的介入时间更是为幼儿自我反思提供了良好的条件,让幼儿在语言上、操作上及时把自己的想法、发现和问题主动提出,触发他们反思的能力。

(二) 促教师反思性实践能力的发展

1. 自觉反思的能力

教师的专业水平发展贵在自觉、主动地反思自己在教学实践中存在的问题,从

"失败"中获得"成功"也是一种有效的对策。教师在《城市新气象》主题活动的开展中不断形成了自觉反思的习惯,对于活动后的环境创设、材料提供、组织形式都能进行透彻思考,最终化为有利的专业自觉行为。

2. 有效指导的能力

通过本次反思性实践研究,极大程度上提高了教师的教学指导能力。只有通过反思,教师才能不断总结自己知识的欠缺、教育理论的不足;只有通过反思,才能获得实践性的知识,积累好的教学经验,优化自身教学方法给予幼儿最佳的指导方法。

第四部分

新启程：视界拓新

主题式结构游戏中幼儿情绪教育环境创设再思考

◇ 邬亚洁

一、研究背景

情绪是个体心理体验的一个重要组成部分，它具有建立、维持和改变个体与外界关系的功能。情绪能力对一个人终身的人际关系和学习都发挥着基础性的作用。能管理和调节自己的情绪也是《中国学生发展核心素养》之健全人格素养培养的主要表现之一。研究表明幼儿情绪能力对于其将来的学业及一生的成功来说都是非常重要的因素，因此，它是成为一名优秀学生和合格公民的必备。

幼儿情绪教育主要是指幼儿体会、控制和表达自己的情绪，形成紧密而安全的人际关系，探索我们周围的环境，在环境中学习。其次是依据幼儿心理发展特点，采用各种适宜的方式培养幼儿正确认识和看待情绪，引导孩子学会体验他人情绪，学会控制和表达自己情绪，以此发展积极情绪的教育活动。当今情绪教育更多强调孩子的情绪体验，学习一些情绪管理的技巧。

环境在促进幼儿发展中的作用已毋庸置疑成为教育工作者的共识。《上海市学前教育指导纲要》（以下简称《纲要》）明确指出："环境是重要的教育资源，应通过环境的创设和利用，有效地促进幼儿的发展。"游戏是孩子最喜欢的活动形式，要珍视游戏的独特价值。心理学家曾指出：儿童在游戏中获得的教育效果最佳。而主题式结构游戏是指基于孩子身心发展特点、老师预设和幼儿生成相结合的游戏课程，该课程环境创设也是来源于孩子，是师幼共创、利于身心和谐发展的孩子喜欢的立体教育环境。实践证明，以游戏为载体创设情绪教育环境能使幼儿处于愉快的积极情绪状态。

当今幼儿绝大部分是独生子女，自我中心意识较强，导致其情绪调控能力较差，主要表现为：一，自我控制能力差。遇到问题缺乏冷静的思考，情绪爆发较突然，且不易控制。比如,与同伴发生冲突时,往往以自己的喜好为出发点,缺乏对他人情感的了解或适应他人。二,幼儿情绪易受环境影响。难以理智地表现出正常的情绪,处在嘈杂、吵闹的环境会令他们脾气暴躁或情绪异常亢奋。在得不到肯定时会表现出异常焦虑。三,要求得不到满足时,容易产生情绪失控行为,比如,出现哭闹现象,往往一下子还难以平息,甚至出现攻击性行为。

本实践研究旨在通过主题式结构游戏中创设良好的幼儿情绪教育环境,一方面,让幼儿在与主题式结构游戏环境的互动中体验与表达情绪,使幼儿学会调节和管理自己的情绪,促进幼儿情绪能力的发展,从而促进其身心健康发展;另一方面,通过教师有目的地心理支持和引导,孩子们在喜欢的主题式结构游戏情绪教育环境中,以更积极的情绪去探索、发现、表达、表现,促进孩子情感、态度、知识、技能、价值观三维目标的达成,从而促进人的全面发展。

二、主题式结构游戏情绪教育环境创设的实践研究

(一)主题式结构游戏情绪教育环境创设的目标

1. 促进孩子认识和调节情绪。通过主题式结构游戏情绪教育环境的创设,帮助幼儿学习了解、表达、调节自己的情绪;使幼儿学会一些调节自己情绪的技能,能较正确认识和调节自己的情绪。

2. 促进孩子表达和管理情绪。通过教师尊重和理解幼儿的情绪,以及为幼儿提供情绪调适和情绪管理能力发展的机会,促进孩子逐渐学会用恰当方式调适和管理自己的情绪。

3. 促进幼儿情绪能力的发展。在主题式结构游戏情绪教育环境中,探寻培养幼儿情绪能力的教育策略,发展幼儿情绪能力,也为幼儿园教育实践提供一些参考。

(二)主题式结构游戏情绪教育环境创设的原则

1. 满足孩子心理需求——创设支持的情绪教育环境

(1)接纳、支持的心理环境

《纲要》指出:"树立正确的健康观念,在重视幼儿健康身体的同时,要高度重视幼儿的心理健康。"在幼儿园主题式结构游戏课程实施中,我园各班老师注重为孩子营造关爱、理解、接纳、尊重、支持、平等交流的心理环境,努力使每个孩子感受到"老师喜欢我,小朋友们都是好朋友"的被老师关爱和团队接纳的感觉。

➤ **镜头一**:"我在马路边"主题式结构游戏中,中三班的小男孩添添突然生气地冲到一组正在搭建马路边隔离花坛的小朋友面前,将他们搭建好的隔离花坛推倒,小朋

友们马上打闹起来,李老师走过去了解原因。原来是小朋友都不愿意和添添玩,所以他把小朋友们搭建好的隔离花坛积木推倒了。这时,李老师没有果断地否定添添的行为,而是走到他身边蹲下来,拉着他的手,并用温和期待的目光,用鼓励的语言引导并支持他说出原因和想法。原来,添添也想参与这一组的搭建,但大家因他平时顽皮捣蛋又笨手笨脚而不让他参加,李老师与添添继续进行情感交流互动,使添添渐渐地平静下来,说:"李老师,我错了。"于是,李老师暗示他接下来该怎么做,添添心领神会,马上不好意思地走过去跟小朋友们说:"对不起,我刚才错了。"添添的行为得到了小朋友的谅解,当搭建继续开始时,老师又引导小朋友们与添添一起搭建,孩子们欣然接受了他,此时的添添愉快地参与其中并听从大家的安排,一会儿运材料,一会儿搭建高楼旁的花坛等,玩得不亦乐乎……

总之,在不同的主题式结构游戏活动中,我们各班老师会认真去关注每个幼儿的心理需要,努力理解幼儿的心理感受,用积极情绪去呵护和支持孩子,为每个孩子营造良好的心理环境。

(2)宽松、自主的共创环境

在主题式结构游戏环境创设过程中,各班老师的观念不断在转变,从过去的由教师独自创设环境,到现在无论是主题墙还是主题结构区的表征等,都是师幼共同布置并表征,让孩子参与整个主题式结构游戏环境创设的始终,以此,使幼儿成为环境的主人,使孩子们在与环境互动中情绪积极、主动发展。

例如,在各班主题式结构游戏每一阶段的主题环境表征中,孩子们与老师共同商讨表征内容、表征形式,共同进行阶段主题探索成果的筛选和布置,看着老师预设和幼儿生成相结合、师幼共同创设的主题式结构游戏环境,孩子们会愉悦感和成就感满满,还会拉着自己家人和客人老师主动介绍。确实,孩子们情绪上体现出的愉悦和主动,来自他们拥有了实现自我价值、体验自主创造的机会,更来自在于他们积极的情绪状态下创设了一个孩子自己的展示环境。

2. 把握幼儿年龄特点——创设适宜的班级情绪教育环境

各班主题式结构游戏情绪教育环境的创设是因地制宜、不拘一格的,但我们都是必须基于孩子的年龄特点,以及满足本班孩子兴趣点的心理需求。比如,不同材料、不同形式的主题式结构游戏区中,孩子们自主选择地面、桌面、柜面、墙面、区域个体或合作建构,过程中情绪轻松、愉快。再如,每次的游戏分享交流活动环节中,老师都会引导孩子们聊聊游戏中高兴的事,与大家分享成功或快乐,或说说不愉快或难过的事,分担不开心的事情中寻求老师或同伴的互助,转化消极的情绪。在这样的环境中大家共同快乐并同情着,能自由自在地表达表现和互动分享,每个孩子只要愿意都能成为同伴们眼中的主角,随时转换倾听者或倾诉者的角色,情绪能力在一个个主题式结构游戏中得到不断培养。

(三)主题式结构游戏情绪教育环境创设的成效

1. 提高了幼儿认识自身情绪的能力

只有帮助幼儿觉察、分辨自己的情绪,了解情绪的来源,才有可能用适宜的方式调节自己的情绪。我们老师会从幼儿的内部表情和肢体动作入手,帮助幼儿觉察自己的情绪变化。首先,让幼儿懂得什么情绪是好的,什么情绪是不好的。比如,高兴、快乐、平静等是好的情绪,愤怒、悲伤、冷漠、抑郁等是不好的情绪。并用笑脸或哭脸等表情脸符号张贴起来,幼儿在学一学、做一做的过程中认识各种情绪。在此基础上,老师们会引导幼儿想想在什么情境下,自己或他人会出现这样的表情,并结合幼儿的具体活动,创设某些情境,让幼儿明确感知其在这种情境中的情绪状态,并做出相应的反应。再如,当幼儿在主题搭建比赛中获奖后,老师能适时引导幼儿讨论:得奖的小朋友和没有获奖的小朋友是什么感觉?他们为什么会有这些感觉?……

2. 促进了幼儿自我监控情绪的技能

(1) 理解触发情绪的反应情境

幼儿的情绪反应不是无缘无故的,而且反应的强度和持久程度,在一定程度上取决于他对引发情绪情境的理解。老师会引导幼儿正确认识、分析该情境,有效地帮助孩子调适自己的情绪。

➤ **镜头二:** 大五班的轩轩是9月份插班进来的,原来在外地某幼儿园就读,其父母都是高学历的引进人才,平时工作经常出差或加班,孩子主要由姥姥、姥爷带管和接送。刚来班级的第二周陈老师无意中发现轩轩一直心事重重,不去与同伴一起玩,那几天来园时总是哭丧着脸不肯进教室。陈老师从家访中了解到轩轩是个自尊心特别强的孩子,换了一个地方一下子适应不了。于是,陈老师在"我们的城市"的主题式结构游戏中对他多了关注。在日常观察中,陈老师发现轩轩有时看到小朋友们自主或合作搭建各种创意的建构作品时,他会自言自语地说:"有什么了不起的。"自己却搭不成一件像样的作品。有时,还会因嫉妒去把别人放在展示架上的作品拆散掉,好几次小朋友们来告状,甚至不愿意与他在一组合作搭建。针对此现象,陈老师组织了一次"怎样使新朋友喜欢大五班"的集体谈话,在互动交流中陈老师引导孩子们学习接纳新朋友的种种办法。同时,找轩轩个别谈话,他说:"小朋友的高楼房搭得真好看,而我搭的房子总是塌掉,老师我是不是很笨?"陈老师从中了解到这个孩子其实有点自卑,于是一边对他说其实你挺聪明的,只是比别人学习的时间短,只要你努力学习,一定会赶上大家的,一边引导他如何和小朋友友好相处、互动学习。另外,在游戏中特意安排轩轩与几个能力强的小朋友在一组,并不时鼓励他的点滴进步,渐渐地发现轩轩变了,能主动找同伴合作搭建,在随后几次讲评环节的分享交流中,他也开始尝试客观地评价自己或同伴的作品,而且每天几乎是大五班第一个来园的,一到园他就会冲到建构区自主选择材料专注搭建,脸上也能经常看到他开心的笑容,每天的情绪处于良好状态。

（2）学习用多种方式有效地移情

心理学研究表明：幼儿从5岁开始能理解物体间的客观关系,并且在同伴间建立合作关系,在情感方面逐渐向互惠和相互尊重的方向发展。此时,教师向幼儿强化移情能力训练,能起到较好的效果。《指南》也指出：要结合具体情境,引导幼儿换位思考,学习理解别人。因此,我们老师经常有目的地让幼儿学会站在他人的角度体验他人的情感,学习移情,这样不仅帮助了孩子疏导自己的情绪,还促进了孩子学会关注他人的情感需求,从而提高孩子的情绪调控能力。

例如,以缓解小班幼儿分离焦虑为例。内容丰富、具体直观的主题式结构游戏环境,对于刚入园进入集体生活的小班孩子来说,有较大吸引力,在与老师、同伴一起搭建、与家长一起亲子建构中,孩子们会沉浸其中,能忘却或减轻分离带来的焦虑情绪。

再如,以对中班幼儿协商解决冲突为例。中班幼儿已熟悉幼儿园生活,逐渐从自我为中心向去自我为中心发展。老师通过孩子们感兴趣的主题式结构游戏系列活动,从中引导幼儿学着自己或在老师帮助下协商解决与同伴的冲突。

➢ **镜头三**：在"美丽的金枫公园"主题建构中,骏骏专心地在金枫公园建构区用清水积木搭建一个亭子,在盖顶时被自作主张走过来帮忙的楠楠碰倒散架了,骏骏随即大声呵斥楠楠,还与楠楠发生肢体冲突。见此攻击性行为,李老师马上介入,阻止了冲突的进一步发展,并在老师的指导下两人愉快地一起合作重新建构起亭子来。在游戏结束的讲评时,老师就此事在全班进行讨论,使孩子们知道如何尊重别人的成果,如何用商量、合作搭建等与同伴交往;碰到冲突时如何学会换位思考、宽容别人并解决问题等等。

（3）学会用恰当的表达方式和宣泄情绪

例如,在形式多样的主题式结构游戏分享活动中,老师会引导幼儿主动参与进去,进行内心情绪的表达,帮助幼儿调解自己的情绪。对于一些性格内向、胆小的孩子,老师会更加耐心和细心,引导他们学着表达自己的内心世界,与小伙伴分享他们的快乐和不快乐。

再如,针对每一个孩子在生活中都会有消极的情绪,在游戏过程中,我们老师常常会引导孩子采用"说出来"或者用恰当的方式发泄出来,或者帮助孩子学习选择自己和他人有益的方式来疏导和宣泄自己的不良情绪,还会为孩子缓解心理压力提供支持和帮助。

总之,采取多种形式为幼儿提供机会倾诉自己心中的感受,引导幼儿表达自己的情绪,进而学会控制自己的情绪。通过情绪教育环境的创设,帮助幼儿及时转移注意力,教师还能借机走进幼儿,和幼儿共情陪伴,试着对幼儿情绪持尊重和理解的态度,乐其所乐,急其所急,对其情绪的变化表示关注、关怀、认同,并及时安抚其情绪,良好的情绪环境的创设也间接地帮助了幼儿解决其所面对的情绪问题。

(4)学会用适宜的疏导方法和调控情绪

情绪调控能力是情绪能力的重要品质之一,这种能力能帮助幼儿及时摆脱不良情绪,保持积极的心境。心理学研究成果表明:"安定愉快的情绪是使幼儿保持身心健康和行为适应的重要条件。"因此,培养孩子学会自我情绪的调控对孩子今后的学习和生活有着极其重要的意义。

首先,老师帮助幼儿理解触发情绪的反应情境。因为幼儿的情绪反应不是无缘无故的,反应的强度和持久程度,在一定程度上取决于他对情绪情境的理境。因此,我们老师能注意引导幼儿正确认识、分析该情境,有效地帮助幼儿学会调控自己的情绪。

例如,当幼儿在主题式结构游戏活动中发生争执而产生委屈、愤怒、伤心等情绪反应时,老师会扮演倾听者的角色,耐心倾听他们的解释,帮助幼儿及时疏泄消极情绪,以平和的心态面对矛盾,积极寻求解决的办法。再如,有的班级在活动室区域一角设置"情绪晴雨记录"版面——引导幼儿学会表达自己的心情。幼儿每天来园时,老师会引导可把自己的心情脸谱贴在自己名字的记录墙上,并在一日活动中随时根据自己的心情进行更改,不仅便于老师及时发现幼儿的不良情绪,适时进行引导,而且,引导孩子们之间互相关注互相调解。

其次,帮助幼儿尝试用不同的方式表达自己的情绪,学习根据他人的情绪、表情来调节自己的情绪。各班老师通过多种活动、多种形式的疏导方法,帮助幼儿认识各种不同的情绪表现,帮助幼儿学会用不同的方式进行自己的情绪调控,并根据他人的情绪、表情调控自己的情绪。

3. 提升了教师开展情绪教育的能力

（1）学会捕捉幼儿情绪动态

老师经常利用同伴的榜样示范，营造幼儿积极的情绪氛围。比如，小(6)班"小花园"的主题式结构游戏中，昊昊用雪花片搭建了一层的小花朵外面添加第二层，变成双层的花朵，并得意地跟旁边的桐桐说："我搭了一朵长大的花。"老师观察到后，走过去竖起大拇指肯定了他的创意，昊昊得到表扬后第二天又高兴地搭了许多双层的花，而且桐桐和许多小朋友也模仿昊昊尝试搭起了双层的大花，孩子们乐此不疲连续搭了好几天双层花。可见，老师的及时肯定和榜样的示范，使积极的情绪得到渲染。

（2）学会回应幼儿情绪行为

老师注重针对不同性格的孩子不同引导。比如，对性格内向、胆小的孩子，老师除了心灵上去抚慰外，更要努力想办法引发其积极情绪，用语言激发，如：你笑起来很好看；你能用完整的话向大家介绍作品。对其表现出的点滴进步予以肯定等等，多种方式的肯定性回应助力幼儿积极的心态，并将消极情绪也转化为积极情绪。

三、主题式结构游戏情绪教育环境创设的思考

1. 灵活创设主题式结构游戏情绪教育的环境

情绪教育环境的创设对幼儿健全人格素养的发展起着重要作用，因此，教师不但要在主题式结构游戏中重视情绪教育环境的创设，而且在创设中需要灵活地根据目标和原则，时刻关注主题式结构游戏情绪教育环境内幼儿的情绪变化，发挥好情绪教育环境的作用，不断帮助幼儿正确认识各种情绪，不断引导孩子愿意和他人表达分享自己的情绪，使幼儿在愉快的情绪体验中成为情绪的主人。

2. 家园协同作用有效促进幼儿情绪教育

《纲要》指出："儿童的发展受到来自学前教育机构、家庭、社会多方面的影响，学前教育机构必须与家庭教育、社区教育互相协作配合，提高对儿童教育影响的一致性和有效性。"当我们学校支持幼儿的情绪能力发展的时候，必须意识到孩子是生活在家庭、社区和社会环境中的，因此，我们需要与家庭一起灵活地平衡教育，一是开展多种形式的家教指导，促进家长对情绪调控重要性的认识；二是对于个别情绪调控能力不佳的孩子，采用面谈、电话、家访、网聊等多种形式，与家长协同一对一个案教育。总之，在家园携手下根据孩子的发展差异和每个孩子的发展变化，结合每个孩子独特的需求、偏好、技能和挑战，才能更有效地帮助孩子在整个统一体上发展幼

儿的情绪能力。

3. 幼儿情绪能力的培养必须持之以恒

毋庸置疑，情绪调控能力是人的心理素养提高的重要能力，从小培养幼儿心理调控能力，有利于孩子健康心里状况和健全人格的形成，较大程度上影响孩子未来学习和美好生活的质量。但是，培养幼儿的情绪调控能力不是一蹴而就的，所以，幼儿情绪教育必须持之以恒。作为幼教工作者，一方面，我们要不断仔细观察幼儿情绪的细微变化，帮助孩子学会自主管理、自我调控情绪；另一方面，老师要尊重幼儿的人格与尊严，发挥幼儿的主体作用，引导幼儿学会情绪调控的方法，唯有如此，情绪调控才能成为幼儿的自觉行为，情绪教育才能起到事半功倍的效果。

【参考文献】

[1] [美] 珍妮丝·英格兰德·卡茨.促进儿童社会性和情绪发展[M].北京：机械工业出版社，2018.

[2] 朱小曼，梅仲荪.儿童情感发展与教育[M].南京：江苏教育出版社，1984.

[3] 彭先桃，陈颖娇.教师调节幼儿情绪的策略探析[J].郑州师范教育，2017.

[4] 李季湄，冯晓霞.3～6岁儿童学习和发展指南解读[M].北京：人民教育出版社，2013.

[5] 孙璐，吕国耀.打造利于幼儿情绪教育环境空间[J].北京教育科学研究院，2017(6).

[6] 华爱华.幼儿游戏理论[M].上海：上海教育出版社，2000.

[7] 李圣兰.学前儿童家庭教育[M].上海：华东师范大学出版社，2000.

做思行合一的实践者
——基于核心素养培养的主题式结构游戏中教师反思性实践的思考

◇ 施慧英

核心素养是指人适应信息时代和知识社会所需要的必须品格和关键能力。主题式结构游戏是指在一段时间内围绕一个主题来组织的结构游戏活动，其特点是打破领域间的界限，将一日活动的内容围绕主题有机连接，让幼儿通过该主题结构游戏，获得与主题相关的较为完整的经验，是将结构游戏创造性地融合于幼儿一日活动中，使幼儿得以全面、均衡发展的一种活动形式。基于核心素养培养的幼儿园主题式结构游戏就是通过开展主题式结构游戏，培养幼儿的核心素养。

反思性实践是指思考影响这些实践的各种策略、原因、观点，能在新的理解下改变实践，不断采用新想法去调整的一种实践方法。当今教育都在关注儿童核心素养的培养，我园开展基于核心素养培养的主题式结构游戏研究，教师作为儿童核心素养发展的引导者和支持者，能基于具体情境之中，将教育实践与反思性实践真正契合。

我园基于核心素养培养的主题式结构游戏实践，以思学为先、思为其中、思变随后等途径，探寻和梳理了一些促进教师逐渐成为思行合一实践者的一些做法。

一、思学为先——主题式结构游戏核心素养观的反思与实践

基于幼儿核心素养发展培养的主题式结构游戏，教师具有良好的核心素养观是有效开展的保证。如何培养教师的核心素养观？当务之需是创建学习反思实践梯队，边架构符合幼儿发展需要的核心素养体系，边引导教师及时运用、实时反思，既促进核心素养体系不断调整完善，又促使教师素养观的内化与获得。

（一）学习共同体

1. 顶层设计组梳理论证核心素养体系

顶层设计组是火车头，是带动全园教师正确形成素养观的领导者，必须先具备

核心素养观及反思性实践者的意识和能力。我们由园长、保教主任、科研和大教研组长为核心成员的队伍，寻求适切的核心素养指标、思考和规划层次型教师素养观落实的解决之道等，以此高效快捷地树立每个教师良好的核心素养观。

（1）问题与实践：如何围绕"中国学生发展核心素养"，使核心素养体系园本化

顶层设计组先学习"中国学生发展核心素养""台湾核心素养发展手册""OECD素养""欧盟学生核心素养""新加坡学生核心素养"等国内外核心素养的框架、关键词和内容，发现所有核心素养面向的都是所有年龄段学生，有些素养观不适宜幼儿园孩子，因此也不适宜我们教师理解和运用。

采用三结合方式，制定"主题式结构游戏中的幼儿核心素养体系内容"。即围绕"中国学生核心素养标准框架"、思考主题式结构游戏中幼儿阶段的实际发展、引用《3～6岁儿童学习与发展指南》，将各领域幼儿素养发展的关键词，分解到每个核心素养基本点之下，并在原有标准框架下再增设一栏"指南目标与要求"观察点，将素养与指南进行对接，使之初步体现园本化特点。

（2）问题与实践：怎样厘清素养的核心，使核心素养内容均衡化

教师实践后的问题：多个基本点下的"指南目标与要求"内容重复，如"社会参与"核心素养下的"社会责任"和"国家认同"都需"倾听与表达"的典型目标与建议，匹配幼儿素养发展时会左右为难。

采用合理取舍原则，重新确立适宜的体系框架。仔细寻找国内外核心素养资料，分析他们的思考和理解：什么是我们没有的、哪些是可选取的、哪些基本点可灵活调整到"文化基础""自主发展""社会参与"三大核心等问题，最终形成了3大核心、20个基本要点的"主题式结构游戏中的幼儿核心素养体系框架"。

采用界定描述方式，体现每个基本点的特点。将指南关键词和核心素养对接，再进行语言整理，为20个基本要点进行了概念界定和主要表现描述。如"文化基础"下的"人文熏陶"概念从"人文""熏陶""幼儿人文熏陶"三方面界定；再根据界定的概念，分析出幼儿的主要表现，如"感受不同体裁和类型的儿童文学作品及艺术形式和作品；对经典故事、古诗等文学作品及人文领域的基本知识和成果感兴趣；在良好的人文环境中，主动体验、观察、模仿及实践"，让每个基本要点都带有独特的专属性，避免观察点之间的重复和混淆。教师在主题式结构游戏中能针对性地观察幼儿这一素养基本点的发展去比对分析，最终能明朗地关注幼儿的素养发展。

（3）问题与实践：如何根据幼儿发展所需，使核心素养观主次化

实践过程中的教师提出：三大核心素养下的每个基本要点该如何去辨识轻重，

对幼儿有目的地关注和引导？这一问题，引发了设计组对三大核心素养下基本要点的主次化思考。

采用星号数量标志，助力教师判断幼儿众素养发展中的轻重关系。以"社会参与"核心素养为例，我们标注3星的基本要点是"社会责任""沟通互动"，标注2星的基本要点是"国家认同""国际理解""劳动意识""团队合作""顺势应变"，表示幼儿阶段3星基本要点更符合幼儿现在需要侧重培养的特点。顶层设计组最终形成的"主题式结构游戏中幼儿核心素养框架体系"，真正做到了来自思考、来自实践、来自园情，使素养观合情合理，推动着教师核心素养观的学习与理解。

2. 实践引领组唤醒带动核心素养观

实践引领组是由每班一位经验丰富、善于学习的教师所组成的引领队伍，以经常性开展素养观的先学先内化、边实践边理解边引发认知冲突的活动，自主地唤醒反思意识，积累和丰盈幼儿发展的核心素养观，并负有指导班级教师共同发展的责任。

唤醒自己。集中开展专题学习，如"我国学生发展核心素养研究——问题与反思"、幼儿园调整的"主题式结构游戏中幼儿核心素养基本要点"，从国家层面到园层面的核心素养学习，理解素养具有符合幼儿年龄特点实际的异同特点；定期交流研讨，如"主题式结构游戏的阶段实践研讨""主题表征环境的阶段性思考与交流""幼儿核心素养发展的个案跟踪"等，将我园结合主题式结构游戏开发的核心素养真正落实到实践中思考，为园部提供可行的核心素养体系调整依据。

带动他人。班级两位教师共同组织与实施的主题式结构游戏实践，由实践引领组负责指导班内年轻教师，共同聚焦幼儿核心素养发展的培养重点，共同合作学习、出谋策划、反思实践，推动年轻教师同发展，形成互为理解和支持的核心素养观。

（二）学习自主体

教师核心素养观的形成非一朝一夕即可获得，既得益于共同体的帮助，也离不开教师个体自主的专业觉醒。我们采用多途径方式满足教师个体自主学习的需要，树立核心素养观意识。

1. 科学理论为指导，建设核心素养观

我们把园内的理论知识与园外成熟的思想方法结合起来学习，如提供核心素养发展系列丛书，鼓励教师学习获取理论知识；学习不断完善的"主题式结构游戏中幼儿核心素养体系"，充盈脑海中的素养认知；利用幼儿园微信工作群开展"微论坛"，围绕"主题式结构游戏中教师的反思性实践能力""基于核心素养的主题表征环境创设"等，引导教师分享心里话、真心话，诉说自身核心素养观建立的点滴成长，收获不少值得仿效的素养观风范。

2. 实践情境相结合，生根核心素养观

依靠教师在真实情境实践中的长期锻炼和自我修炼有助于素养观的提升。如每学期班组内互看互学互问主题表征环境，知晓他人的核心素养观察点及其表征方式；组织"主题式结构游戏案例"分享会，尝试读懂经验型教师在主题式结构游戏中对幼儿核心素养发展的视角和游戏拓展形式；走出校园看姐妹园方案教育实施，启示了教师预设之外的N个幼儿喜欢的生成活动与素养发展培养的思考……久而久之，教师的素养观慢慢养成。

二、思为其中——主题式结构游戏实施的反思与实践

美国思想家萧恩认为，促使教师反思性实践能力提高的并非是外来的研究性理论，而是从业者发生在行动之中、行动之后和未来行动之前，即为行动而思考。主题式结构游戏过程即为一场行之有效的反思行动，能让教师站立于幼儿核心素养发展的基石，从主题式结构游戏的设计、环境的创设、游戏的形式、核心素养的培养等方面进行时时观望、时时醒悟、时时行动。

（一）主题设计策略

万事开头难，核心素养培养理念下的主题式结构游戏的开展是一种全新的探索与实践，至为重要的第一关就是开启游戏源头，我们积累了一些不同年龄段主题源头启动的模式。

1. 倾情引路，先预设后生成

由于小班幼儿的活动基本是在行动过程中进行，且注意力很不稳定，易受外部事物及自己情绪的影响，所以小班幼儿的主题式结构游戏都由教师收集大部分幼儿的兴趣点，或以物或以情进行必要启发来确定。

以小班主题式结构游戏"小司机"为例，主题式结构游戏开展前，教师为找到一个适宜的切入口开启和推进，对圆形饼干盒盖进行了思考：它的形状是圆的，基于小班幼儿认知经验都是知道的，且关于圆的事物幼儿认识的还有很多，如方向盘、轮胎等，所以利用饼干盒会是好机会。教师就把圆盖放在主题表征墙的中心，果真引起幼儿关注，有的说像大饼，有的说像镜子、像方向盘……到第二天，教师将标志和线条贴在圆盘上变成一个方向盘，幼儿又围绕方向盘展开讨论。通过这一神奇变化吸引幼儿注意后，教师及时引发幼儿关注教室里的圆形事物去变一变玩开车游戏，于

是，雪花片积木搭建的圆形作品、娃娃家圆圆小碗等被幼儿变一变，用作方向盘开启了游戏。之后，教师又把两个搭建好的方向盘和一个盒子组合成小汽车放在表征墙上，幼儿对轮胎产生了好奇，于是"轮胎"小主题生成了。

"小司机"主题式结构游戏由一个圆的事物开启，基于教师对小班幼儿认知特点的把握，将圆与这个主题如何有趣链接进行了反思与实践——预设幼儿喜欢的事物，并追随幼儿的兴趣生成一个个小主题，体现教师设计实施主题式结构游戏的用之以心和用之以情。

2. 适情后退，边延续边生成

中班阶段是游戏活动的黄金时期，幼儿的有意性行为开始发展，不但爱玩，而且会玩了，他们具有尝试自选主题进行游戏的意愿。因此，小班时期的主题式结构游戏并不会全然放弃。中班主题式结构游戏"花"就是教师对先前小班"小花园"主题经验的灵敏嗅觉做的延续活动。

以中班主题式结构游戏"花"为例，教师发现经过小班下学期"小花园"主题的开展，幼儿对"花"的了解较粗浅，大部分幼儿只停留在颜色、数量、大小等外观的了解，而小部分幼儿能发现花长在草地、树上、水里等不同地方，对"花"的了解与探索随着学期结束就停止了。可当中班开学时，幼儿对各种"花"又重新燃起兴趣。教师的头脑瞬间产生系列问题："是不是要继续？""关于花还有什么研究价值？""中班研究花与小班有什么不同？"等。教师便与幼儿共同探讨，发现当下的幼儿对花瓣数量和形状、花心的样子、叶子等有兴趣，看来"花花世界"很符合中班幼儿的兴趣和认知特点，就这样"花"的主题结构游戏开始了……正值桂花飘香的季节，教师又追随幼儿一起采桂花、拣桂花、做糖桂花活动，满足幼儿对可食用花的探索欲……

由此看出，教师擅长引发问题，对其他教师在年龄段和学期交替时开展主题有一定的借鉴作用。但凡教师愿意跟随幼儿，就能主动对幼儿的信息进行价值判断，使自己反思和实践的目的性越发明确。

3. 全情观望，竭尽支持生成

大班幼儿的情感逐步稳定，规则意识和合作意识逐渐增强，表现与表达方式更为多样化，喜欢用建构方式创造性地反映自己的所见所闻。教师以此为依据，在大班主题式结构游戏中更多地思考如何关注和支持，尽量以隐身扶助的方式满足他们的创造表现。

以大班主题式结构游戏"奥运会"为例，教师最初看到幼儿用碳化积木只是搭建玩交叉跳跃、障碍式走跑等简单且独立的运动，此时教师并不阻止或插入他们的活动,静静等待希望幼儿能玩出不同。直到一组孩子"策划构造"出跑步机时,其他幼儿感觉新奇纷纷效仿。这时,教师思考幼儿对跑步机感兴趣,一定对关于运动的话题还有想法,说不定可以获得更多的主题生成信息。教师认为时机已到,立即组织幼儿交流、调查、分享,才获得幼儿是知晓奥运会"皮划艇""游泳"等诸多运动项目,对黑皮肤白牙齿的人好奇,还对升国旗领奖念念不忘,就这样属于幼儿的"小小奥运会"诞生了。

(二)互动环境创设

美国教育大师杜威认为:"反思是能够使我们的行动具有深思熟虑和自觉的方式,思维是把单纯情欲的、盲目的和冲动的行动转变为智慧的行动。"随着主题式结构游戏的开展与生成发展,需要教师具有智慧的思维与行动来支持幼儿营造适宜的游戏环境。

1. 地面结构展示区

地面结构展示区是每个班级为幼儿提供的有情境有作品的主题互动区,应该是幼儿随着主题开展,用自己的想法和表现让这个区域成为游戏中心,让自己真正成为这里的主人。以中班主题式结构游戏"马路新景象"为例,教师通过反思性实践努力褪去主导者的光环,竭力帮助幼儿真正成为主题式游戏环境的小主人。

(1)改封闭区域,变流通环境

教师发现幼儿甲拿着搭建的小汽车到结构地面展示区"大马路"上,摆放好作品起身时,不小心碰倒了旁边紧挨着的房子,于是孩子们之间发生了不愉快。

教师反思:自己为幼儿提供的大E地垫造型地面展示区,造型看上去较美,但大E型长边一端固定于墙边摆放,造型周围空旷区域都摆放了储藏积木的整理箱,四周可走动区域的空间所剩无几,几乎呈封闭状现象。因此,成人看起来美的情境并不是幼儿真正需要和能用的。

改进实践:认真听取幼儿想法,根据幼儿需要调整场地,让地面造型能四周流通,便于幼儿走进走出,摆放作品。首先,师幼想到了一同放大地面区域空间,只能往外移动此区域两侧的矮柜,使地面空间最大化。其次,需要重新设计地面结构区造型,教师启发幼儿用地垫还可以拼成哪些形状。幼儿想到了长方形、正方形等多个不同形状的小造型,让每个造型相对独立。最后,墙边留白空间,幼儿根据需要分散摆放小造型成每个小区域,各区域间都有合适的过道。许多幼儿尝试在小区域内走动,保证了既能随意进出不碰撞又能在过道中进行直接构造的效果,幼儿都很满意。

(2) 改固定情境，变互动环境

教师听到幼儿对KT板"大马路"的讨论："为什么这里只有一条马路啊？上次我和爸爸去浦西玩，我们开车经过南浦大桥，那里有很多马路连在一起的，好多车子在上面开，下面还有黄浦江！江里有好多船，码头上有好多长颈鹿机器。""是呀，我们在下面马路上开，车顶上还有一条高架马路呢！"

教师反思： 情境的确与现实生活有差距，"大马路"情境紧贴地面，作为地面马路，只能表现车辆来往。而中班幼儿对马路的认知除了地面马路，还有马路上高架桥、黄浦江上高架桥等丰富的经验，简单的情境不能满足幼儿表现需要。

改进实践： 教师主动了解孩子的认知经验和表现需要，做好有效引导和积极支持。首先，积极利用材料库，引导幼儿根据马路的造型去寻找合适搭建材料，幼儿找到方形纸板做桥面，瓶罐做桥墩，尝试构造高架桥；其次，鼓励幼儿收集并教师提供黄浦江上马路图片，丰富幼儿马路及其周边事物的认知，于是幼儿的游戏中出现了黄浦江和轮船，上面有高架桥和各种来往车辆，情境不仅丰富还变成立体式，激发幼儿参与游戏的兴趣；最后，鼓励幼儿灵活使用情境中的材料，按照情境需要可以连接使用分散地垫区域，让马路变长变宽，成为幼儿喜欢的马路。

主题式结构游戏开展中，我们的教师就是通过聆听、审视、探讨、研究实践中的实际问题，用自己智慧的实际行动改变着以往"我给孩子创设环境"的冲动行为，让主题式游戏环境成为幼儿想要的百变环境。

2. 主题式表征环境

瑞吉欧指出："幼儿园游戏理论基础其实有一百。"意味着孩子有一百个念头、一百种思考方式、一百种聆听方式……这些一百与生俱来并互相影响。幼儿在主题式结构游戏的探究中一定也有一百个信息、符号或结果要表达，对我们教师如何运用好主题式表征墙提供了反思与实践机会。实施主题式结构游戏的初期阶段，教师在表征环境的进行中遇到如下困扰的共性问题。

问题思考1： 主题表征墙的底板该如何创设与使用，才能满足源头开启、生成的N个小主题内容？

改进实践： 改变以往几小块割裂的图形组合去呈现每个二级主题的固定思维，调整为两块KT版连接作为长方形底板，保证了主题式结构表征墙面的宽敞，或以版面的中心为源头，向四周发散小主题；或以版面上下左右的任意一端为源头，向一个方向发散小主题，如此表征底板的设计使每个小主题的空间都不再受限于小块面的范围，确保按表征内容按需利用。

问题思考2：主题式结构游戏与主题活动的表现方式不同，发展轨迹该如何清晰呈现，便于幼儿从源头查看游戏的发展？

改进实践：主题式结构游戏的名称应在源头开启表征处，再用醒目的箭头和问号等符号做生成发展的指引，形成主题式结构游戏的脉络，正符合《3～6岁儿童与学习发展指南》中运用符号表征的理念。

问题思考3：随着游戏的深入，全班幼儿的信息调查表太多，如何在有限的主题表征墙上呈现全班幼儿主题信息，让信息发挥互相查阅和了解作用？

改进实践：一般选用数量5以内的信息内容张贴于表征墙，将剩余的幼儿信息制作成精致的信息调查小册子，挂在与幼儿同等视线高度的表征墙位置，便于幼儿翻阅了解，有效解决内容呈现时的局部与整体关系。

问题思考4：主题式结构游戏必有幼儿结构作品内容，如何解决平面墙上的表征能安全牢固？

改进实践：由于结构材料具有轻重大小之差异，构造的结构作品必然会有轻重。于是，老师们用铁网格、斜拉绳式的直角纸板、纸筒卷叠加、支架式板材等不同材料构造了表征墙上的摆放台，便于摆放幼儿构造的较轻作品；较重或较大的作品等，则是用照片记录下来，使表征环境既能完整地保存和展现结构作品保护好童心，又促进了立体化表现。

教师们通过思维碰撞和大胆尝试调整，不仅有效解决了上述问题，还收获了主题式表征环境创设与利用的方法与经验，如迁移信息调查表的呈现经验，制作了各类照片相册、作品集等，有效体现了幼儿的探究过程和结果呈现，发挥了主题表征环境的价值。

3. 积木与空间环境

每班的主题式结构游戏材料都有大小和材质之分，如适宜桌面类的插塑、适宜地面结构区的积木类，以满足幼儿的创造和表现。面对形状各异、大小不同的积木类"大型砖块"，如何利用仅有的狭小空间合理安放，使幼儿既能够取用方便，又能快速整理？这就引发了教师对空间环境利用和材料管理与使用的思考实践。

以小班积木的管理与使用为例，教师根据泡沫积木的形状特征，采用"空中阁楼"方式，制作四面建筑背景墙，沿壁分别创设"管道区"和"楼层区"两区域。三面墙为"管道区"，用KT板及纸芯桶制作成符合长方体、正方体、圆柱体大小的柱状空间。管道上口可直接放入积木，让积木垂直下落至地面并逐渐在管道内叠起。管道下口离地面一段距离是空的，幼儿便能轻而易举拿到最下面一块积木搭建；一面墙为"楼层区",利用可折叠的纸板箱制作三层折叠架,每层用棉绳牵拉,使其牢固并垂直于墙面,每层上就能放置装有小型零散积木的篮子。

教师思考的是尽可能利用纵向空间安置积木,不仅为幼儿留出更多搭建空间,还便于幼儿自己管理积木,养成物归原处的好习惯。幼儿在实际使用过程中,也被有趣的造型设计所吸引,拿取着自己需要的积木进行构造;还被有序的环境暗示所引导,做到了快速整齐地将材料物归原处。

上述环境的反思实践,能以立体化、互动性、趣味性的特点,服务于幼儿主题式结构游戏的构建需要、表征需要和习惯培养,让幼儿沉迷在游戏中得到多种素养的发展。

(三)活动形式拓展

主题式结构游戏的开展基于幼儿核心素养的培育为目标,必须走出结构游戏这一单一的活动形式,将其渗透于一日活动各领域,使主题式结构游戏的形式更为丰富多样,也让教师反思与实践的视角更为融合和宽广。

1. 角色游戏形式

以中班主题式结构游戏"宠物乐园"为例,就是以角色游戏形式融合于主题背景下的结构游戏。角色游戏时,教师看到几个幼儿趴在地板上"汪汪"叫着往前移动,主人假装拉着他们显然是在遛狗。一会儿爬累了,主人就说:"我们回家去吧。""小狗们"问道:"我们的家在哪里呀?""在……"主人一时回答不上来。这时,教师上前提醒他们:"去找一个空空的地方就可以造一个家啦。"于是,主人和"小狗们"找到教室外的走廊,用彩砖积木围合构造了宠物的家,让"小狗"住进了自己的家里。第二天游戏时,又多了几条"小狗",家不够住了,幼儿又搭建起来……随后多天内,小狗的家里又多了许多幼儿自己搭建的物品,如更多的房子、并联在一起的水碗和粮碗、睡觉的垫子、肉骨头和玩具等,随后,又搭建了宠物医院、宠物美容院,"宠物乐园"游戏深深地吸引着每个幼儿来参与。

2. 运动形式

以大班主题式结构游戏"奥运会"为例,就是以运动形式融合于主题背景下的结构游戏。皮划艇奥运项目的新鲜出炉、河道运动场景的构造、建立了运动规则、产生了起点终点及裁判的公平竞争意识、胜利后登上搭建的领奖台和升国旗等行为,以及"奥运会"进程中遇到瓶颈时寻求了成人的帮助后,让"110米栏"成为奥运会的新项目,让"皮划艇"和"飞人项目"成为奥运会合作形式的小组比赛项目……幼儿从最初用碳化积木开展的运动,到"奥运会"的游戏过程,都体现运动特质的结构游戏。

不同活动形式的主题式结构游戏让教师从幼儿身上体验到更多直观的融合感受,看到幼儿自主学习的进步,也助力教师收获反思行动的乐趣。

(四) 核心素养培养

幼儿在不同年龄段参与的不同主题式结构游戏,其综合核心素养都能得到不同程度的发展。教师在培养的过程中更需多思考每个主题、每个内容、每种材料支持的目的性和有效性,使素养培养真正落实在整个游戏过程之中。

以主题式结构游戏《动物的花花衣》为例,是以促进小班幼儿信息意识发展的素养培养为主。首先,教师思考如何去萌发幼儿的信息意识,好能有的放矢地预设和实践,萌发幼儿对收集与运用信息的意愿。在家园配合的"我知道的黑白皮毛动物"调查中,教师收到25份调查表,调查表上用图加文形式表征幼儿知道的黑白皮毛动物。但在谈话时,64%幼儿不能较完整和清楚地表达自己调查的信息。教师查看调查表后反思两点:其一,调查内容过多和过于宽泛,导致父母和幼儿在搜索时目的不明确,把搜到的内容全都"涂鸦"到记录纸上,硬塞给孩子那么多的信息,导致幼儿记不清;其二,调查形式较单一,不符合小班幼儿的年龄和认知特点,但凡幼儿感兴趣的直观形象的、印象生动强烈的事情才容易记住。

教师的再实践"我最喜欢的黑白皮毛动物"将记录表的知道调整为最喜欢,并鼓励家长双休日带领幼儿参观动物园,或是在小区、公园或周围寻找"黑白皮毛的动物"。一周后,教师收到了28份记录表,上交率达到96.55%。其中19份记录表上仅有一只动物,剩下的9份有两只动物。谈话活动中,孩子们能用短语较清晰地表达自己在某地、和某人、发现的某黑白皮毛的动物,有的孩子甚至在父母的指导下了解了部分它们的特征与习性。通过调整,幼儿的信息意识被激发,也牢牢地记住了自己的信息内容,信息意识得到萌芽。

大班主题式结构游戏"我是中国人"是以"社会参与"下的"国家认同"素养培养为主,但生成的"奥运会"主题,就是"社会参与"下的"国际理解"素养发展的最好途径。教师结合幼儿"110米栏"比赛,为幼儿提供奥运会比赛精彩视频,帮助幼儿了解参赛队员来自不同国家不同皮肤的人。当发现黑人的跑步速度都很快时,幼儿都产生了无比敬仰的心情,愿意扮演"黑人"参加比赛。教师利用这一契机,引导幼儿去接纳和尊重与自己身份不同的人,从人物的角度开始了国际理解的培养。

每个主题的开展中幼儿的综合核心素养都能得到不同程度的发展,尤其是与主题紧密联系的侧重的几个素养得到了更深入的培养。幼儿在不同年龄段参与的不同主题,就是对幼儿综合核心素养培养的最好方式和途径,因此,这一阶段核心素养的培养就是相互联系、相互交叉、相互融合、相辅相成。

三、思变随后——主题式结构游戏后的自我内省

基于核心素养培养的主题式结构游戏的开展,教师必须具备强而有力的自我反省意识和行动能力,才能真正促进反思性实践能力的成长。

(一) 追随幼儿,同频共振

游戏过程需要教师与幼儿都碰撞出共鸣点,才会期待到一场有趣和精彩的主题式结构游戏活动。

大班"奥运会"主题开展前,教师思考"我想知道孩子们是怎么游戏的?""如何开启一个新主题?"游戏中的思考是"如何推进主题?""如何让幼儿在这个主题式结构游戏中获得'国家认同'和'国际理解'等核心素养的发展?"带着诸多问题,教师观察幼儿自由探索材料和玩法的选择,把烧脑的活儿留给孩子;倾听幼儿的游戏语言,从中寻找兴趣点,思考是否具有挖掘空间,是否符合此年龄阶段幼儿;通过交流、谈话等方式去确立幼儿最感兴趣的"奥运会"主题;根据调查表,制定初步计划,筛选可开展的比赛项目;根据幼儿意愿开展相应比赛、选择相应运动角色;三个项目的完整串联,使奥运会初具规模;随后,陆续增加其他"升国旗"等项目,引导幼儿自主活动;分享、交流、讨论贯穿始终。

具有责任心的教师,可以让自己成为追随幼儿的主动者,以自觉反思游戏活动全过程的方式,避免了教育的冲动,还能跳出惯常思维下的教育行为藩篱,力求谨慎行动,改善教学实践,引领幼儿素养发展的同时,让自身的教育行为得到提升,成为紧随幼儿的好教师。

(二) 追问自我,同肩共进

反思自我是改进行动、调整教育行为的先驱,有的教师极其需要站在巨人的肩膀上步出自我足迹去看教育找问题。我们开展主题式结构游戏现场互动观摩学习,并以"微论坛主题——主题式结构游戏中教师反思性实践能力的探讨",点燃教师的问题意识,帮助她们认识"自我"的教育缺憾,提升反思实践能力。

这位年轻教师从许多教师的教育经验交流和学习中觉察了自己教育行为的不适:"从优秀教师们的指导经验中,我发现自己还有很多错误的想法和做法。首先,担心幼儿想不出,回顾开展的主题式结构游戏时,我往往会替代幼儿想很多,也预设太多,把一个主题所有能想到的内容都表达给幼儿,没有考虑到幼儿是不是有兴趣,

或是一些创新的想法;其次,当一个主题式结构游戏开展时,往往会把表征墙内容展现过于丰富,刻意凸显学习内容……"她对自己行为的坦诚自白在日后的游戏实践中逐渐得到改善,见证了同一屋檐下共同进步的力量。

(三)追求表述,同条共贯

主题式结构游戏的实践研究,最终需将有益的经验概括梳理为物化的成果供教师共享学习。我们抓住这一良好途径,鼓励教师以大胆思考尝试的态度来凸显日益成长的思维表述方式。

如顶层设计组尝试用"饼图"方式,将"主题式结构游戏中幼儿核心素养基本要点和主要表现"构成三层级圆形思维图,便于教师查阅和熟记;如教师们尝试用"主题网络图"方式记录梳理幼儿的"主题式结构游戏"预设与生成的脉络;如小班主题式结构游戏"小花园",生成两个小主题"花"和"树",以及小主题下有五个寻找不同(大小、颜色、数量、长的地方、香味)的活动,都用竖状网络图一一呈现,更清晰地看到游戏的连贯轨迹和幼儿的素养发展。

(四)追逐"无为",同谋有为

主题式结构游戏的反思性实践,教师们更多地学会了不干预幼儿的思考、不固定幼儿的思维,只是默默观察和耐心等待,这种看似"无为"之举,恰是努力走在有为之路上;时而选择"有为",做有心人,给予幼儿最有效的点拨和最需要的支持,最大限度地支持幼儿的有为之举,实现师幼步步为赢的目的。

基于核心素养培养的主题式结构游戏实践,彰显了个性化实施的特点,是核心素养新理念推动着教师的思维方式与行动的改变,给教师留下更多驻足思考与改进的空间,因此也成全了教师的"思""行"合一实践的需要。

【参考文献】
[1]约翰·杜威.我们怎样思维经验与教育[M].北京:人民教育出版社,1991,66—70.
[2]罗永勤.对反思性教学内涵的再解读[J].中国教师.2009,(6).
[3]熊川武.反思性教学[M].上海:华东师范大学出版社,1999,6.
[4]郭秀艳.内隐学习[M].上海:华东师范大学出版社,2003,253.
[5]王喜海.透析教师教育行为后的缄默知识[J].学前教育研究,2005,(7—8):70—72.
[6]王桂芝.教师反思能力培养策略初探[J].科学教育家,2009,(1):26—27.

主题式结构游戏中以多元评价助推幼儿核心素养的发展

◇张 霞

建构游戏中幼儿与各种不同结构材料互动，与同伴交往，有各种不同的行为表现和情感体验。每次的结构游戏结束后教师通常会通过评价环节帮助幼儿总结经验，从而提升幼儿核心素养的发展。但在实际教育教学中，教师往往不知如何进行评价，致使评价环节流于形式，没有起到有效的促进作用。《3～6岁儿童学习与发展指南》中指出：要了解和倾听幼儿的想法或感受，领会并尊重幼儿的创作意图，不简单用"像不像""好不好"等成人标准来评价作品，这对幼儿核心素养的培养没有丝毫作用。为此我们教师在确立评价内容的时候要充分考虑以发展幼儿的核心素养为前提，不再局限于主题式结构游戏的作品呈现，以此才能更好地助推幼儿核心素养的发展。

一、集——评价主体集合多方力量

《纲要》明确指出：教育评价是幼儿园教育工作的重要组成部分，是了解教育的适宜性、有效性，调整并改进工作，促进每一个幼儿发展，提高教育质量的必要手段。集合多方的力量进行综合评价，评价不单是教师的事情，打破固有以教师为评价主体，聚集教师、同伴、家长、园管理者等。幼儿和教师是主题式结构游戏的主体和实践者，教师在每一次开展活动中需要组织幼儿进行评价，让幼儿在教师、同伴互动评价的过程中汇总，对结构游戏主题的来源、构造的过程、构造的想象、构造中的生成等进行综合的、正确的评价，使幼儿产生继续完成或拓展新主题的兴趣和欲望。家长评价则是通过志愿者活动、亲子活动、公开展示活动等形式参与到课题的实施过程中，提供自己的想法和建议，推进课题的发展。

1. 园部评价对幼儿发展核心素养进行诊断

幼儿核心素养发展是通过园部课程实施来落实的。这个过程中，幼儿核心素养发展的程度如何？方向如何？需要通过园部的课程实施评价进行判断。园部课程评价不仅关注幼儿建构能力和学习品质等方面的发展结果，还十分关注教师在组织主题式结构游戏前、游戏时，以及游戏后幼儿的适应情况。它不仅是结果评价，还注重过程评价、背景评价等。园部评价具有诊断与调节功能，对幼儿发展核心素养起着重要作用。在评价过程中，评价主体通过对收集到的相关信息资料梳理分析，可以对主题式结构游戏、教师、幼儿等的发展情况进行诊断，以及时准确掌握发展程度，发现存在的问题，并采取相应的措施进行调节。园部评价能够对幼儿发展核心素养过程中存在的问题进行分析与解释，寻找原因所在，从而提出补救和改进的意见。

2. 教师评价对幼儿发展核心素养推波助澜

心理学研究表明，成人对幼儿的评价，在幼儿个性发展中起着重要的作用，特别是教师在教育中整合评价，对幼儿自我发展意识很重要。作为一名教师，应时时处处注意激发和保护幼儿的好奇心和创作欲，站在幼儿发展的角度来评价幼儿，在建构中教师的评价一定要具体，教师可以采用提问的方式引发幼儿思考。

【案例一】没有窗户的高楼大厦

今天建构游戏结束了，朗朗拿着他的作品"高楼大厦"自豪地介绍道："我今天造的是幢很高很高的高楼大厦，在楼顶还有一个大大的游泳池呢！"说完指着顶层凸起的"游泳池"。教师点点头表扬道："哇，朗朗还设计了有游泳池的大楼，真会动脑筋，不过你这幢高楼大厦有几层？"朗朗马上回答道："有15层，不对！是16层。"说完他又自我否定了。教师说："没关系，我们大家一起数一数吧。"说完，教师指着大厦的墙体从底部开始往上数，但是由于这幢大厦墙体的颜色比较杂乱，而且没有明显的窗户，所以怎么也数不清。于是教师又提问道："哎呀，我们怎么数也数不清，这是为什么呢？"朗朗抓抓脑袋，想了想说："因为我忘了在每一层装上窗了，所以就数不清楚了。"我高兴地对他竖起大拇指，并鼓励他快去试一试这个好办法。

教师评价是"引导"，是"促进"。当教师蹲下身子，沉浸于孩子的游戏世界，读懂他们的游戏行为，赏识他们的每一件建构作品，并且对他们的建构行为给予恰如其分的评价，孩子们一定能够更理性地审视自己的建构游戏，更自信地进行建构游戏的设想，更好地促进了幼儿核心素养的可持续发展。

3. 家长评价对幼儿发展核心素养如虎添翼

家长是孩子的第一个老师，家长评价是学前教育评价主体多元化的重要方面，在教育实践中也是具有必要性和可能性的。近年来，我园越来越重视家长的参与，让家长直接亲身参与感受我园的主题式结构游戏,并将参与后的感受进行中肯的评价,真正起到促进幼儿核心素养的发展。

(1) 园部亲子大活动,使评价自然化

《纲要》明确指出:评价要"在日常活动与教育教学过程中采用自然的方法进行"。即评价情境要自然化,在幼儿真实的生活和学习情境中对幼儿实施评价。为此,我园会定期举行亲子建构活动,如:"巧手建构 创意无限——亲子结构游戏节活动""我有一个梦——亲子故事宝盒制作讲演活动"等园部大活动。家长亲身参与这些活动,"在活动过程中评价"正是评价回归自然生活的反映,评价者可以在幼儿活动过程中随时进行形成性评价。下面以家长参与幼儿园大活动"结构游戏节活动"为内容的"家长参与结构游戏节活动反馈表"(表1)为例,来说明家长如何通过参与活动来评价幼儿。

表1 家长参与结构游戏节活动反馈表

活动时间:
活动内容:亲子结构游戏节
活动目标: 1. 全员参与游戏节活动,体验结构材料的多变,建构游戏的快乐。 2. 从主题活动中调动幼儿经验、家长资源和家长的实力,凸显游戏的"乐",全方面培养孩子的核心素养。
家长对答: 1. 本次活动中,您觉得孩子参与的兴趣如何? 2. 活动中您觉得孩子最喜欢哪个结构材料? 3. 活动中您的孩子是否愿意和别的孩子一同合作参与结构游戏? 4. 活动中您的孩子是否会主动与别的孩子提出结伴、合作等要求? 5. 在建构过程中您的孩子是否遇到困难或挫折?孩子是如何解决困难的? 6. 在建构过程中您的孩子是否有创造性地搭建作品?如何反映的? 7. 通过本次活动,您觉得您的孩子有哪些核心素养得到发展?可多项打勾。(人文熏陶、审美情趣、勇于探究、理性思维、勤于反思、批判质疑、问题解决、信息意识、技术应用、求异创新、珍爱生命、健全人格、自我管理、社会责任、国家认同、国际理解、劳动意识、沟通互动、团队合作、顺势应变)
活动感言与建议:

表1中有明确的活动内容和目标,以使家长对活动有更加清晰的认识,同时家长在和孩子一起参加活动后,填写7个相关的问题来反映孩子在活动中的自然、真实的情况,并写下自己的活动感受与建议,这将为幼儿核心素养培养的综合评价提供

依据。

(2) 家庭亲子小活动,使评价经常化

幼儿核心素养的发展评价是一个动态的、持续的过程,发展性评价强调有机地将终结性评价与形成性评价结合起来,将评价贯穿于日常的各种活动中,使评价实施日常化、经常化。我们各个班级也会依据主题的开展来举行家庭亲子活动。如:"小雪花漂流——亲子建构活动"每周轮到三位幼儿将结构材料带到家中进行亲子搭建,为家长和孩子的充分接触提供了更多的时间和空间,这样更有助于家长全面认识、了解和评价孩子。以下表(表2)为例来说明家长如何在家庭中对孩子进行评价的。

表2 小雪花漂流活动反馈表

活动时间:		参与活动人员:		
内容＼表现	好	较好	一般	无
1. 孩子参与的兴趣。				
2. 孩子建构的创意。				
3. 孩子是否会与家长商量、解决活动中的问题。				
4. 在活动中孩子是否会主动提供想法和意见。				
5. 出现材料缺乏等问题时,孩子是否会主动寻找替代物。				
6. 游戏结束后,孩子主动收拾材料的情况。				
活动感言与建议:				

根据该表,家长可以对孩子在家庭中的表现和发展情况做一个汇总,看孩子在哪些方面值得肯定,哪些方面还需要改进,并加强与教师的沟通,以便为教师的评价提供信息,进而增强评价的实效性和教育措施的针对性。

4. 幼儿评价对幼儿发展核心素养相辅相成

(1) 幼儿互评

幼儿互评是让孩子之间互相展开各种形式的评价,从而保持他们游戏的兴趣,而这种互评活动也能使一些较难的技能技法及问题迎刃而解。

【案例二】我和别人不一样

在主题活动进程中,教师根据幼儿的兴趣生成了一个素材点"我和别人不一样",开展了一次结构游戏。教师鼓励幼儿尝试通过百变积木搭建出不同形态、不同造型的自己,还可以用借助辅助材料来加以装饰和丰富作品。

幼儿对于用百变积木搭建人物造型已较为熟悉,多数幼儿在思考、把玩片刻后开始投入搭建。十多分钟以后,许多幼儿已呈现了成品;另有部分幼儿在相互观看、讨论后又几经调整和装饰,再呈现自己的作品。

只见萌萌对轩轩说:"你今天搭了什么呀?"轩轩说:"我自己呀。"

萌萌说:"可是我觉得这个作品没什么创意。"轩轩想了想说:"那我再想想办法吧。"

说完,轩轩又将他的作品进行了修改和调整。

教师走到轩轩身边问道:"你在重新搭吗?"轩轩说:"不是,我想把发型重新设计一下,萌萌说我的作品没有创意。"

教师说:"哦,是吗?你自己感觉怎么样?"轩轩说:"我觉得她说得有点道理。所以我想把头发弄成卷毛,像花轮同学。"

教师说:"所以,你觉得现在的这个作品更好是吗?"轩轩说:"对啊,他们都说很酷!"

幼儿在搭建初是非常顺畅的,很快有了成品,却经历了一点"小波折",第一次的成品受到了同伴的"质疑"。随即,该幼儿便做出了调整,获得了同伴们的赞扬和肯定。这也让幼儿在评价时的情绪从最初的积极到略微失落,转而又展现出了愉悦和满足。幼儿在相互评价的过程中,打破了幼儿原本的固定思维,拓宽了幼儿的思路,清晰地认识到自己作品的不足及改进建议,因此,帮助幼儿再次思考、调整、寻找更好的方法。互评活动能培养孩子学会表达自己及接纳同伴的良好品质,同时也使他们直接明了已需改进的地方,以此来改进自己建构的作品。

(2)幼儿自评

自我评价能力对于幼儿的自我认知能力和社会性发展而言是极其重要的一部分。自我评价是自我意识的一种形式,是幼儿对自己思想、愿望、行为和个性特点的判断和评价。

【案例三】我的发明

在"我们的城市"主题下,开展了以社区为主题的结构游戏。为了丰富幼儿的搭建经验,教师还带着幼儿走进社区,走近常见的景、物、人,让幼儿自主观察、比较、讨论,为搭建活动做准备。

在搭建过程中，幼儿表现得饶有兴致，纷纷选取了不同的结构材料搭建了不同的人与物。有的幼儿搭建了社区的楼房，有的搭出了散步的人，有的搭了社区的花草树木。率先完成搭建的大宝第一个将作品放入展示台。游戏结束后，教师先与她交流了起来。

教师："你今天搭了什么？"大宝："我搭了一幢小高层。"

教师："你觉得自己搭得怎么样？"大宝："挺好的。"

教师："哪里搭得比较好，自己比较满意呢？"大宝："都挺满意的。"

教师："比如呢？具体说说看。"

大宝："我告诉你哦，我搭的这个就是我家住的楼房，而且我设计了一个大大的顶，可以再放一个太阳能的，这样很暖的。"

教师："这个设计是这个楼搭得很好的地方吗？"大宝："对呀，这个是我的发明。"

该幼儿在搭建时是非常有想法的，将自己看到的、感受到的都融入了自己的作品中。在评价时，幼儿的情绪非常饱满，兴奋地向教师模拟了自己的设计与发明，这是从其自身情绪、能力等着眼的，表达出了她的擅长之处，展现了得意之作。教师引导与幼儿自我评价的结合，不仅能发挥出教师的主导作用，同时还能让幼儿自主地总结经验，增强与他人的交流和配合能力，从而提高幼儿核心素养的整体发展。

二、全——评价内容涉及全方位

全：全方位的评价内容，《指南》中指出"了解并倾听幼儿艺术表现的想法或感受，领会并尊重幼儿的创作意图，不简单用像不像、好不好等成人标准来评价"。为此我园课题中的评价内容不再局限于主题式结构游戏的作品呈现，我们着重从环境创设、游戏过程、作品评价、幼儿核心素养的发展这四方面来进行评价。

1. 对主题式结构游戏环境创设进行评价

《幼儿园教育指导纲要（试行）》明确指出："环境是重要的教育资源，应通过环境的创设和利用，有效促进幼儿的发展。"环境创设的成功与否将直接影响到孩子建构欲望的激起、动手兴趣的提高、快乐情绪与成功体验的得以满足、核心素养的发展等等。

我园的表征墙就是将主题式结构游戏的开展过程、结果做一个呈现，是一个载体，一种形式。在选择表征的主题前教师会时刻追随幼儿，捕捉幼儿的兴趣为切入点，关注幼儿不同领域、不同核心素养的发展，并以此为依据引导幼儿从多种角度探索主题内容，如调查表、结构作品、角色游戏、亲子活动等多种形式。表征墙的内容根据幼儿的探索和生成不断地变化着、发展着。这些多维度的表征形式、多样化的表现内容,时时触发幼儿丰富的思维想象能力,幼儿会时常有关注表征墙的意识,并学着从表征墙上吸收经验,促进自身勤于反思的能力。

班级中创设主题式结构游戏的表征墙,将主题开展的脉络清晰地展现,将幼儿的所思所想所需所得都在此进行展现。表征墙的丰富性、互动性、表现性都能成为课题开展评价的内容。下面的"中班主题式表征环境评分表"(表3)就是教师们对主题式结构游戏的表征墙进行评价。

表3 中班主题表征环境评分表

班级	墙面、柜面、地面相结合(1分)	表征形式多样(2分)	主题脉络清晰,凸显主题内容(3分)	具有互动性,体现年龄特点(2分)	整体美观,具有层次性(2分)	总分(10分)
中一班						
中二班						
中三班						
中四班						
中五班						
中六班						
中七班						
中八班						

2. 对幼儿建构游戏过程进行评价

游戏本身就应该注重其过程,考虑到其特性,我园在课题评价内容中特别强调游戏过程的评价。游戏前材料的选择、游戏中的行为水平等一系列幼儿的表现,都应该是评价的内容,是其核心素养发展的重要指标之一。

(1) 评价幼儿对游戏材料的选择

平时孩子们都会选择积乐高、雪花片或者插塑玩具,很少有选择子弹头积木的。有一次,洛迪就选择了子弹头,很耐心地拼插了一组作品"机器人、汽车、加油站"。老师看到后就这样评价道:洛迪在拼搭子弹头过程中,能够根据自己的需要进行连接,对圆形、正方形、不规则图形等不同的形状能够自由调整角度,使得机器人、加油站都能稳稳地站立。并且在拼搭的过程中,他完全根据自己的想象,没有看图,根据自己的已有经验进行建构。可见,他对于机器人、汽车等特征相当熟悉。后来,老师请洛迪把作品移至展示台,并请他分享自己建构作品的想法。教师表扬了他能够选择子弹头尝试不同的拼搭,在拼搭的过程当中非常专注,作品也很棒!孩子特别受鼓舞。后来,建构游戏的时候,常常有孩子去其他区域寻找、选择自己需要的材料,这就拓宽了孩子建构游戏中的思维领域,促进了其建构游戏水平的不断发展。

(2) 评价幼儿游戏中的行为水平

孩子们喜欢建构房屋,但是大部分孩子建构得都不太牢固。扬扬的楼房被迪迪弯身时碰触一下就全倒了。可见这样的建筑稳定性不够。于是教师问他:"你的房子怎么会一碰就倒呢?"他就看着照片思考起来,其他孩子也帮他想办法。"是不是太高了?"有孩子这样问。"我们住的房子为什么不会倒?"后来建议家长带孩子去参观了石库门的房子,看到房子由多面墙围合。再次建构的时候,他就不再一味垒高,而是注重了围合,上面一块积木将下一层的两块积木镶嵌住,这样房子就非常牢固了。可以看出,教师以问题评价带动了孩子们的思考,孩子们勇于探究、问题解决等能力在逐步萌生。在对幼儿游戏行为进行仔细观察的基础上,往往能够透过幼儿的游戏行为、游戏作品做出比较精准科学的评价,从而有效地促进幼儿核心素养的养成。

3. 对幼儿建构的作品进行评价

结构作品犹如幼儿的特殊表达表现的方式,为了鼓励幼儿的积极创作,我们在评价作品时遵循"观察""追随""调整""推进"的四步骤开展适切的评价。

(1) 分析幼儿作品,促进认知发展

基于幼儿作品的评价,需要教师和幼儿先观察作品,尤其是幼儿的观察尤为重要。在仔细观察游戏过程之后,教师立即进行思维加工,判断需要提出什么样的问题来引导,这样能更有效地引导幼儿进行思考和讨论,满足幼儿游戏后的自我表达欲望,同时也使评价环节更加顺利,而幼儿则学会欣赏他们作品,懂得发现别人作品的优缺点,敢于大胆地用自己的语言和同伴交流和讨论。在每次游戏之后,教师都应鼓励幼儿在观察的基础上,大胆与同伴交流自己的做法、想法。在交流技能或讲述作品时,当幼儿因为急于表达而说不清楚的时候,提醒他不要着急,慢慢说。同时要耐心倾听给予必要的补充,帮助他理清思路并清晰地说出来。

【案例四】万里长城

"我是中国人"的主题活动正在我们班如火如荼地开展。随着十一黄金周的到来,很多孩子都去了各地旅行。于是很多孩子都想要搭各地典型的地标性建筑。君君和孟孟都去了北京,他俩都决定选择百变积木搭建长城。

过了两天,他们的"长城"初具雏形,一旁的奕奕问道:"你搭的长城怎么凹凹凸凸的?"孟孟说:"这是打仗的烽火台呀!"奕奕又说道:"可这一点也不像,而且这么短,一点也没有万里长城雄伟的感觉!"说完就跟孟孟争执了起来。

见孩子们起了争执,又都热情满满,我找来了清晰版的长城照片,并引导孩子进行讨论:"我们来仔细看看照片,为什么孟孟和君君的长城缺少了雄伟的感觉呢?"君君看了看照片,又看了看自己的作品,说:"我们的长城是直直的,而且太短了,照片上的长城是弯弯的,很长很长的。"教师接着说:"对,那你们能进行修改吗?"孟孟说:"不行的,这种百变积木只能搭出直直的,不能搭出弯弯的。"教师说:"万里长城代表着古时候中国人的智慧和勤劳哦,我们也很聪明,想一想是不是可以用其他的材料来代替呢?"于是经过大家的讨论后,有的孩子用乐高搭出了长城主体部分,有的将牛奶盒剪出凹凸蜿蜒的造型,有的孩子画出了层层叠叠的山峦铺设成长城的背景,之后在班级的"故事坊"里还出现了孩子们讲述关于长城的故事,关于烽火台的故事。

在这个案例中,教师并没有对幼儿的作品做多大贡献,而是通过思维的点拨来"推波助澜"。教师只有在充分观察幼儿作品的基础上,才能获得评价的内容和基点,才能据此有针对性地帮助幼儿梳理经验,提升认知水平。

(2)聆听作品背后故事,推动素养发展

教师除了评价作品外,还可进一步挖掘幼儿创造作品背后的故事,以此来推动幼儿核心素养的发展。

【案例五】我的家人是熊猫

中班主题"我爱我家"正在进行中,教师引导幼儿建构"我的家人"。琪琪用小点点积木建构了一只熊猫,并且对该熊猫十分宝贝。到了分享环节,教师请琪琪来介绍。琪琪说:"我的家人是这只熊猫……"还没说完,就引得其他幼儿哈哈大笑。一旁的小宝对琪琪说:"琪琪,你说错了,熊猫是动物,又不是人。"教师:"大家别着急,琪琪还没说完呢,我们耐心地听琪琪说完吧。"琪琪说:"我的家人是一只熊猫,因为上次我生日,妈妈送了一只熊猫的玩具给我,妈妈还说熊猫是我们中国的国宝,是很珍贵的,我们要爱护它们。而且每次晚上我一个人不敢睡觉的时候,都是这只熊猫陪着我。"我点点头说:"琪琪说得真好,我们国家有很多珍贵的动物,我们要爱护并保护它们。虽然这是一只熊猫玩具,但是它就像琪琪的妈妈一样,晚上陪伴着不敢入睡的琪琪。国宝熊猫是我们中国人的家人,这只熊猫就是琪琪的家人。"

案例中,如果教师不耐心倾听作品背后的故事,在对作品进行评价时会像其他幼儿的第一反应——对琪琪进行否定,这对孩子核心素养的发展是非常不利的。但是教师静下心,耐心聆听孩子的心声就会读懂孩子的内心独白,孩子的这种社会责任感、爱国、爱家庭、爱亲敬长的情怀才会得以发展和升华。

4. 对幼儿核心素养的发展进行评价

根据《指南》《核心素养》及幼儿年龄特点等,确定相对应的以"文化基础"(表4)、"自主发展"(表5)、"社会参与"(表6)三大素养为主的幼儿核心素养发展的评价表,方便教师在课题开展活动中及时地做好幼儿核心素养发展的记录和客观的评价。

表4 主题式结构游戏中幼儿"文化基础"素养发展评价表

基本要点	主 要 表 现	评估标准		
		★★★	★★	★
人文熏陶	感受不同体裁和类型的儿童文学作品及艺术形式和作品。			
	对经典故事、古诗等文学作品及人文领域的基本知识和成果感兴趣。			
	在良好的人文环境中,主动体验观察模仿及实践。			
审美情趣	发现美,喜欢自然界与生活中美的事物。			
	感受美,喜欢欣赏多种多样的艺术形式和作品。			
	表现美,喜欢进行艺术活动,并用自己的方式大胆创造。			
	评价美,愿意和别人分享、交流艺术作品。			

表5 主题式结构游戏中幼儿"自主发展"素养发展评价表

基本要点	主 要 表 现	评估标准		
		★★★	★★	★
勇于探究	对事物具有好奇心和想象力,喜欢探究。			
	能大胆尝试,积极寻求问题的解决方法。			
	坚持不懈,遇到问题不轻易放弃探究。			
	具有初步的探究能力。			
理性思维	初步尝试归类、排序、判断、推理。			
	尝试用观察、分析、比较的思维方式理解事物。			
	尝试简单地制订并遵守游戏规则。			
	能够运用恰当的语言概括和说明自己的理解。			

(续表)

基本要点	主要表现	评估标准		
		★★★	★★	★
勤于反思	能经常对自己的作品和活动过程、结果有审视的意识和习惯。			
	能回顾自己的探究计划、过程,并从中总结经验和教训。			
	尝试根据自己的反思和评估,选择和调整相应的方法和策略。			
批判质疑	能独立思考,具有问题意识,并学着提出问题。			
	与别人看法不同时,敢于坚持自己的意见并说出理由。			
问题解决	善于发现和提出问题。			
	有解决问题的信心、勇气和热情。			
	愿意尝试解决问题的方法。			
信息意识	对所关心的事物敏感,并仔细观察。			
	尝试多途径、多方法获取信息,并简单记录。			
	尝试根据自己的需求,进行简单的分析、判断并尝试进一步利用信息。			
技术应用	有运用其他技术或工具进行探索或学习的意识和兴趣。			
	愿意认识并学习新的技术或操作工具。			
	尝试运用新技术或工具,辅助学习与探索。			
求异创新	对事物有独特的感受和理解。			
	尝试用不同于别人的思路表达表现。			
珍爱生命	具有健康的体态,动作协调、灵敏。			
	自尊自爱,具有良好的行为习惯和生活方式。			
	具备基本的安全知识和自我保护能力。			
	关心周围的人和自然物,并具有保护意识。			
健全人格	情绪安定愉快。			
	具有自尊、自信、自主的表现。			
	学着调节和管理自己的情绪,具有抗挫折能力等。			

(续表)

基本要点	主要表现	评估标准		
		★★★	★★	★
自我管理	能正确认识和评价自我。			
	尝试自己合理分配和使用时间与精力。			
	学会恰当表达和调控情绪。			
	尝试依据自身实际,选择目标并为之努力。			

表6　主题式结构游戏中幼儿"社会参与"素养发展评价表

基本要点	主要表现	评估标准		
		★★★	★★	★
社会责任	能对自我负责,具有规则意识和任务意识。			
	集体中能主动承担责任,具有团队意识和互助精神。			
	遵守基本的社会行为规范,文明自律、诚信友善。			
	有社会责任感和小公民意识,关爱、尊重并保护自然。			
国家认同	知道自己是中国人,为自己是中国人感到自豪。			
	爱祖国、爱家庭、爱亲敬长,具有家国情怀。			
	对中华优秀传统文化具有充分的感受、认知和喜爱。			
	能自觉遵循并宣传中华优秀传统文化中良好的风俗习惯和行为习惯。			
国际理解	知道世界上有不同国家、不同种族的人,他们有不同的文化、风俗习惯与生活方式。			
	接纳和尊重与自己身份不同的人。			
劳动意识	热爱劳动,自己动手做自己能做的事情。			
	有良好的劳动习惯。			
	愿意改进和创新劳动方式和效率。			
	尊重并珍惜他人的劳动成果。			

(续表)

基本要点	主 要 表 现	评估标准		
		★★★	★★	★
沟通互动	愿意与人交往，分享自己的事情。			
	有初步的沟通意识和技能。			
	尝试换位思考，能体会他人的情绪和想法，理解他人的立场和感受。			
团队合作	能尽快融入集体中，具有集体意识，乐于参与集体活动。			
	能与同伴友好交往，达成共识，并相互配合。			
	能合理分工并具有担当意识。			
	愿意听取他人意见，并进行有效协商。			
顺势应变	愿意参加各类具有挑战性的活动，积累经验。			
	多思考，逐步养成随机应变的思维方式。			
	尝试对一个问题进行多途径的解决。			

注：表现突出为★★★；基本达到为★★；尚需努力为★

三、多——评价方式多种并存

评价方式，是对人或事物进行价值判断所采取的方法和形式，通常包括评价主体、评价内容、评价时间等要素。然后实践中我们发现，在实际游戏评价过程中常常呈现出弹性评价方式，即根据实际需要，将评价要素进行组合，不同的组合形式形成不同的评价方式。

1. 以教师为主体的评价方式

教师在游戏前、游戏过程中和游戏结束都可能进行评价，评价的内容侧重点、详略也会不一样，根据不同的评价时间和不同的评价内容，可归纳以下几种评价方式。

（1）再现式游戏评价

再现式评价是指教师针对上次或以往游戏中出现的一系列现象或问题进行回顾及评价，包括幼儿在游戏中的进步、常规问题、建构中的问题以及幼儿作品等，往往出现在游戏开始前的导入环节。如在小班《小花园》主题结构游戏开始前，老师同孩子们进行了讨论："昨天我们的小花园里开了好多美丽的花，有的花儿像太阳，有的花儿开出了几层花瓣；有的花儿种在了泥土里，有的花儿插在了花盆里。和以前的小花都一样,真漂亮!想想看,今天的花儿会有什么不一样呢?"教师回顾了上次游戏中的一些变化和创意,游戏中的一些进步,旨在激励幼儿发挥想象力和创造力。

导入环节对结构游戏有着导向作用,尤其新的主题游戏开始,导入环节中的回顾性评价尤为重要,它不仅能帮助幼儿回顾已有的经验和技能,还能让幼儿更快地进入状态,开始游戏。在结构游戏的中后期,教师的评价有助于激发幼儿的想象和创造。因此,在不同时期导入环节的回顾性评价中,教师应根据具体的情况和教学侧重点选择合适的内容进行评价。

(2)抛接式游戏评价

抛接式游戏评价是指以问题为主线,指导幼儿游戏、推进游戏发展为目标的一种评价方式,包括幼儿搭建中的建构形式问题、经验问题、材料选取问题等。抛接式游戏评价不是纯语言式地介绍,教师可以采用提问、启发式的语言,让幼儿讨论可能出现的情形。

【案例六】美丽的蝴蝶

教师:呀!小花园里飞来了这么多漂亮的蝴蝶。它们的翅膀是什么样的呀?

幼儿:它们的翅膀是方形的。

教师:原来蝴蝶的翅膀可以用形状来表示。那你们觉得蝴蝶的翅膀还可能是什么样儿的呀?

幼儿:可以是圆形的。

幼儿:还可以是三角形、长方形。

幼儿:还能像小花一样。

教师作为幼儿游戏的引领者,在游戏中通过语言的启发,帮助幼儿整理、归纳在游戏过程中获得的一些零散的心得体会,使之系统化,并拓展思维,激发了幼儿对已有认知经验的联想,推进了游戏的发展。

(3)分析式游戏评价

分析式评价是在游戏结束后,教师对幼儿的作品进行分析,介绍给其他幼儿观摩学习的一种评价方式,以分析幼儿的作品为主。

【案例七】修理动物园的大门

小月很喜欢在建构区玩耍,她最擅长的是修大门。在今天的动物园修建中,她用奶粉罐做柱子,在上面放上长条积木,再用大小各异的半圆积木垒高,在半圆洞里放上几个小动物。在游戏结束后,教师问:"你们看,左边的和右边的是不是一样的?"幼儿点头说是。老师边说边指着大门:"小月使用的这种方法叫对称,就是说左边使用的奶粉罐、长条积木、半圆和右边修建的数量一样,搭成的形状也是一样,这样看起来很美观。在我们修建后门、楼房或其他建筑时,也可以采用这种对称的方法。"

在游戏结束后,教师有意识地引导幼儿观察,在幼儿发现这种搭建方法的特点后对作品进行了分析和评价,以此来促使幼儿学习、模仿建构技能,以便提高幼儿的游戏水平。

(4)回顾式游戏评价

回顾式评价,是在一个主题结束后对幼儿的发展所做的全面评价。其首要目的是通过表格的形式对幼儿进行评定,并给教师提供关于某个主题方案是否有效的证据,是一种终结性评价(详见表4、表5、表6)。通过这种方式的评价,教师能有意识、有目的、有针对性地观察,清晰地了解到幼儿各方面核心素养的发展水平。同时,教师还可以通过分析幼儿的弱势方面,从而发现可以给予的引导、支持和回应,提出下一阶段的活动调整和改进措施。

2. 以幼儿为主体的评价方式

在开展主题式结构游戏的过程中,除了以教师为主体的评价外,更应该注重幼儿自身在游戏中的评价,将评价和表达的机会交还给幼儿。

(1)反思性评价

反思性评价是幼儿对游戏前或游戏中出现的问题和作品所做的反思及后续调整,如游戏进程、建构中的问题、幼儿作品等。

【案例八】多米诺放置在哪里更合适呢?

在游戏中,孩子们想到了用积木代替多米诺骨牌来增加游戏情境。可是新设的场景需要做怎样的调整呢?于是孩子们展开了小组讨论。

第一次尝试:将原有的障碍跑场地更换为多米诺。

发现问题:场地狭小,在运送积木的过程中对皮划艇产生了影响。

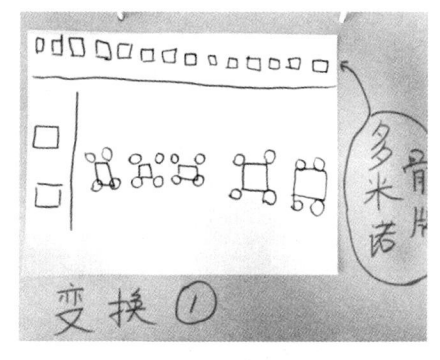

第一次设计方案　　　　　　　　改进后设计方案

改进方案：将多米诺代替原来的跳拍区域。

效果：活动空间更大，更有利于活动的进行。

案例中，幼儿对新加入的游戏进行了设计并进行尝试，发现了问题所在后又与同伴进行了讨论并对活动进行了评价和反思，从而设计出改进后的方案。整个过程中幼儿始终全身心地参与其中，对好的方面进行了肯定，对不足的方面进行了反思，并表达了自己的意见，真正体现了幼儿的主体地位。

（2）分享性评价

游戏结束后，幼儿对自己在游戏过程中的作品或建构过程中的经验进行分享的评价叫作分享性评价。幼儿可以分享自己经典作品的搭建过程和技巧，也可以分享过程中的研究和解决问题的方法。

【案例九】玛雅金字塔PK埃及金字塔

在对世界建筑的调查和分享中，孩子们对神秘的金字塔产生了浓厚的兴趣。于是在游戏结束后，教师组织幼儿进行了分享。教师："今天乐乐和天天分别搭建了两座金字塔，我们来请他们介绍一下。"乐乐说："我搭建的是金字塔，它是四角锥形，最上面是尖顶，然后用从小到大的正方形一层一层往下连接，从下面看，它里面是空的。"教师："原来我们在搭金字塔的时候，为了搭出一层一层的效果，我们只要在两层相接的时候上下留出一小段就可以了，真是一个好办法。"天天说："我搭的是玛雅金字塔，玛雅金字塔和一般的金字塔有点不一样，它最上面的顶上有一座正方形的神殿，四周各有一座楼梯。"

案例中乐乐分享了自己搭建的技巧，而天天分享了作品的搭建过程造型。这些都是幼儿对自己经验进行分享的一种自我评价。

综上所述，无论是以教师为主体的评价，还是以幼儿为主体的评价，在实际的主题式结构游戏的开展过程中，教师都应注重个体差异，平等地对待每个幼儿，并且根据幼儿的发展灵活地采用不同的评价方式。

小积木大智慧　课程架构与创生
——以基于核心素养的幼儿园主题式结构游戏课程目标和内容为例

◇ 曹　艳　邬亚洁

一、"小积木大智慧"课程的来源

2018年7月，中华人民共和国教育部发布了《教育部办公厅关于开展幼儿园"小学化"专项治理工作的通知》，明确了幼儿园"小学化"专项治理工作实施措施。同年11月，中共中央、国务院发布《关于学前教育深化改革规范发展的若干意见》，明确幼儿园教育应当"坚持以游戏为基本活动，珍视幼儿游戏活动的独特价值"。

随着教育理论界对课程理论研究的深化，幼儿园课程要实现游戏与课程的真正融合，游戏课程化是一条适宜的途径。华东师范大学王振宇（2019）《实现游戏手段与目的的统一——再论游戏课程化》中提出：游戏和课程是幼儿园教育的两个核心。游戏课程化是把课程当作儿童成长的过程，把游戏既当作幼儿园教育的手段，又当作幼儿园教育的目的，旨在实现手段与目的的统一。其本质是构建一种新型的课程模式，能最大限度地发挥儿童在游戏中的主动性和创造性。

在小积木大智慧课程中，我园努力站在《中国学生发展核心素养》和游戏课程化的大视野下，以为幼儿后继学习和终身发展奠定良好素质基础为目标，以促进幼儿体、智、德、美各方面的协调发展为核心。所以我园将课程目标定位为聚焦幼儿核心素养的培养，在游戏中育德、育体、育美、育智。

1. 基础教育深化改革的需要

2016年9月，中国学生发展核心素养总体框架正式发布，它以培养"全面发展的人"为核心，引发了社会的高度关注。同年年底，核心素养开始进入课程，成为深化课程改革、修订课程方案和课程标准的重要依据。

"核心素养"是课程实施和教学改革的方向和总纲，是推进我国素质教育、提高基础教育质量的迫切需要。学前教育作为基础教育的基础，必须与中小学一起，一致一贯地培养面向未来的核心素养,共同提升我国基础教育的竞争力,实现立德树人的根本任务。"核心素养"将助推幼儿园进一步落实与深化《指南》的精神,并引领我们沿着正确的轨道去落实。

2. 幼儿身心发展的需要

幼儿园是以游戏为基本活动的,游戏是幼儿最喜欢的活动形式。主题式结构游戏开展的过程是个系列的活动,能激发孩子游戏的积极性和主动性。在主题式结构游戏活动中,开展系列教师预设和幼儿生成相结合的活动,孩子们学习和运用各领域的知识、能力和态度进行探究,并把探究的结果及过程,运用多种形式的表征方式呈现出来,促进了幼儿核心素养的发展。

3. 完善和发展特色课程的需要

我园早在2005年就敏锐地意识到结构游戏对幼儿发展的深远意义,果断决策,以结构游戏为载体推进教育教学改革,已经走过了三个阶段的探索历程。① 开展区级课题《幼儿园开展结构游戏活动的研究》,着重研究了幼儿结构游戏兴趣及建构技能的培养。② 以《开展结构游戏活动发掘幼儿智慧潜能的研究》为抓手,以开发幼儿八大智慧潜能为重点开展研究,出版了研究成果《开启智慧潜能》王港幼儿园游戏研究成果选编一书和配套的光盘。③ 开展区级课题《幼儿园融合性结构游戏的研究》,出版了《小积木 大智慧》王港幼儿园融合性结构游戏的研究一书并取得了浦东新区科研成果评比一等奖,初步尝试将研究成果转化为课程,适应幼儿发展的需要,建构课程框架和园本课程主题包,以及辅以结构游戏相关的多种形式的主题活动,初步形成"小积木 大智慧"课程。

尽管经过长期的实践积淀,我园开发的"小积木大智慧"课程逐步显现其课程特色和优势,但是随着二期课改的深入推进、园本研究的日益深化,我们将以《中国学生发展核心素养》为依据,从创新课程实施形式、丰富课程实施内容、更新教育手段和方式等,开启崭新探索,提升幼儿园保教质量。

二、"小积木大智慧"课程的实践

(一)目标的创生

我们课程领导小组人员在以园长为核心的框架下,认真研读《3～6岁儿童学习和发展指南》《上海市学前教育纲要》等纲领性文件,以及《中国学生发展核心素养》框架,明确国家、地方对幼儿园课程总目标的精神,对课程目标的层次进行研讨,理解课程目标的性质,明确了幼儿园课程目标是内涵丰富的概念。学习和考察其他优质幼儿园的办园经验,全面分析本园课程实施的现状,总结多年来我园在园本特色课程建设和实施方面的经验,对园本课程目标进行顶层设计,旨在使课程目标能体现本园的个性和特点。

1. 整合提炼——确定总目标

"小积木大智慧"课程总目标制定中,注意考虑和紧密结合我园的课程理念和课程愿景,课程愿景和目标既是幼儿园立足于本园的课程背景与条件,将国家或地方课程目标进行园本化的过程,也是将幼儿园办园目标和课程理念在课程实践中进行具体化的过程。在描述时我园将理念和愿景的核心思想体现在总目标中,旨在使各概念之间具有密切相关性和内在的逻辑性。

我园课程总目标:贯彻《课程指南》,以关注幼儿发展需要,培育幼儿核心素养为取向,确立以"通过幼儿园'小积木大智慧'课程的实施,旨在促进幼儿健康活泼、勇于探究、乐于想象、大胆创造、互动合作等各方面的发展,培养喜探究、爱学习、善交往、乐创造的新时代儿童"。我们的总目标直接指向幼儿的预期发展结果,即幼儿核心素养的培养,明确指明了我园课程实施后幼儿身心发展的最终状态和水平,使教师明确了课程实施在促进幼儿发展方面的方向,即促进幼儿喜探究、爱学习、善交往、乐创造。

2. 分解细化——确立分目标

为便于理解、落实和实现课程总目标,我们对课程总目标进行一定的具体化和细化的工作,在这一过程中形成课程具体目标和阶段目标。在制定课程具体目标和阶段目标时,注重在性质上与总目标相吻合,在内容的价值追求上与总目标的价值取向保持充分的一致性。由此,我们制定的具体目标和阶段目标是在对《课程指南》的基础上适当的调整、补充和拓展,形成了符合本园实际的课程细化目标。例如:

课程的具体目标为:

在环境的互动中,初步了解并遵守共同生活所必需的规则,体验并认识人与人相互关爱与合作的重要和快乐。

在游戏的互动中,有认识和探究身边世界的兴趣,发现和感受生活中的美,积极尝试运用多种形式表达和表现,具有一定的想象力和创造性。

……

以上具体目标的表述彰显了我园课程理念及课程目标追求的教育价值和独特性。

再如：

通过吸收相关理论和实践经验，我们主要从三个维度来根据课程目标细化分解年龄段阶段目标，即：一是幼儿年龄段（小班、中班、大班）；二是幼儿发展领域（共同生活、探索世界、表达表现）；三是幼儿心理结构（知识、能力、情感态度），根据三个维度，进行目标的分解。做法如下：

幼儿发展领域目标为：

将《课程指南》中的具体目标根据本园课程理念进行园本化，梳理出与课程总目标价值理念相一致的具体总目标基础上，形成幼儿发展领域目标，主要包括共同生活、探索世界、表达表现三大领域。

共同生活：

（1）在与环境的互动中，初步了解并遵守共同生活所必需的规则，体验并认识人与人相互关爱与协作的重要和快乐。

（2）初步形成文明的生活态度和习惯，有基本的生活自理能力，独立自信地做力所能及的事，有初步的责任感。

探索世界：

（3）积极活动，增强体质，提高运动能力和行为的安全性。

（4）亲近自然，接触社会，在主题式结构游戏活动的建构与互动中，初步了解人与环境的依存关系，有初步的环保意识，有认识和探究周边世界的兴趣，积极投身于主题式结构游戏活动或周围环境的共同创新探究中。

表达表现：

（5）初步接触多元文化，能发现和感受生活中的美，萌发审美情趣。

（6）积极尝试运用语言以及非语言的方式表达和表现生活，具有较丰富的或一定的想象力和创造力。

（7）积极参与各种艺术活动，有一定的欣赏、理解和感受美术、音乐等各类艺术作品的能力，综合运用多种工具和材料进行表达和表现，并体验活动的乐趣。

年龄段阶段目标（简略说明，在此不细化罗列）：

从幼儿发展领域的维度出发，遵循目标设计的连续性原则，分解年龄阶段目标，努力做到使每个领域的年龄段目标相互联系、逐步递进。同时，从幼儿心理结构出发，兼顾三大领域发展中的知识、能力和情感方面的发展。

（二）内容的架构

课程内容是实现课程目标的材料支柱，需以目标为出发点，始终在目标指引下来构建课程内容框架。

1. 优先考虑原则

以目标为核心直接匹配对应相关的课程内容,通过课程内容来显性地、直接地反映课程目标。课程中的"基本活动"以贯彻"主题式游戏为幼儿园的基本活动"理念为主线,创设不同的主题式结构游戏的情境与内容,旨在促进幼儿核心素养的发展。例如:

表1 主题式结构游戏活动主题方案(按年龄段)

	小班主题(举例)	中班主题(举例)	大班主题(举例)
上学期	娃娃家 小司机 学本领	好吃的食物 我爱我家 好朋友 马路边 游船 花	我是中国人 旅行去 有用的植物 树真好 我自己 小小奥运会 茶
下学期	幼儿园朋友多 小花园 动物花花衣	交通工具 周围的人 玩具总动员 在动物园里	我们的城市 百变建筑 千奇百怪的动物 动物大世界 我心中的小学

例如:主题式结构游戏活动"花"(中班上学期)

主题来源——主题网络图——活动设计(侧重结构游戏与生活、学习、运动、其他游戏各领域融合的特色活动)——活动案例——活动花絮(照片呈现主题表征墙和主题结构区等)

(1)主题来源

继小班预设主题《小花园》活动中孩子被色彩丰富的"花"所深深吸引,进行了初步的观察和探索,孩子们发现公园里的花、幼儿园里的花以及班级植物角里的花不尽相同,孩子们对"花"产生了浓厚的探究兴趣。因此,老师设想在中班上学期继续对"花"的不同领域展开进一步的深入探究,如花的结构和花的种类等。

在组织幼儿开展本主题式结构游戏活动前,教师预设下发了一张"花之问"的调查表,初步了解幼儿对"花"的了解、兴趣和问题,并通过商量讨论决定从"花的结构""花的种类""花的用途"三大领域进行对花的深入探究。经过一段时间的实践研究发现:不能单纯地将"花的种类"和"花的作用"割裂,其实它们之间是有密切的联系的。如：在寻找、探索"树上的花"的时候，孩子们对校园里香香的桂花产生了浓厚的兴趣，教师引导幼儿进一步深入地探究，发现了桂花的香气、桂花是可以吃的，这些多感官的探究激发了幼儿强烈的探究欲望，同时也让我们充分认识到：应遵循幼儿的兴趣和探究轨迹，而不是根据教师自身的认识来将主题内容进行划分。因此，老师对"花的作用"的研究隐含在"花的种类"中（如下图"主题网络"），让幼儿通过对不同花的研究和了解，自然而然地习得不同的作用或用途。

此外，还有一方面的考虑是因为"花的作用"中的部分内容对于中班第一学期的幼儿来说比较难，如：花可以用来泡茶，但花茶的种类、配置和作用就比较难，适合大班年龄阶段进行研究；还有有关花的香味，孩子们会用鼻子分辨不同花的香味，但制作、配置香包对幼儿来说又有一定的难度，因此我们将其作为了延伸活动。

因为本主题的研究时值秋冬季节，孩子们发现周围的花没有春天那么多，这也引发了老师的思考：是否要开展对于"四季的花"的认识？但是通过对《纲要》和《指南》的再次阅读和理解，老师觉得关于"四季的花"适合在大班年龄段结合"春夏秋冬"主题进行相关研究。

基于以上思考和认识，实施开展了主题为"花"的主题式结构游戏活动的实践和探索。

（2）主题网络图

前期：收集各类有关"花"的资料（书、杂志、绘本、卡片、美工制作等等）

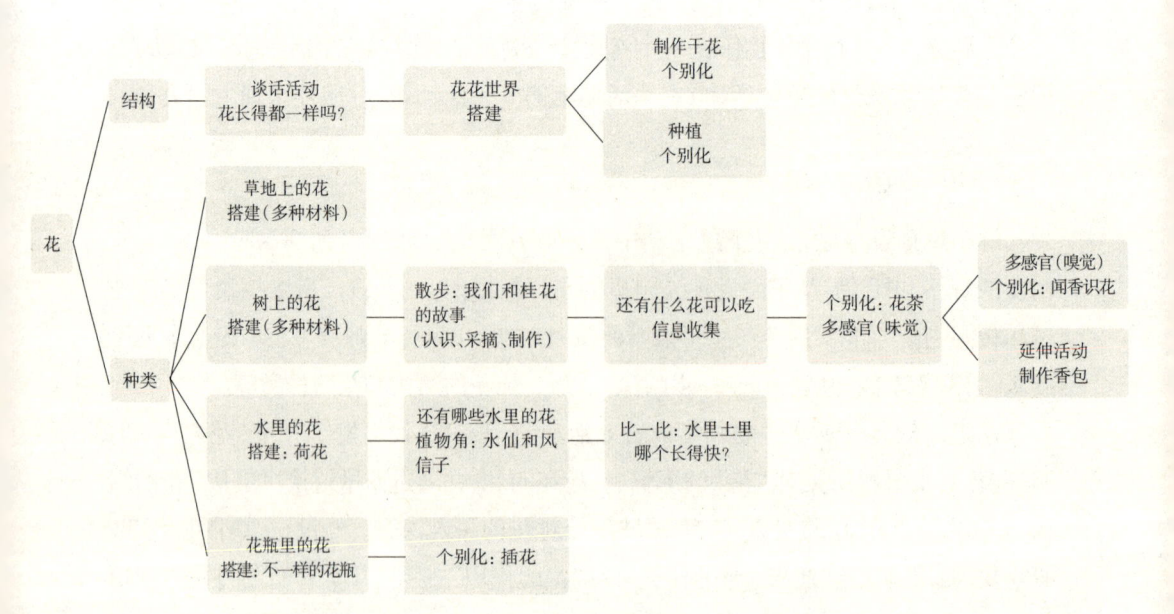

```
花 ── 结构 ── 谈话活动 花长得都一样吗？ ── 花花世界 搭建 ── 制作干花 个别化
                                          └── 种植 个别化
    └── 种类 ── 草地上的花 搭建（多种材料）
            ── 树上的花 搭建（多种材料） ── 散步：我们和桂花的故事（认识、采摘、制作） ── 还有什么花可以吃 信息收集 ── 个别化：花茶 多感官（味觉） ── 多感官（嗅觉）个别化：闻香识花
                                                                                          └── 延伸活动 制作香包
            ── 水里的花 搭建：荷花 ── 还有哪些水里的花 植物角：水仙和风信子 ── 比一比：水里土里哪个长得快？
            ── 花瓶里的花 搭建：不一样的花瓶 ── 个别化：插花
```

（3）活动设计、活动案例、活动花絮（详见课程主题包）

2. 全面惠顾原则

幼儿园需要对幼儿一日活动内容进行整体性的思考与安排，包括对各个领域内容、各年龄段内容的通盘考虑，资源运用统整考虑等。

表2 其他特色活动

时间	活动主题（举例）	活动内容（举例）	活动形式（举例）
国庆节前后	厉害了我的国	活动一：庆国庆——发现之旅（教师篇、亲子篇） 活动二：庆国庆——表现之作	教师、亲子
11月	搭创意建构 讲经典故事	1. 故事宝盒编讲 2. 故事板创意主题编讲 3. 地面主题结构区故事编讲	班级、年级、全园
元旦前后	小眼睛 看大世界	世界各国著名建筑、特色、文化等主题建构情景展	师幼、亲子
元宵节前后	小眼睛 看大中国	中国各地著名建筑、特色、文化等主题建构情景展	师幼、亲子
4月底前后	结构游戏节 **首届主题：** 巧手建构， 创意无限 **第二届主题：** 在玩乐中创造， 在创造中玩乐	1. 小小发现家之最美作品 2. 小小建构家之能工巧匠 3. 小小创意家之"亿童"大玩家 1. 创造：亲子搭建，主题各异 2. 玩乐：亲子共玩，主题乐园	师幼、亲子 班级、全园
六一节前后	情景剧汇演	1. 白雪公主和七个小矮人 2. 金色的房子 3. 三只蝴蝶 ……	师幼 班级、年级、全园
相约二六	玩转积木 快乐×× （运动、游戏）	造高楼、拼拼乐、跳房子、开飞机、青蛙跳等活动	一对一 小班化 （早教指导进社区）

三、"小积木大智慧"课程的思考

在课程开发的过程中，对于课程目标和内容进行架构时，我们要把课程目标和内容有机整合。

1. 充实课程内容

课程内容要承载目标,必须搭建多条支架,而每条支架是饱满的,也即内容是全面的、充实的,同时构建的内容又是实在的、低矮的,是幼儿的视线可及的。从幼儿的角度而言,课程内容是可以看得见、摸得着、玩得了、做得起、感受得到的。

2. 立体开发课程

通过对课程内容、课程实施的形式、方法和途径、课程评价等整体架构,使其真正成为围绕课程目标实现的有效载体。在这个过程中,把家长、社区视为幼儿教育的合作者和课程开发、实施的重要资源。

后　　记

　　自2015年9月起，我园启动了"基于核心素养培养的幼儿园主题式结构游戏的研究"区级重点课题的研究。我们围绕"幼儿核心素养的培养"这个培养目标进行了反复认真的实践探索。

　　历经四年多的实践，"王幼号"航船在"新灯塔"的指引下不断探寻"新大陆"，在远航过程中，由诸多专家领航、各方领导支持，我们乘风破浪，到达了新的彼岸。在此我们感谢整个研究团队四年来挥洒的汗水；感谢浦东新区教科研室、浦东新区学前教育指导中心、东方教育集团等各位领导，特别是吴为民、毛美娟等对我园课题的规划和帮助；感谢傅敏敏、周淑瑛、陈家昌、陈石静等各位专家的悉心指导；感谢幼儿园课题研究团队何凌波、曹艳、张霞、施慧英、潘佳莉、顾静雯、蔡程华、张燕玲、陆盈英，是你们带领王港幼儿园团队坚持不懈地努力和探索，才使得我们的研究有了较丰厚的实践成果。在此，我对上述人员对本课题研究所做的贡献表示由衷的感谢！

　　《小积木　大智慧Ⅱ》是本园已出版的原有同名成果一书的续集，本书中汇编的诸多篇章，是教师聪明才智的体现，具有真实性、故事性和生活感。我们欣喜之余，清醒地认识到：幼儿园深化课程改革和实践的路还很长，我们需且行且思且探索，重定新征程，踏上新航向，扬帆远航，驶向深蓝。

　　限于篇幅，我园研究成果未能一一收录，敬祈见谅。鉴于诸类原因，本书肯定有许多疏漏和不当之处，恳请各位行家批评指正！

邬亚洁

2019年5月

图书在版编目(CIP)数据

小积木　大智慧.Ⅱ,基于核心素养培养的幼儿园主题式结构游戏的实践研究/邬亚洁主编.— 上海:文汇出版社,2019.9
 ISBN 978-7-5496-2971-8

Ⅰ.①小… Ⅱ.①邬… Ⅲ.①学前教育-教学研究 Ⅳ.①G612

中国版本图书馆CIP数据核字(2019)第177898号

小积木　大智慧 Ⅱ

主　　编/邬亚洁
责任编辑/张　涛
封面装帧/梁业礼

出　版　人/周伯军

出版发行/文匯出版社
　　　　　上海市威海路755号　(邮政编码200041)

经　　销/全国新华书店
排　　版/南京展望文化发展有限公司
印刷装订/上海新文印刷厂

版　　次/2019年9月第1版
印　　次/2019年9月第1次印刷
开　　本/787×1092　1/16
字　　数/380千字
印　　张/21.75

ISBN 978-7-5496-2971-8
定　　价/75.00元

·版权所有　侵权必究·